Dados Internacionais de Catalogação na Publicação (CIP)
(Câmara Brasileira do Livro, SP, Brasil)

Antônio, José (Espírito) .
Ídolos de Barro : quando o amor precisa de muitas vidas / ditado por José Antônio ; [psicografia] Ana Cristina Vargas. -- Catanduva, SP : Boa Nova Editora, 2005.

ISBN 85-86470-38-4

1. Amor 2. Autoconhecimento - teoria
3. Espiritismo 4. Ficção Brasileira 5. Psicografia
I. Vargas, Ana Cristina. II. Título.

05-6774 CDD-133.93

Índices para catálogo sistemático:
1. Ficção espírita : Mensagens psíquicas psicografadas : Espiritismo 133.93

Impresso no Brasil/*Presita en Brazilo*

Ana Cristina Vargas
ditado por José Antônio

Ídolos de Barro

Quando o amor precisa de muitas vidas

boanova

Instituto Beneficente Boa Nova
Entidade coligada à Sociedade Espírita Boa Nova
Av. Porto Ferreira, 1.031 | Caixa Postal 143
Catanduva/SP | CEP 15809-020
www.boanova.net | boanova@boanova.net
Fone: (17) 3531-4444 | Fax: (17) 3531-4443

3ª edição
do 21º ao 30º milheiro
10.000 exemplares
Novembro/2005

Capa
Direção de arte
Francisco do Espírito Santo Neto
Designer
Cristina Fanhani Meira
Imagem
Henri de Toulouse-Lautrec,
Marcelle Lender Dancing the Bolero in
"Chilpéric," 1895 - 1896

Revisão
Sérgio Bellinello Soares
Noris Eunice Wiener Pureza Duarte

Editoração eletrônica
feita a partir da digitação
da própria médium por
Cristina Fanhani Meira

O produto da venda desta obra é
destinado à manutenção das atividades
assistenciais da Sociedade de Estudos
Espíritas Vida, de Pelotas, RS, e da
Sociedade Espírita Boa Nova, de
Catanduva, SP.

Sumário

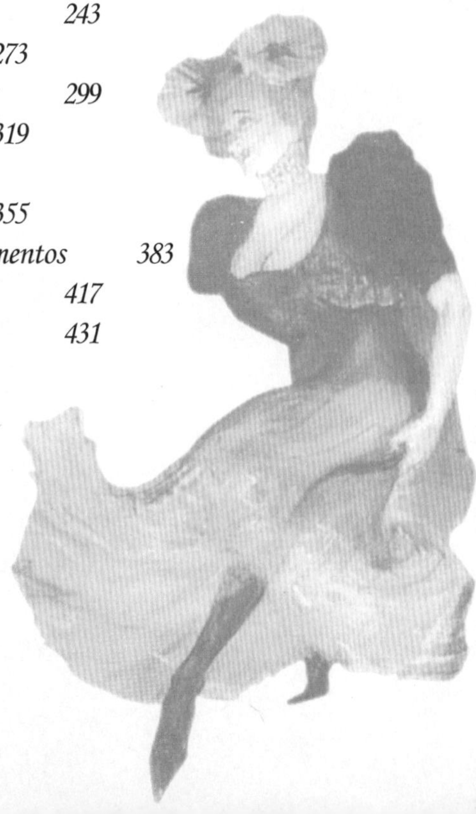

Apresentação

Há lugares e experiências que marcam nossos espíritos. A Casa de Maria[1] foi um deles; em seus jardins vivenciei e presenciei lutas nobres.

Há quem prefira contar histórias de "eleitos"; prefiro contar vidas humanas com todas as alegrias e tristezas. O ser humano é fascinante, é belo, é rico, ainda que esteja vivendo em meio ao lodo moral, ainda que a sociedade o considere um desclassificado. Todos – incluídos e excluídos – somos humanos, criados do barro da Terra, como alegoricamente ensina o Gênesis.

Somos essencialmente feitos iguais, dotados de razão, instintos e sentimentos, eis o barro da Terra. Cada um que o sopro divino anima diferencia-se dos outros com as lutas que trava nas diversas experiências, ampliando a seu tempo e às suas próprias custas as forças de que o dotou a Natureza.

Nessas jornadas terrenas os embates para conhecer, dominar e ampliar essa estrutura original são sempre ricos, por mais frívolos, por mais banais, por mais decadentes que possam parecer.

---

[1] Casa de Maria: Instituição de socorro no Plano Espiritual descrita em nosso romance *Dramas da Paixão*.

Nossa vista abarca a superfície das coisas e dos seres; para aprofundar a visão é preciso deter o olhar, desenvolver olhos de ver e ouvidos de ouvir, como dizia Jesus. Libertar-se dos preconceitos e deixar que cada coisa, que cada ser que se move nos conte a sua história profunda, nem sempre visível na superfície.

Foi assim que conheci a história de Irina: buscando enxergar além da superfície, dando a ela a palavra e a mim o direito de ouvi-la, sem interrupções. Encontrei-a na Casa de Maria muitos anos depois dos fatos que passo a narrar nas páginas seguintes, quando ela não era mais um ídolo e quando toda a sociedade de ídolos da qual ela fez parte havia passado sobre a Terra deixando atrás de si apenas as pegadas que hão de ficar para sempre lembrando-nos que todos os ídolos são de barro.

CAPÍTULO I

Tempos difíceis

"Só a fé na vida futura e na Justiça de Deus, que não deixa jamais o mal impune, pode dar a força de suportar pacientemente os golpes dirigidos contra os nossos interesses e o nosso amor-próprio."[1]

Cadeiras caíam, copos de vidro se estilhaçavam no piso frio da sala de jantar dos Verschinin. O som dos passos de Vladimir Verschinin em meio ao ruído dos móveis derrubados e dos copos quebrados se misturava de maneira apavorante ao choro desesperado de sua esposa. Nika Verschinina, encolhida atrás da mesa redonda, cuja toalha fora com um puxão arrancada, jogando ao chão os copos que ela secava e depositava sobre o tampo, olhava assustada para o marido. Conhecia aquele rosto fechado, os olhos incendiados de ira, os gestos nervosos e mais do que tudo temia quando ele chegava à casa neste estado de alma e com o hálito recendendo a vodca.

Desatinada, ela levou as mãos ao rosto. Vladimir não dissera uma só palavra desde que minutos antes adentrara na sala. Ele parecia cego, dominado pela raiva, literalmente era um homem que transpirava descontentamento. Nada o agradava, nada o fazia feliz, nada estava bem.

A esposa, que muito cedo desperdiçara a juventude e a graça da vida para unir-se a ele, era alguém a quem pouco apreço dava. Ela o servia, assim pensava. Se suas roupas estivessem em ordem quando

[1] Allan Kardec. *O Evangelho Segundo o Espiritismo*, cap. XII, item 8, IDE.

precisasse, se lhe preparava a comida nos horários certos, se a casa estivesse em condições de receber seus muitos "companheiros" e amigos, estava tudo como deveria ser. Cada qual desempenhando seu papel. Ele trabalhava lecionando em todos os turnos na escola freqüentada pelos filhos dos abastados da cidade. Ganhava o suficiente para viverem com dignidade, dando à família o necessário, porém para Vladimir Verschinin isso não bastava. Queria mais, muito mais! Não somente para si, é bom que se diga, mas para a grande massa humana que povoava a velha São Petesburgo e toda a Rússia e que mal possuía o suficiente para não morrer de fome, que viviam em subempregos, com subsalários e, conseqüentemente, habitando, comendo e vestindo em condições subumanas. Ele ansiava pela salvação e por salvar o povo. Amargurava-o a miséria de muitos e o fausto de alguns. Ruminava idéias a respeito da injustiça da vida e da necessidade de transformar a sociedade. Quando pensava em transformação era no sentido de mudança radical das formas de vida de cada habitante do seu país. Cansava-o lecionar Ciências e Matemática para os jovens ricos, enquanto via milhares de outros jovens padecendo a total ignorância, tendo fome, trabalhando horas incontáveis nas fábricas, que lhes sugavam todas as forças, impedindo que saíssem daquele submundo no qual, segundo seu pensamento, vegetavam.

Toda terça-feira ele se reunia com seus pares de ideal após a última aula da tarde em uma taberna próxima da escola. Em verdade, o estabelecimento era um porão, úmido, escuro, enfumaçado e cheirando a álcool, onde se reuniam alguns "pensadores", adeptos das idéias de Marx e Engels, dispostos a qualquer sacrifício ou atitude para salvar a sociedade em que viviam e dar-lhe existência justa e digna, compartilhando todos a mesma coisa, sem discriminações. Seu sonho máximo era ver implantado sobre a Terra o ideal da igualdade.

Entretanto, enquanto o sonho da plena igualdade não se realizava, prosseguiam as reuniões das terças-feiras que insuflavam e destilavam a insatisfação e a amargura entre seus participantes. Com as mentes em absoluto desalinho, as emoções tumultuadas, sem compreender da vida nada fora dos estreitos limites do hoje e da matéria, eles afligiam-se, tornavam-se ansiosos, nervosos. A raiva contaminava a todos e, na mesma proporção da soma dos contagiados, crescia também individualmente. Não mais tolerando os pensamentos e sentimentos conturbados que alimentava nessas reuniões, bom número deles acabava desaguando as emoções em tumulto em copos e mais copos de uma vodca de péssima qualidade.

Embriagados, irados, vítimas do desespero e da incompreensão que inoculavam em si mesmos, altas horas da noite eles se dispersavam reiterando promessas ao líder de reunirem-se na semana seguinte para dar prosseguimento aos estudos e aos planos de transformação. Entre eles Vladimir Verschinin. Depois cambaleavam pelas ruas largas e frias da cidade até seus lares, onde suas mulheres e filhos eram os últimos e infelizes destinatários daqueles sentimentos tão mal conduzidos.

Toda terça-feira, aquela não fora exceção, Nika, ao ver as primeiras estrelas na noite gelada despontarem no firmamento, começava a tremer intimamente, pois tinha consciência de que logo mais o marido estaria em casa.

Em seus braços e nas costas das mãos eram visíveis os hematomas que atestavam a violência de que fora vítima na semana anterior. Agora, que novamente o via retornar ao lar transtornado, enfurecido e sem controle, recordava os machucados ainda doloridos de seu corpo e em seus grandes olhos azuis o medo, o pavor se estampavam, por entre seus dedos que encobriam o rosto prematuramente envelhecido – viam-se em sua fisionomia toda dor, medo e revolta que o casamento lhe trouxera nos últimos anos.

A beleza de Nika murchara tal qual uma flor frágil exposta aos raios de um sol inclemente. Sua personalidade vivaz fora se apagando, se apagando, até transformar-se em uma sombra de mulher perambulando pelos cantos da casa. Quase nada lhe despertava o interesse. Odiava o marido com mais freqüência do que lhe endereçava sentimentos de carinho ou amizade; sequer a lembrança dos primeiros anos de felicidade conjugal lhe vinha à memória; a união com ele transformara-se em sinônimo de dor, vergonha e humilhação; porém, fiel à educação recebida, ela mantinha-se ao lado do marido suportando calada o inferno ardente em que se transformara sua vida de casada.

Tivera três filhos, os gêmeos – Andrei e Nikolai –, que agradecia a Deus estarem adultos e não precisarem de seus cuidados. Como mãe, seu último compromisso era Irina, a filha menor, com 13 anos; a menina chegara dez anos depois do nascimento dos gêmeos, nascera nas primeiras horas do século XX.

Mais do que o pai, os jovens atolavam-se nos movimentos políticos clandestinos daqueles tempos e pouquíssima atenção davam à mãe. Engajados nas lutas para esclarecer e organizar o proletariado, estavam fora do lar há alguns anos, divulgando os ideais revolucionários pelo interior do país, em atividade clandestina altamente perigosa, fazendo com que a mãe carregasse o coração opresso de aflição pelo destino deles.

Naquela noite, como nos últimos anos, somente a jovem Irina ouvia os tímidos e amedrontados clamores da mãe a dizer:

– Não... não me toque! Ti... tire as mãos de mim... por favor.

Objetos lançados ao chão e palavras desconexas de um discurso raivoso chegavam aos ouvidos da jovem; assustada, ela espiava rapidamente por um vão da porta observando o comportamento agressivo do pai, que, xingando os governantes, despejava sua raiva sobre os utensílios domésticos, enquanto a mãe se encolhia cada vez mais, repetindo, feito louca, o pedido de que não a agredisse, até que ele, tomado de fúria, não medindo as conseqüências do seu descontrole, ultrapassava todos os limites da irritação e direcionava as forças sobre a mulher, espancando-a ferozmente.

Assustada com o sangue que jorrava do nariz de sua mãe e se espalhava rapidamente pelo rosto, Irina olhou a sua volta e deparou-se com uma antiga e pesada banqueta em frente à penteadeira do quarto onde se escondia. Decidida, tomou-a e foi à sala disposta a fazer cessar a selvageria doméstica. Eram mais de seis anos que vinha assistindo regularmente às brigas do casal, que nos últimos tempos degeneravam em violentas agressões à mãe.

Aproveitando a fúria do pai, que não notou sua chegada, devido à posição em que ele se encontrava, ergueu a banqueta e acertou-o na cabeça com um golpe.

O pesado corpo de Vladimir Verschinin caiu ao chão com um baque surdo, desacordado; o seu silêncio encheu a sala. De espanto, Nika calara o pranto, jamais imaginara possível ver a filha atacar o pai.

"Como minha filha foi capaz desse gesto?", pensava ela recriminando-se imediatamente, julgando deficiente a educação dada à filha. "Ela é quase uma moça, não é possível que pense que uma mulher possa enfrentar um homem, ainda mais seu pai. É o fim! Que será de nós quando Verschinin acordar? Deus nos proteja!"

Enquanto a mãe se lançava ao mundo das recriminações e da submissão incondicional, Irina olhava extasiada o corpo do pai desmaiado a seus pés e pensava:

"Nunca mais eu o verei agredir mamãe. Nunca mais deixarei que encoste um dedo em mim. Agora sei que posso enfrentá-lo, sei derrubar você. Acabou. Essa foi a última noite em que você bateu em uma de nós."

Reparando no ar de realização da filha, no brilho em seus olhos – cuja cor e forma lembravam tanto os seus, mas que espelhavam uma alma tão distinta que Nika às vezes custava a crer que a bela menina fosse mesmo carne e sangue de seu próprio corpo e lutou por recuperar-se das emoções que tão rapidamente haviam se alternado em seu ser. Afastou as mãos do rosto e, notando-as manchadas de sangue, rapidamente desfez o nó do avental que trazia à cintura e levou a peça ao rosto tentando limpar as marcas da violência. Em sua mente a dúvida causava séria divisão de forças: socorrer o marido ou repreender a filha. Não sabia qual a mais urgente. Por fim, venceu o medo da reação do marido quando recobrasse os sentidos, então se dirigiu a Irina.

– Irinuchka![2] – começou expondo seu espanto. – Você não podia ter feito isso. Como teve a coragem de agredir seu pai? Eu sempre a ensinei a não retrucar, não levantar a voz para ele, sempre disse que devia respeitá-lo, nem mesmo o enfrentar com um olhar. É assim, minha filha, que uma mulher deve se comportar, eu ensinei-lhe o certo, o correto. Por que você agrediu seu pai? Não se lembrou do que sempre lhe digo? E, agora, o que vamos fazer quando ele acordar? Deverá estar ainda mais enfurecido, foi humilhado pela filha, por uma menina ainda adolescente. Foi derrubado, espichou-se no chão... Que horror, minha filha!

– O quê? – indagou Irina olhando para a mãe. Tomada de indignação, toda sensação de alívio, de regozijo por haver nocauteado o agressor se esvaíra; em seu lugar, enquanto ouvia as palavras de

[2] Forma diminutiva e familiar de Irina.

Nika, crescia um sentimento de raiva contra a mãe – A senhora ainda pergunta por que eu fiz isso, será que não consegue ver a razão sozinha? Eu me lembro de seus ensinamentos, eu sei tudo o que a senhora me disse que deve ou não fazer uma mulher, como deve se vestir, como deve usar os cabelos, como deve se comportar diante dos outros, principalmente como deve agir diante dos homens. Eu sei tudo, mas não consigo acreditar que agir como me ensina seja bom. A senhora faz tudo o que me ensina e apanha toda semana. Amanhã vai acordar com o rosto inchado e cheio de marcas roxas, vai ficar escondida em casa por dias, para que ninguém a veja. Ele me bateu muitas vezes, mas hoje foi a última vez, nunca mais vou apanhar sem reagir. Não quero mais vê-la chorar enquanto trata suas feridas com ungüentos e compressas à beira do fogão da cozinha.

– Irinuchka, mesmo que você não goste é preciso aceitar que essa é a vida de todas as mulheres. Peço a Deus todos os dias que você se case com um homem bom, que não a maltrate – insistiu Nika. – Obedecer e respeitar o marido é uma grande virtude na mulher. Seu pai é um bom homem, você sabe, ele apenas está muito revoltado com tudo que acontece ao nosso povo, com a miséria...

– Não, mamãe, não para mim, meu pai não presta. Eu nunca me casarei. Suportar um homem me agredindo, brigando comigo e ainda ter que trabalhar para ele... Jamais! Ele se importa mais com mendigos das ruas do que com sua mulher e filha. Se os homens são todos iguais, não quero nenhum para mim.

– É a vida, filha. E quer você queira, quer não, esta também será a sua vida. Você tem 13 anos, talvez mais três, no máximo quatro anos e esteja casada. Vai encontrar algum jovem e encantar-se por ele, esquecerá tudo o que disse agora, isso aconteceu comigo. Vai acontecer com você também. Aos 18 anos tornei-me mãe dos seus irmãos e pensava que não havia ventura maior do que ser casada e ter a minha família, o meu lar, o meu marido.

– Não! – disse enfaticamente a adolescente. Seu rosto delicado, de pele clara, com os lábios bem desenhados, o nariz levemente arrebitado, os olhos grandes delineados por longas pestanas e sobrancelhas perfeitamente definidas eram ao mesmo tempo um exemplo de harmoniosa beleza juvenil e determinação férrea. Os longos cabelos ruivos alcançavam a altura da cintura em grandes cachos, era a moldura ideal para a promessa de beleza feminina da jovem. Na adolescente se vislumbrava a extraordinária beleza da mulher em dias futuros. – Nunca!

Ignorando o assombro da mãe ante sua conduta, Irina lançou um olhar de desprezo ao pai, ainda desmaiado ou, quem sabe, talvez, agora, adormecido pelo efeito do álcool e saiu da sala dirigindo-se para um recanto do pequeno jardim nos fundos da casa, onde gostava de ficar.

Não presenciou sua mãe arrastar o pai até a grande cama do casal, tirar-lhe as roupas e sapatos, ajeitando-o confortavelmente, para depois cobri-lo com grossos cobertores. Também não viu o alívio da mãe ao constatar que o marido dormia, balbuciando palavras desconexas e a expressão conformada com que ela fechou a porta do quarto do casal e pôs-se a recolher os cacos de vidro e a levantar as cadeiras derrubadas do chão.

O recanto de Irina era uma pequena dependência que servia de depósito onde se guardavam ferramentas de jardinagem, lenha, coisas antigas e servia também de lavanderia, tendo grandes tanques de cimento, tinas e cestos usados nas tarefas de limpeza das roupas. Um cantinho, próximo dos tanques, abrigava pequenos móveis de madeira: uma mesinha, quatro cadeiras, um pequeno armarinho e um berço onde repousava uma antiga boneca de louça trajada com uma camisola e touca branca, enfeitada de rendas. Eram as lembranças de sua infância, das tardes em que, quando pequena, a mãe a deixava brincando enquanto esfregava as roupas da família.

O lugar costumava lhe devolver a paz após as brigas constantes dos pais. Mas isso estranhamente não aconteceu naquela noite, ao contrário, a visão da boneca deitada no berço lhe trouxe à mente as incontáveis tardes em que vira a mãe trabalhando pesado, nas quais quando conversava com ela era para lhe dizer como cuidar da sua "filhinha", da sua casinha, para lhe dizer o que devia ou não fazer uma "mocinha". Irritou-se, ainda mais. Avançou até o berço com o rosto estampando uma fria deliberação e o olhar iluminado pela raiva; com firmeza e sem nenhum carinho, arrancou a boneca, arrojou-a com toda força contra a parede de tijolos distante alguns metros, observando com satisfação os cacos do corpo despedaçado caírem ao chão. Não satisfeita, andou até os restos do brinquedo e pisoteou-os até vê-los reduzidos a minúsculos pedacinhos e a camisola ficar irreconhecível; somente alguns cabelos da boneca permaneceram inteiros voando sobre os destroços.

– Não quero mais você! – repetia Irina enquanto pisoteava a boneca e depois atirava furiosamente os pequenos móveis sobre uma pilha de lenha. – Não quero nenhuma filhinha, não quero uma casa, não quero nada disso!

O esforço despendido para extravasar a violenta raiva que sentira acabou por trazer-lhe certo alívio; cansada, deixou os braços caírem ao longo do corpo e observou a sua volta. Destruíra suas lembranças da infância e seu recanto de paz agora expressava o vazio e a desolação que invadiam sua alma. Naquele ambiente não existiam mais os sinais de uma criança; ele agora era representativo de uma vida adulta, falava das coisas que integravam o dia-a-dia de uma mulher. Irina olhou as pilhas de lenha, os tachos pendurados nas paredes, as tinas, os cestos com roupas sujas, as barras de sabão, as tábuas nos tanques, vassouras e os cacos de sua infância.

Grossas e salgadas lágrimas correram por seu rosto; os olhos, congestionados pela raiva extravasada, ardiam como brasas; o cabelo em desalinho era simbólico do estado de sua mente, da rebeldia que despontava em sua alma.

– Não quero nada disso! Nada! Nenhum caco da boneca, não quero lavar, não quero casa, não quero que nenhum homem mande em mim. Eu não seguirei o caminho de Nika Verschinina, eu sou Irina e só.

Rejeitando o ambiente em que estava, Irina o olhou com desprezo e nojo. Abandonava a criança e chamava a si a responsabilidade pelos passos que queria dar na vida. Acabava o período da infância; infelizmente, levava dela marcas que recrudesciam características marcantes de sua personalidade imortal: a determinação, a preocupação única consigo mesma, grande porta de manifestação do egoísmo, o desprezo a muitos sentimentos típicos da condição feminina e o desdém aos homens. No início de uma turbulenta adolescência despontava no espírito de Irina sua real natureza e, doravante, ela se mostraria tal qual era.

CAPÍTULO II

Descobrindo o próprio poder

"...o homem não é fatalmente conduzido ao mal; os atos que ele realiza não estão antecipadamente escritos; os crimes que ele comete não resultam de uma sentença do destino."[1]

A beleza de Irina patenteava-se como a luz do sol, nada podia escondê-la, nem a simplicidade de seus trajes nem as mãos maltratadas ou os cabelos despenteados. Seu rosto delicado atraía naturalmente a atenção dos transeuntes numa movimentada via de Paris. Os traços perfeitos encantavam o olhar de quem os contemplasse e, como costumeiramente, as pessoas se detêm no primeiro aspecto, naquela manhã entre todas as cabeças que se haviam voltado para acompanhar os passos determinados da bela jovem nenhuma sequer fitara a profundidade da íris azulada dos olhos de Irina ou teriam visto não uma bela jovem, mas, acima de tudo, uma pessoa determinada que não prestava a menor atenção aos olhares que atraía.

Irina caminhava altiva como se seus trajes pobres fossem do melhor veludo e sobre sua cabeça não voassem rebeldes fios da volumosa cabeleira ruiva dando-lhe à aparência um ar absolutamente desfeito e encantadoramente infantil, mas se assentasse um daqueles magníficos chapéus envoltos em tule e véus que as mulheres abastadas usavam nos rigores da moda.

Em suas mãos a pequena e incômoda mala, gasta e absoluta-

[1] Allan Kardec. *O Livro dos Espíritos*, cap. X, item 872.

mente fora do espírito das ruas da capital da França. O pequeno volume maltratado falava de um povo distante e sofrido. Era simbólico, apenas um resto, fora de qualquer contemporaneidade, sem beleza, sem luxo, apenas útil e usado. Ela não a carregava como se arrastasse um peso. Não, Irina Verschinina não necessitava premeditar seus atos, ela era naturalmente graciosa e andava altiva, cabeça erguida, olhos fixos no horizonte; nas mãos carregava as poucas e necessárias lembranças do passado – algumas roupas, seus documentos pessoais e um endereço em Paris. Era tudo o que tinha para iniciar a vida no país estrangeiro que conhecia apenas pelas memórias de Dolly, anos atrás.

Apesar de tudo ser novo a seu redor, ela não se entretinha em observações. As belas construções, o colorido das roupas, o som alegre das pessoas a seu redor eram ignorados; em seu pensamento, um só objetivo: não esquecer uma única orientação dada pelo homem que a ajudara a fugir de seu país e a instruíra de como encontrar um endereço. Dominava relativamente bem o idioma francês, entretanto, porque muito pouco pronunciava as palavras, seu fascínio era ler autores franceses; sentia-se profundamente insegura de seu domínio; evitando falar, buscava informações julgadas estritamente necessárias.

Pode parecer estranho que a jovem Irina – estrangeira, fugindo das convulsões sociais de sua pátria – caminhasse por Paris, olhos fixos no horizonte, destemida, ousadamente indiferente aos outros. Sua mente ocupava-se exclusivamente com o propósito a ser alcançado, o resto... Que era o resto? Algo sem importância, com o que absolutamente não gastava dois segundos.

O vento frio de outono que lhe batia impiedosamente no rosto e pescoço, deixando marcas avermelhadas na pele clara, ou as árvores semidespidas das ruas que se pareciam tanto com seus braços desabrigados, cobertos apenas por um velho chale negro, nada atraía sua atenção, parecia sequer dar-se conta do desconforto.

Acostumada ao conturbado e violento ambiente de São Petesburgo, sua expressão também não se alterou quando deixou as ruas movimentadas e bem freqüentadas e, avançando em perseguição ao endereço de seu destino, embrenhou-se pelos bairros pobres e mal freqüentados da cidade. Cafés infestavam as ruas. Eram sujos, antigos e escuros. Muito longe do glamour de outros estabelecimentos. Em suas mesas mulheres exibiam, apesar do frio e do impróprio da estação, generosos decotes donde pareciam que os seios iriam saltar a qualquer momento ao movimento por mais leve que fosse de suas donas. Braços roliços e brancos expunham-se desnudos. Lábios vermelhos de carmim e olhos muito maquiados combinavam bem com o alarido que faziam. Despudoradamente bebiam e fumavam com alguns homens que se entretinham em sua companhia e olhavam interessadíssimos à moça estranha. Alguns cavalheiros trocavam olhares. Por certo deviam ser conhecidos, pois se comunicavam com aquela forma sugestiva de quem compartilha uma mesma paixão, a dizerem-se:

"Vejam que deusa! É nova na área. Onde irá trabalhar?" E seus olhares famintos e lânguidos seguiam Irina.

Em outras casas, o som de vozes masculinas, discutindo alteradas por efeito do álcool e dos interesses, davam a conhecer em alto e bom som as discordâncias, desconfianças e suspeitas dos inveterados jogadores de pôquer.

Algumas crianças maltrapilhas perambulavam por entre as mesas vazias nas calçadas à cata de algum resto de comida ou bebida com que saciar a própria fome.

Com a mesma fria e inconsciente elegância com que desfilara por lugares bem melhores e distintos, ela prosseguia naquele meio que alguns chamariam sórdido; eu prefiro dizê-lo expressivo das carências e condições pessoais de seus habitantes, onde seus trajes continuavam a contrastar – era a simplicidade, o recato e a sensualidade natural em oposição ao exagero e à vulgaridade.

Diria que ela representava bem a rainha daquela população marginalizada.

Avançou mais algumas quadras, e o ambiente foi se tornando mais silencioso. Os cafés desapareceram. Enfileiravam-se, lado a lado, casas antigas, algumas não muito bem conservadas, cujas altas janelas eram veladas por cortinas; as portas duplas mostravam, em geral, apenas um dos lados abertos, com uma mulher jovem postada, sorridente, em poses convidativas, com trajes muito coloridos. Atrás se percebia um cenário de penumbra e ouviam-se risos e música.

O rosto de Irina mostrava-se agora mais concentrado e seu olhar acompanhava atento o número dos prédios: 12, 14, 16, 18... Estava próxima. Mais uma quadra e enfim estava em frente a uma casa semelhante às demais, muito antiga; aberturas envelhecidas apresentavam uma cor indefinida onde predominava um tom de marrom-escuro. A porta fechada era o diferencial das outras; a maçaneta simples e também gasta parecia oferecer uma proteção muito pequena; não havia nenhum tipo de campainha.

A jovem depositou a pequena mala a seus pés na calçada, levou as mãos aos cabelos tentando melhorar a aparência que imaginava não ser das melhores, considerando seu passado recente. Lutando contra o vento que se intensificara, ajeitou as mechas rebeldes como pôde, arrumou a cintura e a gola de seu vestido, rapidamente deslizou as mãos pela saia e, erguendo decididamente o rosto, deu um passo em direção à porta, batendo suficientemente forte na madeira para ouvir o eco que se produziu no interior da construção.

"Há de ter alguém em casa", repetia Irina para si mesma, observando a demora em atenderem ao chamado.

Entretanto, em que pesasse a confiança da recém-chegada, a porta não se abriu e nenhum movimento se fez sentir vindo do interior da casa; parecia mesmo vazia. Irina insistiu e insistiu ainda outras vezes, por nada. Recusando-se à desilusão, e por que não ao desespero, ela forçou a maçaneta. Fechada; apesar de bastante velha, a fechadura ainda era eficiente. A moça deu alguns passos para trás, como sempre alheia à atenção que sua presença despertava nas pessoas, e pôs-se a andar. Deu mais alguns passos, acompanhando o alinhamento da calçada e observando as janelas da residência com vidraças protegidas por um cortinado de renda vermelho desbotado pelo sol; mais parecia um tom de rosa antigo.

Compenetrada em sua busca por indícios de moradores no lugar, Irina não percebeu a aproximação de um homem, de estatura média, calvo, rosto simpático, que trazia amarrado à cintura um avental branco úmido e com manchas escuras de vinho e gordura; vinha enxugando as mãos nele.

– Perdão, senhorita – disse o homem após cumprimentá-la educadamente. – É fácil notar que não é da cidade. Posso ajudá-la? Procura trabalho?

Esforçando-se por manter a calma, prestando a máxima atenção às palavras do estranho para bem lhe responder, Irina acompanhava cada gesto do cavalheiro com vagar. Seus olhos, apesar da determinação, estampavam um ar de dúvida de si mesma para fazer frente à situação inusitada em que se encontrava. Aliviada, deu-se conta de que compreendera todas as frases e palavras do desconhecido. Reunindo suas forças debilitadas respondeu, em francês com um forte sotaque russo:

– Obrigado. É verdade, venho de São Petesburgo, conhece?

– Não. Imagine! É muito longe, não tenho condições. Além do mais dizem que está em guerra, meus clientes mais ilustres só sabem falar da revolução bolchevique. Deus me livre! – Encantado com as feições de Irina, o estranho sorriu apreciativamente e indagou:

– O que faz você tão distante de sua casa?

Irina devolveu o sorriso dando a conhecer as covinhas que surgiam em seu rosto e reforçando o ar de menina ao responder:

– Abandonei definitivamente meu país. A revolução é um horror, quero a máxima distância dela. Estou procurando uma parenta, disseram-me que morava aqui.

– Uma parenta? Como ela se chama?

– Lídia. Há muitos anos não a vejo. A última vez que visitou minha mãe eu era ainda menina, deve fazer mais de 12 anos. O senhor a conhece? – Irina falava pausadamente, buscando na memória as expressões em francês.

Encantado com a beleza da jovem, o homem nem ao menos se dava conta da preocupação e dificuldade da estrangeira com o idioma, só tinha olhos para contemplar-lhe os traços do rosto e a cabeleira ruiva que inevitavelmente lhe atraía a atenção.

"Que maravilha de mulher! Uma novidade destas é de fazer aumentar a clientela em mais que o dobro", pensava o mercenário francês, pouco atento às explicações de Irina.

Como o homem demorasse a lhe responder e tivesse estampado no rosto um ar meio aparvalhado, ela julgou que não se fizera entendida e principiou a repetir com mais vagar ainda cada palavra, insistindo:

– Procuro a Sra. Lídia. Ela viveu em meu país muitos anos, depois regressou a Paris e só raras vezes nos visitou.

Voltando à Terra, abandonando seus devaneios pessoais, o francês sorriu e fixou o olhar na jovem dando claros sinais de que a comprendera. Balançava a cabeça afirmativamente a cada palavra e, tão logo Irina completou seu pensamento, ele respondeu:

– Deve ser Lilly, quem você está procurando. Se não me falta a memória, certa vez ela me confiou que seu nome era Lídia. Realmente reside nesta casa, mas deve regressar mais tarde, costuma chegar à noite.

No rosto de Irina uma expressão de cansaço estampou-se e o brilho de seu olhar se velou. O corpo doía após a longa viagem de trem, numa cabina desconfortável, apertada e cheia. Dormira muito pouco e a longa caminhada da estação até aquele endereço esgotara o resto de suas forças. Baixou o olhar contemplando a mala e resignadamente a tomou outra vez nas mãos. Decidida, encarou seu informante:

– Só me resta esperar – declarou Irina. – Obrigada por sua atenção. Agora sei que estou no lugar certo.

– Que é isso? Fiz tão pouco, por que me agradece? – retrucou o francês e, querendo ser simpático, ofereceu:

– Olha, tenho um café logo ali na esquina, não quer aguardar lá até sua parenta chegar? Vejo que está cansada, lá ao menos poderá se sentar e a casa lhe oferecerá, por cortesia, uma xícara de café com creme e um croissant. Aceita?

Irina sorriu ao ouvir referência à comida nova e quente; sua boca encheu-se de saliva. Cansada como estava, nada lhe parecia melhor do que sentar-se e alimentar-se. A refeição ofertada parecia um banquete.

– O senhor é muito gentil. Sendo uma cortesia, eu aceito. No momento não tenho dinheiro para lhe pagar.

– Por favor, nem pense nisso. Eu a convidei e fui muito claro: é uma cortesia do meu estabelecimento. Venha, senhorita... Como é mesmo seu nome?

– Ah! Perdão, senhor – falou Irina inclinando levemente a cabeça para a direita com um sorriso constrangido a pairar-lhe no rosto, iluminando o azul de seus olhos; depositou novamente a mala sobre o piso da calçada e estendeu a mão ao francês: – Nem ao menos me apresentei. Sou Irina Verschinina.

– Encantado – respondeu o francês tomando a mão da jovem enquanto também dizia seu nome. – Arthur Graville, a seu dispor, senhorita.

– Obrigada Sr. Arthur.

Tomando pressa em conduzir a jovem ao seu café, o francês rapidamente apanhou a mala e apontou em direção à esquina onde ficava o seu estabelecimento. Andaram a meia quadra que distava do número 20 ao café e logo estavam em frente ao toldo branco que se estendia sobre a calçada onde se lia, em letras vermelhas garrafais: Café Graville.

Arthur rapidamente levou Irina para o interior do prédio e a acomodou em um dos salões mais reservados. Apesar de antigo, o prédio era espaçoso, tinha vários salões. As mesas cobertas por toalhas tinham a aparência de limpeza; só olhando de perto é que se notavam as manchas no tecido, e o piso, apesar de muito varrido, era encardido. Atrás de um balcão de madeira escura via-se uma grande quantidade de bebidas alcoólicas expostas em prateleiras e copos de vidro emborcados ao lado de uma pia com tampo de pedra. Em algumas mesas, Irina reconheceu o mesmo tipo de mulheres barulhentas e um tanto escandalosas que vira rapidamente ao passar pelos demais cafés daquela zona. Não se enganava, apesar de jovem sabia exatamente onde se encontrava.

Deixou-se ficar e ser atendida pelo proprietário, usufruindo prazerosamente da cadeira. Estava exausta. Correu o olhar pelo ambiente, sem que seus olhos demonstrassem um só dos pensamentos que lhe acorriam à mente naquele instante. A expressão de ingenuidade de seu rosto era quase inalterável. Notou o olhar interessado de alguns cavalheiros sentados às mesas sob o toldo da calçada assim que entrara acompanhada do francês; agora se divertia intimamente ao vê-los espichar o pescoço e vasculhar o interior do café à sua procura; um reclinava perigosamente a cadeira para trás, deixando-a apoiada apenas nos pés traseiros, balançando-se enquanto a encarava. Fingindo ignorar a todos, ela aguardava a refeição que lhe fora prometida.

A cabeça levemente abaixada escondia a atenção com que seus olhos acompanhavam a caminhada do Sr. Graville, a cada passo interrompido para responder a questões que lhe eram sussurradas pelos cavalheiros freqüentadores do café. Irina podia facilmente adivinhá-las; por certo que mudava de endereço, de cidade e mesmo de país, mas havia algumas coisas absolutamente sem pátria, tão humanas que eram. Sem ouvir aqueles homens, sabia o que eles questionavam do proprietário; seus olhos brilhantes, que a todo instante se cravavam nela, contavam tudo o que diziam, pensavam e sentiam.

"Tolos. São sempre iguais, tão fáceis de ser entendidos, tão sem graça, sem encanto. Vivem tão-só e simplesmente para correr atrás de suas próprias satisfações. Julgam-se melhor que as mulheres, dizem mesmo que somos devassas, mas em suas conversas querem ser uns melhores que os outros e o diferencial somos justamente nós, ou seja, quantas mulheres conquistaram na vida, valendo mesmo as conquistas a peso de dinheiro. Tolos. Estão todos alvoroçados querendo disputar entre si qual será o primeiro a se aproximar de mim e sei muito bem que maior satisfação ele terá em contar até mesmo o que não aconteceu aos seus companheiros do que em realmente estar com uma mulher. Idiotas. Os melhores querem ser sempre os melhores, parecem meninos que não crescem, jamais deixam os jogos de criança para trás, só trocam os objetos que jogam. São tolos e como tal devem ser tratados", pensava Irina em sua cândida pose de jovem necessitada de proteção.

A custo Graville liberou-se de seus fregueses e, empunhando uma bandeja com a refeição, finalmente se aproximou da mesa onde o aguardava sua convidada.

– Há dias mais movimentados que outros – principiou a justificar-se o francês. – Hoje parece ser um deles, todos querem explicações, têm algo a dizer, sugestões a dar... É a vida de comerciante. Mas aqui está seu café. – E depositou a bandeja com a xícara e um pires onde estava o croissant, levemente murcho, que, por certo, fora assado muito cedo pela manhã e agora se distanciava de uma boa aparência, mas era ainda comível.

Olhando, avaliativamente, Irina considerou o lanche satisfatório; já comera coisas bem piores em São Petesburgo. Retirou da bandeja a xícara e o pires, colocando-os mais próximos de si. Ergueu a cabeça e sorriu docemente, agradecida, para Graville e, piscando as longas pestanas, comentou:

– Sempre ouvi dizer que toda profissão tem seus incovenientes.

Interessado em conhecer a recém-chegada, investigar suas origens, Graville, com toda liberdade que seu título de proprietário lhe conferia, sentou-se deselegantemente em frente a Irina, pondo-se a observá-la com atenção.

"Uma beleza! As roupas são feias e velhas. Muito escuras e fechadas demais. Ainda assim essa menina não me engana, será uma ótima aquisição. Parece muito tímida, tem gestos muito delicados, fala baixo, tem um ar reservado, é ingênua, por certo não sabe onde está pisando. Mas é só questão de tempo, de se acostumar e de descobrir quanto custa viver em Paris", pensava ele. "Donde será que ela conhece Lilly? Preciso descobrir algumas coisinhas."

– É verdade – concordou Graville. – Mas não posso reclamar, tenho uma clientela muito boa. São todas pessoas de boas condições, alguns vêm do outro lado da cidade, são pessoas muito finas e cultas que freqüentam meu café, me dizem que é o melhor, eu acredito. Se não, por que viriam, não é mesmo?

"Estúpido!", pensava Irina. "Estou comendo isso porque não tenho outra coisa, mas esse café é horrível e o croissant pior. Só ele deve estar acreditando no que diz."

Porém nada em seu rosto denunciava seus pensamentos; tinha a mesma ingênua candura, um olhar brilhante, mas vazio de expressividade. E, com voz gentil, respondeu:

– É claro.

– Perdoe minha indiscrição, mas o que veio fazer em nossa cidade? Está a passeio ou veio tentar a vida?

– Na verdade, ainda não sei, Sr. Graville. Sempre desejei visitar a Sra. Lídia. É uma amiga generosa de minha mãe, nos dissemos parentas, mas não somos realmente. A situação em meu país está muito ruim. Antes do início da revolução já era bastante difícil, mas agora está pior. Talvez, quem sabe, depois que esse novo regime de governo se estabelecer definitivamente as condições de vida melhorem, mas até lá...

– Ouvi horrores sobre os bolcheviques.

– É. Acontecem mesmo alguns horrores – concordou Irina concentrando-se na refeição e apenas ouvindo os questionamentos do seu anfitrião, meneando a cabeça em concordância a tudo que ele dizia.

– Não é partidária do comunismo?

– Deus me livre, sou católica ortodoxa, senhor.

– É bom saber disso. Todos têm medo dessas idéias. Nestes tempos há arruaceiros insatisfeitos com a vida por toda parte. Não gosto de problemas e quem trabalha no comércio não pode ter nem religião, nem partido político, aliás, o bom mesmo é não falar das suas idéias. Não convém.

– Eu o entendo. Imagino como seja difícil ser agradável com todos.

– Lilly chega sempre muito tarde; pode ficar esperando aqui; aviso-a assim que a vir passar.

– Novamente obrigado, o senhor é muito gentil.

– Lilly trabalha no outro extremo da cidade, faz diariamente uma longa viagem.

– Eu não sabia.

Graville insistiu ainda um pouco mais na conversa, entretanto não logrou obter as informações que desejava e – temeroso de pôr a correr a jovem, assustando-a, afinal pensava que ela não sabia onde estava – queria muito "empregá-la", pois olhava as mesas e notava que o nível de ocupação aumentara e que seus clientes estavam bastante interessados na estrangeira ruiva.

Irina permaneceu sentada, solitária, no seu canto do Café Graville até as primeiras horas da noite, quando chegou Lilly arrastando consigo pesadas bolsas e reclamando de dor nas costas.

– Desgraça de vida! – dizia ela com ares de repugnância falando consigo mesma. – Está cada vez mais difícil andar nesta cidade. Maldito teatro! Pobre! Miserável! Não tem um único franco com que pagar em dia meu serviço, ou sequer para pagar um carro de praça que me trouxesse com essas sacolas. Ai que dor!

Cansada e irritada, Lilly literalmente desabou sobre uma cadeira largando a seu lado as sacolas transbordantes de tecidos coloridos, visivelmente usados; alguns pedaços de pano pendiam das bordas, parecendo saias de cetim e tule; olhou-os rapidamente, cheia de desdém, enquanto massageava as costas à altura dos rins, depois gritou:

– Graville, me traga uma vodca das boas. Hoje eu preciso.

– E quando você não precisa? – devolveu Graville abaixando-se atrás do balcão para servir a bebida.

– Não me incomode. Eu lhe pago, não venho aqui beber a crédito como uns e outros que você atende que eu sei muito bem. Trate de me servir direito e veja se não seja sovina na dose nem misture água. Sou Lilly, está lembrado, conheço uma boa vodca, pura, só pelo cheiro.

– Calma, mulher! – exclamou Graville aproximando-se com o

copo na mão e uma garrafa na outra que logo entregou à cliente, observando-a sorver grandes goles, a cujo comentário não resistiu: – Ei, isso não é água da torneira. Vá devagar, aproveite.

– Vá pro inferno! Será que não tenho direito a alguns minutos de sossego, depois de ter agüentado um dia danado de ruim e ainda por cima ter trazido essas coisas horrorosas – respondeu Lilly lançando um olhar revoltado às sacolas. – Aquelas meninas julgam-se muito importantes só porque são novas, bonitinhas, têm o corpo para exibir... Não sabem o que as espera... Não perdem por esperar... A vida dá a todos o mesmo destino, só os imbecis não percebem.

– Ih! O dia foi ruim mesmo, hein.

– Muito.

Graville lançou um olhar ao salão mais afastado onde deixara Irina. Algumas vezes a espiara durante o fim da tarde e a surpreendera cochilando. Como ele julgava que ela estivesse naquele momento. "Melhor assim. Poderei tratar com Lilly antes de chamá-la", pensava o dono do estabelecimento. Puxando a cadeira em frente a Lilly, sentou-se e a encarou.

Lilly não era mais uma jovem, ao contrário era uma mulher com bem vividos 50 anos. Seu rosto perdera o frescor da juventude, as linhas se acentuavam e várias rugas lhe marcavam o canto dos olhos e da boca. Sob o queixo uma pequena papada flácida em nada contribuía para embelezar o conjunto.

Os anos haviam acrescentado peso ao corpo, destruindo muitas curvas e impondo outras pouco atraentes que ela procurava disfarçar com um corpete assassino de tão apertado. Era de duvidar que respirasse normalmente metida naquela roupa. O colo exposto no amplo decote do vestido verde-esmeralda que usava tinha também a pele flácida e manchada; era novamente o assassino corpete que lhe empinava os fartos seios, deixando visível o vale entre eles e também o fato de que já haviam tido aparência melhor.

Conservava ainda intactos os cabelos, castanhos, que enchia de cachos à custa de muito trabalho. Adorava prendê-los no alto da cabeça, deixando os cachos cair ao redor do rosto. A pobre Lilly parecia não notar que o penteado ficava melhor numa mulher mais jovem; nela, vista de costas, causava apenas uma ilusão – parecia mais jovem. Vista de frente, era apenas ridículo.

À parte considerações sobre a aparência de Lilly, havia em seu olhar algo de cativante, apesar dos modos despachados, despudorados, mesmo deselegantes. Era simpática, de aparência no mínimo excêntrica, bem de acordo com o meio em que vivia e a mentalidade que tinha desenvolvido.

– Bom, ainda não terminou – falou Graville.

– O que quer dizer com isto? – indagou Lilly com um leve sorriso malicioso no canto dos lábios. – Pretende me visitar mais tarde? É sempre bem-vindo, por pior que tenha sido o meu dia.

Graville devolveu o sorriso e, tomando a garrafa, serviu novamente o copo da mulher.

– Hoje não. Meu dia também não foi dos melhores. Amanhã ou depois, pode ser. Estou muito cansado e com poucos francos na gaveta; precisarei trabalhar enquanto houver uma única alma perambulando neste bairro.

– A situação está muito difícil – queixou-se Lilly endossando a opinião de Graville. – Não sei o que aconteceu, mas o dinheiro, sempre tão escasso para os pobres, desapareceu por completo. Até as "queridinhas" do teatro estão reclamando do faturamento. Acredita?! Pois é verdade. Noite após noite há menos público e os que vão gastam pouco. Já não se fazem mais amantes como antigamente. Bons tempos aqueles! Qualquer um nos enchia as meias de francos. Hoje... Só querem mesmo é encher os olhos e passar a mão. Será ainda resquício da guerra?

– É, pode ser. Mas elas não têm o mesmo talento que as mulheres da nossa geração. Não têm charme, não sabem tratar os clientes. Tenho visto isto aqui no café; por mais que se fale, parece que elas não aprendem. Não sabem agradar um homem como você fazia.

– Fazia? – perguntou em tom de provocante incredulidade, sorrindo sem esconder o prazer que o elogio lhe causava.

– E ainda faz muito bem – concedeu Graville tocando rapidamente a mão de Lilly sobre a mesa. – Mas muitos homens não sabem apreciar a experiência de uma mulher, preferem um corpo jovem, somente. Você me entende.

– Tolos – acusou Lilly. Depois encarando Graville, amenizou o tom dizendo: – Não são todos, apenas a maioria. A bebida é por conta da casa? Só hoje?

Graville sustentou o olhar de Lilly e sorriu. Gostava dela, eram amigos e um pouco mais, há muitos anos. Haviam enfrentado altos e baixos compartilhando a mesma vizinhança. Eram bem mais que unidos, tinham uma relação de verdadeira cumplicidade.

– Disse que meu dia também foi ruim, você não ouviu? A gaveta está muito fraca.

– Ora, Graville, umas doses de vodca não o farão nem mais rico nem mais pobre. Vamos beber pelos velhos tempos. Acompanha-me?

De novo Graville lançou um olhar a sala onde estava Irina. Viu-a imóvel, debruçada sobre a mesa, num canto agora cercado de penumbra. Voltou a atenção a Lilly, que o observava curiosa, e respondeu:

– Aos velhos tempos! Você tem razão, não serei nem mais rico nem mais pobre por conta de uma garrafa de vodca, mas posso ser mais feliz. Vou apanhar um copo. – E levantou-se voltando pouco depois.

Tornou a acomodar-se com a mesma deselegância na cadeira. Olhou à volta notando que nenhum dos poucos fregueses que restavam parecia prestar atenção a ele e sua acompanhante; tinham suas vidas centradas nas garrafas sobre as mesas. Os que ainda ficavam no café nem ao menos se lembravam da bela ruiva adormecida. Graville lembrava. Após mais uma rodada de vodca e conversa fiada, informou a Lilly:

– Você tem visita. Uma russa chegou esta tarde a sua procura.

– Uma russa?!

– Sim – afirmou Graville. Já esperava que sua amiga não lembrasse de parentes distantes e não se convencera das explicações de Irina. Nos últimos 20 anos acompanhara diariamente a vida de Lilly e sabia que ela nunca viajara ao exterior; aliás, nem saíra de Paris.

– Estranho. Não conheço nenhuma russa. É do ramo?

– Acredito que não. É bem jovem e muito bonita. Tem futuro.

– Como você sabe disso? – questionou Lilly suspeitando de que Graville lhe escondesse algo.

– Falei com a moça. Chama-se Irina. Deixei-a ficar aqui enquanto esperava por você. A coitada estava faminta e cansada. Adormeceu na cadeira no salão menor.

– Irina? Irina? – repetia Lilly baixinho vasculhando sua memória em busca de algum reconhecimento. – Russa? Por que veio me procurar? Não disse de onde me conhecia?

– Disse que era quase sua parenta e que você visitava sua família em São Petesburgo. – Um sorriso debochado e irônico se desenhava no rosto bonachão do francês.

– Mentiu – afirmou Lilly sem expressar qualquer sentimento que não fosse a mera constatação do fato. – Nunca fui a São Petesburgo, mas bem que gostaria. Aliás, qualquer outra cidade me agradaria muito conhecer. Essa moça não sabe que procura uma vadia pobre. Quem ela pensa que eu sou?

– Não sei. É óbvio que vi que ela mentia, mas, como tem bom futuro, você a verá e me dará razão. Não a contradisse e a fiz esperá-la. O que acha de ganharmos alguns trocados extras?

– Preciso ver a garota. Se realmente valer a pena, é de se pensar em um investimento. Sendo estrangeira, precisará de apoio para se estabelecer – concordou Lilly com uma expressão cheia de curiosidade e interesse. – Só não entendo como essa tal Irina me conhece e como conseguiu meu endereço.

– Isso só ela pode lhe responder. Quer que vá chamá-la?

– Não – declarou Lilly erguendo-se da cadeira cheia de vontade, esquecida dos problemas da tarde. – Sei onde ela está, eu vou até lá. Aguarde que volto logo e não beba a garrafa sozinho, certo?

– A bebida é por minha conta, portanto é minha, dona Lilly. Se quiser, bebo toda e não lhe devo satisfação.

– É – aquiesceu Lilly. – Mas prepare-se para dormir e acordar amanhã sentado nesta mesa. Eu não irei carregá-lo e acomodá-lo na cama desta vez. Minhas costas ainda doem bastante. E quer saber de uma coisa: chega de lhe dar satisfação, vou ver a dita "parenta".

Passos firmes, Lilly dirigiu-se ao salão menor e facilmente encontrou a visitante.

Uma massa de cabelos ruivos caía sobre a mesa. Sem preocupar-se em andar silenciosamente, Lilly aproximou-se e avaliou criteriosamente o corpo jovem e delgado da moça sentada e adormecida. O cansaço vencera Irina, que nada via, embalada em sono profundo. Contornando a mesa, a velha amiga de Graville buscava ver os contornos do rosto da jovem.

– Ulalá! – exclamou Lilly baixinho expressando seus pensamentos. – Pode se transformar numa preciosidade. Tem tudo nos lugares certos, nas medidas certas, resta saber como se comporta...

– Delicada e muito decidida – observou Graville parado no vão de acesso àquele pequeno salão. Internamente o prédio do café era dividido por alguns arcos, com um salão maior no centro e vários menores em torno.

Ao ouvir a voz do amigo, Lilly o encarou reafirmando:

– Pode ser realmente uma preciosidade. As "queridinhas" do teatro são todas muito parecidas e as que não são naturalmente semelhantes dão algum jeito de vir a ser. Parecem cópias, dançando cancã com vestidos iguais; a única diferença, às vezes, é a grossura das coxas que elas exibem. Eu não gosto disso, jamais gostei. Fiz sucesso por ter personalidade, ser diferente. Bons tempos em que os homens disputavam a minha atenção. Os teatros e cabarés brigavam por mim e minhas parceiras.

Lilly continuava olhando avaliativamente a jovem adormecida.

– Delicada e decidida, você falou. Uma estranha combinação numa garota jovem assim. Com certeza nunca a vi antes. Que será que quer comigo?

Graville apenas ergueu os ombros espalmando as mãos contemplando Lilly com ar debochado e incrédulo, como a dizer: "Vou eu saber?"

– Bom, só há uma maneira de descobrir – sentenciou Lilly e, aproximando-se de Irina, sacudiu-lhe levemente os ombros. Nada. Ela continuou dormindo.

– Está pregada – constatou Lilly com seu jeito despachado. – Como é que você disse que é o nome dela?

– Irina.

Decidida, Lilly sacudiu com vontade os ombros da jovem enquanto chamava, em bom som:

– Irina. Acorde!

Assustada, a moça despertou, dando um salto sobre a cadeira. Confusa, olhou à volta enquanto passava a mão nos cabelos. Deparando com a face sorridente de Graville e focando o interior do café, Irina recordou onde estava e o que a levara àquele local. Sorriu incentivando-o a se aproximar. O ar sonolento tornava seu olhar ainda mais inocente, cândido.

Lilly encantou-se com o azul profundo dos grandes olhos de Irina e, dirigindo-se a Graville, ignorando-a totalmente, disse:

– Perfeita!

Cuidadoso, ele se aproximou de Irina e, puxando a cadeira a seu lado, sentou-se, para então dizer:

– Descansou um pouco, minha jovem. Que bom! É uma pena que não pude lhe oferecer um dos outros aposentos; quando vi, já estava dormindo. Sei como é estar assim cansada. Resolvi não incomodá-la.

– Nem sei o que lhe dizer – respondeu Irina ainda arrumando os cabelos. – Me desculpe. Imagino que não deva ficar bem ao seu estabelecimento ter alguém dormindo sobre a mesa. Deveria ter me acordado.

– Ora, de forma alguma me trouxe incômodo. Mas resolvi vir acordá-la, pois sua parenta Lídia ou Lilly, como eu a conheço, se for a mesma pessoa a quem procura, acabou de chegar. É esta senhora a seu lado.

Irina rapidamente levantou-se alisando o vestido, depois puxou o xale sobre os ombros tentando compor-se o melhor possível dentro das circunstâncias. Com calma e expressão ingênua e doce, fixou os olhos da mulher a quem viera procurar e, tossindo levemente para limpar a garganta, apresentou-se:

– Sou Irina – estendeu a mão que Lilly ficou observando com ar de interrogação. – Uma das filhas de Dolly, está lembrada dela?

Ao ouvir o nome Dolly, Arthur e Lilly trocaram olhares curiosos, e a última puxou a cadeira em frente do amigo e à esquerda de Irina, surpresa com a notícia; sentou-se. Em sua mente só havia uma pergunta: "Qual a melhor maneira de lidar com a ruiva?"

– Dolly?! Você falou Dolly? – indagava em voz alta Lilly para Irina.

– Sim – confirmou Irina firme, com ar risonho ao notar a confusão na mente de seus acompanhantes, coisa que ela adorava fazer.

Lilly assimilava a informação muito lentamente. Dolly desaparecera de sua vida há mais de dez anos, quando haviam desfeito a dupla "artística". Dolly era mais jovem; quando Lilly se afastou dos palcos, ela decidira prosseguir. Por alguns anos haviam mantido contato por meio de cartas, mas nos últimos meses a correspondência havia cessado. Lilly ainda aguardava a resposta à última carta.

– Você é uma "filha" de Dolly. Filha natural? – indagou Lilly

– Não, fui parar na casa de Dolly há alguns anos. Éramos boas amigas e tanto eu quanto as outras moças que morávamos com ela a chamávamos de "mãe". Tenho orgulho em ser uma de suas filhas. Ela fazia questão de apresentar-me como tal a todos que chegavam.

– Entendo – respondeu Lilly olhando significativamente para Graville, como a dizer: "Cego! Como você não viu que a moça é do ramo."

– Dolly abandonou Paris há anos. Mantemos contato regularmente. Estranho que ela não tenha me avisado que a enviaria a mim.

– Não houve tempo – apressou-se Irina a responder. E, vendo um ar de dúvida no rosto de Lilly, esclareceu: – "A doença" a matou faz 15 dias.

Rapidamente o medo escureceu as feições de Lilly e de Arthur. "A doença" – a sífilis – era temida pela morte horrível que causava.

– Ela sofreu muito? – indagaram juntos.

Irina simplesmente balançou a cabeça afirmativamente.

– Coitadinha! – exclamaram novamente juntos.

– Uma das últimas coisas que fez quando estava lúcida foi escrever uma carta para a senhora – informou Irina pondo-se a remexer em sua bolsa de mão até retirar uma folha de papel dobrado, que estendeu para Lilly. – Tome. É sua. Vai reconhecer a letra, assinatura e dados que só ela podia saber. Dolly fez questão de me dar e pedir que a entregasse a você e viesse procurá-la. Ela sabia que eu desejava sair do meu país; com a morte dela, eu não tinha nenhuma razão para ficar por lá.

Lilly apanhou a carta e não a abriu, levantou-se da cadeira e convidou Irina:

– Vamos à minha casa. É perto, lá conversaremos melhor.

Irina concordou e imediatamente ergueu-se apanhando sua escassa bagagem. Despediram-se rapidamente de Arthur e sob seu olhar atento as duas mulheres partiram, mergulhando na escuridão da rua.

Formavam uma dupla curiosa, literalmente, bem carregada, pois Lilly arrastava suas grandes sacolas praguejando, e Irina, exausta e ansiosa, levava a sua mala. Esperava que Dolly estivesse realmente lúcida e certa das coisas que falara sobre a amiga, pois o que via ao redor a desagradava.

CAPÍTULO III

Vivendo conforme suas crenças

"Digo-vos, em verdade, que o homem simples, mas sincero, está mais avançado no caminho de Deus do que aquele que quer parecer o que não é."[1]

O interior do prédio número 20 daquela rua em nada surpreendeu Irina. Combinava perfeitamente com o exterior e com sua dona: decadente, velho, cheio de lembranças de tempos idos. Também não poderia qualificar Lilly como uma caprichosa dona-de-casa, o que a teria surpreendido muitíssimo. Havia organização, o que é bem diferente de limpeza.

– Quer beber alguma coisa? – perguntou Lilly largando sobre um sofá de tecido desbotado, a ponto de não mais se identificar a cor, as sacolas que trazia. – Sempre faz bem. Aquece. Largue sua mala por aí, depois vemos qual dos quartos está melhor. Não são usados há tempos, desde que o dinheiro sumiu pra valer da minha vida.

– O que você tem?

– Vodca, conhaque, cerveja.

– Conhaque, se você tiver um café, gosto de misturá-los.

– Claro que sim. Vamos até a cozinha, fica bem no fundo, é só seguir o corredor.

Irina a acompanhou atravessando algumas salas bastante amplas que pela decoração não era difícil ver que já haviam servido de salões,

[1] Allan Kardec. *O Livro dos Espíritos*, q.828.

algumas inclusive com mesas de jogos e roletas. Depois se seguia um corredor com alguns cômodos dispostos em ambos os lados, cujas portas estavam fechadas. Bem no final, as dependências da cozinha, lavanderia e um quarto de costura com duas grandes mesas lotadas de roupas; manequins exibiam vestidos em diversas fases de elaboração e algumas máquinas, ferros de passar e tecidos. Notava-se que ali a atividade existia.

Vendo que sua visitante parara olhando o interior de seu "ateliê", como o chamava, Lilly informou em tom que pretendia ser inexpressivo, mas era de indiferença forçada e não passou despercebido a Irina:

– Sou modista.

– Notei.

– Sente-se. Vou passar o café, detesto café velho. Tem um gosto horrível, não acha?

– Concordo.

Lilly preparou a bebida em silêncio, colocando o bule e a garafa de conhaque sobre a mesa juntamente com as xícaras, um pão caseiro feito com farinha escura, possivelmente de trigo de qualidade inferior, e um pote com manteiga.

– Vamos comer, você também deve estar com fome. Olhe, eu não gosto nem um pouco de cozinhar, por isso não há muita variedade de comida, mas o que tenho é seu, faça bom proveito e coma quanto quiser e tiver. Amanhã é outro dia.

Assim, Irina tomou conhecimento de que aquela era toda a comida que havia na casa de sua anfitriã. Conformada, sorriu, entendendo que as dificuldades não conheciam as fronteiras entre os países, e disse:

– Obrigada, Lilly. Saiba que sei retribuir as gentilezas que recebo. Não tenho onde ficar, também não tenho muito dinheiro, na verdade bem pouco, mas poderei trabalhar e pagar por tudo.

– É por isso que veio a minha procura? Quer ajuda para conseguir trabalho?

– É e um pouco mais. Não venho a Paris com a idéia de conseguir qualquer trabalho...

– Mal chegou e já quer escolher, menina – ralhou Lilly indignada. – Na miséria em que vivemos atualmente dê-se por feliz em conseguir alguma coisa...

– Você entendeu mal, não deixou que eu terminasse. Quero fazer carreira, não quero viver como as outras que vi à tarde tentando ganhar a vida em mesas de café e nas esquinas.

– Carreira? – indagou Lilly em tom de incerteza. – O que é isso para você?

– Simples. Sei que sou bonita, sei que agrado aos homens. Não quero gastar minha juventude e beleza com os pobres que me darão apenas o que comer. Chega disso! Quero homens ricos. Entende?

– Sonhos! Criança tola. Pensa que é fácil assim entrar no terreno "delas". É muito difícil. Para início de conversa, você precisará de dinheiro, roupas e convites para freqüentar lugares onde encontrar homens ricos, e nossas colegas de primeira classe não aceitam muito bem as novatas. Homens ricos são um mercado restrito, não há muita oferta e eles são exigentes.

– Ajude-me e não se arrependerá. Dolly me contou a história de vocês, sei que procurei a mulher certa. Nossa falecida amiga fez muito por mim, tirou-me da rua, deu-me uma casa e ensinou-me muito. A experiência foi valiosa para mim, infelizmente a revolução intensificou a perseguição a mulheres como nós, inimigas do regime do proletariado. Mataram muitas. Consegui fugir. Dolly voltava comigo, mas morreu no caminho, estava muito doente, não agüentou a loucura que foi nossa fuga. Seu último ato foi entregar-me a carta que lhe dei; acredito que ela a tenha escrito quando deixamos a Rússia.

– Nossa história?! Santo Deus! Isso foi há tanto tempo. Fale-me de sua vida antes de chegar aqui, conte-me sobre Dolly e o que aquela levada a ensinou.

Irina narrou sua história entre um gole e outro de café com conhaque e grossos nacos daquele pão escuro e áspero que precisava de muita manteiga para facilitar a ingestão. Nenhuma das duas, apesar do cansaço, sentiu as horas passarem. Quando enfim a jovem concluiu as informações e sua anfitriã deu-se por satisfeita, era alta madrugada. Sobre a mesa o bule e a garrafa vazios, uma sobra de pão e um resto de manteiga.

– Por agora chega – anunciou Lilly, E erguendo-se, cobriu com um pano manchado o que restava da refeição; nem ao menos se preocupou em recolher as louças; ficaram onde estavam como a dizer que no dia seguinte seguiriam exatamente daquele ponto, o que por certo explicava o encardido das louças. – Venha, vamos escolher um quarto e dormir. Não tenho hora para acordar, é uma das poucas vantagens do meu atual trabalho. Durma, que eu farei o mesmo. Amanhã pensarei e depois lhe dou uma resposta.

Com essas palavras, caminhou rumo ao corredor abrindo portas e cheirando os quartos com desagrado; por fim encontrou um, mais próximo da última sala e com um gesto fez Irina entender que ali deveria se acomodar. Dispensando despedidas, Lilly escancarou a porta em frente, entrou e fechou-a – era o seu quarto e seus modos diziam tudo.

Mal encostou a cabeça no travesseiro Irina adormeceu. O cansaço, as experiências da chegada e a bebida haviam esgotado suas forças. O mesmo não se dava com sua anfitriã. Por mais que tentasse, por mais exaurida que também estivesse, não lograva conciliar o sono. Cenas do passado invadiam-lhe impiedosamente a lembrança evocando saudade, nostalgia, vazio e tristeza. Rolava na cama de um lado a outro, enrolando as cobertas em torno de si, chutando-as, afofando o travesseiro, suspirando e até bufando, mas nem uma de suas pálpebras pesava. Por fim, sentou-se no leito, recostando-se nos travesseiros e puxando as cobertas até o queixo. Naquela altura do ano as madrugadas já eram bastante frias, anunciando a próxima chegada do inverno. Sentada, deixou-se ficar entregando-se à recapitulação de suas memórias. Porém, recusava-se a retroceder além do início de sua vida como mulher vadia – nas expressões por ela mesma usadas para autodefinição.

Fora bonita, atraente, era exímia dançarina, leve, flutuava nos palcos ou nos braços de seus amantes. Alegre e espirituosa, atraía a atenção. Essas características haviam chamado a atenção de um empresário de espetáculos artísticos, dono de uma companhia de vedetes. Interessado, aproximara-se dela e lhe propusera um lugar em seu grupo. Ofereceu-lhe bom dinheiro, e o que conseguisse com admiradores seria seu exclusivamente.

Dessa maneira conhecera Dolly, sua faceira companheira de palco. Uma amizade instantânea, absolutamente espontânea se criou entre elas e durou muitos anos. Infelizmente a idade chegara e viram seus lugares ocupados por meninas mais jovens e elas só entravam em cena se por alguma razão as novas estrelas não estivessem dispostas. Nessa época foram relegadas a atender mesas e entreter clientes. Seus rendimentos agora dependiam muito dos admiradores.

O golpe final viera com a morte do empresário; o herdeiro do negócio, não as considerando lucrativas, as dispensou sumariamente. Usara os melhores anos das vidas delas e lucrara; na contabilidade daquele negócio não se lançava "conta despesa". Beirando os 40 anos elas eram despesas. Dolly, magoada, decidira ir embora, se estabelecer em alguma cidade rica, onde não fosse conhecida, e montar uma casa de diversão. Lilly não aceitara o convite da amiga e foram em vão as tentativas de mostrar a Dolly outra saída. Separaram-se em 1910. Do passado só lhe restava aquela casa – sua única propriedade. Morava ali há bons 20 anos, desde 1890, quando quase nada existia na rua.

Seguindo a mesma idéia da amiga, Lilly decidira montar um estabelecimento para si e algumas outras, sobre os ganhos das quais teria comissão. Podia se considerar uma empreendedora bem-sucedida, mas seu negócio malogrou durante a guerra e não tivera meios de tornar a abri-lo.

A rua caíra também em decadência; enfim o local deixou de ser freqüentado por clientes com capacidade de gastar, por bons clientes. Fechara-o há três anos, sobrevivendo desde então como costureira de alguns teatros de revista e casas de diversão.

Não era a primeira noite que Lilly rolava na cama rememorando seu passado; invariavelmente emergia dessas noites irritada, ansiosa, aflita, e a única maneira de se acalmar era procurar seu velho amigo Arthur Graville. De todos os fatos de sua vida, ele era o único que se mantinha fiel ao que sempre fora, nem mais nem menos. Conheciam-se bem o bastante para saber detalhadamente a vida um do outro e respeitarem-se, mas também eles discutiam suas inseguranças, especialmente em relação ao futuro, quando não mais pudessem trabalhar. "O que seria deles?" era a sempre constante pergunta. Enquanto não encontravam resposta, olhavam-se, riam e consolavam-se, repetindo:

"Cuidaremos um do outro, como foi até hoje, de algum jeito."

Entretanto, a situação econômica parecia só piorar; dia a dia o povo tinha menos dinheiro. Faltava o essencial nas residências; isso explicava a crise na área do supérfluo: nos cafés, bares, teatros e cabarés.

"E essa menina?", questionava-se Lilly. "Que faço com ela, meu Deus? Fico, acolho, dou instrução (se é que ela precisa? Parece muito senhora de si), ajudo a se estabelecer? Quem me garantirá que ela vá honrar compromissos morais? Eu nem ao menos a conheço."

Nesse minuto lembrou-se da carta de apresentação metida no fundo dos bolsos de sua capa. Levantou-se, apanhou a carta e, aproximando-se da luz, principiou a ler.

"Pobre Dolly! Que fim triste!", falou para si mesma, compadecida sinceramente da sorte da amiga. Após a leitura pondo-se a filosofar na madrugada, com seus botões:

"É, mas te conforta, Dolly! O fim de todas nós é triste. Apesar de te lamentar e amar a vida, não posso negar que tenho certa inveja. Afinal aquele que já conhece o fim de sua vida sabe mais do que nós, pobres viventes que talvez ainda passemos bem pior. É comum algum dia de manhã, muito cedo, correr de boca em boca que mais uma vagabunda morreu na zona. Ninguém comenta o que a infeliz viveu ou por que fez da sua vida o que fez, mas todos têm uma palavra para comentar como morreu. Se é "A doença" que a leva, diz-se: mais uma. Se morrer assassinada e a encontrarem numa possa de sangue, diz-se: é o fim de muitas, faz parte da vida que levam. Se morrer ou se se matar intoxicada com alguma droga, diz-se: além de vadia, era viciada, não podia morrer de outro jeito. E assim vai. Acho que ninguém se pergunta por quê? Por que ela viveu daquele jeito? Por que foi parar num reduto de vagabundas? Por que ser mulher de vida fácil se a morte de todas costuma mostrar uma vida tão difícil? Aliás, a morte sempre fala da vida, e quem as vê como opostas realmente não entende nada. É morte e vida ou vida e morte, são a mesma coisa. São como a frente e o avesso de um vestido. É preciso olhar, e os detalhes é que nos mostram em uns uma ilusão, em outros um lado grosseiro, que fica escondido, mas os dois são um só e o mesmo vestido e falam da sua dona. Nós morremos tristemente e tão logo algum policial grite "morreu outra vagabunda", já fomos esquecidas, nem nome temos mais, somos apenas "outra vagabunda", esse é o nosso nome e sobrenome. Por isso a invejo, Dolly. Essa nossa vida é bem triste, solitária, sem marcas. Parece que a terra em que pisamos se recusa a receber nossas pegadas, é como caminhar sobre areia em dia de vento, ou então andar na chuva, não deixamos um só rastro. Nossas vidas apagam-se. No lugar ocupado pela morta – é vagabunda, não é falecida, morreu mesmo – já tem outra e continua a triste sina da nossa velha profissão: sorrindo para o mundo, fazendo barulho, gargalhando, divertindo os outros ainda que entediando a si mesma, lutando para ter a sua cota de dinheiro no rateio da sociedade. Talvez responder a esses porquês seja algo muito doloroso e que, realmente, nem eu queira fazer; bem que você poderia me dizer se fez isso antes de morrer, Dolly. O certo é que a vida e as pessoas não têm paciência, tampouco tratam bem os que choram, os que lamentam, os que são tristes. Nem trabalho se gosta de dar a eles. Exige-se a "normalidade" da alegria, da disposição. Mentirosa em muitos casos, mas que fazer se os homens preferem a hipocrisia e, não a tendo em casa, preferem pagar para obtê-la? Cada um de nós nesse mundo, de certa forma, vende o que tem. Nós temos o dom da hipocrisia, da fantasia, da mentira, a tal ponto que as vivemos jurando ser verdade e sem responder jamais, nem a nós mesmas, aos porquês."

Lilly afastou-se da luz do abajur e largou, displicente, no fundo de uma gaveta de sua cômoda, cheia de papéis amarelados pelo tempo, a carta da amiga; lançou-lhe um último olhar e, decidida, a fechou. Caminhou lentamente de retorno à cama; pelas persianas da janela as primeiras luzes do amanhecer invadiam o aposento. Ela puxou a coberta, afofou pela milésima vez os travesseiros, deitou-se, e seu último pensamento, antes de, enfim, adormecer foi:

"Que farei com Irina? Ainda não sei, mas, pela nossa velha amizade, uma das poucas coisas reais da minha vida, irei ajudá-la, vou atender ao seu pedido. Concordo com suas palavras: ela é perfeita. Bom, quem sabe ela não é um último presente seu, uma ajuda para a minha velhice – outro fim muito triste para as vagabundas; espelha bem a solidão em que vivemos."

Na manhã seguinte, próximo das 12 horas, após uma rápida, mas esclarecedora, conversa com a hóspede em que haviam estabelecido mutuamente as regras do relacionamento que iniciavam, Lilly, trajando seu melhor vestido, resquícios de outra época, em tons de rosa, com muitas rendas e o pronunciado decote de todas as suas roupas, partiu levando consigo um sorriso encorajador de Irina, com a confiança de quem tem 19 anos, ainda que vivendo em um meio conturbado onde o interior real dos seres humanos se desvenda, sem máscaras, e somente os personagens centrais escondem seu ser verdadeiro, timidamente, atrás de comportamentos barulhentos, mesmo escandalosos, adotados para chocar e agredir.

Graville, ao vê-la se aproximar sozinha e usando o melhor vestido, em plena quarta-feira, correu à porta do café, indagando:

– Aonde vais, mulher, a esta hora e vestida desse jeito?

– Desde quando lhe devo satisfação? Vou tratar de negócios. Aliás, vamos sentar ali no canto que precisamos conversar e tem que ser ligeiro.

Notando o tom decidido e animado da amiga, Graville prontamente dirigiu-se à mesa indicada e sentou-se, aguardando as explicações que não se fizeram demorar.

– A moça é talentosa. É do ramo e tem experiência. Dolly mandou-me uma carta apresentando-a. Conheceu-a há quase quatro anos perambulando pelo mercado de São Petesburgo – zona de mulheres ralés, que se oferecem por comida ou pouco mais. A beleza da garota chamou atenção de Dolly, que a convidou para trabalhar em seu estabelecimento. Disse que ela é correta, só muito mentirosa. Tem um talento natural para enganar e convencer. Ela não precisava ter me escrito que Irina não tem dificuldade em atrair homens para cortejá-la, pois isso só um cego não veria. Resumindo: conversamos muito – eu e ela –, me confiou seus planos aqui em Paris e pediu ajuda. Quer fazer carreira e decidi ajudá-la; estou indo à guerra, por isso os trajes.

Graville coçava a cabeça, nervoso. A conversa não se conduzia para o lado que ele havia desejado no dia anterior, mas resolveu esclarecer indagando:

– Que carreira ela quer fazer?

– Vou tentar colocá-la em algum teatro. Ela quer homens que possam lhe dar uma vida de luxo e riqueza. Não quer ser uma vagabunda da zona...

– E qual é a diferença?

– A bolsa, idiota. Ou não sabes que enquanto as atrizes rodam em bons carros, cheias de jóias, roupas bonitas e novas, nós pagamos os pecados arrastando sacolas? Já esqueceste o dia de ontem? E os outros antes de ontem? Foram todos iguais.

– Ambiciosa a mocinha. E quanto você combinou com ela?

– Não se aflija – respondeu Lilly sorrindo com cumplicidade. – Não iremos abandoná-lo, você subirá conosco também. Em verdade combinamos uma espécie de parceria ou sociedade. Eu a ajudarei, mas ela terá de me levar junto aonde for, compartilharei sua vida e seu sucesso. E no tempo certo acharemos um lugar para você. Tudo está planejado. É só uma questão de tempo para nos estabelecermos. Não acha que fizemos um bom negócio?

– A juventude e a beleza da russa e a sua experiência e conhecimentos são uma combinação interessante. Vejamos no que vai dar – retrucou Graville um pouco sarcástico.

Ignorando o tom das palavras do amigo, reconhecendo-o um pouco enciumado, notara que ele queria a moça no café. Lilly levantou-se e sorrindo provocou:

– Vamos, me dê um beijo de boa sorte, que parto em busca do futuro.

Graville deu-lhe um beijo estalado na face e forçou um sorriso ao desejar:

– Sucesso, Lilly! Quem sabe Irina não é a segurança da nossa velhice.

– Exatamente o que pensei. Agora deixe de pensar as bobagens que vejo refletidas em seus olhos. Ganharemos muito mais seguindo os planos que ela traçou – homens ricos não economizam com suas amantes. Além disso, Dolly acreditava no talento da moça. Vamos lançá-la ao mundo e faturar com esse trabalho.

– Pelo que lembro de Dolly, sempre foi muito crítica. Se escreveu que a garota é boa, é porque é bem superior à média – comentou Graville, agora com um sorriso sincero e aceitando o novo plano, ao reconhecer que era melhor do que o seu. – Isso vai tornar tudo mais fácil. Dom é dom, não há quem ensine, sei muito bem o que digo.

Lilly meneou a cabeça concordando e, rápida, afastou-se, ganhando a rua apressada, deixando Graville a cismar à mesa do café.

Pouco depois, sentada em um bondinho, ela via desfilar ante

seus olhos os prédios suntuosos de alguns dos mais famosos cabarés da cidade e pensava, cheia de otimismo, observando a fachada do Moulin Rouge:

"Quem sabe um dia não volto a ti, meu velho. Não mais para apresentar-me, mas para acompanhar uma de tuas mais belas mademoiselles. A vida dá muitas voltas... e sempre inesperadas."

Mas ainda não era naquela manhã o endereço do seu destino. Sabia que as portas do Moulin não se abriam para garotas desconhecidas e, da sua época, possivelmente só restasse o velho zelador, Sr. Arnauld. Há tanto tempo trabalhava na casa, que as moças o chamavam de "Fantasma", pois era difícil crer que ainda não houvesse morrido. Ele conhecia toda a história do teatro, de suas famosas atrizes, seus escandalosos romances, quem as queria e a que preço se obtinham seus favores, mas não influenciava na contratação de uma nova. Lilly não pôde conter um sorriso ao lembrar do "Fantasma". Era uma figura rara. Pensando nele, deduziu:

"Fantasmas não morrem, por certo o velho Arnauld continua a arrastar os chinelos pelo palco do Moulin. Conforme o resultado de minha visita a Fredo, talvez vá procurá-lo. A essa hora devem estar limpando a casa. É bom que me ponha a par das conversas."

O bondinho fez uma curva e ingressou numa outra rua. Lilly tornou-se atenta e logo se levantou sinalizando ao condutor que iria descer na próxima estação. Notou que alguns cavalheiros a observavam e passavam a mão nos bigodes; um ergueu as sobrancelhas encarando-a e sorrindo ligeiramente. O ego de Lilly não poderia ter sido mais acarinhado. Há três anos trabalhando só como modista julgava que ninguém além de Graville teria interesse nela; portanto, as atenções do cavalheiro a fizeram agraciá-lo com seu melhor sorriso. Piscou-lhe, brejeira, um olho e desceu na calçada. Vendo que o homem ainda a olhava, juntou dois dedos da mão direita sobre os lábios e lançou-lhe um beijo.

Sorridente, e ainda mais confiante do que quando deixara o café, avançou com passos rápidos, balançando a bolsinha, em forma de saco, com fitas e rendas, que carregava na mão. Ao deparar-se com o prédio que buscava, cheio de luminosos, cartazes cercados de lâmpadas, àquela hora apagados, estacou e olhou atentamente o movimento. Havia grandes portas duplas abertas que davam acesso ao hall, com muitos tapetes, lustres brilhantes, paredes forradas até a metade com papel estampado de rosas e, acima, pintadas em um tom de rosa-escuro, próximo ao magenta e piso de mármore. Grandes e pesadas cortinas de veludo vermelho, com franjas douradas na bainha e no bandô escondiam as duas portas que davam acesso ao salão principal do teatro de variedades, e, pelas laterais do hall, duas grandes escadas davam acesso ao segundo piso, onde ficavam os camarotes.

Conhecedora do prédio, Lilly observava apenas as mudanças na decoração do ambiente. Não era assim em seu tempo, mas admitia que Fredo conservava muito bem sua herança – o teatro estava mais bonito. Afastou uma das cortinas e ingressou na platéia, com suas cadeiras bem dispostas, estofadas em veludo vermelho. Algumas mulheres, da idade de Lilly ou mais velhas, varriam o teatro, rindo e conversando em alto e bom som, porém nem tudo o que se ouvia poderia ser tido de bom-tom. O linguajar não sofria nenhuma peia; as bocas daquelas mulheres pronunciavam expressões que fariam corar o mais devasso dos homens.

– Ei, a noite foi movimentada pelo que vejo – bradou Lilly, chamando a atenção para sua chegada.

– Ah, foi! Ainda bem! Senão seria mais uma semana sem dinheiro, para receber só na próxima – respondeu a mais próxima de Lilly, que parou de varrer quando ela se anunciara e agora apoiava o cotovelo displicentemente no cabo da vassoura. – O que quer? Se estiver à procura de trabalho, para mulheres da sua idade, não há vaga.

Pela primeira vez naquele dia Lilly sentiu uma leve contrariedade, e seus pensamentos se estamparam em seu olhar:

“Quem essa vagabunda pensa que é, com essa vassoura na mão, para me dizer se tem ou não trabalho para mim? Não estou virada num bagulho velho feito ela, cheia de rugas e banha!”

– Olha, dona, ainda trabalho por conta e ganho muito bem a vida, para sua informação – optou Lilly por responder à atrevida varredoura e, encarando-a de forma significativa, prosseguiu: – Estou procurando por Fredo, somos velhos amigos, me entende? Sabe onde posso encontrá-lo?

– Contando o dinheiro da féria da noite, lá no escritório – respondeu a mulher, irada.

Lilly, torcendo o nariz para o pó que levantava do piso, cruzou altiva o corredor, fingindo não ouvir o comentário das trabalhadoras.

– Vadia cheia! Tá pensando que é melhor que a gente.

Debochadas, olhavam-se, e a que a atendera ironicamente a imitava, tanto na voz como nos gestos desdenhosos:

– Estou procurando por Fredo, somos velhos amigos, me entende?

Um coro de altas risadas seguia a performance, à qual fazia fundo de percussão o salto dos sapatos de Lilly que martelavam pesadamente a madeira do piso do teatro.

Esforçando-se por ignorar a atitude das mulheres, Lilly trazia à lembrança a cena recente do bondinho; prontamente, seu ego recuperou-se e ela se acalmou.

– Invejosas! Danem-se! – disse para si mesma e, sorrindo, bateu a porta do escritório de Fredo.

Ouviu a ordem que a autorizava a entrar, girou a maçaneta e abriu a porta, recebendo de encontro ao rosto uma lufada de ar repleto de fumaça de charuto. Era um homem baixo, levemente robusto, com ralos cabelos escuros e acentuado sinal de calvície no alto da cabeça, que o penteado feito com um exagero de brilhantina tentava inutilmente ocultar, trajando um terno cinza de risca de giz, camisa branca e uma gravata escura de língua fina; no bolso, a ponta visível de um imaculado lenço branco. Ele não levantou o olhar para ver quem o procurava; continuou, com o lápis na mão, a fazer contas. O charuto no canto da boca aparentemente tinha um lugar fixo, que a força do vício esculpira em seu rosto, entortando-lhe os lábios para a direita.

– Como está, Fredo? – disse Lilly com intimidade fechando a porta e depois se acomodando na cadeira forrada de veludo verde-escuro em frente à mesa onde o homem trabalhava. A pouca importância à chegada de alguém era fato comum naquele meio desprovido de cerimônia e até de rudimentos do fino trato social.

Estranhando a voz que lhe falava, Fredo ergueu o olhar, parecendo estranhar a figura a sua frente, para, logo após, reconhecendo-a, sorrir amistoso e dizer:

– Ora vejam só?! Lilly, a velha rainha desse bordel. Que surpresa!

– Não gostei – retrucou Lilly fingindo-se zangada. – Rainha, sim. Velha, jamais! Quem sabe você retoma a fala e diz: experiente rainha desse bordel. Aí, sim, meu caro, eu vou gostar.

– Muito bem – disse ele abandonando as contas e jogando-se para trás na cadeira de espaldar alto. – Considere dito. Longe de mim aborrecê-la, conheço seu mau gênio. Mas o que a traz aqui?

– Tenho uma pérola a lhe oferecer, meu caro.

– Uma pérola? – Fredo tinha o hábito de repetir tudo que lhe diziam em forma de pergunta, era uma reação condicionada que escondia sua lentidão em pensar.

– É – confirmou Lilly prontamente, pois conhecia suficientemente os cacoetes do empresário. – Uma jovem russa. Belíssima. Ruiva natural. Pele que parece uma porcelana. Corpo perfeito. Carinha de anjo! Realmente linda!

– Linda?

– Muito linda e treinada por Dolly. Ótima dançarina, sabe cantar...

Fredo contemplava Lilly e via-se, pela luz em seu olhar, que ele pensava no que ouvia, e a descrição "da pérola" o agradara.

– Uma linda pérola ruiva, treinada por ninguém menos que Dolly e agora em suas mãos, Lilly. É isso? Entendi direito?

– Exatamente. – Lilly sabia que não adiantava usar de muitas palavras com Fredo; a inteligência que havia nele era exclusivamente para números e avaliação de maneiras de fazer dinheiro.

– Bom. Quantos anos tem a "pérola"?

– Dezesseis ou dezessete – mentiu Lilly, escondendo que na verdade não sabia a idade da protegida.

Fredo ergueu as sobrancelhas sinalizando que o interessava a candidata, e Lilly não perdeu tempo:

– Um número novo, uma "atração" nova, diferente, sempre traz mais público, Fredo. Posso trazer a garota para você conhecer? Se gostar dela, acertamos o preço. Que me diz?

– Traga-a amanhã, nessa mesma hora. Se eu gostar, ela fará o teste e depois acertamos. É você que está "cuidando" dela?

– Sim.

– Não sabia que estava fazendo isso. A última vez que tive notícias suas me disseram que era modista de algumas espeluncas, sem classe.

– Intriga de quem não tinha o que dizer. Há muita inveja neste mundo – refutou Lilly mantendo a expressão inalterada. – Não vou tomar o seu tempo. Amanhã estaremos aqui.

Sem mais, levantou-se e saiu, fechando a porta. Cruzou a vasta platéia ignorando completamente as mulheres que continuavam limpando e, ao chegar à rua, respirou profundamente – um amplo sorriso lhe iluminou o semblante.

– Foi mais fácil do que esperava – disse para si mesma.

Apalpando a bolsinha, tocou umas poucas moedas no fundo, insuficientes para tomar o bondinho e regressar. Teria que andar; assim, escolheu o caminho que passava pelo Moulin.

Era uma das raras tardes ensolaradas do outono parisiense, sempre cinzento. Lilly, contagiada pelos sucessos do dia, entregava-se prazerosamente à caminhada pelo bairro de Montmartre. Ignorava, ostensivamente, um outro olhar de desprezo dirigido por algum passante.

– Os incomodados que mudem de calçada – resmungava para consigo mesma e, balançando a bolsinha e os cachos de cabelos presos no alto da cabeça, ela ia em frente.

– Ulalá! – exclamou encantada ao ver-se diante do famoso cabaré. – Serás para sempre o rei dos cabarés da cidade-luz. Que beleza!

Conhecia a entrada de serviço do prédio e bem sabia que não a deixariam entrar ali com a mesma facilidade que no teatro de Fredo. Cuidadosa, bateu à porta. Um homem velho, magro e alto, com o rosto enrugado, usando óculos, vestindo sobre a calça e a camisa um avental de napa preto, manchado de tinta, veio atendê-la.

– Arnauld! Seu velho danado, então o diabo ainda não teve coragem de vir te buscar – falou Lilly alegremente, apressando-se a abraçar o homem.

– Lilly! – reconheceu ele surpreso. E, no mesmo tom de troça, retrucou: – Nós dois lá poremos o capeta a correr. Não, ele com certeza não virá me buscar. Precisa escolher, o pobre vai deixar-me aqui. O lugar junto dele é todinho seu, minha querida.

– Danadinho! Vejo que ainda não tens rugas na língua, está afiada como sempre.

– Graças a Deus! Se não como viver aqui? Preciso ter minhas defesas. Mas, venha, entre. Com certeza não vai recusar meu café.

– Ainda é daquele jeito? – indagou Lilly fazendo-se de incrédula.

– Igualzinho.

– Vamos, vai ser bom descansar um pouco.

Acomodaram-se numa minúscula saleta que ficava embaixo da escada de acesso à lateral direita do palco. Arnauld improvisara por anos a fio, e se podia mesmo dizer em caráter definitivo, o seu camarim. Ali tinha um pequeno fogão, uma mesa, dois bancos, algumas canecas e uma lata de biscoitos; as paredes forradas com fotos autografadas das dançarinas que haviam passado pelo cabaré.

Sentados frente a frente, ele e Lilly conversaram longamente sobre as mudanças nas apresentações artísticas naqueles últimos anos, a moda, o grande interesse do público pelos ritmos latinos, danças mui calientes – dizia Arnauld, arrastando a pronúncia sofrível das expressões espanholas.

– Preciso ir embora, estou morando longe deste bairro. Qualquer dia virei espiar o ensaio. Posso? – perguntou Lilly levantando-se e abrindo a porta.

– É bem coisa sua, parece que a idade não a modifica. Sempre a mesma! – resmungou Arnauld encaminhando-se com sua convidada para a saída. – Pois se já disse que virá, por que depois pede permissão? Eu não entendo.

Lilly estalou um beijo carinhoso nas faces enrugadas do velho amigo e, olhando a tarde que caía rapidamente, comentou:

– Preciso me apressar. Não quero caminhar muito à noite.

Arnauld olhou a amiga, sacudiu a cabeça sorrindo, pôs a mão no bolso e retirou algumas moedas no valor do transporte e entregou-as a Lilly, comentando:

– Sempre a mesma Lilly. Você e o dinheiro continuam inimigos como nos velhos tempos, quando ele vivia fugindo de você?

– Hum! Quem dera! Nossas relações pioraram muito, Arnauld. Faz anos que ele desapareceu completamente da minha vida. Com muito esforço corro atrás e pego algum trocado, mas dinheiro que é bom... Nada. Mas tenho esperança de que tudo passe e ele acabe me perdoando alguma coisa que a boa Lilly fez sem pensar e possamos, enfim, ter um relacionamento harmonioso. – Sorridente, Lilly recebeu as moedas e agradeceu: – Obrigado, amigo, minhas pernas agradecem comovidas sua gentileza. *Au revoir, mon ami.*

Arnauld acenou-lhe em despedida com um sorriso alegre que lhe fazia brilhar seus olhos cansados. Lilly sempre fora sua garota preferida. A alegria dela não era forjada, era genuína, brotava da alma, e, nas piores dificuldades, ela não se entregava nem se abatia.

– Não se faz mais mulheres como ela – disse baixinho o velho acompanhando os passos da amiga em direção à estação do bondinho.

Na manhã seguinte, uma grande surpresa aguardava os vizinhos de Lilly; o próprio Graville não ousou acreditar na visão que tinha ante os olhos.

Lilly absolutamente remodelada ou, usando o termo atual, reciclada. Nunca a vira com aquele traje, nem com o chapéu cobrindo os cabelos presos em um coque. De onde saíra aquele vestido azul-turquesa, de corte reto, sem enfeites. O que estava acontecendo?

E a jovem, muito bem penteada e suavemente maquiada, envolta num vestido de musselina branca com uma fita amarela larga na cintura, com quem Lilly vinha andando de braço? Céus! Aquela não podia ser a pedinte que se abrigara no Café Graville havia apenas um dia.

Tomado de estupefação, Graville enxugou as mãos no costumeiro avental e correu à porta chamando:

– Ei, "senhoras", onde pensam que vão?

– Já lhe disse Graville – alertou Lilly gritando do outro lado da calçada. – Não lhe devo satisfação.

– Ah! – exclamou Graville levando as mãos à cabeça fingindo espantar-se por reconhecer Lilly. – É você! Não acreditei em meus olhos.

– Vá pro inferno! É claro que você sabe que sou eu. Já cansou de me ver sem roupa, me conhece até no escuro e bêbado. Agora só porque botei um vestido diferente quer se fazer de importante.

Irina sorria ao ouvir e observar os modos de Lilly. Divertia-se com a sua espontaneidade ruidosa; ela particularmente nunca fizera aquele gênero. Simplesmente, não sabia agir de forma espalhafatosa. Era comedida e delicada. Mas vivera em diversos meios socialmente marginalizados o último ano de sua juventude e aprendera que cada um tem seu jeito especial e próprio de construir uma personalidade e um comportamento que lhe torne possível sobreviver. Fora assim que descobrira que tinha grande talento para copiar condutas alheias, dar vida a personalidades fictícias. Alias, Dolly fora quem lhe chamara a atenção para essa habilidade e quem lhe havia dado as primeiras instruções no uso delas, inspirando e lhe aconselhando a melhor forma de tirar proveito desse "dom".

– Está louca, mulher! – xingou Graville – Juro por Nossa Senhora que não a conheci. De onde tirou esse vestido?

– É meu. Não lhe interessa. Estou bonita?

– É... Até que sim. Mas muito diferente, de boca fechada passa por uma senhora.

– Quer dizer que vestida assim ninguém diz que já fui vagabunda?

– É, assim, paradinha, quieta, engana bem.

– E minha afilhada? Que lhe parece?

Graville não resistiu ao ver a beleza de Irina de perto e cruzou a rua, avaliando-a de frente. Suspendeu a respiração ao contemplar o rosto encantador da jovem. Depois desceu o olhar, observando as linhas do corpo discretamente reveladas pelo vestido, a alvura da pele do colo e do pescoço, perceptível no decote quadrado do vestido. Logo depois os seios firmes e empinados, a cintura fina, o corpo delgado, os braços delicados. Com carinho tomou-lhe a mão, observando que trazia as unhas aparadas, limpas, e, apesar de ainda restarem sinais de poucos cuidados, a aparência delas era muitas vezes melhor. Poderia dizer quase fina.

– A preciosidade que antevi em meio aos trapos, sem dúvida alguma. Ainda sou um homem que entendo de mulher bonita, Lilly. Sua "afilhada" é uma obra divina. Agora me digam, "senhoras", aonde vão? Se é que ainda posso saber o destino de minhas amigas?

– Lilly agendou uma entrevista para mim em uma casa em Montmartre. Achamos que precisávamos causar boa impressão. Por sua reação, acredito que nosso trabalho foi bem empregado – esclareceu Irina.

– As roupas foram idéias suas? – indagou Graville dirigindo-se à jovem.

– As idéias sim, o trabalho foi de Lilly.

– Coisas muito rápidas. Eram peças inacabadas do meu ateliê – esclareceu Lilly. – Enquanto ela ensaiava alguns números, eu executei as idéias dela. Boas, não acha?

– Refinadas.

– Obrigado – agradeceu Irina sorrindo candidamente. – Adoro planejar roupas, mas sou péssima em costura.

– Menina, com esse rostinho e esse corpo, para que você quer aprender a coser? – perguntou Graville aprovando abertamente a moça. – Só lamento que não queira trabalhar comigo.

– Você acabou de dizer que com "tudo" que ela tem não precisa costurar, muito menos ficar num café aqui nesse fim de mundo. Tem "dom" para coisas melhores. Agora vamos, à noite venho conversar, Graville.

Ele assentiu baixando a cabeça. Retornou à porta do café espichando o olho para acompanhar as mulheres; aliás, uma fila de homens voltava a cabeça para seguir o andar da bela Irina.

– Divina! Maravilhosa! – aplaudia Fredo entusiasmado com a apresentação – teste da "afilhada" de Lilly. – Aprovada! Aprovadíssima! Vai ser um sucesso absoluto.

Lilly, na cadeira ao lado, respirava aliviada. Verdade é que ao regressar à sua casa, na noite anterior, tinha a intenção de fazer ensaios com Irina e ver por seus próprios olhos a capacidade da moça, porém ela a convencera da necessidade de terem uma aparência condizente com as ambições que carregava. Fora tão eloqüente que acabara costurando boa parte da noite e madrugada e, mais, executando os modelos que a russa desenhara em um papel de embrulho jogado no piso do ateliê.

Tomada de alívio e espanto com o domínio de palco, com a inusitada e sensual apresentação solo de Irina, Lilly não se deu conta de que Fredo tomara-lhe as mãos e as beijava sem parar. Somente ao sentir a aspereza do bigode roçando sobre a pele das costas de sua mão direita foi que caiu em si. Era hora de negociar a beldade russa e acabava de constatar que era valiosa.

Mas antes que se refizesse totalmente da surpresa, Irina acercou-se da beira do palco, pôs as mãos na cintura e, encarando Fredo diretamente nos olhos –, a sensual dançarina e cantora havia desaparecido por encanto, dando lugar a outra mulher – disse calma e firme:

– Obrigada, Sr. Fredo. Meu cachê é de 500 francos por apresentação. Receberei seus clientes, tantos quantos queira, em meu camarim, que para tal deverá ser preparado, porém adianto que serão visitas de admiradores, apenas isso. Meus amantes eu escolho. Fui clara.

Lilly engasgou ante a ousadia de sua "afilhada".

"Quem é essa criatura? É venenosa. E a bobona aqui pensando em ensinar... Não sei o quê? Quinhentos francos por noite... Ulalá! Adeus miséria!"

Fredo também foi surpreendido pelo modo seguro da abordagem da moça, mas, envolto na aura de encantamento e excitação que ela lhe lançara, nem pensou em barganhar.

– Aceito, Irina. Negócio fechado. Você começa em 15 dias. Desça que vamos já ao estúdio de fotografias de um amigo meu preparar o material de propaganda de sua estréia.

Irina sorriu, e Lilly pôs-se a se abanar com a bolsinha. Sua mente não conseguia parar de fazer cálculos de multiplicar.

"15.000 francos por mês! Ulalá, ulalá. E eu que pensava em 10% desse valor e olhe lá para começar. E a danadinha arranca de Fredo um contratão desses. As outras vão morrer de inveja! 15.000 francos. Ulalá! É muito dinheiro! Graville não vai acreditar."

– Você tem roupas adequadas para as fotos? – perguntou Irina falando pausadamente para controlar o sotaque, aperfeiçoando a pronúncia do francês coloquial.

– Temos um enorme guarda-roupa no porão do teatro. Vamos até lá e vocês escolhem. Está bem, "divina"?

"O trouxa está babando por ela" – constatou Lilly perplexa. Nos anos em que viera ali nunca vira Fredo envolver-se com nenhuma das moças que trabalhavam para ele e nunca soubera de nenhum boato de relacionamentos amorosos dele; desconfiava de que eles nem existissem ou, se havia, eram tão clandestinos que ninguém sabia.

– Roupas usadas sempre são conhecidas do público. Lembram números já vistos, não servem para envolver uma proposta de trabalho nova como a minha. É necessáio um guarda-roupa novo, de acordo, com a mudança nos entretenimentos que o teatro oferece. Dê-nos 5.000 francos para compras iniciais e amanhã traremos as roupas novas do espetáculo e iniciaremos as sessões de fotos. Aliás, onde serão?

Fredo colocou imediatamente a mão no bolso e, apanhando um maço de notas, entregou-o a Irina.

– Conte, é seu. – lembrou ele.

Irina graciosamente abaixou-se, revelando ao olhar de Fredo o vale de seus seios, por onde pequenas partículas de suor escorriam, apanhou o dinheiro e, relançando os olhos, fez uma rápida contagem que apurou 6.500 francos. Excelente!

Graciosamente, Irina tornou a erguer-se, sorriu vitoriosa para Lilly e, caminhando pela lateral direita, desceu com facilidade o pequeno lance de escadas que afastava o palco da platéia. Dirigindo-se para próximo dos amigos, comentou:

– Ah! Como estou feliz. Só suportei a viagem de São Petesburgo porque tinha esperança de encontrar um empresário como o senhor. Todos os meus padecimentos foram meritórios. O senhor fez um grande investimento. Parabéns!

CAPÍTULO IV

O Brilho da fama

"(...) a verdadeira infelicidade está nas conseqüências de uma coisa, mais do que na própria coisa."[1]

O Teatro de Variedades do Montmartre regurgitava de brilho, luz e rebuliço. A casa toda brilhava, esmeradamente limpa. Fredo, inacreditavelmente liberal nos gastos – surpreendendo aqueles que o conheciam intimamente –, autorizara reformas na decoração do estabelecimento. E, liberalidade das liberalidades, permitiu que a nova estrela comandasse a decoração e organização de seu camarim exclusivo. Nem se faz necessário dizer que só por essas mudanças e pelo cachê que receberia a nova contratada, ela iniciava sem a simpatia das colegas. Julgando-se preteridas e desvalorizadas, deixavam que a inveja que impera nesses meios reinasse absoluta.

Entretanto, quem desejasse manter os pés sobre aquele palco e algum dinheiro na bolsa tinha que se render à nova realidade – o chefe caíra de amores pela sua nova estrela, fato até então inédito no teatro. Como bobas elas não eram, a hipocrisia – arte que dominavam muito bem e que, de bom grado, compartilha seu espaço com qualquer outro vício, não exigindo exclusividade, por ser justamente um vício medíocre, típico dos covardes e sem personalidade – instalou-se, e, "aparentemente", a festa era total. Todos, desde o mais ignorado sapateiro

[1] Allan Kardec. *O Evangelho Segundo o Espiritismo*, cap. V, item 24.

até o proprietário, traziam no rosto um largo sorriso, daqueles que vão de orelha a orelha.

Grande público acorria ao local. Muitos carros em torno do prédio e uma grande fila na bilheteria sinalizavam a expectativa criada em torno da "Divina Irina". Ressaltando e expondo muitas partes do corpo jovem, milhares de reproduções de suas fotos em trajes de espetáculo, para a época considerada despudoradas, do tipo pernas desnudas, decotes avantajados, muita cor, brilho, plumas, sapatos com saltos altos, cabelos penteados de maneira provocativa, etc., haviam servido para tornar seus atributos físicos conhecidos. Estampavam todo o material impresso do teatro, em cuja fachada fora colocado um grande outdoor com fotos e a chamada: "Teatro de Variedades Apresenta: A Divina Irina. Estréia 25/10/1919 – 22 horas. Espetáculo imperdível."

E ao longo dos 15 dias de preparação da estréia, diariamente, ao término das apresentações, os freqüentadores recebiam um folhetinho de convite que tinha em uma das faces uma foto bastante sensual. Apresentava Irina recostada em um divã, usando um maiô vermelho bordado com lantejoulas e, sobre ele, um penhoar longo, transparente, com plumas nas bainhas das mangas largas acompanhando toda a extensão de abertura da frente e na linha dos pés, que, aliás, pousavam descalços. O rosto tinha um ar de mistério que contrastava muitíssimo com o olhar ingênuo, infantil, que lançava aos admiradores do trabalho fotográfico, dando ao conjunto o tom certo para atrair a atenção masculina, com o toque sugestivo de partilhar a intimidade da estrela. Inegavelmente aquela foto fora a responsável pela maioria do público que comparecia às bilheterias do teatro de Fredo.

Ele, muito sorridente, recebia os freqüentadores na porta principal, agradecendo-lhes a presença e incentivando a apreciarem a recém-contratada, a quem não prodigalizava elogios.

Ainda faltavam mais de 15 minutos para o início do espetáculo, com a apresentação dos números mais apreciados da casa, para somente do meio para o final ocorrer a apresentação da estreante, e já a platéia e os camarotes estavam lotados. Espichando o pescoço, erguendo-se na ponta dos pés para enxergar por sobre as cabeças do público, Fredo buscava ver as bilheterias e mais brilhante se tornou seu sorriso, pois lá, ainda, também havia extensa fila.

"Maravilhoso! Divino! Divino! Meu investimento será recuperado logo, logo", dizia ele para si mesmo, contabilizando antecipada e mentalmente a arrecadação da noite.

Crescia a balbúrdia dos sons; era música misturada ao ruído de pessoas, móveis, objetos e vozes humanas em animada conversação.

Nos camarins...

– Irina, o teatro virá abaixo! Você está linda. – comentou Lilly, terminando os últimos retoques no vestido vermelho, justo, que deixava entrever as pernas pela grande fenda frontal que se abria ao caminhar da estrela.

A moça contemplava-se no espelho, ajeitando uma mecha de cabelo que se desprendia do arranjo de plumas que lhe adornava a cabeça, caindo ao lado do rosto.

– Deixe assim, – opinou Lilly – Fica bonito. Dá um ar de desarranjo muito sensual. Provocativo.

– Não irá me incomodar na apresentação? – a voz de Irina não denunciava nenhuma emoção, apenas concentração absoluta no que desejava realizar, e naquela noite, segundo seus planos, ela queria lançar as bases para obter sucesso, chamar a máxima atenção que conseguisse, construir seu caminho para chegar à "nata" artística.

"Não vou envelhecer e morrer na miséria como essas mulheres que vivem como vagabundas sem pensar no amanhã. Sei onde estou e o que estou fazendo. Já fui mais vagabunda do que elas e fiz coisas que algumas dessas pobres nem pensam fazer, mas isso foi para sobreviver... em outros tempos. Agora eu sei o que quero, o que posso fazer. Conheço meus dons, sei que posso ter uma carreira, sou jovem e não vou destruir a minha beleza por pouco dinheiro em um cabaré de segunda. Bem me ensinou Dolly... isso tem que ser um trampolim para um salto maior, bem mais alto. E hoje é o começo de tudo. Todo o nosso plano, meu e de Dolly, começa aqui e agora. Não posso falhar."

Absorta em seus pensamentos, Irina não deu a menor atenção a Lilly, que continuava a tagarelar excitadíssima à sua volta; nem ao menos a ouvia. Seus lindos olhos azuis-escuros tinham uma expressão séria, muito séria, para uma jovem que iniciava carreira em um teatro de variedades, aos 19 anos.

Diria que eles contemplavam a essência do submundo, da sociedade marginalizada, tão freqüentada pelos moralistas de plantão da sociedade, dos incluídos sob o manto da escuridão da noite.

No espelho do camarim da jovem estrela refletia-se seu lindo rosto; se nele se estampassem seu pensamento, suas recordações, bem tristes imagens dividiriam o espaço com a perfeição de seus traços. Conhecera da vida e do lado obscuro dos seres humanos muito mais do que se poderia imaginar. Ilustres cidadãos, bem-nascidos, bolsos aquinhoados, a procurar companhia nas ruas e bordéis onde desaguavam às vezes a carência de suas almas. Outras, a devassidão e a violência de um caráter dissimulado que o badalar das 24 horas e o sono de seus freios externos adormecidos permitem libertar – sim, eles parecem não possuir os internos, necessitam do olhar alheio sobre seu proceder.

Naqueles meios perambulavam os tipos mais excêntricos; muitos, a maioria de fato, doentios, da mente e, por conseqüência, também do corpo. Emocionalmente imaturos, inseguros, buscavam, além da satisfação física, da diversão, algo inconsciente que julgavam aquelas mulheres possuírem: a coragem de viver livremente, de entregar-se a seus sentimentos, de buscar a satisfação de suas vontades, de esquecer as regras sociais e legais que lhes torturavam as vidas.

De forma ingênua, eles acreditavam que as "divas" daquele reino paralelo guardavam dentro de si o segredo dessa conquista. E justamente aí estava todo o fascínio: o objeto inatingível do desejo que se recusavam a tornar consciente e para o qual então buscavam um lenitivo na fantasia. Não percebiam a barganha: hipocrisia por dinheiro.

Irina já conhecera muitos deles na sua terra natal e pensava:

"Aqui não há de ser diferente. Até esse momento não foi, não haverá surpresas daqui para frente. Dolly me dizia que era a mesma coisa. Todos eram iguais."

– Irina! – chamava Lilly indignada. – Não é hora de ir para o mundo da Lua. Estou falando com você... Responda-me.

Calmamente, Irina voltou-se e encarou Lilly; seu olhar mantinha a mesma expressão de concentração, ao contemplar a mulher que a acolhera e ajudara; um pensamento cruzou rápido pela mente da jovem:

"Essa infeliz também é parte desse mundo doente. Tantos despejaram suas doenças sobre ela, tanto ela mesma fingiu, que agora não consegue se desvencilhar da própria ilusão. Esses cachinhos são ridículos!"

– Desculpe. Estou concentrada. Essa noite é muito importante. Diga-me o que queria e depois, por favor, me deixe sozinha.

Lilly compadeceu-se da moça. Imaginou que ela estivesse muito nervosa, afinal as pessoas têm reações tão diferentes por conta dos estados nervosos. Quem sabe Irina ficasse daquele jeito. Enternecida por entender a situação sob esse prisma, balançou alegremente a cabeça, sacudindo os cachinhos de seu penteado, tomou ambas as mãos de Irina, apertou-as suavemente, sorriu, depois a puxou contra o peito, abraçando-a com cuidado para não estragar a toalete da estrela, e disse em seu ouvido:

– Você está linda! Linda! A platéia ficará cega e nem notará qualquer deslize menor. Fique tranqüila e, se acontecer de você esquecer o que ia fazer, mostre o corpo, seja irreverente, despudorada, brinque com a platéia, invente qualquer assunto picante – eles são os mesmos em qualquer parte do mundo –, todos os conhecem, faça-a rir e mostre-se altiva, dona da situação, e o sucesso estará garantido. Estarei na primeira fila, bem no centro, se precisar de ajuda vá até o meio do palco e inicie uma conversa qualquer que a ajudarei, está bem?

Irina sorriu. Sua nova amiga era simplória, realmente. Mas era muito humana e carinhosa, por isso tomou-lhe uma das mãos e encostou-a no rosto, roçando suavemente a face.

– Obrigada, Lilly, vou lembrar de sua oferta. Agora, por favor, vá, preciso ficar só. Pode ficar calma, vai correr tudo bem, nossos planos estão indo como planejamos e não irão mudar.

– Como dizem os padres: "que assim seja!"– citou Lilly em tom de deboche e, descontraída novamente, contemplou sua "afilhada" de cima a baixo, assobiando baixinho: – Ulalá! Que inveja! Não vai sobrar um único homem com a cabeça lúcida esta noite. Já pensou o que fará depois do espetáculo?

– Eis a surpresa maior. Eu ainda não sei... Preciso pensar o que será melhor. Vá, Lilly.

Sorrindo e balançando seus cachinhos, no tradicional penteado, Lilly deixou o camarim dirigindo-se à platéia do teatro. Seu rosto estava radiante, como se fosse ela reestreando no teatro. Sob a influência de Irina, modificara um pouco as roupas, usando o corte dos vestidos mais reto, com menos adereços, mais de acordo com a moda atual, embora exagerando nos decotes. Porém, as mudanças eram meramente exteriores, fácil de notar que se faziam por uma influência externa, sem bases na personalidade própria. Afinal, o exterior de qualquer pessoa diz muito de seu interior, de como vive, o que faz, quais seus gostos, temperamento e emoções.

Sozinha, Irina sentou-se em frente ao espelho, mirou-se, correu os dedos pela mecha de cabelo solta, avaliando o efeito. Por fim, concordou com a opinião de Lilly, dando-se por satisfeita com a aparência do rosto e do cabelo.

Contemplou o colo e o vale entre os seios, perfeitamente visível no decote da roupa; nenhuma mancha marcava-lhe a pele quebrando o império do branco imaculado. Acariciou a si mesma com a ponta do indicador desde o queixo até a borda do decote, sentindo a maciez da pele. Voltou a deter a atenção no espelho, fitou os próprios olhos, que agora traziam a costumeira expressão de ingenuidade, de infantilidade. Sorriu, levando o dedo à boca com ar travesso. Fez mil caras e bocas, avaliando a imagem e estudando quais recursos usaria, o que lhe parecia melhor para causar uma reação de surpresa mesmo naqueles que haviam acompanhado os ensaios.

O barulho estridente de uma campainha soou pelos corredores onde ficavam os camarins, anunciando que faltavam 15 min, para o início do espetáculo. Logo, os sons de passos, o farfalhar de saias, a batida dos saltos dos sapatos das dançarinas e suas ruidosas gargalhadas e gracejos umas com as outras enquanto em fila se dirigiam para o palco.

As paredes internas eram de madeira, naquela parte do teatro, permitindo a passagem do som tão facilmente, que, apesar dos muitos ruídos produzidos, foi perfeitamente possível a Irina ouvir alguns comentários enquanto suas colegas se dirigiam ao palco.

– Vocês estão vendo o que está acontecendo com Fredo? Babando pela ruivinha estrangeira. Nunca vi isso antes, até achava que ele não gostava muito da coisa, sabe... Que não era do agrado, entende. Mas, agora... Quem diria... Esqueceu de dizer: "não". Tudo que ela quer, ganha.

– É, não é só você que viu queridinha – retrucou a que seguia à frente, uma bela morena conhecida como Regina. – Todos já sabem. É pra ver que essa vida é mesmo muito doida; que ninguém diga dessa água não beberei. Ele vivia empinando o nariz e chamando a todas nós de vagabundas, vadias, mulheres ordinárias que não valiam nada. Enchia a boca para dizer que nossos homens eram muito idiotas por se envolverem com a gente... E agora, será que só porque ele quer a estrangeira para ele, ela não será tão vagabunda como nós?

Um coro de risadas seguiu as palavras de Regina, e Michele, que fazia parte da maioria de loiras do grupo, comentou:

– Eu assumo: estou morrendo de inveja dessa daí – e torcendo a boca apontou em direção à porta do camarim de Irina. – Trabalho aqui há três anos, noite após noite, com chuva, frio, vento ou calor, atendo todos os homens que Fredo manda e não tenho nenhuma regalia. Ainda tenho que dançar e fazer cara de contente. A outra aí chegou no pedaço com pinta de dona, de *mademoiselle* e olha o que conseguiu: 500 francos por noite só para dar o ar da graça no palco, exibir o corpo e a cabeleira que cega o Fredo. Convenhamos, meninas, a talzinha é uma vagabunda das boas, como nenhuma de nós sabe ser, a gente tem que reconhecer.

– Pois eu ainda estou pagando pra ver – intrometeu-se Denise, apressando o passo para se aproximar mais das outras, literalmente embolando o corredor. – Não sei quanto tempo dura... Como sabemos, Fredo nunca se envolveu com nenhuma mulher daqui antes – e maliciosamente completou – nem de outro lugar que se saiba. Esse reinado pode ser bem curtinho e a "Divina Irina" pode conhecer o inferno logo, logo. Agora sou da sua opinião Michele: ela é uma vagabunda que sabe das coisas. Quinhentos francos só para dançar e cantar é muito dinheiro, imagina quanto ela não tira de um homem por "algo mais".

– Diz que o Fredo deu mais de 6.000 francos para ela gastar em roupas – lembrou Regina. – Essa daí tem é estrela, nós nascemos em lua minguante, temos mais é que penar mesmo.

– Larga de dizer bobagem mulher – ralhou Michele. – Ela é muito esperta, sabe levar um homem na conversa. Vamos admitir.

– Esperta, não resta dúvida. É só ver a platéia desse teatro hoje. Há meses que eu não via um público tão grande. Nos ensaios ela mostrou ser boa no palco, vamos ver agora como será. O público sempre muda a reação. Imagina se a "Divina" virar um vexame. Fredo vai se matar de raiva. Um vexame com cachê alto é mortal para ele.

– Pode acontecer – sussurrou Regina em resposta, subindo os primeiros degraus do acesso lateral ao palco, enquanto estampava um largo sorriso em seu rosto.

Era hora de iniciar o trabalho da noite, preparando terreno para o novo espetáculo solo da recém-contratada; uma após a outra, elas tomaram seus lugares, prontas para a apresentação costumeira.

Irina ouvia os aplausos e assobios da platéia com a expressão inalterada. Ouvira nitidamente as provocações das dançarinas, sabia que elas haviam falado propositadamente de modo que ela tomasse conhecimento. Nos anos em que se dedicava àquela profissão presenciara cenas semelhantes em muitas ocasiões. Novamente o pensamento de que existiam muitas coisas absolutamente sem pátria.

"Começo a pensar que nacionalidade é uma grande bobagem. Dolly tinha razão: as pessoas são iguais em toda parte. Mudam endereços, idiomas, costumes, trajes, dinheiro, mas os problemas humanos são sempre os mesmos. Inveja russa ou inveja francesa? Grande diferença! É inveja igual. Ciúme, hipocrisia, cobiça, ambição... russa ou francesa... nenhuma diferença, só muda o idioma. Danem-se elas! Não vivem a minha vida, não sabem nada a meu respeito. Estão mortas e secas de inveja só pelo pouco que viram. Coitadas. Ainda têm tanto a aprender. O mundo está cheio de vagabundas bonitas e sem inteligência, que não sabem usar o que possuem. Eu não sou vadia, apenas estou temporariamente vivendo entre elas. Assim como não as quero no palco comigo, não pretendo ficar por aqui muito tempo. Quero um lugar só meu. A minha casa, quero luxo, conforto, muito dinheiro e quero os homens que possam me dar isso a meus pés. Pobres coitadas, filhas de Eva enjeitadas, ou melhor, desajeitadas, nunca pensaram na mais antiga lição de sedução feminina, não sabem o jogo da caça e da caçadora. São mercadoria simples, de segunda, recebem o que valem. Pouco dinheiro e nenhuma reverência da platéia."

Irrompiam assobios, algumas expressões deselegantes eram gritadas às moças em som tão alto que suplantava os aplausos ouvidos nos camarins. Havia um toque de algazarra no ambiente, algo bastante típico em se considerando o estabelecimento.

As pesadas cortinas se fecharam escondendo as dançarinas, que, apressadas, desciam a escada sob as advertências da equipe de auxiliares de palco pressurosa em iniciar as modificações de cenário. A pequena orquestra iniciou a execução de um maxixe – animado ritmo em moda – e logo o ambiente sintonizava num clima de empolgação.

Vilmont, um dos auxiliares de palco, correu ao camarim de Irina, batendo suavemente à porta e falando pausadamente, temendo que, por ser estrangeira, ela não o entendesse:

– *Mademoiselle* Irina, é sua hora. O palco está pronto. Quer ajuda?

Em frente ao espelho, Irina fez uma última avaliação: estava perfeita. Apanhou uma rosa vermelha de talo longo com poucas folhas, colocou-a entre os dentes e gostou do efeito; retirou-a, carregando a flor na mão. Andou até a porta, expressão serena, levemente misteriosa, olhar angelical, inocente de menina, e sorriu para Villmont, dizendo:

– Estou pronta, amigo. – Tomando-lhe o braço, carinhosa, indagou: – Me leva até o palco?

Não acreditando no que seus olhos viam, o jovem Villmont gaguejou ao responder:

– Me me sen... senti... rei hon...rado, *mademoiselle*. – E a olhava com devoção.

Era a primeira conquista da noite. Irina brindou-o com outro sorriso e ele julgou-se o mais feliz dos homens. Naquele momento, o corredor do teatro de variedades lhe parecia o corredor da nave da Igreja de Notre-Dame e a moça que conduzia pelo braço a mais bela e virginal das noivas. O pobre rapaz estava enlevado, apaixonado, nunca recebera atenção igual de nenhuma das outras dançarinas. Sabia que não era belo nem atraente. Era grande, corpulento, seu trabalho manejando os pesados cenários lhe garantia muitos músculos, alguns desproporcionalmente desenvolvidos em relação aos outros.

Enfim, não tinha nada de especial e a "Divina Irina" – como já a chamavam em decorrência da publicidade de Fredo – saía do camarim de braços com ele sob as vistas da equipe de palco, das dançarinas e de outros trabalhadores que transitavam pelo corredor.

Villmont os via parados, perplexos, boquiabertos com a beleza da mulher que acompanhava. Viu o olhar carregado de cobiça dos homens transformarem-se em inveja quando recaía sobre ele. Sentiu-se poderoso naqueles poucos segundos.

Incontidos, os outros homens da equipe aplaudiram Irina, que, fingindo surpresa com a atitude que deliberadamente quisera provocar para responder às críticas das dançarinas, sorria e agradecia o carinho, o incentivo. Chegando ao topo da escada de acesso ao palco, Villmont, imitando um gesto galante, tomou-lhe a mão e estalou um beijo ruidoso. Irina novamente sorriu e acariciou-lhe o rosto rapidamente com o botão de rosa que trazia na mão e foi em direção ao centro do palco ouvindo as brincadeiras e comentários que os homens faziam com o auxiliar.

– Sortudo!

– Por que não fui eu chamá-la? Amanhã é minha vez. – A idéia prontamente foi aceita e a escala da semana feita.

– Ela é divina! – suspiravam eles. – Maravilhosa!

Irina ouvia os comentários. Seus olhos tornavam-se ainda mais brilhantes, mas era hora de esparramar seu encanto sobre a platéia que mais a interessava. Com os homens do teatro se poderia dizer que ela apenas mostrara às "colegas" o que fazer com a inveja que sentiam; fora o troco, a resposta às provocações que elas haviam lançado. Sabia que muitos relacionamentos se formavam nos bastidores, por isso a demonstração interna de poder tinha um potencial de ferir bem maior.

Enquanto os homens mantinham-se fixos na jovem russa, as dançarinas fechavam o semblante, com cara de poucos amigos, furiosas com a cena, indignadas com a reação de alguns dos presentes, sobre os quais julgavam ter império.

Algumas palavras ferinas, transbordantes de rancor, pronunciadas pelo trio Michele, Regina e Denise, soaram como acordes melodiosos aos ouvidos de Irina.

Embriagada pela sensação de vitória, sentia-se muito segura e senhora de si quando, após a apresentação de Fredo, lentamente as pesadas cortinas de veludo se abriram, deixando vê-la através de uma série de véus diáfanos que subiam em direção ao teto conforme ela avançasse, interpretando uma música romântica, bastante popular.

Ela se movia sinuosa, lenta, gestos comedidos, numa estudada sensualidade que parecia inconsciente, natural. A platéia respondia com um silêncio; expressões de encantamento, enlevo, surpresa eram facilmente notadas nos rostos. Alguns cochichavam:

– Onde Fredo encontrou essa diva?

– É a própria Vênus.

– Nossa! Que beleza!

Todos, invariavelmente, calculavam quanto custaria tê-la como amante. Ninguém sabia onde ficava sua casa. Conheciam apenas a propaganda e agora sentiam os efeitos da sedutora visão da jovem estrela.

O primeiro ato acabou. Uma cortina ainda a encobria da platéia. Aplausos soaram assim que a orquestra silenciou. Graciosa, Irina agradeceu jogando beijos ao público.

Lilly observava o efeito da apresentação com um brilho iluminando seu olhar. Durante os ensaios duvidara da escolha do número, quisera algo mais tradicional, mais típico do estabelecimento, mas Irina fora irredutível, e Fredo nada lhe negara. E agora, observando a reação dos espectadores, reconhecia que a menina acertara em cheio, estava sendo um sucesso.

A orquestra, repentinamente, ainda sob os aplausos do público, a um sinal imperceptível de Irina iniciou um ritmo mais intenso, lembrando uma dança cigana, e a última cortina foi erguida.

Ela rodopiou no palco, leve como uma pluma, inflamada pela paixão da música; arrancou o arranjo de plumas que lhe adornava a cabeça, lançando-o ao chão e pôs a rosa entre os dentes. Era como se fosse tomada pela alma cigana e arrastava a platéia que logo batia palmas acompanhando o ritmo, numa interação total com a apresentação. Sozinha, ela dançava com um acompanhante imaginário, que poderia ser qualquer um da assistência, e assim eles se sentiam.

Ao final, novos aplausos irromperam, e as cortinas desceram, sinalizando o fim da primeira parte do show. A noite parisiense via nascer uma nova estrela, e seu público a idolatrava reverente.

Lilly correu ao camarim, eufórica. A segunda parte era o grande apogeu do espetáculo.

– Ulalá! Ulalá! Parabéns, querida! Está divina, esse teatro nunca viu nada igual.

Irina aproximou-se de Lilly dando-lhe as costas, num pedido mudo de ajuda para despir o vestido.

– Esse é sempre o lado negro das apresentações: vestir e desvestir rapidamente roupas justas com o corpo suado. Parece que nos arrancam a pele. Pobrezinha – consolava Lilly, puxando o vestido sobre a cabeça de Irina, evitando despenteá-la.

– Apanhe o vestido preto, Lilly – orientou Irina enquanto enxugava o corpo com uma toalha seca –, e a tiara que faz conjunto.

– Aquela com uma única pluma no meio?

– Sim.

Pressurosa, Lilly corria a atender os desejos da "afilhada". Reuniu a roupa, serviu dois copos com champanhe gelado que havia sido entregue no camarim a mando de Fredo e bebericou da taça que servira para si mesma.

– Hum, coisa fina! – disse ela voltando a examinar a garrafa e detendo-se no rótulo. Depois, entregando a outra taça a Irina, comentou: – Fredo está apaixonado. Experimente, é uma delícia.

– A paixão combina bem com a generosidade – retrucou Irina sorrindo maliciosa para Lilly após sorver o vinho. – Sirva-me outra.

Lilly entregou à jovem o vestido, depositou a tiara sobre o aparador abaixo do espelho e foi apanhar o balde com a bebida gelada. Aguardou Irina terminar de se vestir, observou-a retocar a maquiagem e o penteado, acomodando a tiara em torno da cabeça. Vendo-a pronta, entregou-lhe a taça e ergueu a sua em um brinde:

– Paris aos seus pés, minha querida!

Irina sorriu deliciada e ingeriu rapidamente a bebida.

– Faltam as meias negras, Lilly. Lembra onde estão?

– Aqui – respondeu ela prontamente, remexendo a gaveta de um cômodo bem à sua frente, de onde apanhou as meias e entregou à moça.

A orquestra concluiu a apresentação do maxixe. Os ruídos da equipe de palco modificando o cenário não se ouviam mais, o que significa dizer que tudo estava pronto para o final do espetáculo. Acompanhada de Lilly, a nova diva caminhava rapidamente pelo corredor, mas não esquecia de sorrir para os homens pelos quais passava, lembrando a cena do início e mantendo acesa a chama do fascínio, da ilusão de que tinham próximo, ao alcance das mãos, alguém, na verdade, muito distante.

Lilly não resistiu a pisar o palco do teatro mais uma vez apreciando de perto o cenário. Tudo combinava perfeitamente. Era a representação de um bar, com bancos altos, um balcão, ao lado alguns dos músicos da orquestra com seus instrumentos, um acordeom e um violinista, com ternos brancos, camisas e sapatos escuros, cabelos alisados com brilhantina, penteados para trás, e, obviamente, os infalíveis lencinhos no bolso do paletó. Fazia contraste com o vestido negro de Irina, que lhe deixava as pernas à mostra, pois a saia justa, na altura das coxas, tinha uma fenda de quatro dedos de altura sobre a perna direita, permitindo ver as ligas da meia; o corpete moldava-se ao corpo como uma segunda pele, exibindo totalmente o colo e deixando pouco à imaginação; os braços vinham cobertos por longas luvas negras.

– Você tem muito talento, querida. Dolly não teria feito melhor. Vá, a vitória é sua – estimulou Lilly empurrando suavemente Irina ao centro do palco, onde sabia que ela retomaria a apresentação.

Na ponta dos pés para não fazer barulho, apressada, Lilly saiu do estrado, ao ver o sinal do homem que controlava as cortinas, informando que estava pronto para abrir. Irina trocou olhares com o iluminador e com os músicos. Tudo acertado, autorizou a abertura.

Enquanto as cortinas se abriam, o violinista executava uma música solo, arrastada, lânguida, lamentando a solidão e clamando por um amante apaixonado. Irina lançava olhares como se procurasse alguém especial. Fingindo-se insatisfeita com a distância, andou até a escada, descendo os poucos degraus que a colocavam ao nível do público. Iluminada por uma luz frontal que a tornava ainda mais jovem e delicada, iniciou a interpretação da música. A platéia estava como que suspensa, implorando com o olhar que ela se aproximasse; alguns se erguiam e tinham suas roupas puxadas, lembrando-os de que havia outros espectadores.

Irina sorriu, começou a caminhar lentamente, deixando que sua mão acariciasse uns e outros, entre as pausas da canção. Suspiros eram ouvidos. Ela foi ao fim do teatro e voltou.

No canto da última fila um rapaz a observava absolutamente fascinado. Acompanhava com deleite cada gesto, bebia-lhe o som da voz e, quando seus olhos cruzaram com os dela, por um segundo, jurou que o olhar de Irina tornara-se mais brilhante e misterioso, que naquele segundo ninguém mais havia naquele teatro além deles dois. Sem dar-se conta do que fazia, levantou-se e, conforme ela se afastava, ele, pelo corredor lateral, também andava em direção ao palco. Claro, ninguém além de Irina notava a atitude do rapaz.

Quando ela subiu rapidamente os degraus, tornou a fitar o jovem e a expressão consternada dele a fez sorrir. Foi o suficiente para fazer disparar o coração do desconhecido admirador, que permaneceu ao pé do tablado.

Aplausos, agora, interrompiam a música a cada gesto de Irina. A platéia estava próxima do delírio, que não se fez demorar.

Tão logo os últimos acordes de violino silenciaram, o acordeom ecoou no ritmo quente de um tango latino. Irina desenvolveu alguns passos da dança contemplando os espectadores, levando-os à loucura com a música que falava de uma briga entre amantes, mas acabava em sedução.

Era um número em que ela trazia um homem da platéia para dançar com ela. Uma surpresa. Correu o olhar veloz até encontrar o jovem encostado à parede na lateral do teatro concentrado nos mínimos gestos que ela fazia. Decidida e no compasso da música, andou até ele, estendeu os braços e o convidou:

– Venha. Você é o meu amado nesta dança.

Os olhos azuis do rapaz escureceram, irradiando paixão. Não precisou de um segundo convite. Pouco lhe importava que houvesse uma platéia majoritariamente masculina observando-o. Colocar os braços em torno daquela mulher era o que mais desejava. Irina recebeu-o no palco com um sorriso; pretendia demonstrar suas técnicas de sedução, enfeitiçando o rapaz, e depois divertir a platéia livrando-se dele, usando-o como um escape para a frustração dos outros que fariam dele um motivo de riso.

Não contava, porém, que seu escolhido fosse alguém de personalidade bastante forte e acostumado a jogos semelhantes. Luidgi a enlaçou seguro e forte, surpreendendo-a pela ousadia de encostar seu rosto ao dela e tomar a si a condução da dança. O rapaz era exímio dançarino de tango e extravasou na dança a paixão de que estava possuído.

Notando que a platéia se deliciava com a cena erótica que se desenrolava no palco, Irina rapidamente refez seus planos e entregou-se à representação de mulher apaixonada. Ignorou a platéia e concentrou suas atenções no rapaz que, de forma inusitada, dividia sua estréia, num jogo explícito de sedução. Enquanto dançavam, o rapaz a encarava fixamente, não afastava o olhar de seu rosto, nem mesmo quando ela erguera a perna e, tomando-lhe a mão, o fizera acariciar a coxa.

A platéia delirava, totalmente envolvida no clima da cena protagonizada no palco. Fredo observava com o rosto muito vermelho, misto de raiva. Com excitação e satisfação, ele não conseguia separar os sentimentos, e sua mente rodopiava. Irina tirava-lhe o controle. Lilly era pura satisfação e orgulho.

Quando soavam as últimas notas do tango, Irina ficou imóvel nos braços de seu acompanhante, respirando ofegante. Olhou a platéia e, observando a reação, sentiu-se vitoriosa, fora um sucesso. O improviso de última hora fora sensacional; um sorriso de prazer iluminou seu rosto e, em meio aos aplausos e pedidos de bis, viu-se repentinamente beijada com ardor por seu desconhecido dançarino. Literalmente isso pôs fogo na platéia, e ela, senhora de si, aproveitou a oportunidade retribuindo o beijo e sinalizando à orquestra que voltasse a tocar. Após um longo beijo, conseguiu afastar o rapaz. Tomando-o pela mão, andou com ele até o centro do palco e, encarando-o, disse:

– Obrigado. Foi um prazer dançar com o senhor.

– Luidgi, me chame assim, Irina – respondeu com um inegável sotaque alemão.

Ela sorriu, ergueu a mão dele acariciando-a levemente no contato com a face rosada e repetiu:

– Obrigada Luidgi, fomos um perfeito casal estrangeiro na noite da capital francesa. Obrigado, por favor, volte à platéia.

Ele tomou-lhe a mão entre as suas e lentamente puxou a ponta dos dedos da luva; ela sorriu, encorajando-o a prosseguir:

– Leve-a de recordação e vá.

Novo momento de delírio para a platéia ao ver o braço desnudo da dançarina, que prontamente arrancou a outra luva jogando-a para o público e, acenando adeus, sinalizou que fechassem o palco.

Os aplausos prosseguiam frenéticos forçando as cortinas a se abrirem, mostrando a artista para rápidos agradecimentos. Por mais duas vezes as cortinas se abriram e fecharam e o público de pé aplaudia.

Luidgi, alheio às manifestações, permaneceu parado ao pé da escada olhando o centro do palco, contemplando a dançarina. Ainda sentia o calor do corpo dela; o perfume de essências orientais que ela usava impregnara-se em suas roupas. Levou a manga do paletó próximo às narinas para sentir com mais intensidade o aroma e aspirou-o profundamente deliciado.

"Os outros que aplaudam", pensava ele, "Eu a tive em meus braços, senti seu calor, tenho seu cheiro em mim, e sei que gosto tem seus lábios. Ela não dançou para mim, dançou comigo. Irina é encantadora."

A imagem sedutora de Irina dominava os pensamentos do rapaz, e a paixão conduzia-lhe os atos. Ele parecia hipnotizado, parado ao lado da escada, com expressão sonhadora a aspirar a manga do próprio paletó. Alguns cavalheiros de mais idade, bem mais experientes que os vinte e poucos anos de Luidgi, sorriam e trocavam olhares de troça entre si, até que um deles, compadecido, se aproximou, tocando-o no ombro e dizendo:

– Acorde, filho, foi só um sonho. A deusa se foi. O espetáculo acabou.

Assustado, Luidgi voltou o olhar para o cavalheiro que o interpelava. Simpatizou com as feições amistosas do homem grisalho e bem-vestido, sorriu e, como que saindo de um transe, percebeu que as luzes haviam sido acesas e todos se movimentavam. Alguns se dirigiam ao bar do teatro em busca da companhia de alguma das dançarinas, outros buscando a porta e um bom número cercando Fredo em busca de um convite para ir ao camarim de Irina. Ele conhecia a dinâmica daquelas relações; os mais ricos sempre tinham maiores chances. Portanto, por ali não era seu caminho.

Percebendo o rumo dos pensamentos do jovem, o homem grisalho pressionou a mão que tinha em seu ombro ao falar:

– Deixe-os, nenhum terá o que você teve.

Luidgi ampliou o sorriso e balançou a cabeça concordando com seu interlocutor.

– Muito bom, meu jovem! Venha comigo e meus amigos, vamos beber um pouco e ver como a Divina terminará a noite. Quero crer que está só, não é verdade?

– Sim, estou. Agradeço o convite e vou aceitá-lo, vai ser interessante ver o final, com certeza.

– Ah! Sempre é, rende muitos comentários – disse ele e, estendendo a mão, apresentou-se: – Gaston Duvernoy.

– Ludwig Schroeder, é uma honra, Monsieur Duvernoy.

– Igualmente, meu rapaz. Agora vamos, meus amigos estão com pressa – explicou Duvernoy sorrindo e apontando com a mão um grupo de três cavalheiros que os olhavam à certa distância acenando para que se apressassem em juntar-se a eles, que iam sendo levados pelo público em retirada na direção do bar. – Eles não têm mais a sua idade para deixar-se ficar sonhando nem a minha para simplesmente apreciar o momento e receber o possível. Estão afoitos e para lhe dizer a verdade talvez nem saibam muito bem a razão. Mas garanto-lhe que são ótimas criaturas, muito divertidas, por sinal.

– Não creio que eles não saibam. É bastante fácil descobrir a razão da pressa: querem divertir-se.

– É, pode ser.

Lado a lado, a passos lentos, Luidgi logo percebeu que seu amigo tinha um sério problema de locomoção, pois amparava-se em uma bengala que havia deixado encostada à fila de cadeiras. Iniciaram a caminhada pelo corredor central do teatro. Sabia ser indelicadeza questionar a razão da deformidade, e a custo sofreou a pergunta enquanto pacientemente acompanhava Duvernoy.

Em ritmo lento iam avançando e trocando idéias sobre o espetáculo, concordando que a nova artista trazia um erotismo diferente de outras famosas dançarinas parisienses e que era muito talentosa.

– Fredo fez uma grande descoberta, não resta dúvida – comentou Duvernoy ao reunirem-se a seus amigos já no bar do teatro. –

Vou apresentá-los ao grande felizardo da noite: Monsieur Ludwig Schroeder.

Efusivos cumprimentos e abraços recepcionaram o jovem Luidgi, enquanto Duvernoy fazia as apresentações:

– Paul Gautier.

– Jacques Lefèvre .

– Armand Duprat.

Acomodaram-se em torno de uma mesa redonda quase no centro do salão do bar; logo apareceu um garçom para atendê-los e após anotar os pedidos, se afastou ligeiro.

A conversa se desenvolveu com facilidade girando em torno de comparações do espetáculo da noite com outras apresentações conhecidas. Logo com a intimidade e a desinibição que aquele tipo de ambiente costuma desenvolver começaram as inevitáveis perguntas a Luidgi sobre o que acontecera no palco e, contra sua vontade, ele viu que se tornara alvo de um grande número de curiosos que, reconhecendo-o, se acercavam para ouvir a resposta.

Sentiu-se desconfortável, as faces ardiam, estava encabulado. Repentinamente, as palavras, sempre fáceis para ele desapareceram, a mente estava vazia. Ele se recusava a compartilhar as emoções que havia experimentado com Irina.

A seus olhos ela não era uma vagabunda – tornou-se consciente disso naquele instante. Não a via como uma prostituta, uma dançarina de cabaré, nem mesmo uma cortesã. Não tinha uma idéia muito clara do que ela representava, mas sabia que não a via como aqueles homens, e a atitude deles o incomodar.

Como ele os encarasse silencioso e algo encabulado, não demorou a formar-se um coro muito desordenado incentivando-o a falar.

– Não posso, senhores – declarou por fim com voz firme e expressão séria. – Não posso atender o que me pedem. Não direi sequer uma palavra sobre o que aconteceu entre mim e *Mademoiselle* Irina. Por favor, não insistam.

Expressões desgostosas se elevaram e, observando-lhes a reação, Luidgi passeou o olhar pelo ambiente surpreendendo-se ao ver parada junto à porta principal, acompanhada de uma senhora mais idosa, de Fredo e de um grande grupo de admiradores, ninguém menos que a estrela da noite, deslumbrante num vestido de noite, simples, esvoaçante, de um tecido maleável que insinuava as formas do corpo de Irina, levando a crer que ela não usava absolutamente nada sob a roupa, apenas meias de seda transparente. Seus olhares se encontraram, e Irina lhe sorriu, cumprimentando-o à distância.

Fredo adiantou-se dirigindo o grupo para um recanto do salão onde várias mesas estavam disponíveis.

Esquecidos do motivo por que se aglomeravam em torno da mesa dos quatro homens, os curiosos se retiraram atraídos como por um ímã pela presença da artista.

Luidgi não conteve uma expressão de irritação ao observar o quanto ela era assediada, mas também não conseguia despregar os olhos da mesa onde ela se encontrava.

– Uma grande surpresa – comentou Duvernoy. – Não era o que se esperava. Ao que tudo indica a Divina não receberá nenhum dos cavalheiros de "maneira especial". Resolveu divertir a todos e não se dar a ninguém.

– Isso me deixa estranhamente feliz – disse Duprat.

– Também gosto da novidade. Parece que a beldade tem algumas excentricidades – reforçou Lefèvre. – Será que amanhã ela vai estar mais condescendente?

– É o que pagarei para ver – afiançou Gautier. – Vejam: em torno daquela mesa, Fredo reuniu alguns milhares de francos. O suficiente para fundar um banco de solidez inegável. E a moça não parece comovida. O que você acha, Schroeder?

– Só lhes digo que ela é uma mulher especial. Muito especial. Nada que ela faça se parecerá com as outras.

– Meu amigo ainda não acordou – comentou Duvernoy em tom amistoso, sorrindo e contemplando os demais amigos. – Mas qual de nós o há de censurar? Aproveite, meu caro Schroeder, aproveite a sua noite, delicie-se com suas lembranças, mas não deixe de ver a luz do sol do dia de amanhã.

Luidgi olhou Duvernoy com ar de estranheza na face. O comentário soara descabido a seus ouvidos, não combinava em nada com o ambiente. Duprat, Lefèvre e Gautier pareciam não notar nada de diferente e ele deduziu que deviam estar acostumados àquelas frases despropositadas.

– Eu não sou nenhum tipo de louco novo, meu jovem, que você ainda não conheça. Talvez eu seja só um pouco excêntrico, um pouco diferente – falou Duvernoy dirigindo-se ao jovem alemão.

– Por que diz isso? – indagou Luidgi notando que os outros companheiros de mesa entretinham-se recordando lembranças comuns, um tema do qual absolutamente poderia participar.

– As pessoas não mentem jamais. Acredita?

– Não, sou de opinião oposta. As pessoas mentem durante 90 por cento de suas vidas.

– Ai, que horror! Que exagero!

– Exagero o seu dizer que as pessoas não mentem jamais. Se no mundo houvesse só a verdade, ninguém sofreria de desilusão.

– A relação mentira versus ilusão e verdade versus desilusão depende da interpretação de quem a vê. Eu afirmo que as pessoas não mentem. Veja se me entende, jovem: o que é uma ilusão? Uma imagem enganosa, algo irreal. Certo? A mentira não é a mesma coisa, ou seja, algo falso, irreal. A ilusão é produto de quem?

– De quem vê – respondeu prontamente Luidgi.

– Perfeito, mon ami. Eu lhe afirmo que a mentira é também um produto de quem a vê. Digo isso porque em geral nos satisfazemos em ver, viver, sentir, olhar, cheirar, tocar, ouvir, provar tudo por parte, raramente por inteiro. Agimos como meninos e vemos por parte; quando crescemos, vemos por inteiro o que antes víamos pela metade. Então as pessoas não mentem, pois buscamos vê-las, ouvi-las, tocá-las, senti-las, prová-las com a inteireza do nosso ser, com todos os nossos sentidos presentes. A atenção é total e profunda, temos clareza em nosso raciocínio e pode-se dizer que passamos a perceber além do comum. É o benefício da experiência de tornar-se homem adulto; não nos deixamos enganar, as pessoas não mentem mais – elas jamais mentiram –, nós é que não as percebíamos por inteiro, éramos meninos e como tal estávamos pela metade.

Luidgi tomou um gole do champanhe servido em sua taça, pensando que aquela era a noite mais louca, mais inusitada que vivera desde que chegara a Paris um ano antes. A conversa daquele homem era despropositada, mas algo nele o interessava, o tornava simpático a seus olhos, e o fato de não ter feito novos amigos o deixara carente. A adaptação à mudança estava sendo difícil.

Dedicava seus dias ao estudo da medicina, às aulas na universidade; duas noites por semana, buscava companhia nos cabarés para aplacar a solidão em que vivia. Sempre tivera uma vida muito regrada, poder-se-ia dizer de uma ferrenha disciplina militar. Educado pelo pai – médico do exército alemão – e pela avó paterna, tivera uma infância cercada de atenção e exigências de bom comportamento e rendimento escolar. Cumprira com todos os requisitos para tornar-se um adulto exemplar, e, pelos padrões estabelecidos, realmente o era. Tinha, na Alemanha, muitos amigos e sólidos laços familiares. Não conhecera a mãe, morta no parto, mas a avó lhe dedicara todo o afeto. Tinha lá uma vida muito regular, com família, diversão, compromisso com a formação, com a religião, com a sociedade. Em Paris, estava só. O ano apresentara dificuldades maiores do que ele havia imaginado. Por isso, Duvernoy, apesar de estranho, o atraía com sua conversa.

– Não o entendo. Como pode alguém, simplesmente por deixar de ser menino, salvo aquelas banalidades, saber quando alguém está ou não mentindo? Existem tantos interesses escusos movendo as pessoas que me parecem não temer dizer qualquer coisa para conseguirem o que realmente querem. Mentem sim, e muito. Enganam e iludem, sem piedade.

Duvernoy sorriu de forma enigmática. Adorava conversar com criaturas do tipo do jovem Schroeder, inconscientes da amargura que carregam e alimentam – pragmáticos sem reflexão, na maioria dos casos.

– Ah! Você não considerou o que eu disse quando falei: ver como menino ou ver como homem adulto, ver parcialmente ou ver a totalidade. Pense comigo: quando dizemos algo a uma criança, ela ouve só o que lhe interessa e a agrada, o restante parece entrar em um ouvido e sair, no mesmo instante, pelo outro. E lá ficam os pais e professores a repetirem incansavelmente a mesma lição. Se mostrarmos a um menino uma vitrine, por exemplo, se nela houver algo de seu interesse, este prontamente será objeto de sua atenção, caso contrário, nenhuma importância receberá. Se lhe dermos o que deseja, não experimente perguntar à criança a cor da camisa que você estava usando naquele momento, ela não vai saber responder, todos os seus sentidos estão na satisfação de ter nas mãos o que queria. Assim é a criança, assim vê o homem-menino que tem seus sentidos voltados exclusivamente para a satisfação de seus interesses pessoais e estes são, em muitos casos, traiçoeiros, prestam-se a nos armar ilusões e a nos fazer crer em irrealidades, que somente nós vemos, ouvimos, tocamos e acreditamos.

Interessado no pensamento de Duvernoy, mas sem entender onde ele queria chegar e julgando que seu amigo fosse daquelas pessoas que sob efeito de álcool se tornam introspectivas, ante a pausa dele comentou:

– Acho que estou começando a entendê-lo.

– É mesmo, meu caro? – indagou o francês em tom de leve descrença, para depois conceder mais animado: – Fico feliz. Um brinde, então, à sua reflexão!

Luidgi, considerando aquele brinde um total despautério, educadamente ergueu a taça que Duvernoy tornara a encher e o acompanhou fazendo tilintar o cristal no encontro com a do amigo. Relanceou um olhar a mesa de Irina, cercada de admiradores, vendo-a sorrir e atenciosamente atender a todos, jogando-lhes seu encanto, mantendo-os em suspenso no fascínio com que os envolvia. Duvernoy acompanhava atentamente as reações do rapaz e não escondeu o sorriso e certo ar de piedosa proteção, tampouco se surpreendeu por ele nada haver notado e mais ainda por perguntar-lhe:

– E como um homem adulto vê a vitrine?

– Hum, grande pergunta – enfeitou Duvernoy fazendo um ar compenetrado e fingindo pensar muito antes de responder: – Vê o conjunto. Saber o que quer, o que busca, se torna mais exigente, ao mesmo tempo em que mais calmo, menos ansioso e afoito na escolha. Vai considerar o produto mais que a embalagem. Efeitos para criar ilusão que tão bem se prestam a iludir os que são dirigidos pelos interesses pessoais, não o enganarão. Fará questão de testar com todos os sentidos o que está pensando adquirir. Se receber de presente, com certeza prestará atenção à camisa de quem lhe deu, verá os detalhes, não ficará deslumbrado com a própria satisfação.

"Definitivamente ele é louco", pensou Luidgi. "Ninguém em sã consciência vai se prestar a gastar muitos francos para ingressar neste teatro, beber e consumir aos preços que aqui são praticados, para ficar jogando conversa fora, em um assunto tão sem propósito. Franceses são excêntricos, bem que papai me avisou. Tendo uma mulher como Irina para comentar e apreciar, preferem essa conversa insossa."

– Tome cuidado, caro Schroeder, para não ser pego pela embalagem – advertiu amistosamente Duvernoy.

– Não se preocupe, Sr. Duvernoy. Lembrarei seus conselhos.

– Gaston é bom conselheiro – elogiou Duprat. – Lê muito, viaja, conhece a Europa e vários lugares exóticos...

– Bobagem – atalhou Lefèvre – Toda essa conversa do Duprat se resume ao seguinte: Gaston viveu e muito bem os anos que Deus tem lhe dado sobre a Terra, tem experiência.

Luidgi os olhava divertido. Uma briga entre homens adultos em um cabaré não era o ideal pretendido para aquela noite, mas há um ano aprendia a aceitar as experiências que a vida oferecia com bons olhos.

– Hã, pois sim, esta é mesmo muito boa – interferiu Duvernoy imitando um carregado sotaque português; vendo os amigos sorrirem, completou retomando a entonação normal da voz: – Se eu fosse bom conselheiro, nenhum de vocês estaria aqui esta noite, estariam com suas esposas e filhos, usufruindo do conforto do lar.

– Esse conselho nem você seguiu – defendeu-se prontamente Gautier, que havia observado a discussão em silêncio. – Além do mais, ter esposa não significa ter filhos e vice-versa, e ambos ou apenas um não garantem conforto a um lar. Já passamos da idade. Eu estou satisfeito com a minha vida como está. Vocês têm queixas, rapazes?

Bons momentos da noite foram ocupados dali em diante com relatos das vidas dos companheiros de mesa. Duprat era comerciante de antiguidades; Lefèvre e Duvernoy viviam de rendas auferidas de propriedades rurais nas cercanias de Paris, e Gautier era pintor de retratos. Formavam uma verdadeira confraria, muito unidos e alegres. Divertiu-se tanto ouvindo a discussão dos homens e palpitando, que em várias oportunidades esqueceu-se da mulher no outro lado do salão; porém, quando os freqüentadores foram abandonando o local, diminuiu o barulho, e o som do riso e da voz de Irina chegavam até ele chamando-o, tirando-lhe a graça e a atenção na companhia dos alegres franceses.

Duvernoy notou logo a mudança que se operava no rapaz e, acompanhando a direção de seu olhar, simplesmente confirmou que ele estava completamente seduzido pela dançarina ruiva. Meneou a cabeça sugestivamente, trocando olhares com seus pares de mesa. A comunicação muda era suficiente para que se entendessem; olhavam-se uns aos outros erguendo as sobrancelhas como a dizer: "Pobre coitado! Tomou-se de paixão pela Divina, que se há de fazer?"

Duprat correu o olhar pelo salão, consultou o relógio que trazia preso ao colete do elegante traje que usava e a seguir anunciou:

– Senhores, é muito tarde, bem mais de três horas da manhã. Preciso partir. Vemo-nos amanhã em minha casa?

Os outros franceses concordaram com monossílabos, seguindo-lhe o exemplo de apanhar os pertences para partir.

– Deixem que acerte as despesas desta semana. Na próxima é com Lefèvre – comunicou Duvernoy.

– Mas já?! Tão rápido. Tem certeza de que paguei a última conta há três semanas?

– Absoluta – replicou Duvernoy. – Faço a contabilidade, tenho tudo anotado.

Por fim, concordes com os acertos, os três se retiraram. Duvernoy olhava compadecido o estudante alemão, enquanto matutava: "É um belo rapaz. Jovem, educado, sadio. Apenas é imaturo, como a maioria de nós foi nesta idade. Tomara que essa paixão de que está tomado esta noite se apague com a luz do sol amanhã."

Ficaram os dois a conversar até o momento em que Irina se afastou acompanhada de Lilly e Fredo, passou pela mesa deles, uma das poucas onde ainda restavam clientes, lançou um rápido olhar a Luidgi ajeitando o casaco escuro com gola de pele sobre os ombros e saiu do salão.

Minutos depois todos abandonavam o teatro. As luzes se apagavam e os empregados, felizes por mais um dia ter se encerrado, cerravam as portas.

Na calçada em frente, Luidgi procurava com o olhar avistar onde estaria Irina, mas nem o rastro de seu perfume existia mais. Tal um sonho, ela se desvanecera no ar, deixando apenas como uma avessa consolação o fato de que Fredo também ficara no meio-fio da calçada.

Duvernoy partilhou do sorriso de Luidgi com outros motivos. Divertia-se com o deslumbramento apaixonado do rapaz. Cutucou-lhe o braço e convidou:

– Vamos, amigo, me acompanhe até minha casa. Fica a poucas quadras daqui. Poderemos subir e tomar um café, o que acha? Daí você conhecerá os caminhos que levam ao meu lar. Que me diz?

– Aceito, lógico. Estou absolutamente sem sono. O senhor também me parece no mesmo estado.

– Durmo muito pouco – respondeu Duvernoy reticente.

Amena conversação se estabeleceu entre os homens, que pareciam ignorar o frio da madrugada. As ruas, iluminadas por lampiões que lançavam sombras sobre os paralelepípedos, àquela hora eram praticamente desertas, e apenas um ou outro boêmio, como eles, cruzava-lhes o caminho.

Não sei se a madrugada, o frio, o deserto das ruas ou por terem compartilhado aquela noite especial, o fato é que os dois homens se envolveram na atmosfera íntima e a conversa de amenidades tornou-se agradavelmente pessoal.

Pararam em frente a um sobrado de linhas retas, com grades "art-nouveau" nas duas amplas janelas do piso superior das quais pendiam exuberantes folhagens entremeadas com delicadas flores amarelas e brancas muito perfumadas; as aberturas eram em um tom de cobre escuro, e as paredes recobertas com cimento penteado. Simples e muito agradável, a residência ficava em uma rua pacata de Montmartre, no topo de um suave aclive. Outras residências semelhantes davam ao local um ar tipicamente doméstico; algumas distanciadas do alinhamento da calçada eram enfeitadas por pequenos jardins em frente à fachada. Silenciosas, àquelas horas, mas não exigiam muito da imaginação ver a rotina diária com muitas crianças brincando e correndo sobre o calçamento irregular; bicicletas disputando corridas na descida da lombada; muitos meninos com suas calças curtas fazendo algazarra – tudo isso dava um ar de vivacidade.

Luidgi parou contemplando a casa e arredores. Levou a mão ao peito como se sentisse súbita dor. Tinha forte saudade da vida doméstica junto de seus familiares. Sentia-se muito só em Paris, tanto que contava os dias no afã de que o ano letivo terminasse e pudesse partir para a Alemanha.

Duvernoy, sempre atento às reações dos que o cercavam, notou a emoção que assaltava seu companheiro. Sem dizer sequer uma palavra, passou-lhe a bengala para que a segurasse enquanto ele vasculhava os bolsos à procura do molho de chaves. Sem maiores dificuldades entraram na casa, cujo interior era simples, muito limpo, confortável e tinha aquele toque especial que fazia as pessoas se sentirem extremamente bem ali, não importando se era a primeira ou a milésima vez que cruzavam o limiar da porta principal.

– Rogger, meu empregado, está dormindo. Portanto, façamos o possível para manter o silêncio até chegarmos à cozinha. Eu farei o café – orientou Duvernoy.

– Claro. Vá à frente, que eu o sigo – respondeu Luidgi.

No mesmo clima de camaradagem íntima e respeitosa, com vidas inteiras a serem confidenciadas, um universo de idéias a discutirem e compartilharem, eles não viram o sol erguer-se iluminando o novo dia, esparramando o brilho e o calor sobre os telhados da pacata ruazinha de Montmartre.

Naquela semana e em várias outras, Luidgi foi um espectador assíduo das apresentações de Irina. Ela lhe sorria, jogava-lhe, em algumas oportunidades, beijos, e toda vez que reapresentava o número do tango seu olhar procurava por Luidgi na assistência, entretanto, não mais o escolheu para subir ao palco, executando a apresentação absolutamente sob seu domínio, muito embora tivesse gostado da excitação e do desafio que sentira na noite de estréia.

CAPÍTULO V

Entre a paixão e a fama

"Não há uma única imperfeição da alma que não carregue consigo as suas conseqüências deploráveis, inevitáveis, e uma única boa qualidade que não seja fonte de um prazer." [1]

– Ela está fazendo uma carreira impressionante – comentava Lilly bebericando com cara feia a vodca que lhe servira Graville.

– Que foi? Por que esta cara feia? Minha melhor vodca não é mais boa o bastante para você?

Surpreendida pelo tom irritado com que Graville se manifestava, Lilly o olhou com atenção. "Será possível que ele esteja com ciúme?", pensava.

– Está bem ruizinha, é verdade. Bem que não faria mal ter algo de melhor qualidade...

– Ah! Vá se enxergar, Lilly! Quem está pensando que é? Só porque agora está vivendo com a Divina, num apartamento fino, luxuoso e anda toda arrumada, de carro para cima e para baixo, esqueceu do passado, é? Pois eu posso muito bem lembrá-la de quem é e de onde saiu. – Graville tinha o rosto rubro e o olhar espelhava os sentimentos contraditórios que carregava e apontava a velha casa no meio da quadra, com suas aberturas desbotadas e envelhecidas, agora permanentemente fechadas desde a mudança de sua proprietária duas semanas atrás. – Dali, ó... Foi dali que você saiu. Aliás, foi ali que viveu

[1] Allan Kardec. *O Céu e o Inferno*. Cap. VII, 1ª parte, item 3o.

os últimos anos, tá bom? E foi essa mesma vodca, que agora você fez cara feia, que você bebia feliz da vida porque não tinha outra.

– Ei, homem, tenha calma – pediu Lilly fingindo-se de ofendida. – Eu vim lhe visitar. Sou sua amiga. Não esqueci nenhum só dia dos meus tempos de vagabunda velha e pobre. Sei quem sou. Agora me faço de madame, que é como chamam as vagabundas velhas que vivem à custa das mais novas e ricas. Estou aproveitando, que mal há nisso?

Graville correu o olhar pela amiga, admirando o vestido elegante que ela usava. Notou a mudança no cabelo cortado conforme a moda e na maquiagem do rosto. Até a bolsa era nova e combinava perfeitamente com os sapatos e com o vestido. Ele chegou mais perto e Lilly, embevecida por notar que ele reparava nas mudanças, embora não as tivesse comentado, sorriu e estendeu o pescoço na sua direção para que ele aspirasse o perfume que ela usava.

Nesse ato uma simples troca de olhar foi suficiente para que eles restabelecessem o clima de intimidade e descontração com que se relacionavam há tantos anos. Graville registrou o brilho de prazer no olhar de Lilly e ela assegurou-se de que ele tivera realmente uma pequena crise de ciúme motivada por sua nova aparência e não pela mudança para um bairro chique.

Ele estendeu a mão e cobriu carinhosamente a mão de Lilly, apoiada sobre a velha toalha da mesa, e comentou em tom baixo:

– Você está muito bonita. Tem certeza de que não esqueceu o passado?

Girando a mão sob a dele, Lilly pôs-se a acariciar levemente com a ponta dos dedos o seu pulso e a palma da mão. Sorriu ao vê-lo suspirar, como que aliviado.

– Bobo! – respondeu baixinho em tom de alegre intimidade. – Sua vodca pode ser muito ruim e agora eu bebo coisa melhor, mas sou vivida o bastante para saber que nem tudo o dinheiro compra e que há coisas verdadeiramente admiráveis em você que eu aprecio muito.

– Hum, velha e sábia. Você será sempre a minha garota preferida.

– Se decida, homem – reagiu Lilly fingindo-se indignada e rompendo o clima que criara. – Ou sou velha ou sou garota. As duas coisas não posso ser.

– Com você ninguém conversa sério – resmungou Graville e,

olhando à volta, viu seus auxiliares servindo algumas mesas. Ainda era cedo para fechar o café, por isso retomou a conversa do ponto inicial, comentando: – Quem diria, faz apenas seis meses que ela chegou nesta rua e agora já está famosa e bem colocada. E eu que pensava que Irina precisava de quem a ensinasse... Fui um cego, um estúpido. Ela tem muitos amantes? Sim, porque dinheiro não lhe falta.

– O apartamento vive cheio de admiradores. Aduladores, seria o termo mais certo. Você acredita que ela faz um jogo tão bem armado que eles disputam qual é o mais generoso com ela, qual é o que lhe dá os melhores presentes e as jóias mais caras? Juntou um verdadeiro tesouro, nestes poucos meses. E olhe que o dinheiro continua escasso para o povo, mas ainda há quem o tenha e em grande quantidade.

Percebendo o olhar malicioso e indagador de Graville, ela sorriu, balançou a cabeça e respondeu:

– Ela é terrível, atende e dá atenções íntimas a alguns cavalheiros quando lhe apraz, é temperamental como não conheci outra. Mas inegavelmente os homens a adoram. Deve ser uma amante muito boa, todos a querem. Você precisa ir conhecer nosso apartamento. É lindo. Tudo da melhor qualidade. Ela só recebe os mais ricos. Nunca vi alguém como Irina. Também fui cega; aquela tem é muito a me ensinar. Outro dia estávamos conversando sobre alguns dos seus admiradores mais apaixonados e mesmo um pobre rapaz que a adora – vê-se à distância a paixão no olhar dele. Disse-lhe que às vezes na vida que levamos é bom ter algum relacionamento que não seja por dinheiro, sabe o que ela me respondeu?

– Nem imagino.

– Por ser uma vadia sentimental, eu havia ficado na pobreza. Sei que ela está conquistando a fama e a fortuna rapidamente, que não há nenhuma razão para eu sentir piedade por ela, mas lhe juro, Graville, que muitas vezes eu a vejo fitando o espelho do camarim com um olhar profundo e perdido e eu sinto uma enorme piedade por Irina. Ela jamais fala do passado. Nada, nem uma só palavra. Não sei coisa alguma de sua família, do como e por que foi parar nessa vida. Outro dia lhe perguntei sobre seu aniversário, quando ela nasceu. Olhe como a menina me respondeu: "Mulheres como nós não nascem Lilly, caem na vida".

– Estranha a russa – disse Graville acendendo um charuto. E, após tirar uma baforada, ofereceu-o a Lilly provocando: – Isso, se agora você não fuma apenas cigarros com longas piteiras e depois se abana com leques de plumas de pavão.

Ela riu novamente, apanhou o charuto entre os dedos e com a costumeira desenvoltura compartilhou-o com o amigo.

– Muito estranha. Acabei apenas descobrindo que faz aniversário dia 15 de maio. Bem no meio da primavera. Aliás, como está chegando, adiantou-me que pretende dar uma grande festa. Imagina quanto não vai faturar em presentes.

– Ela tem o toque de Midas, é?

– O que ela tocar tem que virar ouro ou não merece o contato com sua adorada e apreciada pele branquíssima.

Graville riu da ironia de Lilly e indagou:

– E o relacionamento com as outras dançarinas do teatro e com Fredo, como tem sido?

Lilly levou as mãos à cabeça, revirou os olhos e iniciou a contar a longa série de histórias e casos envolvendo Irina e as outras dançarinas. Informou-o que Fredo era apenas mais um entre seus admiradores que eventualmente usufruía, a preço muito alto, da companhia de sua adorada estrela, e as fofocas os mantiveram em agradável conversa até a hora de fechar as portas do estabelecimento e eles se recolherem à casa de Graville.

Após uma exaustiva manhã de ensaios no teatro de variedades, Irina descansava em seu camarim na companhia de Fredo e Lilly. Aquele, como que embevecido e transportado ao sétimo céu, contemplava a jovem estrela confortavelmente reclinada no recente divã estofado, cor de damasco com longas franjas douradas, tocando o tapete que forrava o assoalho de madeira. Irina usava somente as roupas íntimas e um saiote de cetim branco que alcançava a altura dos joelhos e pela posição em que se reclinava subia deixando entrever boa parte de suas pernas nuas. Negligentemente, ela trincava nos dentes uma maçã enquanto observava o vai-vem de Lilly organizando os novos produtos de maquiagem adquiridos pela manhã.

– Adorei esses produtos novos – comentou Irina. – As cores são mais vibrantes, fazem parecer mortas aquelas que ainda continuam usando aquele pó-de-arroz branco. Não sei como se pôde usar aquilo por tantos anos.

– Ah! Minha querida, considere-se uma privilegiada por contar com essas coisas tão bonitas que inventaram agora. No meu tempo não havia tanta escolha, aliás, éramos somente nós, mulheres ligadas ao teatro, que usávamos maquiagem na rua. Era uma outra forma de saberem que éramos vagabundas. Hoje em dia está tudo mudado! Qualquer uma anda na rua usando maquiagem. Ninguém mais repara.

– Quem ouve você falar pensa que é uma velha à beira da cova. – Irina repreendeu a amiga com brandura e diversão, dando outra mordida na maçã e lambendo os lábios para desespero do apaixonado Fredo, que permanecia ignorado pelas mulheres.

– Não tenho mais seus 18 anos, Divina – lembrou Lilly. – Meus anos de glória já se foram... – Lançando um rápido olhar de desdém para Fredo, completou com um comentário sugestivo: – Nenhum homem mais fica sem falar ou pensar se me vir em roupas íntimas... Aproveite, menina! Esses anos passam ligeiro, muito ligeiros.

Irina sorriu e, provocante, pôs-se a fazer correr o pé esquerdo lentamente sobre a perna direita. Fredo, como que hipnotizado, acompanhava o movimento das longas e bem torneadas pernas. Lilly, observando-a, sacudiu a cabeça; em seu rosto o ar de riso estava estampado, seus olhos diziam o que lhe passava na mente:

"O idiota tem o que merece. Tanto menosprezou as 'vagabundas', 'vadias', 'mulheres ordinárias', que lhe enchiam os bolsos de dinheiro, que agora está aí abobalhado pela rainha das 'vadias' e nem nota que seu amado dinheirinho volta às origens: todinho para a bolsa dela. Essa menina é terrível, fez dele um cachorrinho e é tão danada que nem sei se ele ganha algum ossinho, acho que só olha. Bem-feito!"

– Fredo – chamou Irina com voz doce e cansada. – Preciso do meu cabeleireiro. Mande buscá-lo.

Prontamente o homem postou-se ao lado do divã tomando a mão da artista e correndo o olhar pelo seu corpo; detendo-se no rosto, indagou:

– O motorista tem o endereço?

– Claro.

– Irei imediatamente mandar o motorista buscá-lo. Como é mesmo que se chama o homem?

– Thierry – respondeu Irina ainda usando o mesmo tom que acentuou levemente ao insistir: – Vá, preciso dele até as 11 horas. Tenho pressa e o tempo caminha contra mim.

– Divina, não diga jamais palavras assim. Quem poderia querer algo contra você? – retrucou Fredo expondo nas palavras e no tom da voz a adoração desmedida à beleza de Irina.

Ela sorriu, mordeu a maçã novamente, olhou para Lilly, surpreendendo-a – a custo, a amiga conteve o riso. Atrevida, bateu levemente com a ponta do dedo indicador sobre o nariz de Fredo e alertou:

– Vá, faça o que eu preciso, senão ficarei zangada por você atrasar as atividades do meu dia.

Fredo levou as mãos de sua estrela aos lábios, beijando-as com paixão; em seguida, obediente, ergueu-se e saiu.

Bastou a porta fechar-se para que as duas mulheres soltassem o riso contido enquanto o pobre homem estava com elas. Riram até sentir lágrimas nos olhos; então respiraram profundamente a fim de recuperar o controle. Irina foi a primeira e disse:

– Pelo que você me contou – referia-se a informações sobre antigas atitudes de Fredo –, é mais do que merecido o que faço com ele.

– Virou um pobre-diabo em suas mãos. Mas concordo, é justo, me sinto vingada e me divirto muito ao vê-lo com esse ar de bobão – respondeu Lilly. – Mudando o assunto: por que a pressa em ver o cabeleireiro? Por que não vamos ao salão, como de hábito?

– Quero algo diferente. Lá Thierry fica muito distraído. Preciso estar simplesmente deslumbrante hoje à tarde.

– Hum, então há uma razão. Posso saber de quem se trata?

– Você não o conhece. É a primeira vez que ele irá ao meu apartamento, é o diretor de uma famosa companhia de dança e teatro.

– Do que você está falando? – Lilly agora tinha o rosto sério. Conhecia vagamente as ambições de Irina em fazer carreira artística, porém julgava que ela estivesse satisfeita com as conquistas alcançadas. – Vai abandonar Fredo?

– Fredo? Abandoná-lo? Impossível! Nunca tive com ele algo mais que um relacionamento de trabalho. Tudo que fiz foi somente trabalho. Já lhe disse que não sou sentimental como você. Fredo é ridículo, como muitos outros homens. Não tenho nenhuma culpa de que ele tenha se apaixonado por mim; isso foi decisão dele; portanto, o que fazer também será problema dele, com o qual não tenho absolutamente nada – respondeu Irina friamente. – Estou tentando sair dos cabarés.

Lilly pensou em dizer que era algo bastante difícil colocar-se entre atrizes e tecer uma série de ponderações sobre as dificuldades, mas calou-se, lembrando as palavras ditas no dia em que se conheceram, quando Irina lhe confiara que desejava fazer carreira entre as cortesãs. Ela conseguira rapidamente.

– Esta vida é boa, mas não o bastante – prosseguiu Irina. – Depende muito da capacidade de manter o interesse dos homens e aqui só posso usar da minha beleza e da sensualidade, nenhum deles quer conhecer meus outros talentos, nem ao menos julgam que tenho inteligência. É desgastante!

– Pensava que seu sonho era tornar-se uma cortesã – comentou Lilly. – Uma das bem-amadas de Paris. Temos tantas famosas e ricas, eu jurava que era essa a sua ambição.

– Não deixa de ser. Digamos que esse papel é um caminho que vou percorrer por muitos anos. Os tempos estão mudando, minha amiga, hoje não basta ser "uma queridinha", não temos segurança, fato provado pela guerra. Se os homens desaparecerem novamente, o que será de nós? Não, Lilly, é preciso enxergar por onde andamos, não importa quanta lama exista na estrada.

– Dolly dizia essas palavras ao menos três vezes ao dia – recordou Lilly olhando com carinho para a jovem, como se fosse filha de sua amiga. – Você aprendeu muito com Dolly. Ela era muito inteligente, tanto que percebeu direitinho quando era preciso mudar; pagou o preço e foi atrás. Eu não tive a mesma coragem...

– Ela vivia bem na Rússia até começar toda a perseguição e a "doença" se manifestar. Realmente admirava a coragem e a inteligência de Dolly; espero fazer bom uso do que aprendi.

– Quantos anos vocês trabalharam juntas? – indagou Lilly sentando-se na beira do divã, próximo aos pés de Irina.

– Quatro ou cinco anos, não tenho bem certeza. Sou péssima para guardar datas.

Irina era propositadamente incerta e esquiva quando o assunto versava sobre seu passado na Rússia. Levantou-se, andou até o grande espelho, cercado de luzes, sentou-se na banqueta, apanhou uma escova de cabelo, penteou os longos cabelos e, desconversando, anunciou:

– Vou cortar meus cabelos à garçonne. O que acha?

– Um pecado! – exclamou Lilly acercando-se de Irina e tomando-lhe a escova para penteá-la. Olhava encantada as brilhantes mechas ruivas escorrerem por entre as hastes da escova. – Mas, como falávamos há pouco, é preciso ver por onde andamos. A moda agora é usá-los curtos, a maioria das dançarinas cortou os cabelos, até eu cortei os meus.

– O que faz um romance bem escrito! Meche a cabeça das pessoas até por fora e elas não notam. Todas as dançarinas querem ser como a garçonne do livro.

– Não gosto da leitura, aliás, sei bem pouco, apenas ler, escrever e, claro, fazer contas, mas vivo há muitos anos neste meio e, olha, digo que no fundo todas sonham com um homem que as ame, lhes dêem uma vida comum. E esses escritores que andam no nosso meio se encantam com o que pensam ver em nós, não com o que somos de verdade. Apaixonam-se por suas idéias e escrevem, escrevem às vezes um amontoado de fantasias. Dolly adorava ler e me contava todos os romances que lia; não perdeu um em que a personagem central fosse uma vagabunda.

– Eu lembro – concordou Irina com ar de saudade no rosto.

– Você gostava muito de Dolly, não é mesmo?

– Foi a última pessoa que eu amei.

– Como você é trágica e exagerada, Irina. Não acredito que alguém possa mandar no amor para dizer quando é a última vez que irá amar.

– Entenda como quiser – retrucou Irina sem se abalar pelo comentário da amiga. – Você diz que eu sou trágica e exagerada; eu digo que você é boba e sentimental. Amar sempre acaba em sofrimento. Eu não quero sofrer, portanto é lógico que mantenha a minha relação com outras pessoas bem longe do tal do amor. Eu simpatizo, confio, tenho amizade, carinho por algumas pessoas com quem eu convivo, bem poucas; aqui eu só poderia citar você, Graville e Villmont, o resto...

Lilly fitava o rosto de Irina refletido no espelho e indagava-se: "Quem era aquela bela mulher? Por que ela mostrava-se tão amarga?"

Quem visse Irina brilhando e seduzindo platéias, levando uma existência de boêmia, prazeres e luxo, sempre sorrindo e trajada para atrair olhares, não poderia conceber que por detrás das aparências se guardassem conceitos e visões de vida e mundo tão amargos.

– O resto... Bem, o resto não tem importância – tornou Irina acentuando as palavras com gestos de pouco caso. – Dou-lhes o mesmo que me dão. Não é você quem diz que mulheres como nós não possuem nome nem sobrenome quando morremos? Pois é verdade, somos facilmente esquecidas, sinal de que, após os momentos de prazer pessoal que têm conosco, satisfeitos seus interesses, já não merecemos uma lembrança. É um fato. Aquela que não o aceitar que saia fora deste mundo rapidamente, está no lugar errado. Aqui não há espaço para sonhos e sentimentalismos. Eu sou realista, Lilly, tiro deles o que pode ficar comigo – dinheiro e oportunidades. Assim como não lembram de mim satisfeitos seus interesses, satisfeitos os meus também não gasto um segundo em recordações e suspiros. Nada mais idiota do que uma prostituta apaixonada.

– Ai, Irina – reclamou Lilly com o rosto crispado como se sentisse dor ao ouvir as colocações da amiga. – Como pode uma mulher jovem e bela como você pensar dessa forma? Eu sou uma vagabunda, mas meu trabalho não me retirou os sentimentos. Eu me apaixonei muitas vezes. Minha querida, é delicioso estar apaixonada! É maravilhoso, tudo se transforma de repente. É como se nos abríssemos inteiramente para a vida e quiséssemos ter em nós toda a energia do mundo. Eu cantava e dançava muito melhor quando estava amando alguém, tinha um prazer intenso de viver. Há um brilho no olhar de quem ama que nada é capaz de igualar.

Irina fitava Lilly pelo espelho, incrédula com a reação que presenciava. Não se conteve e comentou com um tom ácido e irônico:

– Hum, sei. Deve ser o brilho e a energia que você tinha quando a encontrei naquele lixo.

– Ei, que bicho a mordeu hoje? – Lilly enrubescera de indignação, sentia-se afrontada com a ironia. – Por acaso Nanine não comprou açúcar e lhe deu café amargo logo cedo? Não precisa humilhar, está bem. Eu vivia numa casa que era um lixo, é verdade, mas é minha; se quiser ou precisar, volto a morar lá. É um bairro pobre e mal-visto, mas tenho amigos que me querem bem. E nunca se esqueça de quando você era uma "divina desconhecida" suja e maltrapilha; o que estás desprezando agora lhe serviu.

Notando a patente exasperação da companheira, Irina ergueu a mão, num gesto muito seu, oferecendo-a a Lilly, enquanto dizia:

– Desculpe, não queria agredi-la. Esse assunto me incomoda, você sabe. Pensamos de forma muito diferente. Vamos aceitar o fato e esquecer essa rusga. Você deve ter suas razões para viver e pensar do seu jeito, eu tenho as minhas.

Não era a primeira ocasião em que elas discutiam sobre pontos de vista diferentes. Lilly tinha grande dificuldade de conviver com a frieza do caráter de Irina. Gostava de usufruir do conforto, do luxo, do status que a condição de estrela e cortesã dava à jovem naquela sociedade pós-guerra tão cheia de marcas das fragilidades da existência física, ansiosa pelo prazer de viver intensamente e esquecer um pouco dos conflitos e combates que lhe mostraram a transitoriedade do corpo, fazendo ruir as linhas divisórias de muitos tabus e preconceitos e do dito normal e respeitável.

Mulheres descobriam que eram capazes de realizar trabalhos antes exclusivamente masculinos com tanta capacidade e competência quanto os homens. Tinham assumido postos e desempenhado papéis que alterariam profundamente a face da sociedade patriarcal. Verdadeira revolução operava-se nos costumes, refletia-se nas roupas, hábitos e maneiras, tudo na mulher do final da belle époque e anos 1920 pedia liberdade, prazer e feminilidade.

Cortesãs, dançarinas, atrizes, antes extremamente mal-vistas, passavam a ser amigas e freqüentarem a residência de muitas mulheres bem posicionadas socialmente, de mentalidade liberal e progressista. Viraram mesmo uma moda em Paris tais relacionamentos.

Lilly adorava participar daquele universo. Deliciava-se com sua nova aparência, com o belo apartamento, com os criados, as festas e jantares promovidos por Irina para seus admiradores, que cada vez mais a cercavam de jóias e presentes caros. Tinha que admitir: odiaria ter que voltar à velha casa e ao trabalho de modista. Assim, sem demora, colocou sua mão sobre a da jovem aceitando seu pedido de desculpas.

– Você ficará ainda mais linda com os cabelos cortados. Como pretende fazer? – Lilly não tinha intenção de ver Irina contrariada e, mesmo quando se agastava com a escassez de afeto da outra, logo lhe vinha à mente a prodigalidade com que ela compartilhava seu sucesso e tudo fazia para contemporizar.

Uma batida na porta e uma voz fina e alegre interromperam a conversa.

– Divina querida, sou eu, Thierry. Posso entrar? Vim o mais rápido que pude.

As mulheres voltaram a se fitar através do espelho e um ar de riso encheu seus rostos.

– Entre Thierry – autorizou Irina gentilmente. – Meu camarim não tem portas para você, querido.

Um homem jovem, de físico franzino e muitos trejeitos, ingressou sorridente na sala, beijando o alto da cabeça de Irina, tomando imediatamente o lugar até então ocupado por Lilly, que, simpática, sorriu trocando breve cumprimento com o cabeleireiro.

– O que a "Divina" quer que Thierry faça com esses maravilhosos cabelos vermelhos? Que inveja! Como eu queria que os meus fossem bonitos, exuberantes, como estes...

Irina sorriu benevolente e, com paciência, aguardou que Thierry repetisse o mesmo discurso proferido sempre que ia ao salão. Quando terminou, ela rapidamente indagou acerca dos conhecimentos dele sobre o romance que a interessara e o corte de cabelo que estava na moda naqueles dias.

Entusiasmado, Thierry trocou muitas idéias com Irina, mexendo nas madeixas medindo alturas para o corte, simulando o novo penteado a fim de que ela pudesse dimensionar as alterações a se produzirem pela imagem no espelho. Depois de quase uma hora, finalmente chegaram a um consenso e, cantarolando, Thierry lançou mão de pentes e tesouras, iniciando a obra de transformação na aparência da cliente.

Ao cabo de algum tempo desaparecia o ar juvenil e inocente de

Irina, surgindo a imagem da moderna vamp dos anos 1920. As mechas ruivas cortadas retas à altura das orelhas com pontas assimétricas enfeitando o rosto e franja cobrindo a testa, ressaltando os brilhantes olhos azuis – desaparecera por completo o efeito ondulado dos cabelos; os fios caíam retos e lisos.

Thierry retocava detalhes aqui e acolá, assobiando e cantarolando. Enfim, parou atrás da cadeira de Irina, correu as mãos em conchas pelos cabelos, ajeitando-os cuidadosamente, suspirou encantado e aplaudiu o próprio trabalho, dizendo:

– Lindo! Lindo! Magnífico!

Irina contemplou avaliativa a imagem refletida. Estranhava-se, mas adorava a imagem atual e decidida que visualizava.

– Ótimo. Ficou como eu queria. Thierry, obrigado por ter vindo atender-me longe de seu salão e ter lhe tomado todo este tempo, mas você entende como era importante que ficasse bem e acho que aqui você pode se concentrar melhor na tarefa.

– Com certeza, querida. Adorei seu cabelo; vou mandar todas as minhas clientes verem como ficou; vai ser um sucesso. Nem a *garçonne* do romance tinha cabelos tão bonitos como os seus; os dela deviam ser tingidos com hena... Pretos como azeviche. Amo o glamour dessas madeixas vermelhas; são inigualáveis, Divina.

– A garçonne não teve os cuidados das suas mãos, Thierry, é óbvio que a nossa Divina é mais bela – comentou Lilly acarinhando o ego do cabeleireiro.

– Tão bondosa que é Madame Lilly, não é mesmo Divina? – Thierry jogou um beijo com as pontas dos dedos para Lilly. – Tenho realmente mãos de fada para cuidar de cabelos, obrigado. Meninas, queridas, preciso partir, tenho trabalho no salão.

– Acerte as despesas com Fredo – recomendou Irina. – Se precisar, mando chamá-lo para me pentear antes das apresentações.

– Divina, para atendê-la não tenho hora, nem outras na sua frente. Chame quando quiser. Não tem nenhum problema receber com o Fredo?

– Lógico que não. Ele paga todas as despesas de Irina – respondeu Lilly sorrindo.

– Não creio – disse Thierry cheio de curiosidade. A bisbilhotice se retratava em seu rosto. – Me conte, Divina, qual é o seu segredo para ter os homens a seus pés dessa forma? Vocês sabem que atendo outras dançarinas e atrizes famosas de anos e sei que as infelizes vivem tomando dinheiro emprestado com agiotas para pagar contas de guarda-roupas, cabelos, maquiagem e coisas do tipo que precisam para trabalhar. Nenhum teatro ou cabaré paga as despesas de suas artistas. Vá, conte, Divina, qual é o segredo?

– Ser inteligente, meu caro – respondeu Irina direta e claramente enquanto penteava os cabelos sempre com o olhar fixo no espelho. – Elas são bobas e não se valorizam. Gastam dinheiro para manter a própria imagem sem reconhecer que é essa imagem que traz público aos teatros em que trabalham, portanto é justo que as despesas de trabalho sejam cobertas por eles. Se não existirmos com todo aparato que sempre cercou as mulheres como nós, eles também não existem. Quem me quiser como atração deve saber as condições; me recuso a ser explorada.

Thierry voltou e sentou-se em uma cadeira próxima de Irina interessadíssimo na conversa, que se estendeu mais alguns minutos, até que Lilly, entendendo o recado expresso no olhar de Irina, convidou o cabeleireiro a acompanhá-la até o escritório de Fredo para o acerto das contas entre eles.

Após o almoço, Irina pediu um carro de praça e foi ao ateliê de *Mademoiselle* Vionett provar o vestido que lhe encomendara para sua festa de aniversário.

Embora minuciosa e detalhista nos cuidados com a aparência, não gastou mais do que uma hora envolvida nos ajustes e experimentos do traje de festa – um soberbo vestido branco de cetim, com o corte do tecido enviesado, um modelo simples, mas de inegável sofisticação e bom gosto.

– Você ficará a própria Afrodite – profetizava a modista com alfinetes no canto da boca, enquanto marcava os ajustes de quadril e cintura mirando o corpo desenhado de Irina no reflexo do espelho. – Um encanto! Aliás, este cabelo lhe cai muito bem.

– Obrigado – respondeu Irina acompanhando com atenção o trabalho de Madame Vionett.

Pouco depois, de volta ao vestido tipo camisinha, num delicado tom de azul, de mangas longas e com um laço que marcava o quadril, caindo as pontas alguns centímetros abaixo da bainha, dando leveza e charme à roupa, ela acertava o pequeno chapéu com as mãos enluvadas. Apanhando a bolsa, despediu-se da modista e da funcionária que a atendia.

Dispensara o carro decidida a aproveitar algumas horas da tarde para uma caminhada solitária à margem do Sena, não muito distante do ponto em que se encontrava.

Andava parando vez ou outra para admirar as embarcações que cruzavam as águas. Algumas, repletas de passageiros. A maioria se divertia jogando migalhas de pão aos peixes, rindo ao ver a acirrada disputa pelo alimento. Irina entretinha-se em também observá-los.

Quem visse a moça bonita, de trajes elegantes e discretos, andar leve e rosto sério, de expressão distante, velado pelo pequeno véu preso ao chapéu que escondia seus olhos, não reconheceria a famosa estrela do teatro de variedades, a sensual dançarina russa que despertava a paixão dos homens de Paris. Quem a visse pensaria tratar-se de uma bem nascida moça burguesa, provável filha de um dos novos ricos de Paris, que apreciava a solidão e o tépido calor da tarde primaveril.

Seu ar distante e sério afugentava a investida de eventuais admiradores. Não olhava diretamente para ninguém; seus olhos prendiam-se nas águas e na agitação dos peixes. Encostada na mureta que margeava o rio naquela parte da cidade, ela entregava-se a seus pensamentos, e só isso se podia dizer, uma vez que nem seus olhos nem sua expressão revelavam o teor do que lhe ia na alma e na mente. Fato é que estava absorta e formava uma imagem digna de ser retratada por um hábil pintor.

Distante alguns metros, um artista se entretinha em meio a tintas e carvões, na tarefa auto-imposta de retratar para si mesmo uma típica cena de uma tarde primaveril às margens do Sena. Naquele exato momento incomodava-se em acertar a tonalidade do verde das árvores, cujas copas se refletiam parcialmente nas águas. Com a ponta do cabo do pincel coçava os cabelos sob a boina, dando um passo atrás para admirar, a uma distância maior, as pinceladas que dera na tela. Insatisfeito com o trabalho, andou até a mureta e fitou o reflexo da imagem que teimava em capturar. Algumas folhas caíram, agitando a água e quebrando a placidez do espelho que ele mirava. Foi quando percebeu aproximar-se uma moça encantadora, num elegante vestido azul. Viu sua imagem refletida nas águas levemente agitadas do rio e, imediatamente, sua visão de artista foi chamada a contemplar a beleza da mulher e da paisagem que se completavam com perfeição.

– Poesia! – exclamou ele baixinho embevecido. – Que quadro lindo! Misteriosa, distante, alheia. Expressiva.

Irina, ignorando ser alvo dos olhares do artista, apoiou graciosamente as mãos na mureta; a leve brisa fazia o tecido do vestido moldar-se de encontro a seu corpo. Fascinado, o pintor correu para apanhar seu bloco e, tomando do carvão, pôs-se a desenhar.

Absorto, totalmente envolvido em sua criação, também ele se esqueceu de que a jovem ignorava que servia de modelo e a advertiu quando percebeu um pequeno movimento.

– Fique como está. Não se mexa. É perfeito.

Surpresa e sem entender ou questionar as próprias razões, agindo movida pelos instintos que estranhamente lhe diziam que o dono daquela voz era alguém confiável, e tomada de uma estranha simpatia pelo tom imperativo com que ele lhe falara, obedeceu, permanecendo imóvel.

– Perfeito por quê, ou melhor, para quê? – indagou Irina com voz suave num tom de alegre surpresa.

– Minha pintura, *mademoiselle*.

– Ah, o senhor é um pintor. Interessante. Pinta há muito tempo?

– Fique calada, *mademoiselle*.

Novamente surpreendida com o tom de comando do estranho, cuja face não conseguia visualizar, mas julgando divertida a circunstância e tão fora de sua rotina diária, obedeceu, posando voluntariamente para o estranho artista.

As mãos do cavalheiro corriam, traçando o esboço da cena, ansiando por gravar cada detalhe de cor e movimento na memória. Findo algum tempo, baixou uma folha de papel encerado sobre o desenho, fechou o bloco, acomodando o carvão em um pequeno estojo, que retirou do bolso do avental negro usado sobre a camisa branca e a calça escura do terno. O paletó do mesmo tecido repousava dependurado ao pé do cavalete sobre o qual apoiava a tela abandonada.

Sobre o piso calçado, a tábua usada para misturar as tintas, pincéis e bisnagas de tinta.

– Pronto – anunciou ele triunfante. – Pode se mexer.

– Oh, muito obrigado – respondeu Irina entre divertida e irônica. – Não estou habituada a brincar de estátua nem com conhecidos, quanto mais com desconhecidos. Mas vá lá, para tudo há uma primeira vez.

Algo soou familiar na voz da modelo. Por certo ela não era natural de Paris, seu modo de falar denunciava. Só então o pintor deu-se conta da forma como agira. Envergonhado, mas incentivado pela atitude amistosa da moça, aproximou-se, carregando embaixo do braço o bloco com o esboço e humildemente pediu:

– Queira perdoar-me, reconheço que agi como um mal-educado, um grosseirão. Perdoe-me, *mademoiselle*, lance essa falta à conta do olhar do artista que se enamora de uma imagem bela, que o enfeitiça, impossível de resistir. Não tive forças e cedi à paixão.

Irina brindou-o com um brilhante e caloroso sorriso; simpatizava sinceramente com aquela figura estranha. Era um tipo bastante comum de homem, tipicamente francês, magro, de traços finos, cabelos e olhos escuros, pele clara e rosada, olhos simpáticos e brilhantes, mãos inconfundíveis de pintor, sujas de tintas, com unhas manchadas de diversas cores.

– Aos artistas tudo é permitido em Paris – concedeu Irina ainda sorrindo para o desconhecido. – Posso ver o esboço?

– Agora?

– Sim. Sou parte dele ou terei me enganado e o senhor pediu que eu ficasse imóvel este tempo todo por nada.

Atrapalhado com a atração que sentia nascer em si pela jovem, ainda confuso com a familiaridade por ela inspirada, ele lutava tentando conciliar a atenção que, em parte, se voltava a vasculhar recordações em busca de uma possível identificação, e outra que exigia sua presença naquele exato instante, no diálogo e nos olhares trocados com a desconhecida.

– Não, é claro que foi a senhorita a minha súbita inspiração – explicava o pintor enfeitiçado pelos olhos azuis semi-escondidos pelo veuzinho do chapéu que velava o rosto da moça até a altura do nariz.

– Sou muito ciumento e supersticioso com minhas pinturas, nunca deixei que ninguém as visse antes de concluído o trabalho. Manias de artista.

– Então não poderei ver o seu trabalho, senhor...

– Gautier, Paul Gautier – apressou-se o pintor em se apresentar, estendendo a mão. – A senhorita por certo vai me tomar pelo homem mais indelicado da França. E a senhorita, como se chama?

– Irina Verschinina, Sr. Gautier. Encantada em conhecê-lo – respondeu Irina aceitando o cumprimento do homem e rindo ao notar as manchas de tinta que ficaram em sua luva branca.

– Ah, mas que desastrado, que estúpido. Como posso fazer tal besteira? Meu destino está selado, sou obrigado a viver pedindo-lhe perdão de minhas má-criações. Veja o estrago que fiz. A senhorita vai retornar ao seu país dizendo que os franceses são medonhos.

O riso de Irina ampliou-se; definitivamente o pintor atrapalhado conquistava-lhe a simpatia e a divertia. Estabelecia-se entre eles uma relação de afinidade instantânea e mútua.

– Fique tranqüilo, direi que apenas um é, e deu-se a conhecer por Paul Gautier, fez um retrato meu e negou-se a me deixar vê-lo, sob pretexto de superstições de artista. Serei tão justa quanto possível, Sr. Gautier.

– Fico contente. Imagine se, por minha culpa, toda a fama dos meus compatriotas se perdesse, seria um horror, não concorda?

Amistosamente trocaram mais algumas palavras, e Gautier indagou:

– Aceita tomar um refresco em minha companhia? Uma maneira de indenizá-la pelo estrago de suas luvas. Por favor, aceite.

Irina sorriu lançando um olhar em direção aos objetos de Paul largados alguns metros adiante.

– Não se preocupe. Sou bastante conhecido nesta zona, e a confeitaria fica do outro lado da rua. Poderei cuidar dessa "obra-prima" à distância – esclareceu Paul com entonação debochada ao referir-se à pintura abandonada.

– Sendo assim, será um prazer – aceitou Irina acompanhando o pintor.

Sentaram-se a uma mesa, num recanto simples e agradável da

confeitaria. A jovem retirou o chapéu exibindo os belos cabelos para maior encantamento de Paul, que no mesmo instante recordou de onde a conhecia, mas manteve-se em silêncio. Agradava-lhe conhecer essa face da vida privada da dançarina, tão escondida das vistas do povo, tão fantasiada por seus admiradores que num plano de vida imaginário a cercavam de mil sonhos e prazeres, nem sempre reais, e que a ele fora dado ver, sentir e participar em sua plenitude por alguns momentos.

Um garçom diligente apanhou o pedido. Minutos depois se refrescavam com a bebida fria conversando alegre e descontraidamente sobre trivialidades que enchem o dia-a-dia, como se fossem conhecidos de longa data.

Atenta ao passar das horas, embora muito satisfeita em estar na companhia do pintor, Irina pensava que chegara seu momento de partir. Decidida, tomou as luvas, a bolsa e o chapéu que largara displicentemente em uma cadeira vaga ao redor da mesa de quatro lugares.

– Já vai? – indagou surpreso o pintor, que não percebera o passar do tempo. – É cedo ainda. Conversemos mais, apreciei muito a sua companhia.

– Não posso, Sr. Gautier, outros compromissos me aguardam. Meu tempo livre é escasso. Igualmente apreciei tê-lo conhecido. Fique tranqüilo quanto à fama de seus compatriotas: está perfeitamente resguardada; nada tenho a dizer de um pintor francês desastrado, senão que ele me ofereceu momentos de alegria e tranqüilidade como há muito não desfrutava na companhia de um homem.

– Estou pintando para uma exposição que pretendo fazer em julho. Os temas são cenas da vida cotidiana. Escolhi pintar aqui porque me oferece uma grande variedade de imagens para retratar: pessoas passeando, casais enamorados, trabalhadores, pessoas miseráveis, moças encantadoras... – Paul estendeu a mão tomando a liberdade de tocar no braço de Irina, encarando-a sorridente: – Tudo se vê às margens deste rio. Estarei aqui todas as tardes até o final do próximo mês; quando puder, venha me ver.

Irina investigou o rosto de Paul, buscou e não encontrou razões escusas. Como a grande maioria dos homens que conhecia, era fácil notar que ele era extremamente sensível à sua presença e beleza, mas ao mesmo tempo parecia haver um interesse real por sua companhia, parecia que ele desejava conhecê-la como ser humano. Em momento algum ele deixara transparecer que a conhecia ou que sabia de sua vida algo além do pouco revelado naquela conversa. Paul não fizera perguntas pessoais; deixara que ela sugerisse a conversa, participando com prazer, respondendo atenciosamente às curiosidades dela com relação à pintura, divertindo-a com casos de clientes difíceis de retratar cuja fealdade inspirava asco e que ele tinha ímpetos de caricaturar e não de retratar.

Paul era suficientemente experiente para saber como agradar uma mulher, e bastou olhar para o rosto, a expressão de Irina refletida nas águas do rio, para saber que ela era uma mulher exigente e inteligente.

– Pensarei em seu convite se me prometer que poderei ver o esboço que fez há pouco.

– Hoje, não – respondeu Paul jogando com a curiosidade da moça. – Mas o trarei todos os dias comigo. Quando desejar, poderá vê-lo.

"Charmoso e inteligente", pensou Irina contemplando a face sorridente de seu acompanhante. Retribuiu o sorriso e levantou-se.

– Talvez – respondeu Irina. – De qualquer maneira, foi muito agradável este inusitado encontro. Bom trabalho, Sr. Gautier.

Paul largou algumas notas de dinheiro sobre a mesa para pagar a despesa e rápido acompanhou Irina até a porta.

– Volte, eu estarei esperando até fins de junho – insistiu ele.

Irina sorriu, ajeitou o chapéu e, displicente, acenou um adeus ao pintor, retomando o caminho por onde viera, sem olhar para trás, certa de que Paul acompanhava seus passos atentamente.

O idílio inocente de alguns momentos prazerosos, descomprometidos, na companhia de um homem, era um luxo raro para ela, quase proibido. O insolente pintor não sabia a raridade do que usufruíra. Poderia dizer que ela se deixara levar por um minuto de fraqueza que bem caro podia custar ao seu mundo íntimo, considerando a vida que levava.

Observá-la subindo lentamente um aclive da rua, com o rosto frio, sério, olhar perdido, vagando com pouca fixação ao movimento ao redor, indicava que ela se perdia em pensamentos, em um universo pessoal insondável a estranhos.

Suave luminosidade incidia sobre a platéia do teatro de variedades, permitindo ver claramente uns aos outros, hábito parisiense que dominava desde as espeluncas de quinta categoria até as mais refinadas casas de espetáculo da cidade. Havia graça em ser visto. De que valeria ir ao teatro e ninguém vê-lo? Boa parte da diversão era ser visto e comentado e fazer o mesmo com os outros. Uma verdadeira disputa de moda, elegância e beleza se alimentava diariamente com aquele modismo local.

No palco as luzes eram muito mais fortes, dispostas de forma a tornar mais belas e atraentes as dançarinas. Exigiam uma maquiagem pesada, a fim de não parecerem pálidas como os fantasmas do imaginário popular. Irina, graças ao contraste entre a cor de seus cabelos e os profundos olhos azuis de expressão inocente, tinha um colorido natural que necessitava ser realçado com classe e cuidado para não se tornar uma aberração. Ao fitar-se no espelho diante dos potes de cosméticos e dos lápis de khol, ela sempre lembrava os conselhos de Dolly:

"Querida, aceite sua natureza, cuide dela com carinho. Em termos de beleza, você é um exemplar de extremos: muito colorida, ficará parecida com o rabo de um pavão, lindo no bicho, medonho no rosto de uma mulher. Tenha cuidado. Branco e preto em excesso lhe prejudicam, não abuse do pó, nem do khol, e aproveite para pintar bastante essa boca linda que Deus lhe deu; não poupe carmim. Ah, use bastante glicerina nas pálpebras."

"Você adoraria toda a variedade de cosméticos que surgiram ultimamente. Você me faz falta, Dolly. Aliás, é a única pessoa de quem sinto a ausência" – pensava Irina nestes breves momentos de introspecção, porém jamais admitia ou falava para alguém que guardava nostalgia dos dias vividos com a amiga ou que a perda ainda doía em seu coração.

Dançando sob as luzes incandescentes do palco do teatro, seu rosto era a expressão da sedução, da languidez. Todo o seu corpo se movia leve e harmonioso. Parecia entoar uma canção silenciosa, cheia de promessas deliciosas que reverberava nos sentidos da platéia.

O cenário era apenas véus de tule branco entremeado de faixas de cetim em tom de pérola, e luzes fortíssimas de cores que valorizavam a beleza da dançarina.

Irina dançava de pés descalços, trajada com um vestido longo de estilo vaporoso, feito de véus transparentes, semelhante a uma túnica romana. Um arranjo de pérolas lhe adornava a cabeça. A roupa insinuava a nudez da artista. Conforme a música avançava, levando os espectadores a esquecerem da vida, concentrados apenas no bailado da jovem, ela ia lentamente liberando os véus. Era um número que projetara Theda Bara, famosa dançarina dos cabarés de Paris nos idos da década de 1910.

Quem assistiu ao espetáculo pôde comparar que a intérprete superou em muito a famosa Theda Bara. A beleza requintada e exuberante de Irina, seu ar inocente e sensual, eletrizavam as platéias, que se sentiam transportadas a um universo paralelo, muito distante da realidade dolorosa do pós-guerra, cheia de dor e miséria.

Schroeder era uma fonte de suspiros que fazia rir seus companheiros, conhecedores da paixão que o alemão nutria pela dançarina. Divertiam-se observando seu rosto extasiado e ansioso pelo momento em que veria a Divina coberta apenas por um só véu da túnica.

Duvernoy o observava com o olhar divertido e complacente. Sua experiência de vida o ensinara a distinguir a paixão fictícia, da verdadeira. Apreciava a beleza e o talento da artista, mas não lhe despertavam sonhos ou fantasias; agradavam-no somente.

A grande diversão do grupo eram o jovem alemão e seu ardor por Irina, razão que fez passar despercebido o rosto sério e o olhar distante – evocando recordações – com que Gautier acompanhava o aguardado e anunciado espetáculo do teatro de variedades.

Quinze dias tinham se passado desde o encontro às margens do Sena. Não comentara com ninguém o fato; guardara-o como uma relíquia. Era só seu, como se falar dele roubasse o encanto que sentira na companhia da bela jovem. Trabalhava à noite pintando os traços de Irina e, como se houvesse conhecido e compartilhado das preocupações de Dolly, gastava horas e horas em experiências de cores e tonalidades para colorir a imagem do rosto refletido nas águas. Todas as tardes se dirigia ao local levando embaixo do braço o bloco com o esboço da pintura; em vão vinha aguardando o regresso da modelo, porém, no íntimo, guardava a certeza de que ela voltaria ao local até o mês de junho.

O esperado momento de ver a dançarina coberta apenas por um véu transparente enfim chegou. Suspiros e exclamações de êxtase varreram a platéia. Irina ouvia as expressões de seus admiradores com uma enorme distância emocional. Registrava a reação do público e a considerava tão rapidamente como um joalheiro experimentado distingue uma pedra preciosa de uma imitação, aliás, com o mesmo espírito: ambos avaliavam uma mercadoria.

Intimamente, ela sentia-se lisonjeada, realizada. Irina tinha uma personalidade singular naquele meio passional em que transitava. Era fria e calculista, negava-se qualquer ilusão por menor que fosse, até mesmo as mais inofensivas. Tinha uma visão muito dura e crua da forma de viver que levava, amarga de fato, e que insinuava esconder um desejo de abandonar tudo por um outro estilo de vida.

Entretanto, ao mesmo tempo, outra parte dela deliciava-se no gozo dos prazeres que o meio lhe oferecia. Decididamente não eram os prazeres do sexo livre, uma vez que isso ela comerciava conscientemente, atuando como atriz exemplar, desempenhando magistralmente o papel de mulher insaciável, encantada com o amante que lhe partilhasse a cama. Seus relacionamentos sexuais eram, sem sombra de dúvida, vividos por uma personagem, não por ela, cuja única preocupação e sensação era desempenhar a contento sua *performance*. Emocionalmente era alheia, distante; em uma palavra: indiferente.

Deliciava-se, satisfazia sua vaidade sentir as platéias submetidas ao seu encanto. Se fosse um ou centenas de espectadores, o regozijo da artista seria o mesmo. Algo em seu peito se aquecia. Fazia seu sangue circular veloz pelas veias, incendiava seu olhar com um brilho intenso. Todo o seu corpo dir-se-ia brilhante, luminoso. Esse estranho fulgor se irradiava para a platéia, criando uma simbiose de emoções fortes e uma "incompreensível" – para quem desconheça as leis da troca e intercâmbio de energia – sensação de saciedade e esgotamento.

A força da paixão que ela nutria por aquele sentimento compartilhado com seu público a levava a transformar-se em cena, e nenhum de seus fãs íntimos ou distantes jamais sonhou existir nela outra face de mulher que não a apaixonada dançarina, a jovem coquete e charmosa, a amante sedenta. Gautier não se incluía entre seus fãs; ele ainda mantinha a impressão da tarde à beira do rio: a dançarina era um reflexo, ele queria a dona do rosto refletido nas águas do Sena. Possivelmente, era o único a divisar as profundezas do caráter de Irina; seduzia-o, em parte, a sensual artista de cabaré, fascinara-o a descontraída moça que desejara parecer comum.

Perdido em suas recordações, ele não acompanhou todos os passos da dança. Surpreendeu-se ao ouvir os entusiásticos aplausos. Focou com atenção o palco e viu Irina curvando-se graciosamente em agradecimento, retirando-se em seguida e provocando enlouquecidos pedidos de retorno. As palmas não cessavam, e ela voltou coberta com um manto de cetim branco debruado nas extremidades com pele branca, que lhe envolvia completamente o corpo, deixando à mostra apenas os braços, o colo e o pescoço.

"Linda, mas não tanto como naquela tarde", pensava Gautier. E, tão logo a dançarina recolheu-se atrás das cortinas do palco, ele ergueu-se, falando a seus amigos:

– Meus caros, preciso partir. O trabalho me espera. Boa noite a todos.

– Como? Já vais? Fica mais um pouco, vamos beber e conversar, ainda é muito cedo, a noite mal começou – protestou Duprat.

– Fique – insistiu Lefèvre – O melhor da noite se vê no bar do teatro. Nosso pobre amigo apaixonado é hilário em sua adoração à Divina.

– Pobre rapaz – retrucou Gautier. – Não deveriam fazer troça dos sentimentos do alemão, afinal a paixão dele pela Divina é justificada. Digo mais, compartilhada por um bom número de integrantes dessa platéia.

– Grande novidade! Ninguém sabia. Como você é observador – replicou, irônico, Duprat, completando em tom sério: – Qual de nós não daria um dedo e bem mais para arder no fogo que irradia dessa mulher?

Lefèvre pôs-se a rir do comentário do companheiro e, olhando de esguelha para Duvernoy, sentado logo adiante, e para o alemão, no final da fileira, apartou:

– O alemão daria tudo, até as calças e o que tem dentro. Duvernoy não daria nada.

Entendendo a referência à idade do amigo e à sua maneira de ser e pensar, às vezes alvo de crítica por parte de Lefèvre, o pintor balançou a cabeça e, convicto, disse:

– Ele que dê – referindo-se a Schroeder. – Ao que sei, pela boca de vocês evidentemente, o moço ainda não conseguiu nada com esse lance alto. Eu sou um reles pintor – conhecido e sustentado por uma pequena elite que ainda tem dinheiro na Europa –, preciso trabalhar para viver, se não não terei meios de pagar as despesas para ver a Divina e alegrar-me algumas horas.

– Ah, sim. Fingiremos que acreditamos nisso – respondeu Duprat. – Mas acho bom que considere logo a necessidade de nos contar quem é a dama que o retira tão cedo dos cabarés ultimamente. E não me venha com a sua embromação sobre a deusa das artes. Aposto alguns francos como você está nos escondendo algum romance clandestino.

Gautier sorriu propositadamente de forma misteriosa para confirmar as suspeitas do amigo e nada respondeu. Decidido, olhou na direção da saída e, chamando Duvernoy e Schroeder para atrair-lhes a atenção, despediu-se.

Não desejava encontrar a dançarina, não queria vê-la cercada de homens, vestida para seduzir, tampouco queria que ela soubesse da presença dele no cabaré; ansiava por outro encontro às margens do Sena, à luz do sol.

A campainha soava insistentemente ecoando pelos amplos espaços do confortável apartamento. Nanine vinha apressada alisando o avental do uniforme. Parou em frente a um espelho que ocupava grande parte de uma das paredes do hall de entrada, mirou-se, ajeitou a touca que lhe cobria os cabelos, fixou um sorriso nos lábios e atendeu a porta.

Do outro lado reconheceu logo um entregador de floricultura.

O rapaz franzino trazia um imenso buquê de rosas vermelhas que equilibrava com certa dificuldade, pois carregava sob o braço o livro de entregas. O endereço de *Mademoiselle* Irina era por demais conhecido dos floristas, joalheiros e casas de costura. Aquele dia era a quarta vez que entregava flores na rua....

Nanine sorriu reconhecendo o jovem. Adiantou-se tomando o imenso arranjo, enquanto comunicava:

– Fique aí, Marcel, vou ver onde posso colocar mais este arranjo e volto para assinar o recebimento, está bem?

Cansado, o jovem balançou a cabeça em consentimento, sacou logo um lenço de um dos bolsos da calça e apressou a enxugar o suor que lhe molhava a testa.

– Quer água?

Marcel ouviu a voz da criada perguntar-lhe do interior do apartamento.

– Aceito, Nanine. Escute, sabe me dizer por que há tantas flores para *Mademoiselle* hoje? Na outra entrega havia, além do meu, outros dois buquês.

Alguns minutos se passaram em silêncio. Ouviam-se apenas os ruídos da criada arrumando os arranjos e depois o som de seus passos afastando-se em direção à copa e retornando com o copo em uma pequena bandeja de prata.

– Obrigado, estou exausto de pedalar até aqui e subir escada. O porteiro não permite que se use o elevador.

– A escada é privilégio nosso, meu jovem. É inteirinha dos pobres. Elevador é para os ricos, para os clientes de *Mademoiselle*, por exemplo.

Curioso, o jovem espiava o apartamento encantando-se com o luxo que via: tapetes altos, espelhos, cortinados pesados, cristal, prata, quadros enfeitando as paredes, muitos estofados e mesinhas.

– É bonito! – exclamou Marcel.

– Fino, muito chique – concordou Nanine, percebendo que o jovem se referia ao ambiente em que trabalhava. – Aqui só vem quem tem muito dinheiro. *Mademoiselle* gasta horrores para manter este apartamento.

– Eu posso entrar? Dar uma espiadinha? Sempre quis saber como vive uma artista de cabaré. Fala-se tanta coisa delas.

– Outro dia, hoje não tenho tempo. É aniversário de *Mademoiselle*, vai ter festa logo mais, por isso todas essas flores e presentes. Já recebi tantas entregas de joalheiros hoje que acho que *Mademoiselle* poderá abrir uma loja amanhã.

– Ela é muito famosa. Não tem homem nessa cidade que não fale na beleza de *Mademoiselle* Irina. É o sonho dos pobres, como eu. Meus amigos, que sabem que entrego flores aqui, vivem me perguntando se já a vi frente a frente ou se conheço a casa dela, todos querem saber como é, o que ela veste, o que tem na casa, quem estava por aqui...

Marcel interrompeu-se ao ouvir a risada da criada e enrubesceu.

– Diga-lhes que continuem sonhando. Minha patroa não é para eles. Agora vá, menino, tenho mais o que fazer, aliás, tenho muito que fazer.

O jovem apressou-se a ingerir o restante da água, devolveu o copo e prontamente apresentou o livro e a caneta para que Nanine assinasse o recebimento da encomenda. Agradeceu e se despediu, partindo apressado pelo corredor em direção à escada.

A criada fechou a porta e andou até o salão contemplando a grande quantidade de arranjos de rosas que haviam chegado. Comentou em voz alta para si mesma:

"Ainda bem que todos sabem que *Mademoiselle* Irina só gosta de rosas. Assim o salão fica bonito e não há aquela mistura de flores."

De fato, o grande salão de festas do apartamento estava literalmente tomado de rosas de diversas cores, com a predominância do vermelho. Nanine havia disposto vários aparadores e mesinhas para acomodar os arranjos, mesclando os tons mais suaves com os vermelhos. A fragrância agradável recendia no ambiente. A um canto do cômodo se reservara o espaço para alguns músicos que viriam animar a noite.

Na copa e na cozinha a movimentação era intensa, limpando-se pratarias, copos de cristal, talheres, e dispondo-os ordenadamente sobre um grande balcão com tampo de granito limpíssimo. Garçons e criadas contratados para a festa se ocupavam dos preparativos.

Nanine sorria satisfeita. Todos comentavam e faziam perguntas sobre sua patroa: como vivia, quem freqüentava a casa, como ela era no dia-a-dia, quem eram seus amantes? Ela sentia-se importante, integrante daquele mundo fascinante que enfeitiçava os outros. Respondia a tudo com uma boa dose de exagero.

Irina, alheia ao que se passava, fora apanhar o vestido com *Mademoiselle* Vionett. Tinha o cuidado de fazer uma prova quando o traje era dado como pronto; nunca levava uma roupa sem vesti-la primeiro diante da modista.

O vestido de cetim branco assentava com perfeição ao corpo bem torneado da dançarina. No salão de *Mademoiselle* Vionett, ela mirava-se nos grandes espelhos que a mostravam inteiramente. Exibia um amplo decote nas costas, praticamente desnudas, caindo a saia com perfeição e graça ao redor das pernas.

– Lindo, *mademoiselle*. Obrigado por seu trabalho – agradeceu Irina desfazendo-se em sorriso e simpatia para com a modista e suas auxiliares.

– É fácil fazer um vestido bonito para uma mulher bonita – respondeu a costureira, que acompanhava mais de perto a prova, ajeitando a saia e observando criteriosamente o trabalho concluído.

– Um vestido para ser bonito tem que sorrir quando sua dona está sorrindo. Tem que refletir sua alma, então está belo o conjunto – comentou *Mademoiselle* Vionett. – Você está bela, muito bela. O vestido espelha perfeitamente seu modo de ser: sensual, elegante, misterioso.

– Pensa isso de mim, *mademoiselle*?

– Óbvio.

Irina contemplou-se mais uma vez nos espelhos, trocou algumas idéias com as modistas e deu-se por satisfeita.

Seguida de uma das funcionárias da Casa Vionet, carregada de caixas com as suas compras, Irina desceu os degraus que davam até a calçada. O chofer a aguardava no carro e rapidamente adiantou-se para apanhar as compras da patroa e acomodá-las no veículo. Prestimoso e educado, abriu a porta traseira a Irina, oferecendo-lhe a mão para auxiliar no embarque.

Irina colocou a mão na do motorista e vacilou. Lançou um olhar ao final da rua, não muito distante, que desembocava nas margens do Sena. Lembrou-se, como em outras ocasiões, das horas deliciosas e descomprometidas que passara com o pintor desconhecido. Dividia-se no impulso de voltar a vê-lo: parte de si ansiava por um outro encontro, por conhecer o quadro que ele fizera – ainda que possivelmente fosse medíocre; outra parte ordenava-lhe que silenciasse o coração, que apagasse a lembrança, a alertava para que não perdesse de vista a exata noção de quem era e de como vivia, recordava-lhe a própria frase tantas e tantas vezes repetida: nada mais idiota que uma prostituta apaixonada.

O chofer a olhava ansioso: era fácil notar que a patroa estava distante – fato incomum no comportamento dela. Irina, quando não dava importância a algum assunto ou a alguém, fugia mentalmente, distanciava-se emocionalmente, mas, boa atriz que era, continuava a encenação, fazendo com que as pessoas tivessem sempre a impressão de que ela vivia inteira e intensamente cada momento.

O velho Duval – que tinha o privilégio de conduzir a Divina há alguns meses – aprendera a observá-la; conversavam bastante, embora tratassem de assuntos triviais, por isso ficara ansioso reconhecendo uma reação inusitada na moça.

– *Mademoiselle* Irina – chamou ele –, para onde vai?

– Ainda não sei, Sr. Duval.

O relógio no salão de beleza apontava 16 horas. Lilly, confortavelmente instalada, deixava que uma das atendentes aparasse, lixasse e polisse suas unhas como era moda, enquanto conversavam sobre as maiores trivialidades do dia-a-dia. A pobre moça, que se curvava sobre as mãos da cliente, trazia no rosto uma expressão de neutralidade tal que quase se poderia dizer que falava e respondia como um papagaio: frases decoradas, invariavelmente as mesmas. Absolutamente incapaz de mudá-las. Quando muito, em razão de alguma nova catástrofe na Europa, acrescia ao seu repertório um chavão em voga ou limitava-se a repassar as fofocas de uma cliente a outra, sem qualquer cuidado ou maldade, por simples hábito de falar e serem essas os assuntos de interesse da clientela, segundo a sua visão.

Com Lilly, obviamente, a jovem estava isenta de ocupar-se com conversas. Educadamente oferecia os ouvidos para conhecer as muitas histórias contadas, limitando-se a uma ou outra expressão de interesse ou solidariedade.

– Adele, veja se não estou ficando cega: são realmente 16 horas?

– Sim, madame – respondeu a manicure lançando um rápido olhar ao relógio de parede sem evitar o pensamento de que novamente não conseguiria deixar o trabalho antes que a noite viesse. – São exatamente 16 horas. A senhora tem pressa?

– Não, querida, nenhuma. Faça seu trabalho com calma. É que Irina combinou estar aqui antes das 16 horas. Ela está atrasada e isso é algo muito raro.

– Será que não aconteceu alguma coisa com o carro? Sabe como essas máquinas têm dado problema. Todo dia aparece alguém reclamando que o carro estragou. Cavalos não davam tantos problemas.

– É o progresso, querida, tem seus prós e contras. Eu, de minha parte, acredito que nunca irei reclamar dos carros, adoro-os, são lindos, confortáveis, rápidos e muito mais higiênicos que os cavalos. A cidade está bem mais limpa.

Adele calou-se, concentrada em seu trabalho. Lilly observava a atividade da moça pensando em Irina. Sua "afilhada" estava tendo um comportamento estranho nas últimas semanas, pensativa, alheia... Se não a conhecesse suficientemente bem, poderia pensar que ela enfrentava uma crise de nostalgia, mesmo de certa melancolia.

Irina, na intimidade, era uma jovem silenciosa; adorava ficar isolada, sozinha em seu quarto. Aliás, ela tinha um aposento onde recebia seus amantes, não o usava jamais para dormir ou descansar. Ali também não ficavam seus objetos de uso pessoal, a não ser os indispensáveis como: camisolas, penhoar, chinelos, alguns perfumes e jóias. Era como se fosse um palco particular com camarim agregado.

Lilly aprendera a conhecer e respeitar seus hábitos. Era temperamental e irritada ao acordar. Nunca a procurava para resolver nenhum problema ou para anunciar a visita inusitada de algum admirador antes das 11 horas. Ela também não aceitava que nenhum de seus amantes pernoitasse em sua casa; permanecia com eles algumas horas e não admitia que descansassem em seu leito.

Era pontual e rigorosa no cumprimento de seus horários, daí a preocupação que assaltava Lilly, deixando-a tão inquieta a ponto de

Thierry vir sentar-se a seu lado e compartilhar seus anseios, para felicidade da manicure, cuja mente estava dominada por problemas pessoais de ordem bem diversa, sendo um alívio não precisar confabular com a cliente.

Passados pouco mais de 30 minutos, o carro dirigido por Duval estacionava à frente do salão, e Irina desembarcava leve e graciosa, apenas um pouco apressada, e saudava aos amigos com um amplo sorriso, recebendo as felicitações entusiasmadas de todos. Lilly, observando-a, nada notou de diferente e decidiu calar-se, afinal nada havia acontecido e ela não era o marido de Irina para viver lhe tomando satisfações. Por certo a russa não tinha o temperamento afeito a tal prática, pois não dava satisfação a quem quer que fosse.

Thierry acomodou sua "estrela favorita" na cadeira em frente a um grande espelho iluminado e em meio à sua animada conversa deu início aos cuidados com o cabelo da cliente. Logo Adele concluía o trabalho com Lilly e vinha ocupar-se das mãos de Irina. Ela era o centro das atenções em toda parte. Acostumara-se, e pouca importância dava ao fato, admitindo que, às vezes, a cansassem as adulações constantes, pois todas eram compradas a dinheiro.

"A vida é uma grande prostituição", filosofava Irina intimamente, analisando as pessoas que a cercavam. "Todos se vendem de alguma forma e por algum preço. Vendem sorrisos, atenções, cuidados, trabalhos, o próprio tempo, a outros mediante uma satisfação em dinheiro proporcional ao que realizaram. Nem sempre se satisfazem ou têm prazer no que fazem, mas gostam do dinheiro e julgam que de outra forma não o ganhariam."

Entre conversas fúteis e solilóquios íntimos repassados de amargura e cinismo, a tarde da aniversariante chegou ao fim. Anoitecia quando o Sr. Duval estacionou o carro em frente ao prédio onde ela residia e com toda a polidez e educação que o caracterizavam ajudou as duas mulheres a desembarcarem do veículo.

O ar fresco das primeiras horas da noite invadia a sala do apartamento de Duvernoy, movimentando suavemente a cortina da grande janela que dava para a sacada. O velho francês lia comodamente sentado em uma poltrona próxima ao abajur. Concentrado e grandemente interessado na obra que tinha em mãos, ele custou a registrar as batidas na porta que lhe anunciavam um visitante. Depois de insistentes tentativas, o forasteiro logrou êxito, fazendo-se notar. Duvernoy enrugou as sobrancelhas, apurou a audição. Sua expressão mostrava que vasculhava a própria mente, tentando adivinhar quem era o visitante e o que poderia querer àquela hora.

Fustigado pela curiosidade, sacou o relógio de bolso constatando que passavam uns poucos minutos das 20 horas. Abandonou o livro sobre a mesinha auxiliar, ergueu-se puxando o casaco, andou até a porta da frente do apartamento, abrindo a pequena janela que ficava no centro, e, ao alto da porta, reconheceu o amigo Gautier a lhe sorrir do outro lado. Apressado, correu o ferrolho destrancando a abertura e girou a chave na maçaneta.

– Boa noite – saudou Duvernoy. – Entre. Que ventos o trazem a essa região de Paris a estas horas?

– Boa noite, Duvernoy, desculpe se interrompo seu descanso, mas preciso conversar com alguém e não há outro melhor que você.

– Estou velho e aleijado, mas ainda não a ponto de me recolher para descansar às 20 horas, é cedo demais. Estava lendo. Venha, vamos nos sentar na sala, há uma brisa maravilhosa soprando esta noite, depois deste dia quente. Sempre estranhamos os primeiros dias de calor; todo ano é assim e ainda nos surpreendemos. Certo é que a aragem é refrescante, muito agradável.

Gautier seguiu o amigo, acomodando-se no sofá em frente à poltrona de leitura. Ao passar pela mesinha, lançou um olhar ao livro que, por certo Duvernoy estava lendo, pois suas páginas estavam marcadas. Curioso, apanhou-o, observando a movimentação do amigo em torno de um armário onde guardava suas bebidas.

– O que quer beber, Gautier?

– Você vai achar que estou louco ou doente, mas não quero beber nada, fique à vontade, agradeço-lhe a oferta.

Duvernoy fechou o armário sem servir-se de nenhuma bebida, voltou à poltrona, acomodando-se; seu olhar tomou uma expressão grave e curiosa ao encarar seu visitante. Vendo que Gautier analisava a obra que estivera lendo, comentou:

– Trata-se de uma obra muito interessante, vale a pena dedicar algumas horas à sua leitura.

Gautier continuou examinando os três volumes, folheou algumas páginas do primeiro, analisou o índice da obra e tornou a fechá-la, devolvendo-os ao seu lugar de origem.

– O problema do ser, do destino e da dor – enunciou Gautier repetindo o título completo da obra. – Parece tratar de temas interessantes, os títulos são muito sugestivos. Simpatizo com essas idéias. São seus?

– Sim, são meus. Não posso ler livros emprestados, tenho o mau hábito de riscá-los, marcá-los e escrever nas bordas.

– Eu sei. Quando me empresta algum, quase sempre acabo lendo dois livros: o do autor e os seus comentários à obra. Confesso que gosto do exercício; algumas das suas anotações me chamam a atenção para idéias e conceitos que não tinha percebido. Quando concluir a leitura, se puder, me empreste. Gostei da proposta. Todos precisamos pensar um pouco nesses problemas que o autor referiu.

– Ainda farei de você um discípulo das minhas crenças – falou Duvernoy em tom de brincadeira. – Quando terminar o livro, empresto-o a você. E agora me diga por que veio à minha procura.

Gautier jogou as costas contra o encosto do sofá, apoiando a cabeça e fitando o teto, como à procura de uma inspiração para iniciar a conversa da qual sentia tanta necessidade. Vendo o silêncio e a expressão perdida do visitante, Duvernoy sorriu e sugeriu:

– Hum, o assunto é o coração. Está apaixonado. Qual é o problema? Ela é casada, não gosta de você? O que é?

Gautier fez um gesto de negativa com a cabeça ainda fitando o teto.

– Nada disso. De tanto ler livros sobre faculdades psíquicas e coisas do além, acredito que você está se tornando mesmo um médium, mas acertou apenas em parte o problema.

– Sinal de que preciso estudar mais – retrucou Duvernoy amistoso, mantendo o espírito da brincadeira. – Minhas faculdades ainda estão muito obstruídas. Foram muitos anos de falsa religiosidade, escondendo o meu crasso materialismo; é natural que custem a se desenvolver. Diga-me no que acertei e no que errei.

– É um problema do coração, mas não tenho certeza se estou apaixonado. Ela não é casada e penso que sinta o mesmo que eu.

– E onde está o problema?

– Foi algo muito estranho e forte. Você me conhece faz anos, nunca acreditei nessas coisas de amor à primeira vista, sou bastante experiente nesses assuntos, ao menos já vivi muitos romances e acho que continuo não acreditando, mas...

– Sempre existe um romance maior, meu amigo – declarou Duvernoy. – Um alguém com quem uma simples troca de olhares desvenda um mundo novo e antigo, mágico e misterioso, simples e confuso, tudo ao mesmo tempo. Um relacionamento jamais é igual a outro. É isso que faz com que busquemos o amor verdadeiro até o fim de nossos dias. Será que você pode dizer de seus relacionamentos terminados que algum era o verdadeiro amor?

– Não, deixaram-me apenas boas lembranças, talvez mais das aventuras que vivi para conquistá-las do que por elas mesmas. Sei que isso é cínico e egoísta, mas é o que sinto. Que minhas antigas amantes não me ouçam ou alguma pode se sentir irada e me agredir na rua!

– Não seja bobo, melhor ser cínico e egoísta do que hipócrita. E por causa dessa paixão você não tem nos acompanhado aos cabarés, nem ao menos para rirmos da doentia paixão de Schroeder e, lógico, ver a Divina...

Um brilho de dor marcou o olhar de Gautier chamando a atenção de Duvernoy:

– Não, não me diga... – reiniciou Duvernoy sendo logo interrompido por Gautier.

– Sim, é Irina a minha tortura. Você não sabe o que tem sido a minha vida desde aquela tarde. É algo agridoce, pacífico e ansioso; é uma certeza enorme que carrego em meu peito e uma insegurança atroz na minha mente. Tarde após tarde a tenho esperado e ela não vem, e mesmo assim eu sei, eu sinto que ela virá, não me pergunte como. Eu não sei responder, mas sei, sinto que ela virá. E minha loucura é maior ainda porque eu sinto, eu sei que ela sente o mesmo que eu. É loucura!

– Você se apaixonou por uma dançarina, uma mulher de cabaré – afirmou consternado Duvernoy, sem ter outras palavras para dizer ao amigo.

– Não – falou veemente Gautier. – Não sei se estou apaixonado, encantado, fascinado ou enfeitiçado, mas sei que não é pela Divina, é por outra mulher que vocês não conhecem, é por Irina. Schroeder apaixonou-se pela dançarina. Eu conheço Irina.

– Entendo – concedeu Duvernoy rememorando todas as histórias que conhecia de homens apaixonados por cortesãs.

"Pobre amigo", pensava o velho "Talvez conheça o céu e o inferno num mesmo amor. O certo é que ninguém pode saber como isso vai acabar. Ele está miseravelmente apaixonado ou será que deveria dizer gloriosamente apaixonado? Há nas pessoas uma economia tão grande de sentimentos e paixões nesses dias; parece que após a guerra todos querem viver somente o hoje, com ânsia, com furor, mas sem vínculo, sem afeto, talvez seja o medo da perda, a incerteza dos destinos. A dor é um espinho grande demais para o coração humano. Schroeder é pura sensualidade na sua devoção à Divina; ele anseia por uma fantasia. Meu querido Gautier quer a glória de ser e fazer-se amado por uma prostituta, uma mulher para quem o amor é profissão, que conhece todos os segredos de muitos homens, que pode ensinar as palavras que usamos para conquistar, que é mestra na arte da dissimulação e dos fetiches; uma mulher em quem o corpo já gastou a alma. O que posso lhe dizer? Não sei se o final será de dor ou ventura. Mas o certo é que não existe nessa empreitada senão extremos. Que Deus o ajude! A mim só resta oferecer-lhe o que me pediu."

– Como você conheceu Irina? – indagou Duvernoy disposto a ouvir toda a história que afligia seu amigo.

Gautier, ainda com o olhar passeando pelo teto da sala de estar do apartamento de Duvernoy, tinha a expressão distante e iluminada, via sem enxergar as decorações em gesso e o lustre do teto. Narrou seu encontro com Irina, em detalhes, revivendo todo o encantamento que sentira na presença dela. Falou com empolgação do retrato que estava pintando. Concluiu dizendo que a vira aquela tarde, observando-o do interior de um carro; que podia jurar que a vira secar lágrimas do rosto e que aquele carro já passara muitas vezes à tarde no local em que ele pintava.

Ah, fantasia! Doces fantasias que tomam as mentes apaixonadas querendo descobrir um mundo de razões ocultas na atitude do ser amado. Doces ilusões! Ilusões que a vida e a experiência nos fazem perder, causam dor momentânea e um grande benefício chamado maturidade.

Aquela noite Duvernoy ouviu, até longas horas da madrugada, confissões, anseios e esperanças de seu amigo.

Altas horas, Gautier caminhava pelas ruas de Paris. Conhecido boêmio que era, não temia as figuras humanas mais tristes da noite – os ladrões. Todos sabiam que ele não tinha dinheiro e, como os tratava bem, podia-se dizer que existia com muitos deles uma cumplicidade que lhe garantia um tipo especial de salvo-conduto.

No apartamento de Irina os últimos convivas se retiravam, encerrando a festa de aniversário. Admiradores sempre emitem opiniões suspeitas, com boas doses de passionalidade, entretanto, todos eram unânimes, comentando a beleza da jovem dançarina, sua esfuziante alegria, seu entusiasmo pela vida e o quanto era agradável ficar em sua companhia.

Os convidados, em sua grande maioria homens bem posicionados na sociedade, saíam satisfeitos e, cada vez mais, tomados de amores pela Divina.

Fredo era só sorriso. Consolara-se em ter tido algumas atenções da sua estrela no início da carreira e agora ser apenas mais um entre seus admiradores, a quem ela dispensava certo carinho e tratava com maior atenção, sem, porém, tornar a pisar nas dependências em que ela dispensava favores íntimos. Irina trouxera ao seu teatro o melhor da burguesia e da nobreza européia. Isso tinha repercussão direta nos balanços do negócio – a jovem era um investimento do qual ele não se arrependia, ainda que sabedor do quanto ela fosse cara e de todos os privilégios que exigira para atuar no teatro de variedades, aliás, gastos que também se mantinham em ascendência. Apenas um senão o desagradava na festa: o maestro e diretor de uma companhia de teatro e dança russa, extremamente festejado e bajulado no momento – Ivan Stravinsky.

Notara os chamegos e agrados que Ivan dispensava à sua estrela e, para aumentar seu desgosto, precisaria ter se tornado cego repentinamente para não notar que a Irina interessavam as atenções dispensadas.

Ivan era um homem alto, corpo atlético, bem moldado. Dançara por muitos anos, até sofrer uma lesão irrecuperável no tendão do pé que o forçara a assumir outro papel na companhia da família, tornando-se seu diretor e maestro. Era um apaixonado pelo palco; compartilhava com Irina a irresistível atração despertada por uma platéia e exercia grande fascínio sobre os espectadores. Culto, inteligente e charmoso, ele vira na compatriota mais que uma dançarina de cabaré; enxergara uma atriz de grande potencial, além de uma mulher de beleza invulgar que o atraía, e muito, é claro.

Abertamente passara a cortejar a dançarina, ignorando todos os demais admiradores. Ao longo da festa procurava sempre estar a seu lado, sussurrar-lhe palavras cariciosas em sua língua natal, conversando com ela nesse idioma, excluindo os demais, abraçando-a e cobrindo-a de beijos e afagos numa clara demonstração aos demais que pretendia o posto de favorito da dona da casa. Usando de alguma ironia, debochava de alguns convidados sobre os quais a bebida alcoólica, oferecida à larga, exercia o efeito de torná-los bobos, idiotas perfeitos e patéticos, para diverti-la, fazendo-a rir.

Lilly acompanhara a movimentação da festa, rindo intimamente do desagrado que via no rosto de Fredo cada vez que se deparava com o maestro russo. Pensava:

"Bem-feito! Ele agora vai saber o quanto dói o desprezo, ser descartado como algo sem valor do qual já se tirou o lucro e não se quer a despesa. Quanto maior a altura, maior o tombo. Fredo vai despencar do auge do sucesso para retornar à mediocridade em que vivia antes de Irina. Ela pode ser fria, calculista e me magoar muitas vezes, mas só por dar o troco a esse canalha eu a perdôo. Irina vai mostrar a ele o poder de uma vagabunda."

Depois seu olhar se demorava sobre Ivan, avaliando, analiticamente, cada centímetro do homem.

"Ulalá! Que menina de sorte! É uma troca e tanto. Esse Ivan é uma perdição de homem, nem uma vagabunda experimentada como eu é capaz de ficar indiferente. Nunca tive nada contra misturar negócios e prazer. Ulalá, eu faria uma festa e tanto!"

Quando o salão estava praticamente vazio, restando apenas Ivan, Fredo, Lilly, a própria Irina e mais dois admiradores que ressonavam num sofá no canto da sala, Lilly aproximou-se de Irina indagando-lhe baixinho, ao ouvido:

– Maestro Ivan vai ficar? Devo mandar preparar o aposento e dispensar os outros?

Ivan, sentado no braço da poltrona em que Irina estava acomodada, beijava-lhe o pescoço, passando possessivamente o braço sobre os seios da dançarina.

Irina limitou-se a um leve balançar afirmativo com a cabeça, oferecendo depois a nuca às carícias do maestro.

CAPÍTULO VI

Dividida

"Andei viajando um pouco; vi mortais muito abaixo de nós, vi muito superiores; mas não vi nenhum que não tivesse mais desejos do que reais necessidades e mais necessidades do que satisfação." [1]

Visivelmente a portaria do prédio era improvisada, adaptada a uma antiga sala de visitas, cuja destinação passada não fora de todo apagada da decoração, sobrevivendo na forração floral das paredes, bastante desbotadas, nos delicados lustres em forma de flor, nos cortinados antigos com bandôs de crochê, no velho tapete. Elementos que se misturavam à maneira de óleo e água com o alto balcão, os caixilhos, os inúmeros cabides fixados na parede, o grande porta-guarda-chuva ao lado do acesso principal e a ruidosa campainha, que serviam às atividades da portaria da pensão de rapazes da Sra. Lescaut.

Uma jovem com o uniforme de carteira aguardava em frente ao balcão, enquanto a Sra. Lescault examinava a correspondência recém-entregue.

– Dia de felicidade para o alemão hoje – comentou a Sra. Lescault com a entregadora. – Recebeu três cartas de sua terra de origem. Por alguns dias esse estará fora de combate.

Essas palavras trouxeram à mente da jovem entregadora lembranças de seu curtíssimo casamento, apenas alguns meses. Recordaram-lhe o rosto alegre e jovial do marido; lembrou-se da despedida

[1] Voltaire. *Micrômegas – História Filosófica*, capítulo 2, Voltaire Contos, Ed. Nova Cultural.

na estação de trem, quando ele partira engajando nas tropas que engrossavam os fronts de batalha da Grande Guerra. Recebera, após algumas cartas, por fim, uma oficial, com as armas do exército francês timbradas, de tom solene, informando-lhe a morte do combatente.

Esquecida de onde estava, o olhar distante, a expressão triste, a jovem não logrou evitar que lágrimas corressem por seu rosto chamando a atenção da senhoria da pensão.

Condoída, ao notar a reação da entregadora, Madame Lescault interpretou a situação com sagacidade, dando-se conta de que seu linguajar, comum às regiões de combate, lembrava à jovem a guerra e, como tantos na França, ela por certo havia perdido familiares queridos. Prontamente Madame Lescault contornou o balcão pondo-se ao lado da carteira, tocando-lhe o braço gentilmente, ofertando-lhe um lenço, macio de tão usado, mas impecavelmente limpo.

– Calma, querida criança. Venha, sente-se comigo um pouco. Desculpe esse meu linguajar atrapalhado que, vejo, a feriu. São hábitos fortes, e minha velha mãe me diz que são grosseiros, mas ainda não consegui apagá-los da memória.

Conduzida pelas mãos de Madame Lescault, a moça sentou-se. O choro e as lembranças a sacudiam, embora ela empregasse todas as forças na tentativa de recobrar o controle. Atenta, a senhoria da pensão apanhou uma pequena sineta de metal inferior chamando a criada que a ajudava nos trabalhos de limpeza e cozinha da pensão.

– Marguerite, traga-nos um chá de ervas calmantes, por gentileza – solicitou Madame Lescault assim que viu a criada surgir na porta de contato da sala com um amplo corredor. Em silêncio, a serviçal acenou em entendimento do pedido lançando um olhar pesaroso à mulher em lágrimas. Já estava habituada às atitudes de Marion Lescault.

– Respire fundo, vai ajudá-la a recuperar o controle – orientou Marion. E, como foi prontamente obedecida, incentivou: – Ótimo, faça de novo.

Após alguns minutos, a jovem começava a dar sinais de sair da inusitada crise. Sentada a seu lado, Marion alisava calmamente as pregas da saia cinza que trajava.

– Desculpe-me, madame, garanto-lhe que isso não costuma

acontecer em meu horário de trabalho – falou a entregadora assoando o nariz ao mesmo tempo.

– Não é preciso, criança. Conheço da dor, bem mais que você possa imaginar. Quer me dizer por que chorava?

Passos pesados e conhecidos no corredor chamaram a atenção de Marion para a aproximação de Marguerite, carregando a bandeja com o chá. Imediatamente afastou alguns bibelôs que enfeitavam a mesinha de centro da sala, indicando onde a criada deveria depositar a bandeja.

– Tome, beba, irá lhe fazer bem – sugeriu Marion entregando a xícara à sua acompanhante.

Com mãos um pouco trêmulas, a jovem recebeu o chá e o ingeriu em goles pequenos.

– Como se chama? – indagou Marion, atenciosa.

– Alfonsine Vidal – apresentou-se a entregadora. – Sou a nova carteira do bairro, meu colega adoeceu e está acamado.

– Eu o achava realmente muito pálido e magro, tinha um ar de doente nas últimas semanas – comentou Marion. – Está mais calma, Alfonsine?

– Estou, obrigada. – A moça estampava no rosto um sorriso pálido fruto de enorme esforço e falava buscando aparentar tranqüilidade. – Desculpe o incômodo, mas me vieram à mente tantas lembranças de um tempo melhor, mais feliz e que... Faz tão pouco que passou. Não consegui me controlar. Choro muito em casa; no trabalho é preciso evitar, sei que não sou a única a sofrer, e as pessoas não merecem ser servidas por entregadoras choronas.

– Por causa da guerra?

Alfonsine limitou-se a balançar a cabeça em concordância.

– Todos carregaremos pesadas marcas dessa devoradora de pessoas. Sei que isso não é consolo nem conforta, é simples constatação do que ocorre à grande maioria da população desse país – perdemos seis milhões de seres humanos. Há um manto de luto em toda a França. Somos apenas mais duas abrigadas nele, e nosso conforto deve ser pensar que, lutando para aceitar e compreender nossa dor, ajudamos nossos parentes, amigos e vizinhos a suportar a deles, e assim vamos reconstruindo nossas vidas, cidades e a própria nação, nos fortalecendo num elo de solidariedade. Tenha calma e fé em Deus, minha criança, tudo nesta vida passa, por pior que pareça no momento.

– A senhora fala de um modo estranho, tranqüilo, sereno, sem raiva. Meus familiares estão revoltados; todos guardam um rancor muito grande; ninguém fala em Deus, acho que desacreditamos Dele; pensam, sim, em vingança.

– Vingança? Mas do que, meu Jesus? – indagava Marion. – Alfonsine, quem você perdeu nesta guerra?

– Meu marido... Estávamos casados há menos de um ano. – A voz de Alfonsine tremeu ao dar a informação. – Um cunhado, dois irmãos, primos foram vários – minha família é, ou melhor, era grande. Estes morreram, mas há também os mutilados e os que adoeceram.

– Sei. Sou enfermeira da Cruz Vermelha, servi durante a guerra em vários campos de batalha aqui e em países vizinhos, vi de perto todos os horrores durante e depois dos confrontos. Agora que tudo silenciou vejo que arde uma luta em fogo brando, lento, mas tão devoradora quanto as mais sangrentas lutas. Dolorida.

– São as marcas que ficaram.

– E sobre elas há de surgir uma nova sociedade. Preocupa-me muito esse estado de coisas, digo – corrigiu-se rapidamente Marion –, das pessoas. Não é possível cultivar a paz fora do coração humano, e as pessoas estão como você disse, revoltadas, iradas, descrentes, sofridas, solitárias e sedentas de vingança. Isso não é bom! Como será nosso amanhã?

– Minha dor é tanta, madame – lamentou-se Alfonsine. – É tamanha a saudade que tenho do meu marido e dos meus irmãos, há tanta dor na minha família que não consigo pensar nos outros nem no amanhã. Cada dia é uma luta, simplesmente porque não morri e ainda restam alguns que precisam de mim e que eu tenho de trabalhar para conseguir algum dinheiro com que possamos comprar comida. Está tudo tão caro! Já se passaram quatro anos do fim da guerra, mas para os pobres as melhoras são muito demoradas.

– Imagino o que sente. Também sou viúva, meu marido era militar, foi ferido na última batalha – disse Marion com serenidade. Enquanto falava, seus olhos brilharam amorosos à evocação das lembranças. – Eu o vi morrer num hospital de campo. Fizemos o possível para salvá-lo, assim como a todos os outros, mas a hemorragia foi mais forte... A morte é dolorosa e difícil de ser aceita em todas as circunstâncias, mas, por mais incrível que possa parecer, era quase inaceitável num campo de batalha. Sei que parece incoerente, pois vemos inúmeras pessoas morrerem e matarem, mas o instinto de conservação é tão forte, a ânsia por ver o fim da guerra é tamanha, que nada ali é maior do que o desejo de viver. Acredite-me, é a ânsia da vida que faz os heróis e os comovedores relatos que contam. E por ser tão forte a presença da vida naqueles lugares cheios de sangue, a morte nunca é aceita. Cada um que morre é uma parte de nós mesmos que é derrotada, seja entre os soldados, seja entre as enfermeiras e os médicos, uns com suas armas, outros com seus instrumentos, todos lutando por uma vida melhor. Agora que há "paz", apagou-se a ânsia de viver, arrefeceu o instinto de conservação. Restou uma sociedade deprimida, onde os ricos dançam e vivem loucamente para esquecer suas dores e os pobres choram, passam fome, embriagam-se e adoecem; seja como for, todos, cada um a seu modo, sofrem e expressam a mesma tristeza, a mesma dor.

Enquanto conversavam, as duas mulheres não notaram a chegada de um cavalheiro com uma bengala que, curioso, ouvia interessado o diálogo delas.

– Voltamos ao início, madame: o sofrimento que carregamos – retrucou amargamente Alfonsine buscando com o olhar ver as horas no relógio de parede. – Preciso voltar ao trabalho. Obrigado e desculpe o choro.

A moça levantou-se alisando o uniforme, passando a palma da mão no rosto, pressionando levemente o contorno dos olhos, na tentativa de apagar os rastros deixados pelas lágrimas. Marion suspirou; tinha a sensação de ter feito pouco pela jovem, de não ter amenizado seu desespero como gostaria. Sentia um vazio, mas obviamente aquele não era o momento e quiçá a hora certa para que abordasse o assunto da forma como gostaria. Assim, resignada, levantou-se e disse:

– É sempre mais fácil desabafar longe de casa, com pessoas que não compartilham nosso cotidiano. Se um outro dia quiser conversar sobre o que falamos agora ou simplesmente jogar conversa fora para passar o tempo, venha me visitar. Adoro receber visitas. Minha mãe perdeu a capacidade de locomover-se, vive presa a uma cadeira de rodas. Há dias que preciso de muita paciência com ela, outros nem tanto, mas raramente saio de casa, pois ela detesta ser vista pelos vizinhos. Como vê, é fácil me encontrar, apareça.

Alfonsine tinha a surpresa refletida no olhar. Concordava que, apesar de tristes, aqueles dias vinham trazendo aos sobreviventes uma ampliação dos conceitos humanitários. As pessoas se predispunham à solidariedade e à compaixão mútua, porém aquela mulher agia com excessiva confiança e amizade, pois nunca se tinham visto antes.

– Graças a Deus, na minha família, todos andam, falam, enxergam – comentou Alfonsine com uma expressão aliviada estampando-se em seus olhos.

– Na minha casa, graças a Deus, tenho um familiar necessitado – disse Marion com sinceridade, vendo o espanto e a incredulidade sobreporem-se ao alívio no rosto da jovem entregadora.

– Como pode dizer uma coisa dessas!

– Acredito que tudo quanto exista e viva seja uma obra de Deus e que Ele se manifeste nas nossas vidas. – Como Alfonsine lhe desse atenção, interessada, prosseguiu: – Quando eu era jovem como você, julgava que o poder de Deus para se manifestar tinha que realizar coisas prodigiosas, verdadeiros milagres que derrogassem todas as leis da natureza que a ciência investiga e descobre livremente. Para provar a sua existência, realizasse coisas fabulosas. Vivendo nos campos de batalha, aprendi muitas coisas. Não se surpreenda, mas eu aprendi a ver e ouvir Deus, e Ele me disse que não precisa fazer mais nada de fabuloso, pois os homens ainda não conseguiram descobrir e entender tudo que a inteligência Dele criou.

Alfonsine encarava Marion. Em seus olhos, a clareza da mensagem "Você é uma louca!" fez Marion rir e tocar o ombro da jovem entregadora com intimidade, segredando-lhe:

– Realmente eu sou louca, estupidamente louca, querida. Mas eu vi Deus estampado nos olhos dos soldados feridos cujos membros nós tínhamos que amputar praticamente sem recursos, sem anestésicos, e eles me falavam da força da vida, em meio àqueles horrores, em um mundo cheio de dor. Doentes com ferimentos infeccionados pegavam nossas mãos e nos contavam sobre suas infâncias, falavam dos irmãos, dos cuidados de suas mães, lembravam a figura dos pais, contavam em detalhes, em meio a sorrisos – que julgávamos impossíveis de ver naquele caos –, os seus primeiros encontros de amor com suas namoradas ou esposas. Ditavam cartas que marcavam com beijos e lágrimas que invariavelmente falavam de esperança e amor. Querida criança, se nesse contato com seres humanos retalhados e doloridos, física e espiritualmente, o amor é ainda uma força de poder inigualável, é porque ele é a presença viva e atuante de Deus em nossas vidas. Eu creio que vi e ouvi manifestações divinas sob as tendas dos hospitais da Cruz Vermelha. Testemunhei atos de coragem e heroísmo na luta pela vida, em que doentes despedaçados se recuperaram contra todos os prognósticos da equipe médica. Isso me ensinou que quem ama a vida vive sempre mais e melhor, em qualquer parte.

Como a jovem entregadora agora olhasse para o chão com o rosto levemente rubro, denunciando que se sentia envergonhada pelos julgamentos íntimos e precipitado que fizera minutos antes, Marion tocou-lhe o queixo com a ponta dos dedos, fazendo-a olhar em seus olhos.

– Alfonsine, eu poderia lhe falar muito mais. Espero que um dia você venha realmente me visitar; vou ficar muito feliz. Mas quero lhe dizer apenas mais uma coisinha: Deus está conosco sempre, a cada dia, a cada hora, em toda parte nós vemos as ações Dele. Nas flores que alegram as praças e jardins, nas árvores que nos dão sombra e ar para respirar, em cada pessoa que nos faz companhia nesse mundo tão grande, nos animais que nos dão alegria e carinho, nos doentes que nos ensinam paciência e nos possibilitam amar e cuidar de alguém que não terá como nos retribuir, nos sãos que lutam ombro a ombro conosco, na água que você bebe e com a qual lava seu corpo e se sente bem, em tudo isso Deus está agindo ao seu lado e, muito além, no brilho das estrelas e no calor do sol, se vê a ação de Deus no universo. Quando você estiver triste, se julgar a última das criaturas, a mais infeliz, a mais desgraçada, porque nada do que desejava aconteceu, tenha a certeza de que você não está sozinha e Alguém – ao seu lado – a ama muito e cuida de você. Então olhe para fora, veja as pessoas, veja a natureza e trabalhe seus pensamentos e atitudes, coloque-os em harmonia com a vida e tudo vai melhorar.

Marion fez uma ligeira pausa e, com o olhar confiante e sereno fixo na sua jovem visitante, relatou:

– Eu nunca esqueci um fato que aconteceu quando ainda era uma enfermeira iniciante na guerra. Estávamos sediados na fronteira com a Áustria e tinha havido uma batalha muito sangrenta durante a noite. Na madrugada houve um cessar-fogo e fomos correndo ao local recolher mortos e feridos. Era na zona rural, tinha muito campo, amanhecia, e o sol tingia a vegetação de uma cor alaranjada. No céu, um tom avermelhado se refletia em muitas nuvens que se dissipavam. Quase não havia verde naquela paisagem, pois a terra estava coberta de sangue. Inúmeros soldados, caídos em poças, transformavam-se em homens vermelhos, dos quais não se sabia sequer a cor da pele ou dos cabelos, quanto mais a nacionalidade. Faziam parte do exército dos mortos e feridos que não têm pátria. Chocou-me demais a cena; olhei minhas companheiras e elas choravam silenciosamente enquanto caminhavam examinando os soldados, separando mortos e feridos. Ajoelhei-me perto de um rapaz que respirava fracamente. Quando o toquei, ele abriu os olhos e murmurou muito baixinho, quase num fio de voz: "Deus não me abandonou, eu não queria morrer sozinho, Ele mandou-me você."

Marion respirou fundo para conter a emoção da lembrança e completou:

– Então morreu. Chorando, eu estendi o pano que sinalizava tratar-se de um morto. Nem sei o que eu pensava naquele momento, mas lembro do que senti: uma dor profunda, um vazio imenso, piedade. Acho que questionei onde estava aquele Deus em quem o jovem morreu acreditando se o cenário à minha volta era de morte e violência. Ergui-me e no último olhar que lancei ao corpo no chão notei que o campo ensangüentado, banhado pela luz do amanhecer, era coberto de pequenas flores, muito frágeis e delicadas, lilases, amarelas, brancas. Muitas tinham as pétalas salpicadas de gotas de sangue, mas se erguiam majestosas na sua delicada fragilidade, confiantes na força que as criara e as fizera brotar do solo. Entendi que todo sofrimento lançado pelo homem sobre a Terra não tem o poder de mudar uma única lei da natureza. A vida não se abala com a nossa ignorância, e sim espera serenamente até encontrarmos o caminho para a felicidade, que é simples e está em nós. Depois daquele dia nunca mais deixei o desânimo insuflar meus pensamentos. Eu sabia que era frágil como aquelas florzinhas, mas, confiante na força da vida, na ação de Deus, eu passei a pensar que poderia ser o anjo que tantos esperavam, se eu não ficasse olhando só para a dor e a miséria, mas buscasse trabalhar ainda que fosse segurando a mão de alguém, para não deixá-lo morrer sozinho.

– Entendi o que a senhora quer me dizer. Acho que antes eu não tinha pensado em coisas que me ocorreram agora. Muito menos via o que a senhora me mostrou. Sempre pensamos que a nossa é a maior dor do mundo, não é mesmo?

– É.

– Olhando à volta, o dia pode ser diferente.

– Sempre encontrarás uma oportunidade de ajudar e, ajudando, descobrirás que a tua é mais uma dor no mundo. E quando tiveres aprendido o que ela vem te ensinar, já não será mais dor, mas restará em ti o prazer de auxiliar.

Alfonsine impulsivamente beijou uma das faces de Marion. Depois, afastou-se apressada como se não desejasse dizer adeus, mas as obrigações do trabalho exigiam ser cumpridas e a levavam para fora daquela sala onde entrara tão abatida, carregando tristeza e dor, remoendo pensamentos depressivos e de onde saía com uma visão nova e muitos conceitos para pensar. A substituição da matéria dos pensamentos por si só já operava na jovem um bem-estar interior. Afoita, ela não viu o cavalheiro apoiado ao balcão. Saiu, descendo apressada os degraus que conduziam até um pequeno jardim e dali à calçada da via pública, batendo o pequeno portão de ferro.

Marion sorriu, acompanhando as atitudes da moça. Também alheia à presença do homem na sala, falou para si mesma, em voz alta:

– Que os bons espíritos a acompanhem e esclareçam! Que façam mais do que pude fazer por essa menina.

– A senhora fez muito, se me permite dizer – respondeu o homem apoiado ao balcão.

Assustada ao ouvir a voz e ver o estranho, Marion levou a mão ao peito e o olhou espantada.

– Não se assuste, sou de paz. Vim procurar um amigo que reside aqui, é seu inquilino, o jovem Schroeder. Entrei e notei que estavam muito concentradas na conversa; não quis interromper; percebi que a carteira tinha chorado. – Apressou-se a esclarecer o cavalheiro: – Devo também confessar que me interessaram muito suas palavras, suas experiências, e ouvi em silêncio para não lhes chamar a atenção. Perdoe meu furto, madame, mas fez-me tão bem ouvi-la que nem ao menos pensei em anunciar minha presença.

– O senhor não furtou nada que, se pedisse, eu não teria lhe dado de boa vontade – retrucou Marion sorrindo mais tranqüila. – Infelizmente devo lhe informar que meu inquilino não se encontra. É ainda muito cedo. Luidgi chega da universidade ao final da tarde. Pode deixar um recado, se quiser; prometo que será entregue assim que ele regressar.

– Acredito, mas não era nada importante, uma simples visita de cortesia, sem avisar, veja a senhora – informou o cavalheiro sorrindo. – Diga a Schroeder que foi Duvernoy que esteve à sua procura.

– Apenas isso, Sr. Duvernoy?

– Sim, madame. Eu sou amigo dele e, como não o encontrei essa semana no local onde costumeiramente nos vemos, fiquei preocupado e resolvi informar-me se estava tudo bem. Pensei que ele pudesse ter adoecido.

– Luidgi está muito bem de saúde, fique tranqüilo. Paixões da juventude não matam, só maltratam, como o senhor deve saber – declarou Marion.

Entendendo que Marion sabia onde eles se encontravam e tinha conhecimento da paixão de Schroeder, tanto que a mencionou explicitamente, Duvernoy ficou encabulado, apesar da idade e da experiência. Afinal, o que aquela mulher que o cativara tanto com suas palavras não estaria pensando dele. No mínimo, que era um velhote devasso.

Sem saber o que dizer ou fazer, imitando a jovem carteira, ele apanhou apressado a bengala e o chapéu, despediu-se laconicamente e foi em busca da rua, deixando Marion rindo e balançando a cabeça ao lado do balcão, enquanto pensava que aquela estava sendo uma manhã e tanto, cheia de tipos estranhos na sua casa.

Lilly e Irina caminhavam pela calçada da Rua de La Paix carregando algumas caixas de chapéus. Enquanto a primeira tagarelava incansavelmente comentando tudo que via, mesclando com ácidas críticas ou rasgados elogios o atendimento oferecido pelos vendedores, a outra andava com o pensamento distante, centrado nos planos de brilhar como atriz nas montagens da companhia dirigida por Ivan, com quem desenvolvia um rápido entrosamento e um relacionamento bastante íntimo, havendo quem afirmasse que eram amantes apaixonados.

– Tudo está à venda em Paris, é impressionante, tem que se ter muito cuidado, pois os vendedores nos examinam e conhecem com tal rapidez que, ao invés de óculos, devem usar lupas. Deus me livre, mas acho que enxergam até nossa alma. Eu não pretendia gastar tanto, Irina, foi o vendedor que, parecendo ler meu pensamento, ofereceu-me tudo que eu queria ver; parecia adivinhar minhas necessidades. Tão gentil! Você viu, não é mesmo? Não ficou chateada com minhas compras? Eram necessárias...

Irina sorriu sem esconder o ar de incredulidade despertado pelo discurso de Lilly que prosseguia ora declarando-se vítima da lábia dos comerciantes, ora realmente necessitada de tudo que adquirira. Agora distraída com o blá-blá-blá da amiga que andava a passos rápidos, Irina surpreendeu-se ao se chocar de frente com outra pessoa na calçada.

– Perdão, *mademoiselle*. – O transeunte, carregado de grandes pacotes, apressou-se em solicitar desculpas sem nem ver a pessoa que abalroara. – Espero não tê-la machucado com meus pacotes, são de madeira pesada, podem ferir.

Irina sentiu o sangue gelar nas veias ao reconhecer a voz do pintor que lhe ocupava os pensamentos e se intrometia em seu sono, aparecendo em seus sonhos. As mãos dele tocaram com gentileza em seu braço, preocupado em ver se não a machucara com as extremidades das molduras dos quadros. Gautier não erguera o rosto; desconhecia com quem falava.

– Felizmente parece que não a machuquei – disse ele sorrindo e emudeceu ao contemplar os olhos azuis e o rosto de Irina, sombreado por um chapéu tipo touca primaveril. Depois sorriu, e um brilho intenso de alegria iluminou os olhos castanho-escuros do pintor ao declarar: – Eu tinha certeza de que a vida me faria reencontrá-la. Como está?

– Muito bem. E o senhor?

– Aguardando diariamente sua visita. A pintura está praticamente pronta. Será que me dará o prazer de uma inocente e inofensiva visita antes que maio chegue ao fim? Tenho tido muita dificuldade para pintar seu rosto; poder vê-la algumas poucas horas ajudaria muito.

– O senhor fez um quadro com o meu rosto? – indagou Irina fazendo-se de surpreendida. – Pensei que se tratasse apenas de um esboço a carvão, um rascunho. Até porque...

– *Mademoiselle* não me encomendou nenhum retrato, não me autorizou a fazê-lo, já ouvi esse tipo de argumento. Sou um artista temperamental e, como ninguém manda em meus olhos e na minha mente, o que eles vêem e aprovam meus dedos desenham e pintam. A beleza de seus traços fascinou o meu olhar, não pude esquecê-los, nem de sua dona e da agradável tarde que tivemos; apenas um problema me aflige: preciso revê-la.

Lilly andou alguns metros tagarelando sozinha até se dar conta de que Irina não estava a seu lado. Estacou e, voltando-se, viu o encontro dos dois. Um brilho diferente no rosto de Irina chamou-lhe a atenção – podia jurar que a russa estava abalada pela presença daquele homem. Surpresa, retornou alguns passos com o intuito de vê-lo melhor e ouvir a conversa – não era preciso muita percepção para notar que o casal estava alheio ao movimento da La Paix àquela hora da tarde.

– A pintura não está lhe agradando? – indagou Irina com ar inocente.

– Ao contrário, agrada-me muito. Mas tortura-me.

– Que coisa confusa! Como pode algo agradar e torturar ao mesmo tempo?

Gautier a encarava nos olhos, para depois passear o olhar pelo rosto, detendo-se nos lábios vermelhos e brilhantes. Atrevido, ergueu a mão, tocando a ponta de uma mecha dos cabelos que caíam ao lado da face da moça.

– Também não sei, mas tem sido assim. Nunca ouviu dizer que artistas são criaturas meio exóticas, estranhas? Vai ver é este o meu problema: a alma de artista. E ela encantou-se pelas cores do seu rosto, dificílimas de reproduzir em seu tom correto. Preciso ter sua pele, seu cabelo e seus olhos perto de mim algumas horas. Confie neste artista torturado, nada de mal vai lhe acontecer. Apenas por algum tempo você será como uma santa em meu altar.

Irina riu da comparação do pintor e redargüiu:

– Tudo, Sr. Gautier, menos uma santa. Não sou religiosa, e creio que altar não seja o melhor lugar para mim.

– Ah! Lembra-se do meu nome, é sinal de que não esqueceu nosso encontro – comentou Gautier triunfante.

– Foi uma tarde muito agradável – capitulou Irina. – Realmente não o esqueci, Sr. Paul Gautier, um desastrado pintor de Paris. Nossos encontros têm sido inusitados.

– Só há uma forma de mudar: aceita encontrar-se comigo amanhã à tarde, no mesmo local, às margens do Sena?

Irina vacilou, mas ao sentir um suave carinho com a ponta dos dedos em sua face, o olhou, surpreendendo uma expressão de ternura no rosto de Gautier à qual não teve forças de resistir.

– Me espere por volta das 15 horas.

Lilly estranhou a conduta de Irina, mas viu pela primeira vez um brilho cálido no olhar da dançarina. Já a conhecia o suficiente para saber que não devia perguntar nada e o melhor era fazer de conta que não testemunhara o estranho encontro, muito menos querer informações sobre o desconhecido. Examinou-o de alto a baixo e avaliou:

"Charmosinho, mas muito comum para quem tem um Ivan."

O caloroso sorriso do pintor dissipou algumas incertezas que pairavam em sua mente. Havia nele uma aura de doçura e suavidade como em nenhum outro homem ela havia encontrado. No íntimo, ela atribuía essa conduta ao fato de que ele desconhecia sua maneira de viver e fazia dela idéia muito diferente da realidade, pois sempre a encontrara em circunstâncias comuns a qualquer jovem mulher bem colocada socialmente.

– Não esqueça de levar a pintura – lembrou Irina de forma meiga.

– O esboço – esclareceu Gautier. E vendo uma expressão vaga refletir-se no azul profundo do olhar da jovem, ele teve certeza de que ela não lhe era indiferente e mergulhava num mundo de emoções palpitantes, paradoxalmente distante e próxima da realidade do presente. – Lembra, eu falei que lhe mostraria o esboço, a pintura, não. Ainda não, só depois que estiver pronta, emoldurada e digna de quem a inspirou.

– Isso não se faz com uma mulher, senhor. Somos todas curiosas.

– Eu sei.

– E não vai fazer nada a respeito?

Paul ergueu os ombros num gesto de desamparo e, convicto, declarou alegremente, num tom amistoso e provocativo:

– Não há nada que eu possa fazer, *mademoiselle*. As mulheres são assim desde os tempos do Éden, afinal foi por pura curiosidade que Eva provou a fruta proibida. Que posso eu, um simples artista, fazer contra tão velho hábito? Nada além da tolerância e da indulgência.

Irina sorriu descontraída; a mesma emoção do primeiro encontro a se repetir. Estabelecia-se entre eles uma convivência harmoniosa, com uma misteriosa e inexplicável intimidade.

– Verei apenas o esboço, então? E se eu me arrepender do encontro, por ver apenas traços rápidos a carvão e não a obra?

– É um risco. Preciso confiar que o desejo de conhecer o início de tudo seja mais forte. Além do que, pretensiosamente, espero que deseje passar algumas horas comigo.

Irina viu Lilly há poucos metros, imóvel, atenta. Ela tinha o rosto voltado para baixo, mas pelos cantos dos olhos acompanhava minuciosamente cada gesto, cada movimento, tinha certeza. A expressão de alheamento era falsa, porém a representação era medíocre, não enganava quem a conhecia minimamente. Entretanto, a visão da acompanhante teve o dom de fazer cessar o encantamento que cercava a dançarina, recordando-a do mundo no qual era a Divina. Educadamente, sorriu para Paul, despedindo-se e a instâncias dele reafirmando o encontro do dia seguinte.

Somente quando se juntou a Lilly e ambas seguiram caminhando em direção a uma famosa casa de moda, misturando-se com os outros transeuntes, foi que Paul retomou seu próprio trajeto em direção a uma das galerias de arte que expunham e comercializavam seu trabalho.

Rodava o disco sobre o prato do gramofone reproduzindo o som da orquestra, enchendo a sala de Madame Lescault de notas harmoniosas. A execução do bolero de Handel chegava ao fim, subindo vertiginosamente os agudos, numa verdadeira apoteose.

Sentada em sua poltrona favorita, ela calmamente tricotava uma manta cheia de listras multicoloridas. A seu lado repousavam alguns livros fechados, marcados com páginas de papel, onde se viam escritas algumas linhas, numa caligrafia miúda e regular, bastante feminina.

O som da porta se abrindo chamou a atenção da dama, e ela preparava-se para se erguer, pondo de lado o trabalho que executava, quando viu a cabeça loura e o alegre sorriso do jovem Schroeder espiar pelo canto da parede da sala em forma de L invertido. Misto de recepção e sala de visitas, em verdade era o local onde Madame Lescault passava a maior parte do dia, entre seus afazeres de senhoria, seus hobbies e leituras.

– Ah! É você, meu filho – comentou Marion de forma familiar e carinhosa. Luidgi era o seu mais antigo inquilino. Afeiçoara-se a ele, podia-se dizer que a solidão os unira e fizera nascer uma sólida amizade, com recíproca confiança. – Chegou cedo. Não teve alguma aula?

Luidgi aproximou-se, beijando respeitosamente a testa de Madame Lescault antes de esclarecer:

– Eu é que não me senti muito bem e resolvi sair antes do final. Não iria aprender nada mesmo, não conseguia prestar atenção em nada.

– O que você está sentindo?

– Dor de cabeça, cansaço, sono, fome... – respondeu Luidgi sorrindo do olhar preocupado que lhe lançava sua senhoria. – Não se preocupe, *frau*, é apenas cansaço. As provas têm me feito estudar muito e dormir pouco.

– O corpo mostra claramente seu limite às nossas pretensões de super-heróis – ralhou Marion amistosamente. – Bem que lhe avisei: estudar durante as madrugadas não é saudável. Uma noite de sono é difícil de ser recuperada. Descansar à luz do dia ajuda, mas não é a mesma coisa.

– Já tomou o chá? – perguntou Luidgi aceitando pacificamente a reprimenda. Ante o gesto de negativa de Marion, que se preparava para retomar o tricô, sugeriu: – Que tal eu ir ver se Marguerite já preparou aquele chá que nós gostamos?

– Não tenha tanta confiança. Mamãe hoje está naqueles dias em que toda paciência é pouca. Imagine que não me deixou banhá-la de novo, disse que não tenho jeito e que Marguerite é mais habilidosa. Resultado: Marguerite teve que abandonar um pouco seu trabalho na cozinha para ir atender mamãe – não podia deixá-la sem a higiene.

– *Frau* Amélie está ficando cada dia pior, coitadinha. Não deve ser nada fácil ficar acamada tantos anos – lamentou compreensivo o jovem. – Irei à cozinha ver como andam os preparativos, então, se Marguerite ainda estiver envolvida com *Frau* Amélie, eu mesmo farei o chá. Aceita?

Marion sorriu incentivando o rapaz, e meneando a cabeça afirmativamente, ao mesmo tempo em que passava o fio de lã atrás do pescoço, tomando as agulhas donde pendia já uma considerável extensão de tecido.

Um quarto de hora depois ele voltava com a bandeja carregando o bule de chá, as xícaras, açúcar, creme e um pote com alguns biscoitos, que depositou sobre a mesinha de centro. Depois, andou até o gramofone e ligou-o novamente. Sentou-se em frente à sua senhoria e suspirou.

– Marguerite ainda está com mamãe?

– Acredito que sim, não a vi na cozinha nem na lavanderia. O pátio dos fundos estava vazio.

Marion outra vez abandonou seu trabalho. Movimentou-se, ficando sentada à borda da poltrona, a fim de aproximar-se da mesa onde estava a bandeja e começou a servir o chá.

– Você ferveu a água direitinho! – elogiou ela, com ar de riso. – Está aprendendo rápido. Até o final de sua estadia aqui saberá realizar algumas proezas culinárias.

– Assim como fazer chá e aquecer sopas.

– Considerando que ao chegar da Alemanha você não sabia nada, isso é um progresso, me faz ter esperança. Aliás, por falar no seu país...

– Por favor, não me diga que soube de mais alguma notícia trágica de lá. Hoje não estou bem, não quero saber das calamidades que assolam o país nem dos descalabros dessa república de Weimar.

– Acalme-se. Não é nada disso. Não soube de nenhuma notícia da Alemanha, só queria lhe dizer que chegou uma carta do seu pai, hoje pela manhã. Está no seu escaninho.

Luidgi bebericava o chá quente; não fez nenhum gesto que denotasse pressa ou ansiedade em pegar a correspondência; permaneceu onde e como estava deliciando-se na companhia da amiga.

– Está brigado com seu pai, Luidgi?

– Não exatamente, *frau*. Mas ler cartas de meu pai é o mesmo que tomar conhecimento das notícias. São verdadeiros jornais. Entenda, não é que dê pouca importância a meu país, de forma alguma. Mas papai me escreve sobre o que constitui o mundo dele: o exército e a política. Coisas muito próximas lá. E, desde o fim da Grande Guerra, coisas bastante complexas e tumultuadas. Lerei mais tarde, talvez amanhã.

As palavras de Luidgi lembraram a Marion o episódio da manhã com a moça carteira. Seu olhar ensombreceu e ela rapidamente baixou as pálpebras. Não desejava erguer barreiras entre ela e o amigo, não queria que ele notasse a tristeza. "De nada adianta, além do que Luidgi era um adolescente como muitos outros, sem culpa de nada do que ocorria em sua terra. A bem da verdade culpas não resolvem nada, não modificam o passado, não curam feridas, nem trazem corpos mortos à vida, portanto... são inúteis, um fardo, nada mais", pensava a francesa. Rememorando silenciosamente o rosto em lágrimas da jovem Alfonsine, recordou que tinha outro recado a dar ao rapaz.

– Próximo do final da manhã esteve aqui um senhor à sua procura. Pediu apenas que lhe dissesse que se chamava Duvernoy.

– Duvernoy?! Aqui? Que estranho! Não consigo imaginar o que ele queria?

Marion sorriu lembrando as palavras compreensivas que ele lhe dirigira para depois se retirar apressadamente.

– É um daqueles seus amigos que freqüentam o teatro de variedades, não é?

Luidgi concordou, reavivando a memória de Marion sobre alguns fatos que julgava ela houvesse esquecido de sua relação com o grupo de freqüentadores do cabaré.

Marion ouviu calmamente a história da qual lembrava em detalhes, pois, além dela própria, os únicos outros amigos do rapaz eram os companheiros do Sr. Duvernoy.

– É uma pessoa muito interessante o Sr. Duvernoy. Muito informado, não tem opiniões radicais como a maioria, com ele pode-se conversar de tudo, sem receio. É muito divertido também.

– Eu o imaginava muito diferente.

– Gostou dele? Duvernoy em pessoa é melhor ou pior do que em sua imaginação, *frau*?

– Tive um contato muito rápido com ele, para responder. Com toda certeza é diferente, imaginava-o mais jovem.

– Nunca dei importância à idade de Duvernoy. Ele é tão jovial, tão interessado pela vida, que penso nele como tendo pouco mais que a minha própria idade – reconheceu Luidgi. – Os outros são mais jovens, devem contar entre os 30, no máximo, 40 anos. Duvernoy, certo dia, me confessou que completará 54 este ano. É o mais velho do grupo. Todos o admiram muito, é fácil notar.

– Acredito.

Encerraram o chá conversando descontraidamente. Marguerite surgiu sob o batente da porta que dava acesso ao corredor informando que Madame Amélie adormecera logo após o banho.

Marion sorriu agradecida para a servidora e Luidgi levantou-se. Indo até o escaninho, apanhou a carta, dirigindo-se para a escada que conduzia ao segundo andar, onde ficavam seus aposentos.

Em seu quarto, Luidgi largou sobre uma escrivaninha os livros que usara na faculdade, sobre a mesinha-de-cabeceira a carta, descalçou os sapatos e deitou-se confortavelmente no leito macio e perfumado. Ele adorava os pequenos caprichos com que *Frau* Lescault cercava seus pensionistas. Jamais esqueceria o cheiro de lavanda dos lençóis, o aroma e o sabor dos croissants frescos do desjejum matinal e os biscoitos amanteigados sempre à disposição no grande vidro com a tampa decorada com tecido xadrez sobre o balcão da copa. Os anos de estudo em Paris não estavam sendo nada fáceis, mas teriam sido bem piores sem o apoio e o carinho de Marion Lescault. Ela não tinha ódio do seu povo, não procurava humilhá-lo ou isolá-lo como se estivesse contaminado por uma peste contagiosa.

Olhando o teto, ele sorriu; admirava a dama profundamente.

Ela era diferente de sua avó, sempre tão sisuda e reservada. Demonstrava carinho pelas pessoas com naturalidade e da mesma forma colocava a quem quer que fosse em seu lugar se a atitude a desagradava. Era uma mulher forte e autêntica.

Envolto em seus pensamentos, relaxou e acabou cochilando. Acordou com o barulho dos outros rapazes se dirigindo para seus quartos. Lançou um olhar à janela, vendo pelas vidraças a luz suave do luar sobre os telhados.

"Meu Deus, já é noite! Devo ter adormecido", pensou Luidgi, virando-se para acender a luz de cabeceira e consultar o relógio: "Quase vinte e uma horas. É tarde. Já serviram o jantar na copa. Meus amigos já devem estar no teatro. Não há como chegar antes da apresentação da Divina. Também não posso abusar. Realmente me senti febril à tarde, melhor repousar e estar bem amanhã."

Confortado pelos próprios pensamentos e decisões, Luidgi ergueu-se do leito, apanhou a carta e foi sentar-se numa poltrona em frente à escrivaninha, praticamente ao lado da janela.

"Notícias da Alemanha – não sei se quero saber. Está tudo tão difícil por lá. A palavra há muito tempo tem sido: crise. Crise política: Weimar é uma farsa e ainda não sabemos se isso será bom ou mau, no fim das contas. O certo é que ela não está agradando a seus próprios defensores, eles brigam entre si. Tenho que reconhecer que a morte de Rosa de Luxemburgo e... – aqueles agitadores socialistas – desestabilizou o partido deles, perderam liderança. A revolta da classe operária não foi suficiente para fazer da Alemanha uma república socialista e os democratas socialistas estão cada vez mais próximos dos líderes da indústria, do exército e dos setores mais conservadores. A economia é um caos e crise é a palavra de ordem. Não agüento mais os relatos de papai falando de desempregados, de fome, de doenças, de marginalidade e prostituição tomando conta das ruas das grandes cidades. Crise, crise, desgraças, rebeliões, revoluções, tramóias políticas... É só do que ele me fala. Pensando bem... sempre foi assim desde que eu usava calças curtas. A política sempre foi sua principal ocupação. O caos do pós-guerra só veio salientar o interesse. Engraçado que antes nunca dei importância a esses assuntos nem ao fato de ele ser como é. Agora, vivendo no exterior, é que, apesar de tudo, sinto certo interesse, acho que é porque estou sofrendo na pele a discriminação. Não posso negar que há dias em que me revolto. Afinal, quem eles pensam que são ou será que estranho isso agora por causa do convívio com *Frau* Marion? Ela é diferente, age e pensa com uma liberdade que eu não conhecia. Com ela se pode conversar sobre muitos assuntos. Será também por isso que os assuntos de meu pai me enchem de enfado? Não sei. Mas vejamos logo o que me conta o coronel Carl Schroeder. Que estará acontecendo no meu país? Pobre povo."

Lia a última folha da carta quando ouviu suaves batidas na porta. Um sorriso terno lhe iluminou a face. Sabia que era Marion, conhecia todos os sons que ela produzia: seus passos, sua batida, sua voz, seu riso. Sua presença fraterna e alegre enchia a casa.

– Pode entrar, *Frau* Marion.

Marion abriu a porta sorrindo e mostrando um copo de leite que carregava sobre um pires. Luidgi a olhou correspondendo ao sorriso.

– Deixe sobre o criado-mudo, por favor – disse ele. – E obrigado por ter trazido, não precisava se incomodar.

– Não me custou nada. Além disso, notei que você não desceu para o jantar. Como chegou indisposto, vim ver se não piorou.

– Adormeci assim que me recostei. Acordei há pouco, então decidi ler a carta de meu pai – informou Luidgi mostrando os papéis que tinha nas mãos.

Marion aproximou-se do jovem, tocou-lhe gentilmente a testa e tomou-lhe o pulso para verificar a temperatura e pressão sangüínea. Rindo da preocupação da amiga, Luidgi largou os documentos sobre a escrivaninha, tomou uma das mãos de Marion e levou-a aos lábios, beijando-a respeitosamente.

– Estou bem – insistiu o rapaz, lembrando-a amistoso. – Sou quase um médico, já sei o bastante para diagnosticar um caso de cansaço, no máximo um resfriado, com segurança. Pode confiar, enfermeira. Tenho bom conceito com meus professores.

Marion ampliou o sorriso e, dando-se por satisfeita em seus exames, soltou-lhe o pulso, passando a mão sobre os cabelos do jovem, despenteando-o, só para vê-lo irritar-se, pois era muito cioso da aparência impecável. A expressão de desagrado de Luidgi não se fez esperar e prontamente ele tratou de recompor o penteado, sacando um pequeno pente do bolso da camisa.

– A experiência é uma mestra insubstituível, meu amigo – ralhou Marion fingindo certa severidade. – Sei que você é um ótimo aluno, mas isso não é razão suficiente para dispensar os meus cuidados. Mas não subi aqui para discutirmos. Vejo que está melhor. Que notícia nos manda o capitão?

Luidgi aprendera a compartilhar as informações que recebia da Alemanha com Madame Lescault. No início, porque precisava falar com alguém, depois, porque se tornaram amigos e a senhoria era sua família na França.

– Escreveu-me quatro páginas – frente e verso. Isso lhe diz alguma coisa?

– Hum, talvez ele esteja muito irritado. Estou certa?

– Está. Meu pai, como muitos alemães, está indignado com os termos do acordo de Versailhes, com as negociações e a forma como foram tratados os representantes alemães.

Marion fez uma expressão aborrecida e preocupada ao mesmo tempo, antes de comentar:

– Versailhes não é um tratado de paz. É um imenso barril de pólvora instalado na Europa. Lançaram no maldito documento toda a raiva, ódio e desejo de vingança que restou após o final da guerra. Infelizmente, esses anos todos, depois do cessar-fogo, não foram suficientes para apagar os horrores – acho que será preciso muito mais, talvez alguns tenham que ter várias vidas para esquecer. Mas o triste é que tampouco amadureceram as lições. A política da paz sem vencidos nem vencedores infelizmente não passou de belas palavras. Na prática não é o que estamos vendo.

– As imposições para a Alemanha são muitas e pesadas. Vários setores defendem que é inviável o cumprimento do tratado a longo prazo. Arrasa a economia do país, que não terá como se reerguer, e condena nosso povo à miséria. Sangra literalmente o país. Perdemos território, perdemos divisas, estamos com nossas forças militares limitadas e proibidos de desenvolver indústria bélica. Entre os ressarcimentos está a perda de grande parte de nossa frota de transporte.

As mil crises que assolam a Alemanha não têm como ser solucionadas se se respeitar integralmente esse tratado. Papai está preocupado. Por outro lado, esse tratado foi um golpe na república e nos partidos mais à esquerda que a sustentam; ele diz que a direita cresce e que há esperança de que retomem o poder nas próximas eleições. Weimar está sendo uma vergonha.

Marion ouviu com atenção as notícias. Seu olhar ainda mostrava-se sério, sem brilho; tinha uma expressão preocupada no rosto, em geral ameno e descontraído. Não se contendo, falou:

– Ah, os homens! Oh! raça infeliz que se destrói e mesmo no meio do caos ainda pensa em interesses particulares de grupos e facções, procurando vantagens no prejuízo geral. Que lástima!

Vendo que Luidgi não havia entendido suas expressões de zanga e mesmo as havia interpretado de forma errônea, apressou-se a esclarecer:

– Não falo de nenhuma raça em especial, meu filho. Penso é na raça humana que se extermina, gera a dor e o sofrimento a seus próprios integrantes, e ainda, em toda parte, no meio das maiores calamidades, grupos disputam o poder e usam as desgraças para se promoverem. Não aprendem as lições, e assim vamos de um século para outro, registrando páginas e páginas de sangue na nossa história.

O rapaz retomou a expressão confiante e eles ainda trocaram idéias por alguns minutos, até Marion se despedir, lembrando-o de ingerir o leite morno antes de dormir.

A calma e tépida tarde primaveril não era suficiente bela para inspirar Gautier, que virava e revirara o boné sobre a cabeça, a todo instante dirigindo olhares à esquina onde vira Irina desaparecer no primeiro encontro. Sem atinar a razão, esperava que ela viesse encontrá-lo, surgindo justamente daquela rua, como se refazendo o caminho dos próprios passos em sentido inverso. Voltando a ele, às margens do Sena.

Tomado de ansiedade, Gautier não conseguira dar um único traço, sequer uma pincelada na tela sobre o cavalete à sua frente. A superfície branca o desafiava em vão, nela não reproduziria nenhuma das cenas a seu redor. Se algo de seus sentimentos ele extravasasse naquele momento, por certo necessitaria de uma imagem abstrata que retratasse seu estado de alma em cores cheias de contrastes, ora suaves, doces e esperançosas, ora sombrias, com medo, imiscuindo-se, escondendo-se, mas matizando com tons do cinzento a grafite.

Debatia-se interiormente entre a dúvida e a certeza de que ela honraria o compromisso assumido no dia anterior. A cada cinco minutos lançava olhares aflitos ao relógio, incomodado com o andar lento dos ponteiros que pareciam demorar muito além do comum a marcar 15 horas.

– Ainda faltam mais de 20 minutos – constatou ele em mais uma consulta ao relógio. – Ela vai chegar um pouco atrasada, é certo. Mulheres sempre se atrasam, nem que sejam alguns minutinhos. Não posso aguardar que Irina seja diferente. Que faço até às 15 horas?

Pôs-se a pensar em alguma maneira de fazer correr mais depressa o tempo, mas todas lhe pareceram inconvenientes para o momento. Conformado, recolheu os pincéis e bisnagas de tinta ao estojo que carregava com seu material, depois retirou a tela envolvendo-a cuidadosamente em um tecido para proteger a estrutura, a textura e cores originais. Carregou seus pertences até o estúdio em que vivia do outro lado da rua que ladeava o rio, distante uns 200 metros do ponto em que se encontrava, retornando apressado.

Para seu deleite, Irina apoiava-se na mureta e contemplava a própria imagem refletida nas águas. Correu ao encontro dela, chegando com a respiração levemente alterada. Sentia-se como um menino, como se nunca antes houvesse marcado um encontro com uma mulher bonita. Não sabia ao certo como agir.

Irina pressentiu a chegada do pintor, virando-se para encará-lo com um sorriso nos lábios que lhe iluminava a face. Em silêncio, ele ficou a contemplá-la, feliz, deixando que o brilho em seu olhar falasse o que em palavras não saberia expressar. A muda linguagem dos enamorados se estabeleceu entre eles. As palavras que faltavam era paradoxalmente supérfluas, desnecessárias. Por fim riram juntos, quebrando o encantamento e vencendo as barreiras deixadas pela ansiedade e medo de ambos.

Conversaram, encaminhando-se à confeitaria próxima, onde já

haviam partilhado algumas horas de boa convivência. Irina mostrou-se muito interessada em conhecer o trabalho de Gautier, os preparativos para a exposição e o esboço da pintura que inspirara. Ele, atencioso, respondeu a todas as perguntas, falou entusiasmado sobre a estréia da exposição de suas pinturas, de seu novo estilo, abandonando, em grande parte, características anteriores de sua obra, tais como, retratar rostos humanos. Estava cansado de ensinar velhas madames ricas e jovens estreantes na sociedade parisiense a posarem para retratos que freqüentemente se repetiam; as inovações do nascente movimento de arte moderna o empolgavam.

– Estou ficando assustada. Conheço pouco de pintura moderna, na verdade muito pouco, vi rapidamente alguns quadros, nada mais – interveio Irina após a apaixonada exposição de Paul. – Será que vim até aqui para me ver retratada em formas que não saberei entender? Pensei que a sua exposição fosse com cenas cotidianas de Paris.

– Exatamente, mas estou incorporando alguns elementos de arte moderna, fugindo um pouco ao tradicional e ao trivial. Um olhar diferente, mais engajado com o presente, que fale mais da vida interior das pessoas. Não estou retratando tanto feições, como fazia antes, mas acima de tudo quero capturar as expressões, os sentimentos que se refletem nos rostos.

– Meu Deus, o que terá você visto em meu rosto aquela tarde! Já não sei se desejo ver o quadro.

Atento, Gautier, que notara o empenho dela em não falar de si mesma, nem de sua vida – o que ele respeitou, não forçando o assunto –, questionou intimamente quais seriam os sentimentos que Irina desejava tão ardentemente esconder das vistas do público.

– Fique tranqüila, prometo que tão logo esteja acabado você será a primeira pessoa a vê-lo. – Como um olhar de dúvida marcasse o rosto de sua acompanhante, ele sorriu, rapidamente juntou dois dedos cruzados sobre os lábios e falou: – Palavra de honra. Juro!

O som cristalino e baixo da risada de Irina se fez ouvir e ele a olhou fingidamente encabulado:

– Não crê na minha palavra? Por que, *mademoiselle*?

– Artistas não são pessoas confiáveis, meu querido amigo. Não sabe disso ainda?

– Oh! Maldita fama! Corre o mundo, que posso eu contra ela? Francês e artista. Não tenho chances de merecer a confiança de uma deusa nórdica.

– Vejamos, vou analisar seu pedido – concedeu Irina sorridente, leve e descontraída como poucos momentos vivera nos últimos anos. – Deixe-me ver o esboço.

Prontamente Gautier sacou o bloco, folheou-o, afastando as páginas de papel encerado que protegiam um esboço de outro, até encontrar o desenho dos traços de Irina. Apresentou-o a ela, estendendo-lhe o volume.

Detidamente Irina examinou o esboço. A surpresa era patente em seu rosto, não esperava ver um trabalho com tanta qualidade. Mesmo conhecendo pouco de pintura, o talento do autor era inegável.

– As cores darão a vida, definirão as emoções que vi em seu rosto. Infelizmente, você precisará aguardar o fim da obra.

– O esboço está bonito. Diferente do que eu imaginava, aliás, eu não sabia, de fato, o que esperar do seu trabalho. Onde expõe seus quadros? Gostaria de conhecer mais do seu trabalho.

Lisonjeado com o interesse de Irina, Gautier retomou o discurso sobre sua arte, que tanto o absorvia.

Somente quando o movimento na via pública se intensificou, com muitas pessoas circulando a pé, de bicicletas, e algumas outras de automóvel passando em frente à confeitaria, foi que Irina lançou um olhar para fora, estranhando a parca luminosidade do dia. Consultou o relógio, exclamando:

– Como é tarde! Preciso partir.

Gautier, que acompanhara os movimentos da moça, permaneceu sereno e sorridente, observando-a e indagou:

– Diga-me onde e quando posso encontrá-la outra vez e você não terá que se preocupar com as horas.

Irina esperava a proposta, entretanto ao ouvir as palavras de Gautier sentiu o coração apertar-se no peito – tinha medo de envolver-se com o simpático pintor. Desde que partira da casa dos pais fora somente ao lado dele que ela sentira confiança para agir com espontaneidade. Temia os sentimentos que ele lhe despertava e temia principalmente que Gautier viesse a descobrir quem ela era. Não sabia que reações ele poderia ter. Acima de tudo temia a si mesma, a experiência nova e a posterior convivência no meio em que circulava. Nunca se envolvera com um homem que não fosse sob a forma de comércio. Conhecera, ao longo dos anos, muitas mulheres prostituídas que sofriam horrivelmente ao enamorar-se de alguém. Os lindos e apaixonantes romances em que figuram belas cortesãs e seu apaixonado amante disposto a tudo por elas eram fantasias. As histórias reais, que testemunhara, eram bem outras, cheias de paixão e amor, sim, mas, também, de dor, solidão, preconceito e revolta. Por isso, nunca se dera à leitura de tal literatura. Além do mais, tivera Dolly em seu caminho e vira suficientemente claro o que poderia ocorrer a uma prostituta que se deixa levar pelo amor. Definitivamente o medo dominava seus sentimentos naquele momento. Seu rosto tornou-se pálido; o brilho de seu olhar refletia o pânico interno, e as mãos tremeram levemente enquanto ela fingia procurar as luvas na bolsa. A mente rodava em mil conjecturas. O intelecto gritava: "Não. Fuja desse caminho, é perigoso." O coração clamava: "Aceite."

Gautier acompanhava o embate, torcendo que ela aceitasse, mas evitando qualquer forma de pressão. Tinha o propósito pessoal de aceitar os termos dela naquele relacionamento. Para ele tudo que sentia era também novidade, apesar da experiência. Ela era diferente de qualquer outra dançarina ou atriz com que tinha mantido relacionamento. Não queria favores sexuais comprados. Não queria ser mais um amante na cama da Divina. Queria conhecer a mulher que se mostrara no olhar refletido nas águas do Sena e que o encantara como nenhuma outra, nem mesmo a Divina do palco do teatro de variedades. Por isso, esperou.

– Foi muito difícil vir ao seu encontro hoje. – declarou Irina em um quase sussurro, com o rosto baixo, recusando-se a encarar seu acompanhante.

– Por que veio?

– Não consegui lutar contra o desejo de saber se estar com você outra vez me faria sentir da mesma forma que da outra vez.

– Também me senti assim. Sonhei tanto em encontrá-la que pensei estar enlouquecendo. E, por favor, não entenda mal minhas intenções. Você é uma das mulheres mais lindas que conheço, mas é antes de tudo a sua companhia que me atrai. Se formos apenas e tão-somente amigos, ainda assim me sentirei feliz. Entende?

Irina sorriu timidamente. Não tinha coragem para dizer que aquelas eram as palavras mais comoventes que havia escutado nos últimos dez anos ou mais. Interpretando o silêncio acanhado de Irina como uma negativa ao seu convite, insistiu:

– Pense um pouco mais. Você me disse que foi uma decisão difícil estar comigo hoje, eu não sei por que motivos e não precisa me explicar. Não quero forçá-la a nada, nunca. Tampouco quero que sofra, mas me dê uma oportunidade de conhecê-la melhor. Olhe, ainda restam alguns dias para o final de maio e, como lhe disse, estarei aqui todas as tardes até junho. Pense e volte a me encontrar, está bem?

– Você não tentará me encontrar, saber onde moro e coisas do gênero?

– Não. Vejo que, por alguma razão, você teme que eu conheça sua vida pessoal. Ficarei aguardando que você volte, assim se sentirá mais segura, espero. Não vou lhe pedir nada, a não ser a oportunidade de estar com você, Irina. Só, nada além. Eu juro – concluiu repetindo o gesto anterior e sorrindo para descontrair sua parceira.

– Está bem, pensarei e mandarei avisá-lo da minha decisão. Duval – um senhor muito discreto que é meu motorista – virá procurá-lo a meu pedido. Não me agrada pensar que possa deixá-lo sem uma definição. Obrigado por suas palavras, por seu carinho. Os momentos que vivi a seu lado foram os melhores dos últimos anos da minha vida. Você não faz idéia do que isso representa. Obrigado – confessou Irina com a voz emocionada, enquanto acariciava com as costas da mão o rosto de Gautier olhando-o fixamente.

Ele virou levemente o rosto depositando suavemente um beijo na mão que o acariciava. Não tinha dúvidas de que estava completamente apaixonado pela mulher à sua frente. Nunca tivera sentimentos com tal intensidade por nenhuma outra, nunca dissera a nenhuma delas: Eu te amo. Mas naquele instante poderia fazer tal declaração a Irina, entretanto, com medo de assustá-la ainda mais, calou, deixando-a levantar-se e partir sem nenhuma palavra de despedida.

A platéia aplaudia com entusiasmo a última apresentação da Divina Irina no palco do teatro de variedades. Reprisara a apresentação de estréia e encerrava com o tango, usando o mesmo vestido negro, com pequenas modificações adequando-o à moda; estava ainda mais curto. A saia era praticamente apenas franjas negras e brilhantes, que expunham suas coxas brancas e as ligas das meias de seda. Dançou, fingindo seduzir os dois músicos que a acompanhavam no número.

Schroeder aplaudia e pedia bis no coro improvisado da assistência. Duvernoy ria ao ver a paixão do jovem alemão. Reconhecia que ele fora de uma fidelidade canina. Apenas uma única quarta-feira não fora prestigiar o espetáculo, juntamente com os outros, e sabia que o rapaz freqüentava o teatro outros dias da semana.

"Ele ainda não conseguiu enxergar além da embalagem da vida material", pensava Duvernoy observando-o. "Deixa-se iludir com o jogo de aparências que cerca esse mundo. Meu amigo ainda se deixa levar, à moda de folha na correnteza do rio. As forças à sua volta o arrastam e ele nem sequer as identifica, tão cego com as cores, luzes, enfim, com as aparências; sua mente pouco ou nada questiona fora dos livros que a academia o faz estudar. Parece cego. Não vê que por trás do brilho e do fascínio das luzes do palco existe uma mulher que vive à sombra, ou será que deveria dizer vegeta? São tristes as estradas que percorrem, são ricas, famosas, admiradas e, nestes dias enlouquecidos, ditam comportamentos que são seguidos por outras mulheres – em algumas coisas, com toda razão, é preciso ser justo e reconhecer que elas têm méritos, há valor em inovar a sociedade libertando-a de alguns dos seus muitos conceitos absurdos, mas... elas sofrem, por mais douradas que pareçam suas vidas. Acredito que o ser que vegeta na sombra sofra muito, recalque muitas mágoas, lembranças, sentimentos. São prostitutas de luxo. Pirâmide social maluca que tem da base ao ápice as mesmas coisas, unicamente diferenciadas em padrões econômicos. Há inclusive um submundo de luxo. Rui a pirâmide, caem os homens sobre o solo da Terra e todos são iguais, nasceram sem dinheiro em seus bolsos, morreram sem ele. Ainda que alguns coloquem notas em seus caixões para a viagem, fato é que nenhuma serventia terá. Sombra e luz, verdade e ilusão se fundiram em único ser, despido, nu, inteiramente nu, diante da própria consciência, que, por mais que se debata e custe a aceitar, algum dia reconhecerá que só há um caminho: a verdade. Todas as distinções que aqui fazemos serão nada. Nós mesmos tão empenhados em ocultarmos nossas sombras, nosso submundo, como se fôssemos seres divididos, nos depararemos com essa grande unidade. O que hoje me faz diferente dos miseráveis de Paris, amanhã pode não mais existir. Então talvez se reconheça que não somos assim tão diferentes."

Repentinamente Duvernoy sentiu algo bater contra o ombro, atraindo, como não poderia deixar de ser, sua atenção e despertando-o de seus devaneios filosóficos: era um botão de rosa vermelha, cujos espinhos cravados no tecido de lã do paletó haviam se fixado em suas vestes. Apanhou-o e sorriu, observando a delicadeza da flor, a textura macia das pétalas em comparação com a robustez dos espinhos, grandes, salientes e pontiagudos, distribuídos espaçadamente pela haste.

"No que pensava mesmo?", questionou-se ele. Os aplausos e pedidos de retorno da Divina ainda ecoavam pelo teatro. "Ah, sim. Prostitutas de luxo... Sim, pobres moças. Suas vidas são como essa rosa: todos vêem a flor, invejam sua beleza, mas esquecem dos espinhos ou fazem de tudo para evitá-los."

– Não entendo por que Gautier não vem mais ao teatro – declarou Schroeder dirigindo-se aos companheiros do grupo. – Não pode haver em Paris melhor dançarina que a Divina, nem mais bela. Será que está apaixonado pela pele negra da Josephine? Dizem que é linda. Alguém já a viu?

– É linda sim, eu fui vê-la – respondeu Duprat – Nunca resisti a novidades. A mulher é uma Vênus de alabastro, mas não encontrei com Gautier por lá. Aliás, ultimamente só o tenho visto no apartamento de Duvernoy, nas reuniões de segunda-feira.

– Está ocupado com a exposição – esclareceu Lefèvre – Fui visitá-lo ontem. Nunca o vi trabalhar tanto, seu ateliê não comporta muitos quadros mais.

– Ele anda estranho – insistiu Duprat. – Muito sério. Creio que venha trabalhando bastante realmente; vê-se por suas olheiras e pelas mãos, que parecem um arco-íris – há todo um mostruário de cores em suas unhas. Entretanto, não é só trabalho, existe algo mais. Você não sabe do que ou de quem se trata, Duvernoy?

– Hã!? – disse Duvernoy ao ver-se chamado à conversa da qual se esquivava voluntariamente para não trair os sentimentos confessados pelo amigo. – Desculpem, estava distraído. Terminou o espetáculo, a Divina não voltará. Foi-se embora do teatro de variedades; Fredo deve estar inconsolável. Dizem que ela vai para uma companhia de dança e teatro muito conceituada e famosa.

– Toda Paris já sabe dessa fofoca, Duvernoy. O infeliz é o Fredo e o felizardo da hora é o maestro Ivan Stravinski. Estávamos falando de Paul Gautier. Conhece? – ironizou Duprat amistosamente.

– Claro! – retrucou Duvernoy no mesmo tom. – Um jovem muito talentoso, que agora anda envolvido com esse tal movimento de arte moderna. É uma criatura muito simpática. O que tem ele que estava preocupando os senhores? Que eu saiba anda bem de saúde e, milagrosamente, nos últimos meses sem dívidas e até com algum dinheiro, portanto passa bem.

– Já vi tudo – disse Lefèvre para Schoroeder e Duprat. – Eles são muito amigos. Duvernoy, ainda que saiba de alguma coisa, não nos contará as razões do sumiço de Gautier.

– Ah, confessam então que queriam especular sobre a vida de um dos amigos. Que feio! Deus vai castigar vocês – ralhou Duvernoy rindo. – Vamos deixar de bobices e ir logo ao bar, que tenho a boca seca.

Conformados em não conseguirem extrair a informação que desejavam, os três se resignaram a seguir o companheiro mais idoso até o bar do teatro.

Dois dias depois...

Gautier recolhia seu material de desenho, acomodando os carvões em um estojo, quando viu parar um automóvel na calçada ao lado da confeitaria e dele saltar um senhor de cabelos grisalhos, baixo, magro, com óculos pendurados sobre o nariz e um boné xadrez que escondia os ralos cabelos. Trajava roupas simples: calça de lã fina com suspensório e camisa de mangas longas.

O homem pôs a mão sobre os olhos, na tentativa de barrar a luz do sol poente que lhe ofuscava a visão – parecia procurar algo ou alguém. Lembrando a promessa de Irina, o pintor sentiu o coração acelerar-se:

"Será aquele homem grisalho e franzino o tal M. Duval?", pensava ele tomado de esperança e euforia "Irina sente a mesma atração por mim que eu sinto por ela. Talvez não tenha percebido ou tenha medo de reconhecer a intensidade do sentimento que nos une, mas ela voltará, eu sei."

Conforme ia confabulando com seus pensamentos, viu-os tomar forma e sentido. O homenzinho caminhava em sua direção e era possível ver que trazia nas mãos um envelope rosado.

– M. Paul Gautier? – indagou o homem estacando em frente ao pintor.

– Sim, eu mesmo. Por quê?

– Sou M. Duval, trabalho para *Mademoiselle* Irina. Ela pediu-me que viesse lhe trazer esta mensagem e aguardasse a resposta.

Paul apanhou o envelope, observou a letra rebuscada, traço firme e corrente de Irina. "Uma mulher decidida e orgulhosa", pensou ele analisando a caligrafia. "Estranhamente ela parece habituada a escrever, mais uma surpresa."

– Aguarde um instante, prometo que serei breve – respondeu Paul e logo se afastou alguns passos do motorista, dando-lhe as costas. Tinha à sua frente a visão das águas calmas do Sena iluminadas delicadamente pelos derradeiros raios de sol.

"*Querido Paul.*

Não posso resistir ao que sinto a seu lado, embora somente eu saiba o quanto tal arrastamento possa me custar.

Envie por Duval o seu endereço e eu o encontrarei; peço-lhe que seja no horário das 16 às 18 horas.

Não me peça explicações e eu também não as pedirei a você, simplesmente aceite, se de fato desejar, o que posso lhe oferecer: minha companhia e o que sentimos um ao lado do outro, sem passado e sem futuro, apenas os momentos em que estivermos juntos.

Irina."

– Engana-se, minha amada, eu imagino o quanto lhe custa essa decisão – murmurou Paul relendo pela quinta vez a curta mensagem. – Você não se arrependerá, eu prometo.

Apressado, apanhou um cartão que continha seu nome e o endereço de seu ateliê, onde escreveu simplesmente: "Amanhã." Desenhou no verso, em um dos lados, um coração com um largo sorriso no interior e, no outro lado, dois dedos segurando uma flor silvestre comum entre as gramíneas das margens do Sena na primavera, no lugar em que eles haviam se encontrado pela primeira vez.

Colocou o cartão no envelope rosado e voltou ao encontro de M. Duval, estendendo-lhe a resposta.

– Aqui está minha resposta. Por gentileza, entregue-a a *Mademoiselle* Irina com meus respeitosos cumprimentos.

– Serão entregues, senhor. Boa tarde.

Paul retribuiu a saudação. Sentia-se transportado de felicidade, seu coração não batia, ele cantava no peito. Tinha ânsias de correr e dançar pelas calçadas e bulevares. A luminosidade do dia se esvaía com rapidez, mas para ele o dia ainda era radiante.

Mesmo à noite, horas depois do encontro com M. Duval, ele era a expressão da esperança e da alegria. Eufórico era o termo exato, e assim chegou à residência de Duvernoy para a reunião costumeira das segundas-feiras.

CAPÍTULO VII

Uma luz nas sombras

"Conta uma fábula que um menino costumava chegar ao meio de um campo e gritar 'Socorro!' para se divertir à custa dos agricultores; um belo dia ele foi devorado por um urso porque os homens que enganara tantas vezes não acreditaram nos seus gritos de horror verdadeiro. É a mesma coisa com essas mulheres infelizes quando elas amam de verdade. Mentiram tantas vezes que mais ninguém acredita e, em meio ao remorso, são devoradas pelo amor."[1]

– Avise *Mademoiselle* que estou à sua espera. – ordenou Ivan educadamente a Nanine à porta do apartamento da dançarina.

A criada ergueu as sobrancelhas numa muda interrogação e indisfarçada expressão de espanto.

"Está acontecendo alguma coisa", deduzia ela recolhendo o casaco e cachecol do maestro. "Por que elas nunca me avisam? É sempre na última hora e a besta da criada é que tem que fazer cara de contente e despachar o trouxa da noite depois de uma cena. Bem que eu merecia um aumento."

– Por favor, entre, maestro, vamos para a sala. Vou avisar Madame Lilly. Posso lhe oferecer algo para beber?

– Conheço a casa, Nanine, obrigado. Acredito que possa me servir à vontade. Irina tem um conhaque maravilhoso, eu mesmo pegarei uma dose. Vá, apresse-se, tenho assuntos importantes a tratar com *Mademoiselle*.

Nanine sorriu gentil, disse-lhe mais algumas palavras triviais, pediu permissão e foi à procura de Lilly. Ainda lhe ecoava nos ouvidos as ordens de Irina quando retornara do salão de Thierry.

---

[1] Alexandre Dumas Filho. *A Dama das Camélias*, cap. XII, Ed. Nova Cultural.

"Nem que seja o presidente da França ou o rei da Inglaterra, eu não estou atendendo ninguém, diga qualquer coisa. Só desejo falar com Duval assim que ele retornar do trabalho que o mandei executar. Está claro?"

Lilly trocara olhares com Nanine e ambas balançaram a cabeça, sem dizer nenhuma palavra. Conheciam as alternâncias de humor de Irina e concordavam que nos últimos dias ela estava além dos limites conhecidos. Seus nervos podiam facilmente se assemelhar às cordas de um violino, tão tensos se encontravam. Inutilmente Lilly havia tentado conversar, fazê-la desabafar as angústias; atribuía aquele estado à troca de Companhia, a um trabalho diferente, longe dos palcos dos cabarés aos quais estava acostumada. Tudo em vão, ela sorrira desdenhosa algumas vezes, outras se limitara a responder em tom azedo:

"Você vive sob o meu teto, Lilly, há três anos ou mais, entretanto não me conhece nem me entende. Se alguma dúvida quanto ao meu talento para representar existisse em mim, essa sua conversa de: 'o que há com você Divina?', daria-me toda a segurança que porventura eu precisasse. Vá, Lilly, me deixe. Vá se divertir com Graville, desapareça da minha vista."

Lilly fingia ficar magoada, mas nem bem passara uma hora do fato já estava às voltas com os vestidos, chapéus, casacos, jóias e adereços da companheira, separando o que precisava de reparo, de tintureiro, daqueles a serem doados. O vasto guarda-roupa da dançarina fora integralmente transferido para a sua residência, e ela e a criada tinham muito a fazer. As meninas que dançavam no Café Graville ficariam muito bem no descarte das roupas de espetáculo de Irina.

Nanine encontrou Lilly na copa servindo-se, sem-cerimônia, de uma grande fatia de pão recheado com sobras de carne fria, cujo molho lhe escorria pelos dedos, tendo ao lado uma garrafa de vinho tinto recém-aberta.

– Quem era? Mais algum entregador? – indagou Lilly com a boca cheia. – Venha, sente-se, improvisei nosso jantar, este pão fresco com carne está delicioso. Alimenta. Prove.

– Acho que temos problemas.

– Por quê? – indagou Lilly sem dar atenção à criada. – É algum cobrador? Se for, pode dizer que volte amanhã, hoje *mademoiselle* não foi ao banco.

– Pior. É o maestro Ivan que está na sala e disse que tem assunto sério a tratar com a Divina. O que faço?

Lilly imediatamente soltou sobre a mesa o pão empunhando a taça de vinho que sorveu de um só gole. Ao depositá-la sobre o tampo, encarou a criada com os olhos bem abertos e declarou:

– Deixe comigo. Vá para a cozinha e prepare uma ceia leve, como para alguém doente. Não se esqueça de fazer um chá de camomila bem forte e sem açúcar. Quando estiver pronto, leve a bandeja à sala de jantar e me avise.

Nanine aquiesceu. Não era a primeira vez que se recorria a expedientes daquele gênero. Lilly ergueu-se, limpou as mãos no avental da criada e perguntou:

– Como estou? Preciso retocar o penteado ou a maquiagem?

– Não, madame. O batom um pouco pálido reforça a idéia de que estava envolvida com atividades domésticas. O cabelo está bom e a roupa também.

Satisfeita, fixou no rosto uma expressão calma, levemente concentrada, como se guardasse uma preocupação; nos lábios, um sorriso de simpatia. Com passos lentos, cadenciados, onde se ouvia o martelar suave dos saltos sobre o piso de madeira encerrado, por vezes abafado pelos grossos tapetes que cobriam o assoalho, foi ao encontro do maestro.

Encontrou-o perfeitamente à vontade, instalado na sala, com a intimidade de quem se julgava o único amante da famosa dançarina, embora bem soubesse não ser esta a verdade. Por hora era o favorito, o mais importante, e isso o satisfazia. A exclusividade era uma questão para o futuro, no modo de ver de Ivan Stravinsky.

Cumprimentou-o alegremente, estendo-lhe as mãos para o tradicional beijo. Rapidamente falou-lhe de sua preocupação com a indisposição de Irina, relatando uma série de eventos que ocorreram somente na sua mente e naquele exato momento.

– Ivan, querido, você conhece nossa Irina – desmachava-se Lilly esmerando-se por convencê-lo da impossibilidade de ser atendido. – Ela tem horror a médicos. Não é a primeira vez que é atacada por essa enchaqueca malvada. Pobrezinha! Fica tão abatida, nem queira ver, dá dó. Ela odeia que a vejam assim. Você a conhece, sabe como ela é vaidosa, adora estar bonita, especialmente para recebê-lo, gasta horas e horas preparando-se. Ficaria muito triste e incomodada se eu insistisse para que o receba.

– Madame Lilly, Deus me livre de eu causar um desgosto à nossa diva. Por favor, não se aflija. O assunto pode esperar até amanhã...

Uma batida delicada na porta interrompeu o maestro. Era Nanine anunciando que a ceia de *Mademoiselle* Irina estava pronta e servida.

– Perdão, Madame Lilly, mas quando *mademoiselle* está indisposta somente a senhora pode servi-la, por isso deixei a bandeja sobre a mesa na sala de jantar.

Lilly meneou a cabeça concordando e com um aceno de mão dispensou a criada.

– Voltarei amanhã – anunciou Ivan retirando um cravo branco que trazia preso à lapela do paleto e o estendeu a Lilly, dizendo: – Coloque na bandeja com a ceia da nossa diva, diga-lhe que desejo vê-la bem e linda amanhã pela manhã.

Lilly sorriu, fingindo-se encantada ao receber a flor, e comentou:

– O maestro é um homem de uma delicadeza invejável. Entregarei a flor e darei o recado. Com certeza Irina lamentará ainda mais o mal-estar que a impede de recebê-lo; ela o tem em grande estima. Agora, se realmente não se importa, vou acompanhá-lo à porta, depois tentarei fazer Irina ingerir algum alimento. Ela não comeu nada praticamente o dia todo...

– Sinto o aroma de um caldo de frango... por certo vai reanimá-la um pouco.

– Assim esperamos, uma boa xícara de chá haverá de lhe garantir um sono reparador e, amanhã, adeus dor! Confio muito nos poderes da camomila, *mon ami*, só eu sei como já me foram valiosos nesta vida. Ulalá, são tantos os achaques de uma mulher que precisamos dessas ervas valiosas... – Lilly continuava a conversar e a mentir descaradamente ao maestro, que, obediente e resignado, a acompanhava à saída.

– Nanine! Nanine! – chamava Lilly alguns minutos depois de retorno à copa.

– Sim, madame – respondeu a criada surgindo à frente de Lilly.

– Ele já se foi? Não desconfiou de nada?

– Imagine?! É claro que não. Pouco faltou ele chorar de piedade pela dor atroz que atacava a nossa diva. Leve essa bandeja embora e me traga de volta o pão e a carne. Não tem nenhuma mulher doente aqui. Não esqueça meu vinho, é delicioso.

Nanine riu ao apanhar a bandeja balançando a cabeça divertida.

Recostada nas almofadas brancas do leito de Gautier, Irina ressonava tranqüila. Seu corpo coberto parcialmente por um fino lençol de algodão branco e os cabelos revoltos descansando sobre a face encantavam o olhar do enamorado pintor, que a admirava deitado a seu lado, apoiado sobre os cotovelos.

Ainda não conseguia acreditar no que estava vivendo. Nunca se sentira tão feliz em sua existência. Fazia dez dias que se encontravam todas as tardes em seu estúdio. Idílio, paraíso eram palavras que no romantismo que o tomava pareciam fracas para expressar os sentimentos que vivia. Irina o encantava, tinha a convicção de que ela sentia o mesmo. Sabia que o romance deles era diferente de toda e qualquer coisa que ela já houvesse experimentado. Poderia parecer infantil para alguns e presunçoso para outros, mas o certo era que Gautier julgava-se o primeiro amor na vida de Irina. E de fato talvez tenha sido.

Emocionava-se ao lembrar o olhar ansioso com que o encarara no primeiro encontro, o quanto ela estava tensa, apreensiva. Parecia uma garota inexperiente, vivendo um romance clandestino, proibido. Ele sentira-se como a própria luz atraindo a mariposa, fazendo-a dançar ao seu redor, fascinada, encantada e com medo.

"Há algo de vital nesta mulher, algo muito frágil, guardado numa caixa de cristal, em algum lugar que ela teme seja descoberto", pensara ele enquanto sorrira para sua namorada oferecendo-se para retirar o casaco que ela vestia.

Entendera o recado explícito de que não cabiam perguntas e confissões naquele relacionamento, permanecera sem dizer que a conhecia, que vira suas apresentações no teatro de variedades. Ela nunca lhe fizera qualquer pergunta de caráter pessoal referente a seu passado, aliás, nem mesmo quanto ao presente, não se interessara em saber se na vida dele havia outra mulher. Mantinha a idéia de que existiam um para o outro quando estavam juntos. E ali, na simplicidade do estúdio, em meio ao cheiro de tinta fresca dos quadros novos que ele produzia, ela parecia haver encontrado a paz e a própria felicidade. Talvez pudesse dizer com maior acerto que no espaço exíguo daquele relacionamento ela encontrava-se com uma parte adormecida de si mesma.

Como ela ressonasse serenamente, Gautier movimentou-se com cuidado, saindo da cama e apanhando a camisa que ficara jogada ao lado. Vestiu-a, deixando-a aberta e foi ao cômodo que usava como ateliê; apanhou o bloco e o carvão, retornando ao quarto de dormir. Silenciosamente acomodou-se numa cadeira ao pé da cama e pôs-se a desenhar sua "Afrodite adormecida".

Entretido no mundo da inspiração e na tarefa prazerosa de desenhar sua amada, ele notou com pouca importância a diminuição da claridade do dia. Caía a tarde, deviam ser 18 horas passadas, mas não tinha por que acordá-la – Irina lhe dissera que naquela noite ficaria até mais tarde. Ele não questionara, apenas sorrira feliz e entregara-se ao prazer da companhia dela. Acendeu uma luminária que ficava na parede atrás de si e iluminava com perfeição o desenho que fazia, ao mesmo tempo em que mantinha quase a mesma luminosidade da imagem que ele transferia ao papel. Acabava o esboço quando ela acordou, remexendo-se lentamente e sendo advertida por um terno e autoritário:

– Psiu, quietinha.

Irina sorriu, lembrando o primeiro encontro; foi fácil deduzir que ele estava desenhando, pois o viu com o canto de olho. Obediente, manteve-se estática, tal como quando dormia, até sentir as mãos de Gautier correrem por suas costas, subindo até os ombros, massageando-lhe a nuca e descendo lânguidas por seus braços até que suas mãos se entrelaçassem e ela sentisse a respiração dele em seu pescoço, bem como o calor de seus lábios e a voz alegre a perguntar:

– Maltratei você?

– Não – ronronou Irina deliciada com os carinhos dele. – Fui acostumada desde o início a obedecer ao meu pintor. Aliás, já lhe disse que adorei a minha pintura? Ficou linda! Vai expô-la?

– Somente se você permitir. Posso?

– Claro. Qual é o preço dela?

– Não está à venda.

– Nem para mim?

– Não. É minha, jamais a venderei. Não tem preço.

– Mas você pode fazer quantas outras quiser. Por que não vendê-la para mim, que afinal sou a retratada. Há um lugar na minha casa onde ela ficaria ótima. Gostaria de tê-la comigo.

– Farei um outro quadro para você. Aquele não.

Resignada, Irina suspirou e pediu:

– E o esboço que fazia agora. Eu posso ver?

– Claro – respondeu prontamente Gautier afastando-se dela para buscar o bloco, sentando-se ao lado na cama, observando-a virar-se, cobrindo-se com o lençol e arrumando os cabelos, prendendo-os atrás das orelhas.

– Chamar-se-á: *Afrodite Adormecida.*

– Um nu dorsal. Muito insinuante. Por que não *Irina Adormecida*?

– Um plágio histórico, se quiser, meu amor, ou uma vingança de um pintor enciumado. É apenas uma lenda dos tempos de estudante de belas-artes.

– Pode me contar ou é terreno proibido?

– Imagine – disse Gautier acomodando-se melhor; depois, acariciando os contornos do rosto de Irina com a ponta dos dedos, explicava:

– É uma história muito velha, acho que de uns 300 anos antes de Cristo.

Irina riu, beijando gentilmente os dedos que lhe acariciavam os lábios, e comentou:

– Eu nem vivia nessa época.

– Como pode saber? – indagou o pintor. – Eu vivia e já era amante das artes e da beleza. Talvez tenha sido o próprio Praxíteles.

– Está bem, já sei que você acredita em muitas vidas. Mas me conte a história.

– Praxíteles era um escultor ateniense que esculpiu em mármore duas imagens de Afrodite: uma vestida e outra nua. As obras acabaram indo parar em lugares bem distantes. A imagem vestida foi vendida para uma ilha do mar Egeu, chamada Cós, caiu no esquecimento; a outra, nua, foi arrematada pelos cidadãos de Cnidos, uma pequena colônia grega na Ásia Menor. Preciso continuar?

– A nua fez mais sucesso e o tornou famoso – concluiu Irina sorrindo. – Deduzo, pois não conhecia a história, mas quem não viu ainda a imagem de Afrodite, quem não admirou a beleza dela?

– Uma das obras de arte mais famosas da Antiguidade. A imagem nua da amante do escultor, a bela cortesã Frinéia. O símbolo da beleza feminina, cultuada e admirada pelos pagãos de todas as épocas até o dia de hoje.

– A modelo existiu de verdade! Era realmente linda.

– Nua, majestosamente nua. Linda como a natureza a fez.

Irina riu da empolgação do amante e provocou:

– E você quer ficar tão famoso quanto o foi no passado me pintando nua. Terei eu sido a bela Frinéia? Um mito que ressuscita.

– Um ícone, um ídolo inatingível – comentou Gautier observando-a. – Um ideal impossível de ser reproduzido, assim foi vista por muitos séculos na Antiguidade a beleza de Frinéia. Será que você é inatingível, Irina?

A pergunta fez a jovem balançar; ela fechou os olhos, escondendo-os da observação atenta e do olhar penetrante de Paul. Respirou fundo e riu, fugindo ao assunto, declarando estar faminta e que nos pacotes que deixara na chegada ao ateliê havia pão, queijo e o vinho branco preferido deles.

Os dias de Irina se sucediam numa agradável rotina. Desde o desligamento do teatro de variedades, não fazia mais que ensaiar e estudar arte dramática na escola da Companhia Stravinsky. Música, dança, literatura, interpretação, canto eram temas que ocupavam as manhãs. Ensaios, infindáveis aulas de dança e oficinas de teatro, aperfeiçoando os talentos naturais da artista, iam até às 16 horas. Dali até o anoitecer ela corria aos encontros com Gautier. As noites eram ocupadas em atenções ao maestro Ivan e outros admiradores selecionados que privavam de sua intimidade e podiam visitá-la. Entretanto, essas visitas começavam a incomodá-la e ela, cada vez mais, restringia seus amantes, o que incentivava o boato de seus amores com o maestro. Mantinha seus admiradores em suspenso, entediada e incomodada com eles, porém ciente de que não era prudente dispensá-los.

Lilly acompanhava o desenrolar dos acontecimentos intrigada; não lhe escapava a observação que Irina sofrera uma sutil modificação. Estava mais doce, menos irritada, parecia alegre, mas não compartilhava as razões de seu estado interior. Isolava-se com mais freqüência, fato muito raro em mulheres que viviam como elas, pois sempre lhes era dolorida a solidão, vazia de boas lembranças e prenhe de fatos e sentimentos que ansiavam por apagar, daí o movimento incessante a que se lançavam.

Stravinsky, julgando-se a razão das dispensas dos demais admiradores de Irina, envaidecia-se e a cobria de mimos. Nenhuma importância dava aos transtornos que aquela relação prometia trazer à sua até então organizada existência. A esposa cobrava suas constantes ausências e desconfiava dos boatos que circulavam envolvendo seu marido e uma jovem atriz. Macha Stravinsky vivia na Áustria junto aos pais e a sogra, todos membros da deposta nobreza russa, aparentados à família do czar, ostentando títulos de duques e príncipes. A arte para ela tinha o único atrativo de lotar teatros e eventos com pessoas elegantes e ricas, reunindo no seu modo de ver "o melhor da Europa". Logo se percebia que entre ela e o marido o que havia era um acordo formal de convivência social certamente arranjado por parentes. Não havia amizade, mas comunhão de interesses. Em verdade, havia muito pouco, resumindo-se a aliança a um confortável acordo em que a família Stravinsky entrara com o noivo, a fama e o prestígio internacional. E a família de Macha Tchierbatskaia, com a noiva e a fortuna que conseguira mandar para além-fronteiras da velha pátria agora sob domínio do regime socialista, sacudida por tantas convulsões sociais e olhada com tanto temor pelos demais países.

A pobre Macha não se poderia dizer ser uma mulher feia, mas era sem atrativos, apática e sem personalidade. Vivia para contentar as regras sociais e em sua breve estada em Paris naquela primavera começava a incomodar-se com a conduta do marido, aparentemente faltando ao princípio de não tornar público o que era a vida real do casal. Vestia-se e penteava-se conforme convinha a uma dama de sua posição, cultuava os preceitos de comportamento adotados por gerações e gerações de seus antepassados. A Grande Guerra não levara até aos russos o rio de mudanças sociais que impusera aos povos da Europa, especialmente à França e à Inglaterra. Vivera numa redoma onde o ar cheirava ao bolor de séculos passados.

Ivan era um homem das artes, dos espetáculos, de um mundo e de um meio onde a emoção falava mais que a razão, onde não se desconhecia que todos eram admirados pela sociedade, mas eram também considerados a sua escória. Na arrogância dos nobres e dos novos-ricos, eles eram os que os divertiam, preenchiam suas horas com o talento pago a dinheiro, que muitas vezes por falta de cultura não sabiam apreciar devidamente. Em suma, Ivan e Macha eram um casal de pessoas divorciadas. Ele pouca ou nenhuma importância dava às queixas da mulher de suas noites ao lado de Irina. Ela não entenderia, por isso acabou por prometer-lhe ser mais cuidadoso com o olhar alheio que tanto observava a sua conduta.

Esse acerto pareceu contentar a frágil Macha, que circulava sorridente nos melhores restaurantes e residências de nobres famílias francesas acompanhada do marido até as 22 horas. Após era entregue à criada pessoal para ser preparada para dormir, enquanto ele apressava-se a ir ao encontro da amante, onde ficava até as primeiras horas da madrugada bebendo e conversando muito nos últimos tempos, pois, apesar da boataria a respeito de ser o preferido, não tinha livre acesso ao leito de Irina.

A exposição das pinturas de Gautier revelou-se um inesperado sucesso. Não era a primeira vez que expunha seus trabalhos, mas era conhecido como pintor de retratos, o que não lhe trazia valorização como artista. Assim, suas mostras anteriores haviam recebido pouco espaço na imprensa, notas muito breves, a maioria paga, e que não repercutiram em sua carreira ou projeção como pintor. Foi com enorme surpresa que ele viu dia a dia a crítica pronunciar-se com elogios ao seu trabalho e, na mesma proporção, caminharam a valorização de seus quadros e as vendas.

Irina não comparecera à estréia, limitara-se a enviar um cartão delicado incentivando-o e reafirmando sua certeza de que a exposição seria a melhor de todas, lembrando-o de que o encontraria na tarde seguinte.

O quadro com o rosto de Irina fora exposto entre as obras do acervo pessoal do pintor, mas todos que o viram admiraram o talento de Gautier em retratar no olhar da bela jovem refletida nas águas todo o desamparo que invadia a alma da população naqueles tempos. Era uma imagem quase diáfana. Numa perspectiva menor, o corpo esguio apoiado à mureta, o vestido batido pelo vento, encarando o próprio rosto refletido nas águas turvadas pelas folhas. Sobressaíam os grandes olhos azuis cheios de desamparo, numa expressão que revelava fragilidade interior, medo e solidão.

Algumas pessoas comentavam que os traços lembravam o da famosa dançarina, mas não faltava quem dissesse:

– Só parece! Impossível ser a Divina. Cadê o fogo do olhar dela, a sensualidade, a sedução. Não, a alma da Divina arde de paixão, não tem esses sentimentos que se vê na pintura.

E outros completavam:

– Gautier era visto freqüentemente no teatro de variedades, vai ver somente se inspirou em alguns traços da Divina. Sabe como são excêntricos esses artistas. Inventam cada uma.

Pelos cantos tinha os que sussurravam:

– Não sei, não. É diferente da Divina, mas tão bela quanto. Não parece uma dançarina...

Fingir que não ouvia aqueles comentários foi o maior teste à paciência de Gautier. Ignorá-los foi a solução e, por fim, quando terminava a exposição, ele se deu conta de que aqueles comentários só serviam para provar que de fato ele não pintara e nem convivia com a dançarina, mas com a mulher que lhe dava vida.

Duvernoy, suarento, sacava do bolso o lenço branco para enxugar a testa e o rosto. O calor dos últimos dias estava maltratando a população e, definitivamente, a opção de caminhar pelos bulevares até a pensão de Marion Lescault não fora inteligente, mostrara-se um perfeito engano. Embora a tarde fosse a meio, o calor mantivera-se sufocante e a esperada brisa do final da tarde não soprara. Parado em frente à graciosa construção, secou o rosto, sacudiu o fino paletó de linho que usava na vã tentativa de refrescar-se e avançou cruzando o pequeno portão em poucos passos, atravessando a curta distância entre o muro que sinalizava o limite com a via pública e os degraus que davam acesso à porta, tocando a campanhia. Enquanto aguardava, pôs-se a admirar as delicadas flores cultivadas por Madame Lescault: amores-perfeitos em diversas cores alegravam o canteiro cercado de grama verde; as paredes laterais enfeitadas por roseiras perfeitamente podadas e que, nas circunstâncias daquele verão, de dias tão quentes e secos, apresentavam algumas rosas miúdas e valentes, de um tom rosado-pálido.

A porta abriu-se parcialmente e Marguerite recepcionou o visitante, cumprimentando-o cerimoniosamente e indagando:

– Em que posso serví-lo?

– Vim visitar Ludwig Schroeder, pode anunciar Gaston Duvernoy, somos amigos, já estive aqui em outra oportunidade.

– Ele não está. Foi à estação comprar bilhete para o trem.

– Justamente vim me despedir, posso aguardá-lo na sala? Está muito quente aqui fora.

A este ponto da conversa surgiu Marion na sala, carregando toalhas úmidas sobre os ombros e, nas mãos, um antigo conjunto de higiene de tocador com jarra e bacia de porcelana enfeitada com grandes ramos de rosas vermelhas e frisos dourados nas bordas. Tinha o coque bastante desalinhado, rosto corado e o avental branco que usava sobre o vestido estava molhado do peito até à cintura.

– O que está acontecendo Marguerite?

– Um visitante para Luidgi. Pediu para aguardá-lo na sala.

Luidgi tem tão poucos amigos – murmurou Marion, depositando os utensílios que carregava sobre o balcão, pensando em quem poderia ser o visitante. Decidindo-se que não importava, pois não seria humano deixar alguém sob o sol, orientou a empregada: – Deixe-o entrar, está quente demais para que alguém fique na rua.

Marguerite imediatamente ampliou a abertura da porta dando passagem a Duvernoy.

– Grato por sua hospitalidade, Madame Lescault – agradeceu Duvernoy após a troca de cumprimentos.

– Por favor, sente-se e fique à vontade. Preciso concluir um trabalho que fazia, mas logo retorno à sala. Marguerite – disse Marion apontando à servidora – poderá lhe servir algo para beber: um refresco de frutas, água, o que preferir.

– Água será ótimo. Vim a pé e estou sedento. Hoje cometi um erro de julgamento e pago o preço, não é tarde para se passear.

Marion sorriu, simpatizava com o alegre cavalheiro. Lembrou-se de que ele já estivera em sua casa em outra ocasião, mas nada comentou, apenas balançou a cabeça e uma expressão de solidariedade estampou-se em sua face. Pedindo licença, ela afastou-se juntamente com a criada para o interior da casa, deixando Duvernoy a fazer uma segunda avaliação daquela sala que lhe pareceu tão agradável como da primeira vez. As janelas abertas iluminavam e faziam circular o ar, os móveis limpos, o piso brilhante, um vaso de flores enfeitando o balcão. Ao lado de uma poltrona, a caixa de trabalhos manuais de Madame Lescault e sobre ela algumas revistas de crochê e tricô e um exemplar de *Depois da Morte*, de Léon Dennis, com um marcador que indicava estarem sendo lidos os primeiros capítulos.

À vontade, Duvernoy sentou-se, tomando a liberdade de apanhar o livro para exame. Logo Marguerite lhe trazia a água que pedira. E assim foi que sua anfitriã o encontrou depois de concluir sua atividade e recompor-se, se livrando do avental molhado.

Interessada em observar a reação do homem à leitura da obra, Marion andou silenciosamente até sua poltrona, acomodando-se. Foi o leve ranger das molas do estofado que denunciou sua presença e atraiu a atenção do visitante.

– Ah! Madame já retornou. Estava tão entretido na leitura de meu escritor favorito que nem ao menos ouvi seus passos. É a senhora que o está lendo?

– Sim, para ser mais exata o estou relendo. Conhece a obra de Dennis?

– Como disse, sou um fã do pensamento desse filósofo. Estou lendo o estudo sobre *O Problema do Ser, do Destino e da Dor*. Três volumes fascinantes, já os li. Tenho e li também outros dois: *O Porquê da Vida* e *Jeane D'Arc*. Este é o primeiro livro dele, não é mesmo? Veja só, justamente este ainda não li, vim a conhecê-lo agora. Examinei o índice, aborda assuntos muito interessantes.

– É simpatizante das idéias espíritas, M. Duvernoy?

– Não sei se posso me atrever a tanto, madame. Tenho-as estudado livremente há alguns anos, desde que começaram a me chegar às mãos algumas publicações. Sou um devorador de letras, adoro a leitura e qualquer um que goze de alguns minutos de reflexão na vida há que se questionar sobre certos temas, tais como: de onde tudo isso que nos cerca veio? Aparentemente é fácil notar que a natureza segue leis muito bem traçadas, magnificamente equilibradas e infalíveis, pois bem, quem as fez? Como é essa criatura? E nós, o que somos: corpos alguns que falam, andam e pensam, outros que padecem de limitações, bem... Isso me afligia. Eu não conseguia aceitar a resposta "Deus" aos meus primeiros questionamentos, porque não encontrava o elo, a chave para entender como um ser tão inteligente, capaz de construções fantásticas e que cercava os animais de tanta previdência como só um criador amoroso o faria, podia dar a seres humanos destinos tão diferentes – uns trágicos, outros gloriosos. A diversidade da natureza humana – da qual eu não compreendia a razão – me fazia um ateu. Os pensadores espíritas, em especial Denis, me ofertaram uma visão diferente, uma explicação plausível que harmoniza meus grandes questionamentos, sem diminuir nem Deus nem o homem – explicou Duvernoy, rematando: – Se madame considerar tais elementos suficientes para contar-me entre os simpatizantes, então eu sou.

– Ora, não leve tão a sério minhas expressões. Quem sou eu para catalogar alguém, ainda mais com referência ao conhecimento e aceitação dos princípios espíritas. Também não sou muito diferente do que descreveu.

– Mas está relendo a obra, portanto aprofundando uma compreensão. Eu ainda não pude reler nenhum de meus livros, sou totalmente dominado pela ânsia de novos textos. Invejo-a.

Marion sorriu complacente e comentou:

– Provavelmente a diferença entre nós seja resolvida em termos numéricos. *Monsieur* referiu interesse pelo assunto há aproximados três anos; eu os leio desde a adolescência. Foram o maior legado que meu falecido marido me deixou e somo ao estudo algumas observações práticas no exercício da mediunidade.

Duvernoy a olhava encantado, verdadeiramente feliz por encontrar uma pessoa inteligente e coerente com quem conversar sobre o fascinante assunto e fora de seu círculo de amizades, portanto com outra visão e mais madura. Experiências práticas eram um assunto no qual vinha pensando há semanas, mas sem coragem de aventurar-se sozinho em busca de um contato com a espiritualidade.

– Se não for lhe pedir muito ou invadir sua privacidade, madame, se importaria de me falar dessas experiências – pediu Duvernoy e, temeroso de ser tomado por um curioso leviano, apressou-se a explicar: – Leio sozinho, recentemente, o que... Talvez uns 10 ou 11 meses, é que venho compartilhando meus estudos com alguns amigos. Reunimo-nos para ler juntos e trocar idéias, mas todos são ainda mais leigos do que eu. Às vezes penso que sou um cego conduzindo outros, e nesta circunstância não me atreveria a ousar uma experiência prática, embora deseje sinceramente conhecer o fenômeno.

– Louvável seu interesse e as reuniões que promove – elogiou Marion. – Nem pense que seja um cego. Pelo que entendi, usam livros como roteiros de estudo, portanto seu caminho é iluminado. Pergunte-me o que desejar; conforme minhas possibilidades responderei com toda a sinceridade.

Envolvidos na conversa, esqueceram o calor e seus inconvenientes e até mesmo a origem da presença de Duvernoy na pensão de Madame Lescault. Foi necessária a chegada de Luidgi para despertá-los para o mundo ambiente.

Alegre, o jovem adentrou o ambiente com olhar brilhante a procurar pela amiga; surpreso, encontrou-a em animada palestra com Duvernoy.

"Santo Deus! Eis aí uma possibilidade que eu não julgava viável: *Frau* Marion entrosar-se com um velhote freqüentador de cabarés. Duvernoy tem algumas conversas estranhas, o que pode ter interessado minha amiga?", matutava Luidgi observando a cena com plena consciência de que não reparavam na sua presença.

Forçou a audição, bisbilhotando no diálogo alheio e com surpresa entendeu que discutiam sobre vida após a morte e a possibilidade de se retornar várias vezes a existir na Terra, em inúmeras experiências. Marion tentara falar-lhe sobre aqueles livros que carregava para cima e para baixo, sempre lendo e comentando com suas amigas e conhecidos; no entanto, como ele demonstrasse desagrado, não insistiu. Sabia que semanalmente ela participava de reuniões e inúmeras outras ocasiões já a vira sair dizendo ir assistir a conferências e debates sobre espiritismo, mas Duvernoy... nunca notara nele qualquer pendor para o ocultismo.

A consciência lembrou-o os deveres da boa educação; ele pigareou anunciando-se e chamando:

– M. Duvernoy, que surpresa encontrá-lo aqui. Como tem passado? – E, voltando-se para Marion, beijou-lhe respeitosamente o alto da testa perguntando com intimidade de quem se julga da família: – Como está, *Frau* Amélie?

– Dorme – respondeu Marion segurando a mão de Luidgi e sorrindo enquanto o encarava. – Teve uma tarde difícil. O calor a irrita muito. As escaras das costas a incomodam, não encontra posição nem no leito nem na cadeira. Eu e Marguerite a colocamos na banheira. Você fez falta, ela é pesada, mas não posso deixá-la muito tempo, apenas o suficiente para refrescar-se. O efeito foi milagroso, acalmou-se e um chá frio de ervas calmantes a fez adormecer logo. Seu amigo chegou quando estávamos atendendo-a e tive de deixá-lo só aqui na sala.

Duvernoy ouvia a explicação de Marion deduzindo que ela falava de alguém doente; lembrou da conversa que a ouvira ter com a carteira do bairro falando de um familiar acamado. Interessado, comentou:

– Madame Amélie é sua parenta? O que tem?

– É minha mãe, está com 73 anos. Resistiu muito bem aos tempos difíceis da Grande Guerra, mas em 1919 teve sérios problemas de saúde; o coração enfraqueceu e depois teve uma crise muito séria que lhe afetou o cérebro, tirando-lhe a capacidade de andar; com muita dificuldade, ela movimenta o braço direito. Graças à bondade de Deus manteve sua capacidade de falar quase inalterada; só nos primeiros tempos que era comprometida, depois lentamente foi retornando e hoje posso dizer que é quase perfeita.

– *Frau* Amélie é uma senhora encantadora quando está de bom humor – falou Luidgi. – Lúcida. Conversamos muito, mas quando ela está atacada – como diz *Frau* Marion – é melhor ficar bem longe do quarto dela. Só a bondade de *Frau* Marion é que agüenta nossa vovó. E tem mais: há dias em que ela prefere Marguerite, despreza todos os outros.

– Hum, situação delicada – falou Duvernoy erguendo as sobrancelhas numa expressão que exprimia seu assombro com a gravidade da doença da mãe de Marion. – Sei o quanto é desgastante familiares com doenças prolongadas, especialmente tão dependentes quanto a senhora sua mãe.

– Tudo depende de como vemos o fato. Não sei se porque trabalhei tantos anos na Cruz Vermelha e porque adoro atender doentes, não os considero desgastantes, é preciso, sim, isso reconheço, grandes doses de paciência e compreensão. São fases delicadas da vida. Todos nos achamos super-heróis, imbatíveis, quando não infalíveis; a doença nos mostra com freqüência a face da morte espreitando a vida, nos enfraquece, redimensiona o conceito que fazemos de nós mesmos. Alguns pacientes encontram a superação, amadurecem, aprendem, se transformam nesse convívio no limiar entre a dramática verdade da fragilidade humana e o domínio das ilusões de uma personalidade "heróica" indene à dor e à morte. Como se fosse possível existir tal pessoa! Alguns se revoltam, e até os que estão a caminho da superação tropeçam. Tento compreender, me colocar no lugar deles, caminhar junto...

– Quando eu adoecer, vou mandar buscar *Frau* Marion para cuidar de mim. Não conheço enfermeira mais carinhosa... – declarou Luidgi, sentando-se na poltrona em frente a Duvernoy com uma expressão zombeteira no rosto.

– Vamos, complete – incentivou Marion. – Diga a M. Duvernoy o que vive repetindo nesta casa.

Obviamente tratava-se de uma corriqueira brincadeira entre amigos. Duvernoy admirou ainda mais Madame Lescault; conhecera poucas mulheres com aquela envergadura moral. Não precisava ficar a seu lado muito tempo para descobrir, bastava prestar atenção à força que irradiava de seus olhos castanhos, onde o brilho da ternura cativava todos os que se aproximavam dela.

– Nem mais ranzinza – concluiu o jovem. – É a criatura mais insistente e teimosa que conheço. Ela não desiste, Duvernoy.

– Admirável sua visão a respeito de seus doentes – disse Duvernoy com sinceridade. – A medicina avançou muito e ainda deverá avançar mais fazendo com que viver, adoecer ou envelhecer se tornem etapas mais amenas da existência. Acredito firmemente no progresso, no entanto, há coisas que o progresso científico por si só é inoperante para realizar, precisa da ajuda do desenvolvimento de um senso profundo de humanidade, de solidariedade. Compreendo as colocações de Madame Lescault, sei bastante bem o que é zelar dia e noite por um familiar doente.

– Se não for uma intromissão exagerada ou indesejada – introduziu Marion cuidadosamente a questão, pressentindo no seu visitante a necessidade de falar da experiência, mas não desejando forçá-lo –, qual de seus familiares enfrentou uma longa doença?

– Minha falecida esposa – respondeu Duvernoy com certa tristeza na voz. – E não foi tão longa quanto tem sido a de sua mãe. Mary, minha falecida mulher, ficou alguns meses acamada. Nove para ser mais exato.

– O tempo de uma gestação – comentou Marion já imaginando a história por detrás da informação.

Luidgi acompanhava o diálogo silencioso. Repentinamente Duvernoy lhe parecia estranho. Dava-se conta de que, apesar de usufruir da companhia dele há vários meses, era uma relação absolutamente superficial e que Marion em poucos minutos sabia muito mais do que ele sobre seu amigo.

– É – falou Duvernoy encarando Marion. – Madame sabe como são problemáticas as gestações em mulheres com certa idade. Mary tinha 31 anos, havíamos tentado ter filhos antes, e o resultado foram dois abortamentos espontâneos. Insistimos, ela engravidou e o médico a pôs em repouso tão logo suspeitou de seu estado... Conseguiu chegar aos nove meses, mas o parto foi o problema. Morreu dias depois de dar à luz a nosso filho.

– Você tem um filho. Nunca me falou dele. Que idade tem? – perguntou Luidgi interessado e sem notar o olhar de advertência que lhe lançara Marion.

Duvernoy sorriu tristemente e, olhando o jovem, respondeu:

– Ele deveria ter aproximadamente a sua idade, caso houvesse sobrevivido. Ambos morreram. Fiquei só.

– Desculpe-me – falou Luidgi. – *Frau* Marion sempre me alerta de que sou muito atrapalhado com as pessoas para um estudante de Medicina. Não queria magoá-lo.

– Você não me feriu, jovem. São fatos que se passaram há muitos anos. Aprendi a lidar com as lembranças sem sofrer. Agora que conheço e compreendo um pouco mais da vida – Duvernoy olhou significativamente para Marion –, tornou-se mais fácil abordar o assunto. Livrei-me da culpa que me atormentou durante anos.

– Mentiria se dissesse que é a primeira vez que ouço um caso como o seu, ou um homem confessar que se julga intimamente culpado pela morte da esposa num parto. Alguns culpam os filhos, quando eles sobrevivem. É triste, muito triste. A culpa é um sentimento autodestruidor, corrói as forças da alma, abate, maltrata e em geral deságua em perturbações graves. Folgo em saber que o senhor conseguiu libertar-se dessa tirana.

– Se minha experiência em cuidar de familiares acamados foi de meses, infelizmente não posso dizer o mesmo quanto a lidar com a culpa e o remorso – esse foi um aprendizado de anos e anos. Mas vamos deixar esses assuntos tão sérios de lado. Vim aqui para me despedir de você, garoto. Quando parte para a sua terra?

– Amanhã, logo cedo, no trem das 6 horas – respondeu Luidgi e prosseguiu contando seus planos de viagem.

Vendo que os homens entretinham-se na conversa, Marion levantou-se. Prontamente Duvernoy fez menção de também se erguer, o que ela impediu com um gesto imperioso, dizendo:

– Por favor, fique onde está. Preciso ir à cozinha dar algumas ordens para o jantar. O senhor é meu convidado, não aceito recusa. Além do que nosso querido amigo Luidgi despede-se de nós e ficaremos afastados por bom tempo. É justo que o senhor usufrua da companhia dele tanto quanto nós, aqui de casa.

– Não recusaria tão amável convite. E sei da fama de sua cozinha, Luidgi faz muitos elogios ao seu talento.

Marion sorriu, agradeceu e afastou-se se dirigindo à cozinha.

A noite não poderia ter sido mais agradável. Passava das 22 horas quando Duvernoy, pesaroso, deixou o lar de Madame Lescault.

Feliz como não se lembrava de haver sido antes em sua existência, Irina sorria para Gautier enquanto lambia a ponta dos dedos degustando o açúcar dos biscoitos doces folheados que colocava entre os lábios do amante.

– Hum – murmurou Gautier em suave protesto ao ver que ela retirava da lata outro doce forçando-o a abrir a boca. E erguendo as mãos, pediu: – Chega, Irina! Mal termino de mastigar um e você já vem com outro.

– Adoro dar-lhe de comer – respondeu ela fazendo beicinho e aproximando os lábios dos dele, roçando-os levemente e dizendo, provocativa: – Gosto de seus lábios bem doces. Macios e doces, deliciosos, bem melhores que os biscoitos.

Envolto nas carícias e seduções de Irina, o pintor perdia toda a vontade. Rodeou-lhe o corpo com os braços, atraindo-a para junto de si, beijando-a apaixonadamente.

– Sendo assim comerei todos os biscoitos doces de Paris – murmurou ele, rindo junto ao ouvido de Irina, provocando-lhe o riso sempre fácil quando estavam juntos.

– Que exagero!

Assim passavam as horas rapidamente e os encontros antes tão severamente limitados a duas horas iam progressivamente se tornando cada vez mais demorados. Todos os momentos livres que a Companhia Stravinsky lhe concedia, ela corria a passá-los no ateliê de Gautier.

As regras do relacionamento se mantinham. Não havia perguntas sobre o passado nem planos futuros. A história era deles, não cabendo quaisquer outras pessoas. O único passado que comentavam era aquele construído pelos dois, um dia após o outro, e era cheio de recordações ternas e felizes.

As emoções que viviam sem dúvida se refletiam na arte que desenvolviam. As pinturas de Gautier revelavam uma sensibilidade para descobrir e mostrar o belo em meio a cenas cotidianas, onde ele sempre é desprezado, despercebido, exprimindo sentimentos de esperança, confiança na força do ser humano. Descobrira seu estilo, sua mensagem, as fontes de inspiração que canalizavam seu talento até então inquieto e com dificuldade de expressão. Sua carreira deslanchava quando ele menos se importara em seguir rigorosamente métodos e estilos das diversas correntes.

O modernismo fora seu primeiro caminho de liberdade teórica, mas fora o amor devastador despertado e vivido com Irina que o levara ao encontro consigo mesmo e libertara a inspiração, mostrando-lhe o caminho, fazendo-o compreender a própria mensagem que queria ver refletida em seu trabalho.

O amor faz crescer como nenhum outro sentimento. É força de vida divina, explodindo, multiplicando, gerando, fortalecendo, criando, fazendo surgir onde antes nada havia ou descortinando o que estava encoberto, escondido, dentro e fora da alma.

Irina ganhava profundidade na interpretação dramática. O talento latente para representação – tão bem reconhecido pelo maestro Stravinsky – afinava-se. Seus progressos na escola da Companhia de Teatro e Dança empolgavam seus mestres. Ela era uma aluna atenta, aprendia com rapidez, embora seu empenho em buscar aprofundar conhecimentos fosse pequeno, para não dizer nulo. Aceitava a ilustração cultural que estava sendo oferecida, complementando sua educação formal. Embora ela não falasse com ninguém a respeito de sua infância e primeira juventude, era fácil notar que ela tivera boa instrução.

A paixão verdadeira recém-descoberta dava asas a seus pés e fazia seu corpo vibrar ao som da música como antes ela jamais sentira. Afastada dos espetáculos dos cabarés, ela dançava no teatro da Companhia, sob a supervisão da coreógrafa Madame Georgette, que não cansava de repetir:

– Eu não ensino Irina. Ela dança com a alma, seus sentimentos se extravasam em seus movimentos. Ela não precisa de mim. Só posso transmitir a coreografia do espetáculo. Ela está pronta, prontíssima, para ganhar novos admiradores.

Enfim Ivan se decidira a marcar a estréia de Irina nos palcos dos teatros refinados e também sua primeira turnê européia. Faltavam 15 dias para o evento.

O romance com Gautier a tornara ainda mais bela. Ela estava suave, delicada, e não era fruto da mudança de ambiente. As diferenças eram poucas entre os cabarés e os teatros de luxo; resumiam-se a um público mais seleto, a apresentações de caráter mais erudito, onde a sensualidade nem sempre era explícita ou o único móvel da dança, não passando daí o campo das diferenças – a mudança de

Irina vinha de um local mais profundo. O carinho, o respeito, o amor de Gautier cicatrizaram muitas de suas feridas internas, restauraram algumas crenças e tudo isso acontecera sem que ela tomasse consciência. Era como se a mulher que ele vira e retratara às margens do Sena, começasse a ocupar um espaço maior na personalidade de Irina, como se estivesse vindo à tona, frágil como uma semente germinada cujo broto busca a luz para nutrir-se e guiar seu crescimento.

O olhar, que estranhamente – para vida que ela levava – nunca perdera o ar de inocência, agora refletia ternura.

Horas mais tarde, ainda alojados sobre o leito de Gautier, cercados de restos de biscoitos e minúsculos grãos de açúcar, abraçados, os dois conversavam.

– Esta semana li uma crítica ainda falando da sua exposição; a surpresa foi grande e os comentários não poderiam ser mais favoráveis – falou Irina.

– Acho que sei do que esta falando. Uma matéria publicada no jornal de quinta-feira, não foi?

Erguendo os olhos para o teto, buscando na memória precisar a data em que tomara conhecimento da crítica, ela respondeu após alguns segundos:

– Sim, acho que foi na quinta-feira. Não lembro de nenhuma outra mais recente.

– Ah! Então *mademoiselle* acompanha as notícias que são publicadas ao meu respeito. Sinto-me lisonjeado. Alguns dias eu penso que você só lembra de mim faltando minutos para as 16 horas e que me esquece assim que chega à calçada, aqui embaixo.

– Não seja injusto, Gautier – protestou Irina séria. – Jamais dei a alguém a atenção que dou a você. Os momentos mais felizes da minha vida, desde a infância até hoje, eu passei neste estúdio a seu lado. Entre as quatro paredes dele fica o meu paraíso. Jamais repita o que disse. Quisera eu ter o dom de esquecê-lo com tamanha facilidade.

Notando que a voz da amada expressava profunda dor, uma amargura a muito recalcada, ele aproximou-se mais, apertando o abraço, encostando o queixo no ombro dela, depositando pequenos e suaves beijos.

– Perdoe-me – pediu Gautier sem esconder a emoção que as palavras dela lhe causavam. Eram o que mais próximo de uma declaração de amor Irina poderia fazer. – Sei quais são os limites do nosso relacionamento. Aceitei-os, mas... Não posso esconder que sou loucamente apaixonado por você, adoraria tê-la comigo o dia todo, dormir e acordar a seu lado, não ter hora nem tempo marcado para viver o amor que sinto. Você me diz que aqui é o seu paraíso e eu lhe digo que aquele maldito relógio é a nossa serpente. Eu queria poder pará-lo, não ouvir mais o tique-taque e as badaladas das horas.

– Não sonhe, Gautier – alertou Irina com lágrimas nos olhos.

– Por que não? Eu não sei viver sem sonhar.

– A vida é dura para todos, mas com os sonhadores é impiedosa.

– Não acho que a minha vida seja dura neste momento. Ao contrário, ela é incrivelmente leve, leve como uma pluma – disse ele correndo a mão pelo corpo de Irina, branquinha, perfeita, macia e perfumada. – A vida é bela Irina, tão linda quanto você.

– A beleza é passageira. Já olhou bem para as mulheres velhas? o corpo fica flácido, gordo na maioria, os cabelos embranquecem, a pele se torna grossa, manchada e no rosto surgem rugas. Acaba-se a beleza. Eu não tenho ilusões e peço a Deus para não ficar velha sobre a Terra, Ele que não me esqueça por aqui, mande-me logo para o inferno. Não quero me olhar no espelho e ver meu rosto e meu corpo desfigurados.

– É uma questão de ponto de vista, querida. Eu vivi com minha avó até ela morrer e a achava uma mulher linda com seus quase 70 anos. Olhe, isso é muito tempo. Ela enrugou, seus cabelos ficaram grisalhos; é verdade que ela escondia muitas partes do corpo com vestidos simples, de bom gosto. No entanto, seu sorriso era maravilhoso, seu olhar exprimia tanto afeto, tanta compreensão, e conversar com ela era extremamente prazeroso, era lúcida, ativa, experiente. Tinha tantos encantos que substituíam a beleza física e acho que algumas emoções e expressões só assentam realmente bem num corpo marcado pelo tempo. A beleza não tem uma só forma nem uma só idade, cada etapa da vida tem um encanto especial, uma forma de beleza particular que só existe ali. Muitas já se foram: as dos bebês, da infância, da meninice, da primeira juventude; as da idade adulta também passaram, mas virão as outras. Não há o que temer.

– Belas palavras – murmurou Irina pensativa.

Recordava as inúmeras prostitutas velhas que havia conhecido em São Petesburgo, esmolando nas ruas, com suas roupas berrantes, decotadas demais, expondo a deterioração dos músculos e da pele, seus cabelos grisalhos trançados enfeitados com flores. Solitárias. Pareciam loucas que não se davam conta do tempo em que viviam. Só depois de conhecer Dolly aprendera a conviver com elas, ouvira-lhes as histórias e os lamentos e entendera que realmente em muitos momentos suas mentes fugiam criando uma vida ilusória. Recuavam no tempo ou perdiam o contato com ele, fazendo-as enxergar naqueles andrajos e penteados ridículos a perdida beleza que lhes garantira no passado de alguma forma o sustento e um mínimo de dignidade, embora possa parecer questionável o uso de tal palavra.

– Uma pena que não sejam verdade para todas as pessoas, ou melhor, para todas as mulheres – completou Irina recostando-se contra o peito do pintor. – Muitas de nós precisamos viver apenas do presente. O futuro pode ser um fantasma temível.

– Não seja amarga – pediu Gautier sentindo-se cortar por dentro; entendia perfeitamente o que ela temia e o porquê de suas palavras. Nunca lhe dissera que conhecia sua vida fora daquele estúdio, pois sentia que ela precisava sentir-se amada e respeitada e não conseguiria estabelecer uma relação de igualdade entre eles denunciando o passado e o que ele sabia haver – embora buscasse desesperadamente esquecer e ignorar – fora do relacionamento dos dois. – Eu a amarei sempre. Você será a minha velhinha adorável.

– Não. Eu não quero, prefiro morrer jovem. Quarenta e cinco anos, no máximo. Conheço belas mulheres nessa idade que ainda vivem bem – respondeu Irina, ignorando a promessa de Gautier.

"Mulheres como eu, sem família, só devem viver enquanto tenham dinheiro para gastar. Acostumamo-nos a vida toda a gastar muito, algumas gastam muito mais do que ganham, vivem cheias de dívidas, com os credores a lhes confiscar as jóias, as peças de arte e até os vestidos. Só quero viver enquanto tiver fortuna e beleza, depois não vale a pena. Viver de restos e lembranças é deprimente", pensava a bela cortesã aninhada nos braços de seu amante.

Inconformado com o pensamento de Irina, Gautier insistiu:

– Viver é bem mais do que ter um corpo. Eu acredito que vivamos na verdade muito mais tempo sem ele, pura e simplesmente na condição de espíritos imortais; por isso vejo que há beleza em todas as etapas da vida.

Irina permaneceu quieta, apesar de não conseguir acompanhar o pensamento de Gautier quanto à espiritualidade, gostava de ouvi-lo falar de suas leituras e da forma como via o mundo e entendia a vida. A voz meiga e pausada dele a acalmava, e o assunto era um terreno neutro e seguro. Em várias madrugadas, quando estava sozinha em seu leito, lembrava daqueles momentos e chegava a pensar em alguns conceitos.

– Irina, você sabe que adoro olhar a rua, capturar as belezas que eu vejo, as cenas que julgo importante serem vistas por outras pessoas. Pode ser que muitos não vejam dessa forma o meu trabalho e não entendam o que quero dizer, limitem-se a ver traços e cores que lanço sobre a tela, mas isso não diminui o meu trabalho nem a minha vontade de continuar a fazê-lo, entende? Não modifica a essência que há em mim e de onde ela provém. Penso na existência do ser humano e de Deus da mesma maneira. Não é porque muitas vezes não entendemos os caminhos e as leis da vida que eles sejam injustos ou vazios. Nós é que ficamos na superficialidade vendo traços e cores, não entendemos a expressão da beleza que os olhos de Deus quiseram nos mostrar nem os sentimentos maiores que O motivam a prosseguir criando – falava Gautier docemente embalando Irina. – A vida é bela, minha amada, e todos merecem viver e ser felizes. Não acredito que Deus tenha criado raças diferentes com destinos diferenciados ou mesmo pessoas dizendo a um, você será meu filho bem-amado e feliz, e a outro, criado no mesmo momento, você será a escória do mundo, quero para você o lixo e o horror. Não, não há lógica nesse criador, seria o mesmo que se eu desenhasse dois quadros num mesmo instante, com a mesma intenção e os mesmos sentimentos e, de repente, por nada, um eu desprezasse absolutamente. Não, Deus não é mau. Nós é que somos superficiais, não usamos a inteligência que Ele nos deu para descobrir as coisas essenciais da vida. Como diz meu amigo Duvernoy, vivemos acomodados e satisfeitos em um mundo de aparências ilusórias até que sintamos a dor que irá nos obrigar a cruzar a cortina e acordar uma parte de nossa inteligência que displicentemente deixamos adormecida.

Ele silenciou alguns instantes, deixando o silêncio envolvê-los como um manto amigo.

– Continue – pediu Irina. – Gosto quando me fala de seus pensamentos. Acalma-me.

Entendendo qual a dor que suas palavras vinham acalmar, Gautier apertou-a um pouco mais, para depois afrouxar o abraço e acariciar-lhe os cabelos e o pescoço delicadamente.

– Adoro seu cheiro sabia? – murmurou no ouvido de Irina antes de prosseguir, buscando tempo para pensar em como abordar alguns assuntos sem magoá-la. Propôs:

– Não sei o que mais poderia lhe dizer. Por que não me pergunta o que penso sobre algum assunto e então lhe respondo?

– Por exemplo: você sempre fala que a vida é boa, que Deus não é mau nem injusto, que existe beleza em tudo, mas há fatos e circunstâncias nas quais não consigo ver beleza alguma, são horríveis. Eu tenho medo delas, tenho medo de algum dia ter de experimentá-las, faço tudo para fugir, para evitar...

Gautier ouviu com atenção os temores de Irina. Intimamente estava emocionado; eram raros os momentos em que ela falava de seus medos, anseios, enfim, de seus sentimentos como ser humano. Em geral era uma companheira fascinante, alegre, doce, atenciosa, mas que mantinha o relacionamento num nível muito exterior, sem tocar pontos verdadeiros, sem envolver-se em profundidade, como que temerosa de dar ou receber marcas de alma.

Apontando a grande pintura *Afrodite Adormecida* que ocupava boa parte da parede em frente à cama onde estavam, ele explicou:

– Veja a pintura, Irina. – Depois, em tom de brincadeira, suavizou: – É linda a modelo, não canso de admirá-la. Sou ciumento, fui eu que a fiz e só eu e você a vemos, ninguém mais.

– Bobo. Você é egoísta, é seu quadro mais belo, mais expressivo, e o escondeu – retrucou Irina – Não entendo como um artista pode tomar uma atitude dessas.

– Pois é a mesma coisa com os fatos e circunstâncias onde você diz não existir beleza, nem bondade, nem justiça, que são simplesmente horríveis. Eles existem pela mesma e simples razão pela qual eu escondo *Afrodite Adormecida*. Porque eu posso, sou livre para fazer o que desejar e, além disso, existem em mim sentimentos menos nobres. Eu não sou só o pintor apaixonado pela beleza nem sou só um homem compreensivo, carinhoso e tudo o mais que de vez em quando *mademoiselle* faz a gentileza de me dizer. Sou também ciumento, egoísta e bobo. Talvez até um pouco irracional, já que escondo provavelmente a minha obra-prima, a que me abriria as portas da fama de vez. É um comportamento ilógico porque eu estou me privando do que eu desejo. Como sou um ser humano, e acredito que, em essência ao menos, igual aos outros, posso perfeitamente deduzir que outras pessoas tenham comportamentos, senão iguais, muito semelhantes aos meus. Logo – como gostam de dizer os filósofos –, se existem horrores no mundo, é porque eles são partes da atual natureza humana. Somos nós mesmos que os geramos. Todos queremos o melhor para nós mesmos; entretanto, porque ignoramos um lado sombrio de nós mesmos, ou melhor, porque não admitimos, jogamos a culpa do que ocorre por força desse nosso lado nos outros e, em geral, na vida que passamos a ver como algo sem sentido. Quando nada mais é do que simplesmente atitudes nossas movidas por sentimentos e pensamentos que preferimos lançar na irracionalidade – não pensar, ignorar, não reconhecer – ou o que você quiser dizer. Eu poderia muito bem estar descontente com as críticas ao meu trabalho e dizer a todos que sou capaz de muito mais do que eles viram, que sei expressar amor, descanso, sensualidade, carência, abandono, entrega, numa tela que não mostro a ninguém e que, se mostrasse, alguns diriam que era simplesmente uma deslumbrante mulher nua. Então, tenho que assumir algumas coisas, a primeira: eu sou responsável pelo que faço e, como vivo, é conseqüência direta do meu modo de ser e de viver; segunda: não posso querer que todos vejam o que vejo e entendam o que quero dizer; cada um de nós, embora essencialmente iguais, nos diferenciamos pelas experiências que priorizamos viver e, como conseqüência, surgem daí divergências de entendimento que não me fazem melhor nem pior, simplesmente dão as medidas de quem eu sou e quem o outro é.

Gautier interrompeu-se, pensou um pouco mais e concluiu:

– Se há horrores no mundo, eles são frutos da nossa liberdade, das nossas escolhas e, principalmente, é a manifestação da sombra na pintura divina. *Afrodite Adormecida* tem uma parte do corpo iluminado pelo frágil raio de sol do fim da tarde, e a outra parte semiencoberta pela penumbra do quarto. Nós todos somos assim, um pouco iluminados, outro pouco encobertos pela sombra. Isso me fascina. Há dias em que penso no ser humano como um dia amanhecendo, em que a luz solar vai pouco a pouco despertando vida, mostrando belezas, colorindo, animando, descobrindo o que a escuridão da noite manteve em segredo, fazendo com que tateássemos um pouco perdidos e com pouca liberdade de ação. Quando for sol de meio-dia na nossa existência, tudo será claro e bonito, enxergaremos o que com menos luminosidade não se via e teremos ampla liberdade de ação, sem barreiras naturais. Consegui fazê-la entender por que digo que há beleza em tudo?

Irina sorriu voltando a cabeça e oferecendo os lábios a um carinhoso beijo, para depois responder:

– Vou tentar pensar sobre o que me falou. Acho que não são idéias levianas para se ouvir e prontamente concordar. Estaria mentindo para você, mas, como disse, gosto de ouvir seu modo de encarar a vida, é tão diferente! Ouvi-lo me acalma, conforta alguma coisa dentro de mim, que não sei o que é. Compreendi o que falou, é óbvio, mas tenho que pensar, pôr em xeque com minhas próprias idéias. Não ficas magoado, não é?

– Só ficaria se tudo o que eu falei não passassem de palavras.

CAPÍTULO VIII

Um adeus

"Não se trata de simplesmente colocar dois cartazes no ponto em que a vida se divide em duas vias com as inscrições, num deles caminho do bem, no outro caminho do mal, e de dizer a quem se apresentar: – 'Escolha'. É preciso, como fez Cristo, mostrar atalhos que levem da segunda via para a primeira aqueles que caíram em tentação; sobretudo, não é preciso que o caminho do bem seja doloroso demais e nem que ele pareça impenetrável." [1]

Luidgi caminhava pelas ruas do centro de Berlim. Horrorizado. Que miséria! Por Deus, o que era aquela situação insustentável? As pessoas andavam maltrapilhas nas ruas, cabeças baixas, olhos tristes, por vezes raivosos. Nas repartições em que se comercializavam alimentos, a revolta beirava a insanidade. Disputavam com desespero os segundos para poder comprar até mesmo uma simples hortaliça. Os preços variavam infinitas vezes em um mesmo dia e, com o escasso valor que a maioria dos cidadãos amanhecia, não era possível dizer o que se podia fazer com ele em termos de sustento da família até o anoitecer do mesmo dia. Cenas de revolta, com pessoas brigando, discutindo e mesmo se agredindo eram comumente vistas. Alguns homens mais exaltados, enfurecidos seria o termo, com freqüência atiravam dinheiro ao chão com desprezo, pois o que pretendiam com ele fazer horas antes já não era mais possível.

Cada uma dessas notas ou moedas lançadas fora despertava automaticamente outra disputa. Dezenas de mendigos alcoolizados, crianças pedintes e mulheres prostituídas que disputavam os espaços das calçadas se lançavam com desespero à cata desses valores.

---

[1] Alexandre Dumas Filho. *A Dama das Camélias*, cap. III, pág. 28, Ed. Nova Cultural.

Poderia dizer que poucas, pouquíssimas pessoas não conheciam a fome, o frio e a sujeira nas grandes cidades alemãs naquele período.

Nas aldeias rurais a situação era melhor, havia o necessário à subsistência alimentar, extraído do solo, do cuidado com os animais; entretanto, o saque às plantações começava a ser uma prática. Hordas de miseráveis, desempregados e famintos vinham das cidades nas horas mortas da madrugada colher sem autorização as plantações, matar animais e fugir em carroças imundas com o fruto a ser dividido entre moradores de uma mesma rua unidos no infortúnio da fome ou vendido a preços menores a comerciantes de um crescente mercado informal.

O jovem estudante sentia-se esmagar diante daquela realidade. Sua família sentia também o peso da desgraça que se abatia sobre a nação, entretanto, conseguiam manter uma vida digna. A avó decidira fechar a casa na cidade, levando todos os objetos de valor. Partira para uma pequena propriedade rural herdada de seus pais, portanto dos bisavós de Luidgi, onde se mantinha na companhia de uma criada, que a acompanhara, e de alguns camponeses que cultivavam as terras em regime de tanto por cento de cada colheita e moradia.

O pai se encontrava envolvido como nunca antes na política; o clima nos quartéis era de total e absoluta insatisfação. O Tratado de Versailhes lhes sentara como uma pedra na garganta, que não subia nem descia. Orgulhosos, arrogantes, era-lhes penoso suportar as claúsulas do famigerado acordo. Não aceitavam as limitações à militarização do estado, a devolução do território da Alsácia-Lorena à França, a cessão também à França do território do Sarre para exploração econômica por 15 anos, de ter de entregar à Polônia uma faixa de terra que lhes garantisse acesso autonômo ao mar – o dito corredor polonês de Danzig –, e até a pequena região de Eupen-Malmedy entregue à Bélgica era motivo de forte incomodação. Passavam dias e dias discutindo a extensão dessas perdas territoriais, como se a matemática não fosse uma ciência exata e os cálculos exaustivamente repetidos pudessem apontar outro resultado que não uma perda considerável onde estavam incluídas aproximadamente 15% das terras aráveis. Obviamente as sanções de Versalhes tinham um reflexo direto na situação econômica e social caótica enfrentada pela população alemã, levando um número expressivo de cidadãos a buscarem a imigração para outros países na esperança de encontrarem trabalho e dignidade para suas famílias.

Mas a sanção que com mais custo os militares tentavam inutilmente engolir – e por isso se rebelavam – eram os impedimentos impostos ao exército. As questões envolvendo a remilitarização da Renânia, de restringir o efetivo do exército a 100 mil homens, além de proibir o desenvolvimento da indústria bélica, eram-lhes impossível aceitar.

Se por um lado a miséria e o caos social abatiam a população civil, humilhavam e geravam um forte caldo de cultura à insatisfação popular; as limitações militares desgostavam, humilhavam e revoltavam os militares, enchendo-os de insatisfação com a política da República de Weimar, que penava na tentativa de administrar o inadministrável e de controlar uma massa em desatino emocional, tomada pela vergonha, pela humilhação e pelo desespero.

O preço do orgulho estava sendo alto na Europa das primeiras décadas do século XX.

Nesse estado de coisas, os primeiros dias das férias de Luidgi transcorriam solitários e deprimentes. Eram marcados pelo intenso desejo de dar as costas àquele panorama aflitivo e voltar para a tranqüilidade da residência e da companhia de Marion Lescault, na efervescente capital francesa. Passava longas horas a caminhar por Berlim na esperança de encontrar algum amigo de sua infância e juventude, entretanto, nem mesmo no culto da igreja, ao qual acompanhara o pai, os reencontrara.

Triste, prosseguia mais uma tarde em sua caminhada quando teve sua atenção voltada para a manifestação de operários em greve, marchando em uma passeata desorganizada pelas ruas, com roupas desalinhadas, rotas e manchadas, barbas por fazer e cabelos necessitando de corte e limpeza, gritando palavras de ordem contra o governo.

"É hora de apressar o passo. Não vai demorar muito para que esses 'comunistas' arrumem encrenca na cidade. Por certo logo os Corpos Francos[2] vão surgir para dispersar a manifestação", pensou

[2] Eram grupos paramilitares adestrados por oficiais do exército e compostos por voluntários que serviam ao regime do governo social-democrata no esmagamento dos partidos de esquerda em Berlim; usavam como identificação a caveira e as tíbias desenhadas em seus tanques, prenunciando os símbolos das SS nazistas.

Luidgi, baixando a cabeça e acelerando a caminhada para afastar-se do centro.

A Alemanha era internamente um campo de guerrilha; a insatisfação popular desaguava num clima de violência sem precedentes. As proibições e limitações oficiais às atividades militares encontravam escoamento na criação de inúmeros grupos paramilitares, levando os partidos políticos a desenvolverem esses grupos e a armarem seus adeptos; por conseqüência, as passeatas e manifestações degeneravam em luta armada.

Tarde da noite, o capitão Schoroeder entrava em casa. Luidgi ouviu suas botas martelando firme o assoalho; o ruído do casaco e do chapéu sendo pendurados no cabide no haal de entrada e logo o baque surdo da valise sendo jogada sobre o estofado na sala. Passavam os anos, mas os hábitos do capitão não se modificavam, era uma espécie de ritual sagrado e pessoal. Mesmo sem vê-lo, o filho podia descrever perfeitamente seus gestos, um a um: passaria as mãos sobre os cabelos, que desde a manhã estavam perfeitamente penteados com pomada, esticaria a camisa do uniforme, puxaria as calças, ajeitaria a cinta, por último uniria o dedão e o indicador da mão direita levando-os ao centro do bigode ruivo, abrindo-os em direção às faces, realinhando os fios bem aparados. Estava pronto para apresentar-se aos membros da família. Quando cruzasse a ampla sala de estar e visitas em direção à pequena saleta íntima, pigarrearia para limpar a garganta, anunciando sua chegada.

Luidgi, após tantos meses distante, acompanhava com certa nostalgia aquele ritual paterno que lhe trouxera à memória a figura da avó e seu rosto sorridente de ar maroto, quando, ainda menino, ela o fazia observar e aguardar a chegada do pai, como se fosse uma surpresa vê-lo surgir sob o batente da porta.

Aquela noite não fez de outra forma. Embora houvesse abandonado os livros de anatomia humana que tanto o interessavam, especialmente o que tinha em suas mãos para exame, a fim de recordar o passado reconstituindo os passos do capitão, fingiu surpresa ao vê-lo aproximar-se e fechou o volume, cumprimentando-o respeitosamente e indagando como fora seu dia.

– Cansativo, meu filho. Nossos dias têm sido muito cansativos.

O recrutamento e seleção de voluntários para o treinamento dos grupos paramilitares do partido são árduos. Há muitos candidatos, o povo não tem trabalho e o chamado a esse voluntariado lhes garante comida e roupa. É uma melhora considerável na vida que esses jovens vêm levando. Há muitos doentes, esqueléticos, tão fracos que não conseguiriam sustentar uma arma nas mãos, quanto mais algum armamento mais pesado.

– Esses não servem. O que fazem com eles?

– São descartados. Um ou outro que não preencha rigorosamente os critérios de seleção acaba por engajar os Corpos, porém sabemos de antemão que são esses os que sucumbem primeiro nos confrontos.

– Andei pela cidade hoje. Vi que havia uma manifestação de grevistas. Sabe se degenerou em enfrentamento armado?

– Lógico. Sempre degenera. Não podemos deixar esses comunistas espalharem suas idéias. Enfraqueceram com a morte da Rosa de Luxemburgo e de Karl Liebkencht, mas não foram expurgados do nosso meio, ainda agitam o operariado. Não sei aonde chegaremos; há uma subversão total dos valores germânicos; os jovens prestam pouca atenção a nossas tradições, e um considerável contingente de cidadãos está imigrando. A maioria é das classes mais pobres, mas ainda assim é preocupante. Dói ver nosso império esfacelado, nosso orgulho abatido, e termos que aceitar essas minorias[3] como cidadãos com igualdade de direitos é degradante – respondeu o capitão com expressão de profundo desagrado.

Sentou-se pesadamente na poltrona em frente à do filho e pediu:

– Acabo de chegar de uma reunião do partido. O que significa que boa parte da noite e o dia todo me ocuparam essas questões. Não que elas não me agradem, ao contrário, têm meu maior apreço, sonho ver nosso povo erguido novamente entre as nações prósperas da Europa, mas estou cansado e você deve ter muito a contar de todos esses meses fora. Como aqueles malditos franceses estão lhe tratando?

A partir desse momento a conversa girou em torno do cotidiano do jovem estudante. Detalhadamente narrou o preconceito que en-

[3] Referência às minorias raciais que integravam o império austro-húngaro, desfeito após a Primeira Guerra, toleradas como inferiores pelos austríacos e alemães e sobre as quais se levantou primeiramente a supremacia da raça ariana.

frentava por grande parte dos colegas, mas falou também do carinho de Madame Lescault e de seus novos amigos freqüentadores do teatro de variedades. Como não poderia deixar de ser, falou de Irina. Louvando-lhe a beleza e o brilho de seus olhos, denunciou a paixão que sentia ao apurado senso de observação do capitão Schroeder, e as costumeiras observações "que tipo de mulher se prestava a esses espetáculos e para que elas serviam" não se fizeram demorar na boca do zeloso pai.

As sonoras badaladas do relógio de parede anunciaram a hora da ceia e a necessidade de se recolherem, pai e filho. Após compartilharem a frugal refeição, se despediram, pois Luidgi partiria no dia seguinte ao encontro da avó na zona rural.

Confortavelmente instalados na sala de estar do apartamento de Duvernoy, ele e Gautier conversavam animadamente. Sobre uma pequena mesa de apoio descansavam, lado a lado, vários livros meticulosamente empilhados e uma bandeja com copos e uma jarra com suco de frutas.

Servindo-se de um copo, Gautier sorriu maroto e provocou o amigo:

– Duvernoy, jamais imaginei ver substituída nossa garrafa do bom vinho de Bordeux por esta delicada jarra de suco de frutas. O que faz o avanço moral de um homem – especialmente quando há uma interessante dama empenhada em promovê-lo.

– Ora, cale-se, se não tem algo interessante a dizer, Gautier. Minha amizade com Madame Lescault é inteiramente respeitosa. Em meio às tolices que acabou de dizer, apenas uma merece atenção: é que ao menos ainda sabe reconhecer uma dama.

– Ah, sim, é claro – insistiu Gautier espicaçando propositadamente o amigo. – Uma dama digna, inteligente e bem conservada. Marion Lescault é uma bela mulher para a idade que tem. Quer minha opinião, acho que você está muito certo em adulá-la, ela merece. É uma figura humana notável. Que homem não seria feliz em tê-la como companheira?

– Gautier, será que você é incapaz de entender que duas pessoas possam ter interesses em comum que as aproximem e que necessariamente não as levem em direção da cama? – Duvernoy irritava-se com as brincadeiras insistentes de Gautier, embora soubesse que ele as fazia justamente para provocar essa reação.

– É claro que eu entendo, o conheço há muitos anos, nos damos bem e jamais tive pensamentos pecaminosos com você. Lógico que sei que é perfeitamente possível esse tipo de convivência e tenho mesmo grande apreço por esses relacionamentos.

– Pois bem – concedeu Duvernoy já rindo, desarmado pela resposta do amigo. – Transfira esse conceito para nossa amiga, Madame Lescault. É a mesma coisa. Está bem?

– Se insiste, que posso fazer. – falou Gautier rodando o copo nas mãos e observando o líquido colorido dançar entre os limites do vidro. Há algumas semanas, Marion Lescault se unira a eles nas reuniões informais das segundas-feiras para leitura e estudo das obras de Léon Denis, e o pintor notava um inusitado carinho e muita admiração de Duvernoy pela nova amiga; por isso, sempre que podia, o espetava com o assunto esperando uma capitulação com a confissão de seu interesse pela senhora em questão. – Mas, falando como pintor, admiro muito o rosto de Madame Lescault, é expressivo, seus olhos são muito ternos, firmes, acho encantadoras as linhas suaves em torno deles, lhe dão uma suave autoridade à face.

– Realmente são lindos. Marion tem um rosto de fato expressivo; já reparou na boca? Bem desenhada, delicada, parece que tem sempre um sorriso pairando em seus lábios – comentou Duvernoy sinceramente. – Mas admiro-a por suas atitudes, por seus pensamentos. É raro encontrar-se uma mulher tão serena e segura quanto ela. Ontem fui almoçar em sua casa e descobri que ela, juntamente com outras amigas que também foram voluntárias da Cruz Vermelha, desenvolvem um trabalho muito interessante de atendimento e esclarecimento com algumas famílias pobres, aliás famílias compostas de mulheres, crianças e velhos doentes, como tantas que sobreviveram à guerra.

Gautier, que observava o entusiasmo como o amigo se referia a Marion Lescault, não pôde deixar de sorrir e pensar:

"Tudo bem que ele negue, mas eu não me deixo enganar. O velho Duvernoy está encantado com nossa amiga. Que bem faz o amor, ele até parece rejuvenescido, mais alegre."

No entanto, ao dirigir-se a Duvernoy, nada desses pensamentos se expressaram, guardou-os para si e comentou honestamente interessado, pois também simpatizava com Madame Marion:

– Os problemas sociais do pós-guerra ainda são e por muitos anos serão dolorosos. Marcaram uma geração inteira, ou talvez mais, se considerarmos as crianças. A vida das mulheres mudou muito, hoje encontramos jovens trabalhando em setores onde antes nem se imaginava possível que elas desempenhassem tais atividades. E se saem muito bem. Mas o que fazem Madame Lescault e suas amigas que o interessou tanto?

– Realizam encontros com 20 mulheres de um bairro pobre. Ensinam vários trabalhos. Umas ensinam a produzir doces, balas, geléias e confeitos caseiros; outras ensinam as artes da costura. Marion e suas amigas ensinam cuidados básicos com doentes, habilitando-as a trabalhar como acompanhantes de pessoas inválidas ou gravemente doentes. Mas, não foi isso o que mais me agradou. É que tudo quanto elas ensinam tem o objetivo de tornar essas famílias autônomas da sua caridade. Com esses conhecimentos elas conseguem desenvolver trabalhos que lhes garantam subsistência ou acréscimo de renda; conseguiram formar uma rede de contatos que ajuda na colocação dessas senhoras em empregos ou em relação com quem lhes compre os produtos.

– Muito interessante. Particularmente, não gosto da idéia das cozinhas de caridade que infestam a Europa nestes tempos. Sei que ninguém com fome consegue pensar, trabalhar ou fazer o que quer que seja, mas sempre as vi como algo limitado, cuja eficácia se esgota com o processo digestivo. Esse trabalho de Madame Lescault me parece mais consistente – disse Gautier e, depois, como se a consciência o acusasse por criticar o que não fazia, emendou arrependido: – Mas quem sou eu para tecer críticas... Não passo de um pensador desses temas, nunca arregacei as mangas para me envolver com eles, aliás, nunca andei um passo nesses bairros ou falei com essas famílias.

Tocado pela confissão de Gautier, também Duvernoy pôs-se a pensar que, no dia anterior, ficara horas a conversar com Marion sobre essas atividades, cheio de entusiasmo, e, mesmo naquele dia, se pegara muitas vezes pensando no assunto, porém ele estava na mesma condição do amigo, nunca se havia levantado da confortável cadeira de sua sala para atender a quem quer que fosse miserável do corpo ou da alma. Ao contrário, várias vezes rechaçara a presença daquelas crianças famintas, de aspecto doentio, que perambulavam pelas ruas de Paris esmolando e até roubando comida. Essa linha de pensamento o fez recordar a leitura de *Os Miseráveis*, a figura do menino de rua, e, pela primeira vez depois de tantos anos, entendeu o vigoroso chamado daquela obra e a denúncia a apatia do comportamento social ante suas chagas expostas.

Gautier, aproveitando o silêncio do amigo, deixava seu pensamento navegar em busca da amada. Irina partira semanas antes em turnê às maiores capitais européias com o espetáculo de estréia na Companhia Stravinsky. Recordou quando ela lhe dissera que precisaria viajar por algum tempo. Com muito custo confessara seu trabalho e, ainda assim, o fizera na certeza de que ele, por também amar a arte, compreenderia seu desejo de estar no palco. Conversaram longamente, e a havia estimulado a buscar suas realizações, deixando-a segura de sua compressão, mas em momento algum Irina falara do passado ou de sua passagem pelos cabarés e por outras casas ainda mais envolvidas com o chamado submundo.

Compenetrados em suas reflexões, assustaram-se ao ouvir o toque estridente da campanhia anunciando a chegada de outro participante; ao mesmo tempo soava o toque do telefone na saleta de leitura de Duvernoy.

– É sempre assim – resmungou o dono da casa. – Passo horas e horas sozinho em absoluto silêncio e abandono, ninguém se lembra deste traste velho, de repente é isso. Tudo chama ao mesmo tempo. Por favor, Gautier, atenda a porta, que vou ver quem chama ao aparelho.

Gautier levantou-se, se encaminhando para a porta, enquanto Duvernoy seguia para as dependências particulares do apartamento.

Ao abrir a porta deparou-se com Marion, muito elegante num vestido marrom estampado com pequenas flores em tom pastel e um pequeno chapéu, estilo touca, bem leve. Trazia nas mãos um pequeno pacote; delicada, sorriu para Gautier como a desculpar-se pela impossibilidade de estender-lhe a mão em resposta ao cumprimento.

– Boa noite, Madame Lescault. Entre, por gentileza. Imagine

que justo neste momento tocaram juntas a campainha da porta e a do telefone. Duvernoy pediu que viesse atendê-la; imaginávamos que fosse a senhora. Ele está ao telefone e logo virá até nós.

– Entendo. Passo situações semelhantes várias vezes. Há dias em que considero a possibilidade de que metade da população desta cidade me conheça e tenha algo a me dizer ou a algum dos meus inquilinos. Precisamos nos dividir e nem sempre somos entendidos.

– As pessoas têm cada vez mais pressa e pensam que são as mais importantes do mundo. Irritam-se com extrema facilidade.

– Creio que seja ânsia de viver que tanto falam nestes dias. Particularmente, dou a isto outro nome.

Gautier, desde a primeira vez que encontrara Marion Lescault, sentira por ela profunda simpatia. A presença dela despertava-lhe tranqüilidade, estranhamente o lembrava de um córrego cristalino, com algumas pedras, cercado de verde, cujo leito refletia o brilho do sol, que ficava bem próximo da casa onde residira com a avó, no pequeno vilarejo próximo da cidade, e que, quando garoto, o fascinava com suas cores. Passara muitos dias com os pés imersos na água, ouvindo o borbulhar, desenhando em seus blocos de criança com lápis de cera colorido. Marion lhe transmitia aquela mesma sensação de tranqüilidade e pureza dos tempos de menino.

Com intimidade de um sobrinho, tomou-lhe o braço, conduzindo-a até a sala, conversando com a facilidade que só os afins conseguem desenvolver.

Duvernoy, na saleta, ouviu a voz alegre de Marion e tratou logo de encerrar a conversa de lenga-lenga com que Lefèvre procurava desculpar-se de mais uma ausência às reuniões semanais.

– Está bem, Lefèvre, entendemos suas razões. Fique tranqüilo, nenhum de nós irá condená-lo. Vá, cuide de seus outros interesses; depois, se quiser, apareça.

– Nos encontramos na quarta-feira, então. Josephine estará se apresentando no Moulin. Não podemos perder – convidava Lefèvre do outro lado da linha telefônica. – Esta é minha semana, não me importa que o Moulin seja mais caro que a casa do Fredo. Infelizmente, depois que a Divina se foi, aquilo lá não tem mais atrativo; voltaram as mesmas meninas e as mesmas apresentações de antes.

– Está bem, creio que não haverá nenhum impedimento – concordou Duvernoy querendo a todo custo encurtar a conversa.

– Como algum impedimento? Desde quando você arrumou o que fazer às quartas-feiras? Está acontecendo algo que eu não sei, Duvernoy? Você até me lembra o Gautier –, aquele sem vergonha abandonou o grupo e nem satisfação deu. Só o vejo em sua casa ou em algum restaurante. Mas nos programas bons que sempre fizemos juntos o bandido desapareceu. Já conseguiu descobrir por quê?

– Não, Lefèvre, sei tanto quanto você sobre a vida de Gautier. Agora, me desculpe, mas tenho visitas e parecerá muito indelicado se eu me alongar nesta nossa conversa. Amanhã lhe telefono e conversamos, certo?

Enfim, compreendendo que o amigo não queria alongar-se no contato telefônico, Lefèvre despediu-se liberando seu interlocutor, que, muito afoito, correu à sala.

Encontrou Marion acomodada e servida de um generoso copo de suco de frutas entretida com as explicações de Gautier sobre suas pinturas e projetos recentes. Cumprimentou-a desculpando-se por não tê-la recebido pessoalmente, informou a impossibilidade alegada por Lefèvre para comparecer à reunião; depois, animado, indagou:

– Qual será o assunto de hoje, mestra?

Gautier, que saboreava o segundo ou terceiro copo do suco, por pouco não engasgou. Sentiu uma inusitada e imprópria vontade de rir dos modos do amigo e, se conseguiu disfarçar na fisionomia e na atitude aparente, não se furtou de pensar:

"Não, assim não, Duvernoy. Será que a idade o fez esquecer como agradar uma mulher? Mestra? Ah, homem, pense em algo melhor. Vou ter que falar com ele depois. O que será que ele tem contra um respeitoso 'minha querida' ou coisa que o valha? Soa melhor aos ouvidos e não deixaria a madame constrangida."

Realmente a designação usada por Duvernoy fez colorir o rosto de Marion com tons mais fortes e a deixou levemente desconfortável; só com a ajuda da experiência que a vida lhe conferira foi que ela conseguiu superar a circunstância imprevista.

– Eu, mestra? – questionou ela sorrindo com expressão descrente e sincera. – Bem se vê que o senhor ainda me conhece pouco. Se me chamar de uma dedicada aluna, aceitarei, mas mestra é uma injustiça e uma inverdade.

– Modéstia. A senhora é uma das mais sábias mulheres que conheço – insistiu Duvernoy, levando a jarra para servir novamente o copo de Marion.

– Obrigada, o suco está delicioso, mas estou satisfeita. E, antes que o senhor me deixe ainda mais constrangida, creio que devamos iniciar nossas leituras, que afinal é a razão de nosso encontro.

"Pobre Duvernoy", lamentou Gautier em pensamento. "Precisamos conversar com urgência. Ele está absolutamente perdido, não sabe o que fazer para agradar Madame Marion. Pobre coitado! Será que é isso que os longos anos de freqüência aos cabarés fizeram com ele? Não sabe mais cortejar uma mulher, não consegue mais usar aquele charme discreto para encantar. Irina vai rir muito quando eu lhe contar esta cena. Seria muito bom se ela conhecesse Marion Lescault. Quem sabe vendo que uma mulher madura ainda é capaz de despertar sentimentos de amor em um homem ela perdesse um pouco do medo e da amargura que sinto em sua alma. Talvez descobrisse que a alma pode vestir o corpo com outras belezas além da mera forma."

– De pleno acordo – declarou Duvernoy, e, movendo o tronco em direção à mesa onde descansavam os livros, perguntou: – Qual a leitura selecionada para hoje?

– Pensei que ainda podemos seguir no assunto que analisamos a semana passada – esclareceu Marion calmamente. – Estudamos a visão proposta em *O Livro dos Espíritos* a respeito de Deus, estão lembrados?

Gautier aquiesceu com a cabeça, observando atentamente o comportamento seguro de Marion. A tranqüilidade dela o fascinava.

– Podemos complementar aquela leitura, que fugiu um pouco à predominância das obras de Leon Denis, mas é necessário se conhecer as próprias fontes que alimentam nosso bom mestre. – Olhando para Duvernoy, sorriu e comentou: – Ele, sim, merece que o chamemos de mestre, afinal alimenta, consola e dá equilíbrio a milhares de seres humanos através de seu pensamento, seu conhecimento e suas obras, tão bem escritas e de fácil entendimento, meu caro M. Duvernoy.

O anfitrião nem observou a leve reprimenda nas palavras de Marion, encantado com o sorriso com que se via brindado.

– Sem dúvida – concordou ele prontamente. – E qual texto usaremos, então?

– Do livro *Depois da Morte*, capítulo que trata sobre o universo e Deus.

– Duvernoy prontamente separou o exemplar dentre os livros empilhados sobre a mesa, recostou-se na poltrona e apanhou os óculos acomodando-os sobre o nariz. Gautier levantou-se, ergueu a poltrona e, com toda a intimidade que desfrutava na casa do amigo, aproximou o móvel de onde se encontrava Marion. Sorrindo e com olhar de menino carente, pediu, já acomodado:

– Importa-se que eu leia com a senhora? É que tenho mais facilidade de me concentrar nas idéias quando leio. Ouvindo sua leitura, às vezes divago; a senhora tem o dom de recordar-me da infância e de minha avó, que me criou e educou. Ouvindo-a ler, a entonação delicada da sua voz me lembra quando ela me auxiliava nas primeiras lições.

Sem resistir ao pedido e ao olhar que lhe lançara Gautier, Madame Marion estendeu a mão, tocando-lhe amistosamente o braço e respondeu:

– Óbvio que não. Aproxime-se mais, eu tenho a mesma dificuldade. E sua avó, ainda vive?

– Não. Faleceu há 12 anos.

– Podemos começar – anunciou Duvernoy interrompendo o diálogo entre os dois.

"Gautier deve banhar-se com extrato de mel e açúcar", pensava o anfitrião enciumado. "Será possível que nem Marion Lescault vai resistir ao charme dele? Quando ia aos cabarés, vivia rodeado pelas meninas; elas o adoravam. Conseguiu nada menos que a Divina Irina como amante, e tudo leva a crer que ela o ame. E o desgraçado nem se pode dizer que seja dos homens mais belos de Paris."

Gautier, que conhecia o amigo há muitos anos, leu os pensamentos que ele alimentava. Estavam bem grafados em seu olhar enciumado e irritado, por isso sorriu e respondeu:

– Madame e eu também já localizamos a página. Por favor, comece a leitura.

Duvernoy remexeu-se na poltrona, pigarreou, respirou mais profundamente para controlar a irritação, afinal não conseguia atinar por que estava se sentindo daquela maneira: afoito, irritado com o amigo, sem saber como agir com relação a Marion. Decidido a jogar todas aquelas emoções iniciais bem para o fundo de sua memória, respirou profundamente outra vez e começou a leitura:

Gautier acompanhava, concentrado. As primeiras linhas já o atraíram e cativaram sua atenção; enquanto passava os olhos pelos caracteres e assimilava-lhes o teor das idéias, sentia profunda afinidade com o autor e recordava que com outras palavras expusera idéias semelhantes para Irina. E seus olhos passavam pelas linhas que iam lhe enchendo a mente e alimentando a alma:

"*Bem antes dos problemas da vida e do destino, impõe-se o problema de Deus. Estudando as leis da natureza, procurando a beleza ideal na qual se inspiram todas as artes, em toda parte e sempre, acima e do íntimo de tudo, encontramos a idéia de um Ser superior, necessário e perfeito, fonte eterna do bem, do belo, e do verdadeiro, no qual a lei, a justiça, a razão suprema se identificam.*

O mundo físico é fixado segundo um desenho, governado por leis que demonstram conhecimento profundo das coisas a elas sujeitas. Essas leis não procedem de uma causa cega: o caos ou o acaso não saberia compor a ordem e a harmonia. Não emanam dos homens, que são seres passageiros, limitados no tempo e no espaço, e não poderiam criar leis permanentes e universais. Não se poderia conceber a inteligência sem personificá-la em um ser, mas este ser não se prende à imensa cadeia dos outros seres: ele é o Pai de todos e a própria fonte da vida.

A personalidade não deve ser aqui entendida no sentido de um ser revestido de uma forma, mas antes como a soma de faculdades que constitui um todo consciente. A personalidade, no mais alto significado da palavra, é a consciência; neste sentido, Deus é uma pessoa, ou antes, a personalidade absoluta, e não um ser determinado pelo limite e pela forma. Deus é infinito, não pode ser individualizado, isto é, segregado do mundo nem considerado à parte.

Os positivistas, segundo sua própria expressão, desinteressam-se pelo estudo da causa primeira como coisa inútil e incognoscível, mas perguntamos se é realmente possível que um espírito sério possa comprazer-se na ignorância das leis que regem as condições de sua própria existência. Impõe-se a procura de Deus; ela não é senão o estudo da grande Alma, do princípio de vida que anima o universo e reflete-se em cada um de nós. Tudo passa a plano secundário quando se trata do próprio princípio das coisas; a idéia de Deus é inseparável da idéia das leis morais, e nenhuma sociedade pode viver e desenvolver-se sem o conhecimento de tal lei.

A crença em um ideal superior de justiça fortifica a consciência e sustenta o homem em suas provas; ela é o conforto e a esperança daqueles que sofrem, o supremo refúgio dos aflitos, dos abandonados; como uma aurora, ela ilumina com seus brandos raios a alma dos infelizes.

Sem dúvida a existência de Deus não é demonstrável por provas diretas e sensíveis: Deus não pode ser medido pelos nossos sentidos; a divindade oculta-se atrás de um véu misterioso, não apenas para obrigar-nos a procurá-la, o que é realmente o exercício mais nobre e mais fecundo de nossa faculdade de pensar, mas também para deixar-nos o mérito de descobri-la. Existe em nós uma força, um instinto seguro que nos leva para ela e afirma-nos sua existência com maior evidência do que todas as demonstrações e do que todas as análises.

Em todos os tempos, sob todos os climas – e esta é a razão de ser de todas as religiões – o espírito humano sentiu a necessidade de elevar-se sobre todas as coisas móveis e perecíveis que constituem a vida material e que não lhe podem dar uma satisfação completa; sentiu a necessidade de ligar-se ao que é fixo permanente, imutável no universo; a algo absoluto e perfeito, em que identificasse todas as potências intelectuais e morais, e que constituísse o ponto de apoio para o seu progredir. Ele encontrou tudo isto em Deus; nada além Dele pode dar-nos aquela segura certeza, aquela confiança no futuro, sem a qual estamos à mercê de todos os ventos da dúvida e da paixão.

A isto se poderia opor o uso funesto que as religiões fizeram da idéia de Deus; mas que importam as várias formas que os homens emprestaram à Divindade? Para nós, ela não é constituída pelos deuses quiméricos, criados pela débil razão na infância da sociedade; aquelas formas poéticas, graciosas ou terríveis, eram apropriadas à inteligência que as concebera. O pensamento humano, mais amadurecido, emancipou-se daqueles conceitos hoje decrépitos; esqueceu aqueles fantasmas e os abusos cometidos em seu nome para lançar-se em direção à Razão eterna, para Deus,

Alma do mundo, foco universal da vida e do amor, no qual nos sentimos viver como o pássaro no ar, como o peixe no mar; pelo qual estamos unidos a tudo o que é, foi e será.

A idéia que as religiões fizeram de Deus derivava de uma pretensa revelação sobrenatural; nós também admitimos uma revelação sempre viva das leis superiores, mas racional e progressiva, que patenteia ao nosso pensamento pela própria lógica das coisas, pelo espetáculo do mundo. Ela está escrita em dois livros sempre abertos diante de nós: o livro do universo, onde as obras divinas ressaltam em caracteres luminosos, e o livro da consciência, no qual estão impressos os preceitos da moral.

As comunicações dos espíritos recolhidas em cada ponto do globo com método simples e natural não fizeram mais do que confirmar esta revelação; a razão humana, duplamente instruída, comunica-se com a razão divina por meio da natureza universal, da qual compreende e desfruta a harmonia e a beleza."[4]

Duvernoy fez uma pausa na leitura, esquecido das emoções que haviam envolvido o trio antes da apreciação do texto; tinha agora o olhar brilhante, levemente úmido. Lembrara-se de dias difíceis de sua existência quando pessoas que amava haviam partido para a vida maior. Que dor sentira naqueles momentos! Quanta amargura e revolta destilara no próprio espírito, irresignado, ignorante que era das leis divinas e pobre no entendimento de que a vida não é limitada às nossas percepções físicas, tão restritas. Por certo, se houvesse lido estas linhas ou ao menos conhecido as idéias que elas expressavam, sua boca teria se calado de muitas blasfêmias e frases irrefletidas que dissera contra o seu Criador.

Não logrou esconder um suspiro, diria mesmo que nem se dava conta da presença dos amigos em sua sala, perdido em lembranças, reflexões e memórias de sentimentos passados, guardados bem no fundo do coração, que vez ou outra ainda doíam, como um espinho enterrado na carne, que, dependendo do movimento, se aprofunda rasgando tecidos novos.

Marion e Gautier trocaram um olhar de cumplicidade depois de

[4] Texto transcrito de *Depois da Morte*, cap. IX, págs. 99 a 102, tradução de Torrieri Guimarães, Editora Edicel, São Paulo, SP.

observarem o estado de alma do parceiro. Compreensiva, ela deu três leves tapinhas no braço de Gautier, onde ainda repousava a mão desde o início da leitura. Seus ternos olhos castanhos diziam ao pintor:

"Deixe-o, há momentos em que todos precisamos conversar com o passado e acertar contas com velhos e empoeirados fantasmas. Depois avançará para o futuro com mais firmeza. Deixe-o. Fiquemos em silêncio."

Captando o delicado recado, Gautier também se entregou a suas reflexões, que seguiam rumo diverso. Cada segundo que sua mente ficava livre era imediatamente tomado pelas lembranças e pensamentos em torno de Irina. O que estaria ela fazendo? Pensaria nele tinha certeza e ela afirmava e admitia sentir a ausência dele; recebera uma carta breve, depois um livro de pintura com uma dedicatória sugestiva: "Todas as cores do mundo me lembram você. Sua Irina."

Na tarde anterior recebera outra carta. Irina nunca fora de escrever ou falar muito, era econômica com as palavras. Dizia: "Cada dia o contraste entre mim e as cores é maior, me sinto cinza sem você. Quero partir, mas não posso. O espetáculo está sendo um sucesso. Sua Irina."

Os boatos atravessavam com facilidade as fronteiras e ele sabia do enorme sucesso da jovem atriz e dançarina revelada pela Companhia Stravinsky. O ciúme às vezes o rondava, afligia-o, lhe tirava o sossego, mas logo o espantava recordando que agia conscientemente no envolvimento com Irina. Sabia o que dela podia esperar e, acima de tudo, confiava que, ainda que outros homens tocassem seu corpo, isso nada representava para ela; seus sentimentos por ele estavam além do plano da representação no qual se movia a Divina Irina. A essência do ser que habitava o corpo, esta o amava, e somente a ele, com paixão que poucos homens tinham na vida a ventura de conhecer e receber de uma mulher.

Lógico que não podia falar de seus sentimentos a outros homens; o chamariam de idiota, no mínimo, mas as verdades do universo da paixão só conhecem aqueles que as sentem. Idiota, jamais. Feliz, sempre. Sofria com a distância; noite após noite, acordava de madrugada com o peito oprimido por, em algum sonho, ter se despedido dela ou, então, banhado em lágrimas de felicidade, ainda sentia na pele o calor e o toque das mãos da amada; chegava mesmo a ouvir sua voz chamando-o ao pé da escada, na entrada que levava ao seu estúdio.

Marion observou criticamente seus acompanhantes e uma vez mais considerou todas as idéias bobas que ouvia quanto à tão falada e decantada sensibilidade feminina em oposição à dureza masculina. Sempre as julgara idéias preconceituosas. Lidara com homens em situações extremas, não só na Grande Guerra, mas em outras calamidades onde seu espírito de voluntariado a levara a servir na Cruz Vermelha e constatara a extrema sensibilidade masculina. Reconhecia que mulheres se tornavam leoas quando lutavam por algo em que acreditavam ou se lançavam à defesa do que ou de quem amavam. Eram guerreiras, por instinto e natureza. Mas os homens... Ah, eram tão diferentes. Onde desperta a fera na mulher, no homem nasce o anjo. As dores que uma mulher suporta derrubam o querubim, fazem-no perder as asas e vagar desolado e desprotegido pela Terra, longe de seu habitat. Parece mesmo que tem grande dificuldade de viver sem uma mão a sustentá-lo emocionalmente.

Conhecera valentes soldados, condecorados, que uma dor de amor vencera, que a morte ou o abandono da mulher amada lançara no vício e dele na miséria e por estes caminhos seguiam até a mendicância, a loucura e a morte. E diz a voz insana do mundo que eles não são sensíveis.

Tola ilusão, como se a alma pudesse dividir sua essência. Que experiências masculinas e femininas desenvolviam diferentes habilidades, com isso ela estava de pleno acordo, mas, dar apenas a uns sensibilidade e a outros a fria razão, isso era insanidade demais para a mente de Madame Lescault aceitar. Como explicar a delicadeza de sentimentos dos grandes musicistas, pintores, escritores, poetas e filósofos homens? As maiores obras da história da arte foram executadas por homens. E como ignorar rainhas como Elizabeth, Cleópatra? como na França não falar da força e determinação tidas como características de masculinidade de Jeane d´Arc em oposição à histórica covardia e ingratidão de Carlos VI?

Não, já vira mulheres sofrerem por amor, mas nunca encontrara nenhuma mendigando, enlouquecida e sofredora pelas ruas. A leoa não aceitaria essa posição delicada; pode até lamber suas feridas na selva, mas não morre por elas.

E ou muito se enganava ou seus amigos mergulhavam em nostálgicas lembranças de seus amores, enxugando velhas lágrimas. Deixou-os mais alguns minutos e tossiu.

– Preciso de mais um copo de refresco – anunciou afastando mão de Gautier e despertando-o, ao mesmo tempo a que chamava aos brios de anfitrião o ausente Duvernoy.

Vendo-os prestar atenção em si, Marion continuou a conversa salientando tópicos e provocando o debate em torno das palavras de Depois da Morte.

– Madame Lilly, Madame Lilly, – chamava Nanine pelo comprido corredor do apartamento de Irina, onde se dispunham em diagonal as portas dos diversos dormitórios anunciando as razões de sua busca: – Há alguém à sua procura na sala.

– Onde será que ela está? – resmungava Nanine. – Ter que abrir todas estas portas... Que diabo! E se ela estiver enfiada em algum dos closets, nunca irá me ouvir. Inferno!

E seguia chamando até ouvir um som rouco vindo da direção do quarto usado por Lilly.

– Estava dormindo, menos mal, agora já acordou. Poupei trabalho.

A empregada avançou mais rápida em direção ao local, bateu suavemente na porta e não aguardou permissão para entrar. Lilly dava intimidade aos criados, que acabavam por simpatizar com seus modos extravagantes e a adoravam como amiga sincera.

– Que você quer, mulher desgraçada, por que não me deixa dormir?

– Você tem visita, Lilly. Se apronte, que a moça diz que é grave e urgente.

– Moça? Que moça?

– Não conheço. Ela só pediu para dizer que se chama Carlise e trabalha no Café Graville e que é sobre o seu amigo.

Lilly, de um salto, ergueu-se do leito, sem dar nenhuma atenção à aparência; lançou-se pelo corredor com os cabelos desarranjados, o vestido amarrotado, os pés descalços e o rosto inchado do sono.

Tão logo avistou Carlise, chamativa em um vestido justo e decotado, muito maquiada e os cabelos curtos, precisando de mais cuidados, indagou:

– O que houve? Graville nunca mandou ninguém aqui à minha procura?

– Eu sei, mas sou a mais antiga na casa e acho que conheço um pouco da vida dele. Olha, Lilly, vou direto ao assunto, não sou boa em rodeios e nem sou delicada: ele teve um ataque e está mal.

Lilly levou as mãos ao peito apavorada e por pouco não desfaleceu; precisou que Nanine a segurasse para não cair, pois lhe faltou força de sustentação nas pernas. Num fio de voz, disse, incrédula:

– Não pode ser! Você está brincando, menina.

– Não tô, não. É feio o que deu nele; se queres ver teu homem vivo, é bom correr pra lá. Já demorou muito até eu vir aqui – falou Carlise firme. Depois olhou rapidamente à volta e comentou: – Chique, hein! Se deu bem a colega.

– Vamos embora – decidiu Lilly recobrando-se rapidamente do susto. Voltou-se para Nanine, determinando: – Traga-me os sapatos, chame Duval, preciso dele. Cuide de tudo por aqui Nanine, não sei quando volto.

Nanine aquiesceu e correu a chamar o motorista. Lilly foi à saleta onde Irina deixara-lhe dinheiro, apanhou toda a quantia, jogando-a na bolsa, voltou à sala e indagou de Carlise, que olhava fascinada a luxuosa sala:

– Chamaram um médico?

– Oh, não tinha dinheiro, não. O farmacêutico foi ver ele e deu uns remédios, mas acho que não adiantou grande coisa. Ele tá muito mal, pobrezinho.

Decidida, Lilly voltou à saleta, apanhou o telefone e pediu uma ligação para o médico que atendia Irina. Relatou o caso e ficou de apanhá-lo em seu consultório em seguida.

No último retorno à sala Nanine a esperava com os sapatos na mão e Duval a olhava, compreensivo, informado dos acontecimentos por Carlise. Conhecia a longa história que unia Lilly ao amigo; conversava freqüentemente com ele quando ia buscá-la na zona pobre da cidade e apreciava-lhe o bom humor.

Apressados e em silêncio, partiram. O coração de Lilly batia na garganta, mas seus olhos estavam secos. Sua fé, que só existia nos momentos de dor e doença, apresentava-se como sua única escolha e ela orava com devoção; todo o seu ser pedia proteção e saúde para Graville.

As moças que trabalhavam no café estavam todas sentadas em torno de uma mesa no salão central do estabelecimento, logo à frente do balcão; fumavam nervosamente; os rostos muitos pintados contrastavam com as expressões sérias e preocupadas que os marcavam, fazendo lembrar antigas máscaras do teatro grego que encobriam parcialmente a real face dos atores. As portas laterais e janelas fechadas reduziam sensivelmente a luminosidade no ambiente; assim, a lâmpada acesa sobre a mesa projetava um foco de luz direto sobre as moças, ressaltando o ar triste e o silêncio que dominava entre elas.

Ao escutarem barulho na porta, todas as cabeças se voltaram, e fortes suspiros de alívio e um murmúrio coletivo se fizeram ouvir:

– Graças a Deus ela chegou.

Ignorando as jovens reunidas e a forma como estava sendo recebida, Lilly tomou o braço do médico – só ele lhe importava naquele momento – e o guiou em direção ao quarto de Graville.

Ao empurrar a porta, nem notou a jovem que chorava silenciosamente, sentada ao lado da cama, segurando a mão do doente. Largou o braço do médico e, apressada, lançou-se ao lado vazio da grande cama de casal onde estava Graville inconsciente. Precisava vê-lo e tinha de ser muito de perto, tinha que tocá-lo, sentir o sangue ainda correndo em suas veias, precisava desses gestos para alimentar a esperança e afastar de vez o medo de tornar a encontrá-lo com vida.

Tocou-lhe o rosto, aproximou-se até ouvir a respiração débil, correu a mão ao peito querendo sentir-lhe os batimentos cardíacos e dali tocou-lhe os pulsos.

O médico, Dr. Pierre Dupuis, calmamente observou a cena, enquanto abria a valise apanhando os instrumentos que dispunha para examinar o paciente. Idoso, havendo dedicado toda sua vida adulta à profissão, perdera a conta de quantas vezes assistira a cenas iguais.

Sorriu, ao ouvir a voz aliviada de Madame Lilly.

– Ele vive, doutor. Graças a Deus, ele vive.

– Então, cara amiga, afaste-se. Eu tenho trabalho a fazer.

Dando-se conta de que estava de quatro sobre a cama, com uma mão pousada de cada lado do corpo do paciente e as pernas lançadas ao lado, dificultando a aproximação do médico, rapidamente se afastou e, vendo a jovem sentada ao lado, determinou:

– Saia, Juliette. Eu e o Dr. Dupois cuidaremos de Graville.

A moça acariciou ternamente a mão do amigo inconsciente e, com cuidado, a depositou no leito. Levantando-se, encarou Lilly e o médico, respirou fundo, fitou o teto, lutando para dominar-se, e, mais serena, prontificou-se dizendo:

– Tenho prática com doentes. Se precisarem de mim, é só chamar.

– É bom saber – falou o Dr. Dupois, assumindo a direção da situação – Você estava aqui quando ele adoeceu?

– Sim. Eu fui a primeira a chegar hoje. Ele estava bem, apenas reclamava de dor de cabeça e que estava nauseado, mas estava trabalhando, organizando tudo para abrir o café. Eu o ajudei. As outras chegaram e estávamos conversando; de repente, ele ficou pálido, suava muito, vomitou no salão, reclamou de dor, mas não disse onde. Perguntamos, e ele não conseguiu responder; caiu da cadeira desmaiado.

O médico ouvia atento, já fazendo exames preliminares no doente; com o olhar, fez entender a Juliette que tinha interesse no prosseguimento do relato.

– Afrouxei-lhe a roupa, tiramos os sapatos e o carregamos para cá. Tentei reanimá-lo fazendo-o cheirar alguns sais. – Vendo a expressão surpreendida do médico, esclareceu: – Temos esse tipo de coisa aqui, pois alguns clientes abusam da bebida e desmaiam. É preciso acordá-los para mandar embora, por isso o farmacêutico nos vendeu e nos ensinou a usar os sais.

– Claro. E o Sr. Graville não reagiu? Digo, desde o desmaio não voltou a si?

– Não – respondeu Juliette voltando a chorar.

– Tem idéia de que horas eram quando ele desmaiou? – questionou o facultativo com expressão concentrada, debruçado sobre o paciente, examinando-lhe os olhos com uma pequena luneta.

– Acho que era próximo das 15 horas, não tenho certeza.

– Sabe se ele ingeriu álcool?

– Ele está são, doutor. O coitadinho nem comeu direito hoje, me disse que só havia comido maçãs. É mania dele quando não se sente bem do estômago.

Lilly, apoiada na cabeceira da cama, balançou a cabeça, concordando com a informação de Juliette, observando com atenção o rosto do médico e ouvindo cada palavra da moça, buscando causas para o súbito mal-estar do amigo.

– A senhora sabe, Madame Lilly, se o paciente se queixava nos últimos tempos de cansaço ou de algum desses sintomas que a moça nos contou?

Concentrada, Lilly levou a mão à testa, deu alguns passos, numa trajetória de vai-e-vém da cabeceira ao pé da cama, e respondeu:

– Eu o vi a última vez a semana passada. Ele reclamou de andar cansado, mas pensei que fosse por causa do calor deste verão. Graville nunca suportou o calor, sempre se sentia cansado nos finais de verão. Ele fazia festa quando via as folhas das árvores amarelarem e ria como criança com os ventos frescos do outono. Achei que fosse normal. De resto, ele se mostrava forte e saudável como sempre foi...

O médico calou-se e prosseguiu seus exames; depois de algum tempo, declarou:

– Precisaremos levá-lo ao hospital, a situação é muito grave e ele precisa de cuidados.

Lilly balançou, segurando-se na cabeceira da cama, e Juliette, ainda chorando, correu a segurar-lhe a mão em busca de conforto pessoal, enquanto murmurava as preces decoradas que aprendera na infância. Lilly a olhou e apertou-lhe a mão, enquanto dizia ao médico:

– Podemos levá-lo de carro. O senhor vai conosco?

– Por certo, madame, mas nos apressemos, não temos tempo a perder. Vou dar-lhe alguns medicamentos que trago comigo, mas não se trata de um simples desmaio, ele está inconsciente, em coma e, pelos exames preliminares, posso dizer que ele sofreu um sério problema de ordem circulatória.

– Meu Deus! – exclamou Lilly aflita. – Vamos, não podemos esperar.

Juliette partiu ao salão em busca de ajuda para carregar Graville numa maca improvisada pelo médico e com ordens de informar a Duval para preparar o carro para transportar o doente, retirando tudo o que houvesse no banco traseiro.

Três dias durou a agonia de Graville. No final do último dia, quando tênues raios de sol entravam pelas venezianas fechadas, ele abriu os olhos deparando-se com Lilly sentada a seu lado, com o olhar fixo em seu rosto.

– Ah! Deus, até que enfim – murmurou ela entre sorrisos e lágrimas ao vê-lo com os olhos abertos.

Com muito custo, ele moveu a boca para dizer:

– Li...ly. On...de est...ou?

– No hospital. Você passou muito mal e o trouxemos para cá.

– Não qur...ro mo...rer aqui, me leve – parecia que lhe faltava o ar, e Lilly, em pranto, colocava-lhe o dedo indicador sobre os lábios pedindo que não falasse, mas ele insistiu e disse: Pa...ra casa, para nos...nossa cama.

– Não diga isso, você vai ficar bom. Precisa ficar no hospital. Não se preocupe com o café, as meninas estão cuidando de tudo. Carlise e Juliette são boas, sabem o que fazem. Está tudo bem.

O doente balançou a cabeça em negativa como a dizer que não era nada daquilo que tinha em mente e insistiu:

– Que...ro morrer na nossa cama – Com esforço moveu o braço esquerdo; tinha o membro direito paralisado, erguendo-o sobre o corpo até tocar a mão de Lilly perto do seu rosto. – Amo você. Tudo que eu tenho será seu, procure no... cofre.

As lágrimas de Lilly caíam sobre o rosto de Graville, enquanto ela negava rapidamente com a cabeça as afirmações que ele fazia, na esperança de que ele não morresse. Ele a olhava com a aflição de quem tem pouco tempo; ela o sentiu apertar-lhe a mão com mais força como se fosse um cumprimento, uma despedida, e, desesperada, lançou-se sobre o morimbundo abraçando-o e beijando-lhe o rosto, repetidas vezes, enquanto dizia:

– Eu sempre te amei.

De repente, num milésimo de segundo, Lilly sentiu a força que lhe apertava as mãos afrouxar; afastou-se um pouco, cessando de beijá-lo, para olhar seus olhos. Ele tinha nos lábios um sorriso torto, e nos olhos, um brilho de alegria e emoção que, ao fitá-la, durou um tempo mínimo, quase impossível de medir, mas que tinha a intensidade do infinito antes de apagar-se neste mundo.

Lilly não mais retornou ao apartamento de Irina. Recebeu todos os seus pertences arrumados e enviados por Nanine e voltou a morar no bairro pobre, ao lado das meninas que trabalhavam no café, em meio às lembranças de toda a sua vida e do homem que amara desde a juventude. Era a nova dona do café e tocava a vida compartilhando a dor e a saudade com as amigas.

No submundo emergem emoções e sentimentos verdadeiros, tanto os mais inferiores e sombrios da natureza humana como também lições de afeto, união e solidariedade desenvolvidos em espíritos que sofrem variadas incompreensões, vivendo cercados de estigmas e preconceitos, como se não fossem filhos de Deus. Mas são.

CAPÍTULO IX

Dois anos e... Toda uma vida

*"O silêncio é o mais eloqüente arauto da alegria.
Pequena seria a minha felicidade, se eu pudesse dizer
o quanto ela é grande."* [1]

Vinte e cinco anos, juventude, beleza, alegria, dinheiro e as mais exigentes platéias da Europa aplaudindo-a de pé. Assediada por homens riquíssimos, de nobres famílias, ou influentes políticos e empresários, Irina cultivava agora a inacreditável fama de ser uma mulher difícil, totalmente devotada à arte e a um amante francês, pintor de promissora carreira.

Sem dar-se pelas razões e por que caminhos, apenas não conseguindo resistir às ordens do próprio coração, Irina, um belo dia, viu transformada sua relação com Paul Gautier em algo de conhecimento público, o que só fez aumentar sua paixão e felicidade.

O reencontro após a primeira turnê internacional dimensionara a extensão dos sentimentos que os unia, não sabia como e não perguntara, mas ao abrir a porta de seu apartamento encontrara Gautier a esperá-la no hall. Sobre o aparador, viu a garrafa de vinho branco, queijos e um pacote de biscoito. A bolsa que carregava simplesmente desapareceu de suas mãos e foi encontrada jogada embaixo de um móvel da sala dias depois, tal foi o ímpeto com que se lançou nos braços do pintor.

[1] Willian Shakespeare. *Muito Barulho por Nada*, ato II, cena I: Cláudio.

A alegria de revê-lo superou qualquer medo e até a necessidade de explicações. Foi o único homem que entrou nos seus aposentos pessoais e pernoitou não só uma noite com ela, mas várias seguidas, a ponto de não saber mais onde era sua casa.

Daquele dia em diante, sem cobranças ou explicações do passado, mas compartilhando integralmente o presente, eles eram vistos juntos nos restaurantes, cinemas, bulevares, festas e reuniões do meio artístico. Ela acompanhava suas exposições e ele não perdia uma só noite de suas apresentações.

Ivan Stravinsky, ao vê-los na saída do teatro, logo após o retorno, entendera o que se passava, compreendera a apatia de Irina no exterior e suas constantes alegações de mal-estar para evitar-lhe a presença e o assédio. Homem experiente, sorrira e se afastara, entendendo que perdera o posto de predileto da estrela.

"Mulheres como Irina são como estrelas cadentes", pensara ele ao vê-la se afastar de braço com Gautier. "A todos fascina, alguns julgam ter seus pedidos atendidos e que elas lhes pertençam, mas são fugazes por natureza. Não são e não ficam com ninguém."

O inegável talento da artista o fazia respeitá-la e porque ela era necessária ao bom desempenho financeiro da Companhia, o relacionamento entre eles transformou-se numa amizade comercial, num relacionamento entre dois competentes profissionais que se reconheciam importantes um para o outro.

A notícia da morte de Graville e a decisão de Lilly em retomar o antigo estilo de vida a surpreenderam, entretanto, recebeu a carta de Lilly, a leu e respondeu com fria aceitação. Estava acostumada ao movimento constante de pessoas a seu redor; desde cedo aprendera a não se apegar. Gautier era a única exceção.

A surpresa dos amigos de noitadas com a revelação do relacionamento íntimo e apaixonado de Gautier com a Divina Irina rendeu muitas noites de conversa nas mesas do teatro de variedades. Lefèvre exaltava o amigo que subitamente se tornara para ele um exemplo. Via a mulher que circulava pelo braço do pintor nas mais famosas rodas parisienses como um troféu. Gautier irritara-se profundamente com a falta de sensibilidade do antigo companheiro, para não falar da sua grosseria, quando soubera da relação dele com a dançarina e por muito pouco não o agredira fisicamente. Nessa ocasião notara o quanto o relacionamento com Irina o havia modificado e afastou-se definitivamente de Lefèvre. Entendeu que a afinidade entre eles fora um fenômeno transitório e circunstancial; não tinha raízes para se sustentar nos novos tempos que viviam.

Duprat ainda via eventualmente e conversavam sobre banalidades. Este ao menos agira com maior delicadeza e respeito ao notar que os sentimentos do amigo pela amante eram muito profundos.

O único vínculo que se mantinha era a amizade com Duvernoy. O alemão Schroeder tivera a esperada reação de ira e revolta ao saber do romance. Em sua mente, Irina lhe pertencia, portanto o homem que estava com ela e um dia fora seu amigo era um traidor que lhe roubara a mulher amada. Dias e noites passara remoendo seu ódio contra Gautier, recordando o beijo público da estréia dela no teatro de variedades.

Em vão as tentativas de Marion de dialogar com seu jovem inquilino. Ele era teimoso, orgulhoso e, ferido, se tornara arrogante. Ela apiedou-se dele, ao mesmo tempo em que se preocupou com a reação visivelmente exagerada, denunciando um transtorno de conduta. Poucos meses mais ele permaneceu em Paris, transferindo-se para uma universidade alemã, onde concluiu seu curso. Mensalmente, numa disciplina invejável, ele escrevia a Madame Lescault mantendo-a informada de sua vida.

Gautier cantarolava alegre e solitário no interior do elevador que o conduzia ao piso do edifício onde se localizava o apartamento de Irina.

Um pequeno solavanco e ele viu pelas grades dobradiças que serviam de porta ao elevador que chegara a seu destino. Puxou as grades interna e externa e, como era seu hábito, olhou para o fim do corredor; não havia ninguém, nunca havia ninguém nos corredores daquele prédio. Ultrapassada a barreira do porteiro na recepção, só veria outro rosto humano no interior das unidades. Mentalmente, Gautier comparava com o prédio onde ficava seu estúdio, sempre barulhento e com crianças brincando na calçada, mães com lenços amarrados no cabelo a chamarem os filhos, o som inconfundível das escovas usadas pela faxineira na limpeza das escadas. O elegante prédio ganhava em muitos aspectos do seu antigo estúdio, entretanto perdia quando se falava em vida e energia circulando, mas o ser humano é adaptável e ele acostumava-se àquele silencioso e impessoal prédio.

Apanhou as chaves no bolso da calça, selecionou uma, colocando-a na fechadura, girou e abriu a porta. Ouviu vozes na sala maior usada para festas. Distinguia o timbre sensual da voz de Irina, falando de forma autoritária, seguido do som de arrastar pesado móvel e gemidos de homens forcejando.

– Irina! – chamou Gautier anunciando a própria presença. – Irina!

Logo ela surgia, afoita, o rosto corado e os olhos brilhantes na porta da sala, elegantemente trajada com um vestido estampado em *petit pois* pretas de fundo branco e sapatos também nas mesmas cores, levemente maquiada e impecavelmente penteada.

– Querido, venha ver o que fiz – convidou ela tomando a mão do pintor após beijá-lo apressadamente.

– Ouvi sons de mobília. Não me diga que resolveu modificar a decoração do apartamento.

– Modificar apenas não. Fiz um pequeno acréscimo.

Ao chegar à ampla sala, três homens fortes barraram a visão e a passagem do casal, dirigindo-se a Irina:

– Está pronto, *mademoiselle*. Veja se ficou de seu agrado. Procuramos colocar no lugar exato conforme indicado – disse o mais velho dos três homens, enquanto os demais admiravam discretamente, em silêncio, o apartamento e a proprietária.

Irina tão logo os viu dar espaço à sua passagem e de Gautier, apressou-se, puxando-o pela mão até próximo da ampla porta-janela que dava para o balcão com vista do bulevar e as copas verdejantes das árvores.

– Um piano! – surpreendeu-se Gautier. – O que quer com um piano?

– Quero que me ensine a tocar.

Gautier fitava o piano embasbacado, era da melhor qualidade e muito bonito, escuro e brilhante. Aproximou-se, destampando o teclado branco e preto, perfeitamente alinhado, afofou a banqueta estofada em couro marrom-avermelhado. Vendo os trabalhadores ainda parados à porta, entendeu que esperavam uma ordem para se retirar e que, logicamente, queriam receber pelo pesado serviço; orientou-os a procurar o Sr. Duval, na garagem, ao lado do carro de *mademoiselle*. O motorista assumira as funções executadas por Lilly até a morte de Graville e saía-se perfeitamente bem. Prontamente obedecido pelos homens, Gautier não pôde deixar de sorrir ao observá-los analisando o apartamento. Por certo seria a sensação do local onde moravam ao declarar que tinham estado no interior da residência da famosa artista russa, que a haviam visto de perto e ao lugar onde habitava, comentando com todos os exageros que a futura situação iria requerer.

Gautier sentou-se e, incapaz de negar qualquer pedido de sua amada, estendeu-lhe a mão, puxando-a para sentar-se em seu colo, enquanto iniciava as explicações preliminares de manuseio do instrumento.

– Você tem jeito! – elogiou ele ao perceber que Irina aprendia rapidamente, demonstrando uma verdadeira habilidade natural para música. – Não sabia que conhecia leitura de partituras musicais.

– Aprendi ainda criança. Um de meus irmãos me ensinou, tocava balalaica muito bem.

– Você também aprendeu a tocar balalaica? – perguntou Gautier cuidadoso, colocando a conversa em terreno neutro. Era a primeira vez, em mais de dois anos de relacionamento, que ela falava da família e do passado e não queria forçar confidência. Intuitivamente sentia que havia algo bastante sério e desagradável no relacionamento dela com a família, especialmente os pais, pois nunca os havia mencionado.

– Muito pouco, sei os fundamentos da música e conheço algumas partituras de cor que executava no instrumento. Há muitos anos não ouço sequer o som da balalaica.

– É um instrumento de cordas, bem diferente de tocar piano.

– É claro, nem imaginei, sequer por um segundo, que tivesse alguma semelhança além da leitura das composições musicais diretamente. Mas... Se você prometer ser um professor paciente e interessado em desenvolver meu talento, garanto-lhe que não se arrependerá.

Assim é que a partir daquela tarde Gautier dedicou-se a ensinar Irina a tocar piano. Como ela evoluiu rapidamente no domínio daquela habilidade e manifestou real talento, ele sugeriu que se contratasse um professor para aperfeiçoar o trabalho iniciado, sugerindo o nome de Adam Gering, um pianista polonês recém-imigrado.

Numa agradável tarde do início do outono de 1925, o casal entretinha-se a estudar juntos os textos de um novo espetáculo a ser encenado pela Companhia Stravinsky, no qual Irina interpretaria Sherazade, a jovem que encantava o monarca oriental contando-lhe mil e uma histórias, a fim de salvar a própria vida e acabava por cativar o amor do rei.

Gautier, rindo muito, se fazia passar pelo monarca a ser seduzido pelas histórias da bela jovem. Irina, ao vê-lo rir, não se continha, entregando-se à alegria do companheiro. Com esforço, depois de alguns longos intervalos, eles retomavam o trabalho e o desenvolviam com seriedade até serem interrompidos por Nanine, que adentrava ao salão anunciando a chegada do professor de música.

Rapidamente eles reuniram as folhas esparsas do texto que ensaiavam acomodando-as no canto de um grande sofá cor de damasco colocado próximo ao piano.

Logo a empregada retornava acompanhada de um homem alto, magro, de rosto fino, cabelos ralos de tom acobreado e expressivos olhos azuis. Devia contar aproximadamente 40 anos, trajava um surrado e simples terno escuro, carregando nas mãos uma pasta com partituras musicais. Não era preciso muita observação para notar-se que Adam Gering era muito tímido e que seu olhar estampava medo e insegurança.

Irina o olhou e depois lançou um olhar interrogativo a Gautier. O professor era-lhe uma surpresa. Acostumada ao mundo artístico, com seus personagens muitas vezes um tanto quanto exóticos, o polonês era total novidade. Não entendia como um artista podia ser tímido e retraído; por seu pensamento passou a dúvida da competência do trabalho que ele desenvolvia, porém confiava na inteligência de Gautier e em seus conhecimentos. Decidida, pôs-se a aguardar e dar tempo ao pianista de mostrar seu trabalho para depois lhe julgar a habilidade, que à primeira vista colocava em dúvida.

Gautier aproximou-se dele sorridente, estendendo a mão e falando:

– Como estão a esposa e as filhas?

– Bem, acostumando-se à nova cidade, ainda estranham bastante, mas é natural.

– Logo estarão apaixonadas por Paris, não se preocupe – respondeu Gautier. E voltando-se para Irina, esclareceu: – Adam é casado com Madame Ester; ela é polonesa de origem judia; não suportaram mais a campanha anti-semita que anda dominando aqueles lados da Europa e resolveram vir para a França; não quiseram que Sara e Abigail, suas filhas, crescessem por lá. Precisa conhecer as meninas, Irina, são gêmeas, lindas.

Gautier, sempre que possível, insistia para que Irina convivesse com seus amigos, entretanto ela mantinha-se fechada, convivia educada e socialmente com Duvernoy e Duprat. Conhecia Marion Lescault de vista, por vê-la acompanhada de Duvernoy em algumas exposições de pintura. Conhecia a atividade que o namorado desenvolvia junto deles, entretanto não participava, restringia-se a ouvir seus comentários e vez ou outra lera algumas páginas dos muitos livros que Gautier estudava. Julgava interessante, mas não se envolvia. Da mesma forma com outros amigos do círculo artístico, ele os tinha muitos, visitava-os, pianistas, pintores, poetas, pessoas ligadas ao teatro e ao cinema. Ela, entretanto, mantinha distância e, mesmo entre seus colegas, não tinha amigos. Suas relações eram sempre sociais, cordiais, educadas e frias. Seu mundo particular só fora invadido pelo irreverente e carinhoso pintor, ninguém mais.

Adam, além de competente pianista, era mais uma tentativa de Gautier de aproximar Irina de pessoas que, segundo ele pensava, viviam verdadeiramente suas afeições.

– Vivia na Polônia, Sr. Adam? – indagou Irina. – Pensei que após a guerra a situação houvesse melhorado. Ao que sei é uma das maiores colônias judias na Europa.

– É verdade, senhorita. Mas vivíamos em Viena desde a juventude. Eu e Ester nos casamos na Polônia e fomos viver na Áustria. É em Viena que a campanha anti-semita está muito forte; não é difícil imaginar que o preconceito contra os judeus aumente muito, há jornais abertamente fazendo campanha racial. Já sofremos o bastante com o preconceito e com essas noções absurdas de castas e sangue; não queremos isso para nossas meninas.

– Por isso, Paris – completou Irina. – Também sou estrangeira e adotei esta terra como minha. Aqui se vive como em uma Babel moderna. Pessoas de todas as raças e nacionalidades convivem bem.

– Gautier me disse que é russa. Fala francês com perfeição, meus parabéns, não tem sotaque. Nós, ao contrário, como pode bem notar, carregamos as marcas do idioma natal com muita força.

Irina sorriu, lembrando os dias passados quando chegara a Paris, as barreiras da língua, o enorme esforço e disciplina com que se empenhara em vencer o sotaque, embora conhecer e praticar o idioma francês desde a infância houvesse sido de grande ajuda. A rápida recordação do passado foi suficiente para apagar o brilho de seu olhar e ela deu as costas aos homens caminhando até o piano e, sentando-se, dedilhou algumas notas de uma canção popular.

O som atraiu a atenção de Adam, que se aproximou examinando o instrumento.

– Lindo piano – falou encarando Gautier. – Excelente fabricação. Por favor, toque um pouco mais, senhorita, para eu apreciar a sonoridade, a acústica dele.

Irina prosseguiu executando a música; ao término, olhou o polonês levemente surpreendida pela expressão concentrada que ele trazia no rosto.

Gautier, que aproximara uma cadeira sentando-se atrás de Irina, sorria, observando o amigo. Vira esta mesma expressão no rosto dele ao se conhecerem algumas semanas atrás em um restaurante, quando ele havia se levantado para ajudar o jovem pianista que se apresentava naquela noite. Era um restaurante muito comum e barato, com fama de reunir boêmios, que ainda costumava freqüentar sozinho para encontrar velhos amigos. Vira-o sentar-se ao lado do rapaz e dar-lhe uma aula em poucos minutos. Como tinha bons conhecimentos de piano, não foi difícil reconhecer que o estrangeiro era um profissional.

– Espere e verá por que o recomendei – murmurou Gautier no ouvido de Irina, acariciando-lhe os ombros e os braços.

Mais alguns minutos e Adam apanhou em meio às suas partituras uma folha com notas básicas; não se poderia dizer que fosse uma música, era um exercício daqueles ruins de se ouvir como expectador.

– Por favor, senhorita, execute estas notas – pediu o polonês estendendo-lhe a folha que apartara.

Irina pegou a página, leu as notas, colocou-as no aparador bem à sua frente e começou o exercício.

– Bom – avaliou o pianista ao vê-la dedilhar as últimas notas. – A senhorita tem um bom domínio do instrumento. Precisa melhorar muito, mas não será difícil. – E pôs-se a dar uma longa explicação quanto aos aperfeiçoamentos que inicialmente via como necessários. Corrigiu a postura, a força com que dedilhava o teclado e começou a melhorar as noções de ritmo, coordenando com mais harmonia as atividades das mãos e dos pés de Irina ao tocar.

Duas horas depois, Adam se despediu, encerrando a primeira aula.

– Onde encontrou esse homem, Gautier?

– Naquela taberna próxima do estúdio – respondeu ele observando o espanto de Irina com o trabalho do pianista. Notando que ela não recordava o lugar, insistiu: – Creio que estivemos juntos lá apenas uma vez, um fim de tarde... Não, estou enganado, você foi comigo até bem próximo e retornou, lembra?

– Acho que sim, mas não vem ao caso. Ele me surpreendeu, é muito bom. Estou acostumada a lidar com músicos e sei reconhecer-lhes o talento. Há quanto tempo está na França?

– Sei pouco sobre ele. Encontrei-o na taberna pedindo emprego; acabou ajudando um jovem que se apresentava lá. Depois descobri que haviam alugado um pequeno apartamento no prédio ao lado do estúdio. Conheci as meninas na calçada, estavam brincando sozinhas sentadas na escada. São lindas e chamam a atenção por serem idênticas. Assim foi que rápido ficamos amigos e acabei sendo apresentado à sua esposa e conversamos bastante desde então. Sei que eles sofreram bastante, porque nem a família de Adam nem a família de Ester aceitavam o amor dos dois, por puro preconceito. Os pais queriam que os filhos casassem com pessoas da mesma raça, por isso eles acabaram deixando a Polônia e indo morar em Viena, onde Adam estava muito bem, tocando em uma orquestra, mas, pelo que contam, de novo o preconceito atrapalhou seus caminhos.

– Talvez eu possa ajudá-lo a encontrar trabalho.

– Na Companhia? Estão precisando de outro pianista?

– Precisando não é bem o termo. Mas, sem dúvida, acredito que seu amigo seja um profissional superior ao que temos e quanto melhor o grupo, melhor o espetáculo. Vou conhecer um pouco mais de Adam; se ele realmente for tão bom quanto estou pensando, poderei indicá-lo para Ivan.

Não era o primeiro profissional que receberia de Irina uma ajuda para se estabelecer na Companhia Stravinsky. Sua opinião influenciava grandemente o maestro Ivan e todos sabiam do fato. Desde que ela se tornara a principal estrela já levara muitos profissionais para trabalhar, a começar por Thierry, que se tornara o responsável oficialmente pela equipe de maquiadores e cabeleireiros e extra-oficialmente pela equipe de fofoqueiros do teatro, seguindo-se jovens costureiras, sapateiros, pintores, iluminadores, profissionais de produção de palco e vários músicos. Daí o comentário dela não surpreender Gautier.

Na casa de Marion, ao cair da tarde, Marguerite observava, como em outros dias, a infinita paciência e carinhos com que a patroa cuidava da mãe enferma.

"A velha é rabugenta. Implica com tudo. Se arrumamos o travesseiro, não fica bom; se lhe acomodamos os pés, se renega; mexer nos lençóis e cobertores, por Deus, é melhor nem pensar. Reclama e chora pelo menos uns dois dias na semana. É uma cruz e tanto na vida de Madame Marion, não sei onde ela arranja tanta paciência", pensava Marguerite. "Podia muito bem contratar uma pessoa para cuidar de Madame Amélie."

– Mamãe, passe os braços em meu pescoço. A água da banheira já está esfriando, não vai lhe fazer bem – pedia Marion delicadamente.

Madame Amélie tinha os longos cabelos grisalhos soltos e úmidos, colados em sua cabeça; os grandes olhos cinzentos ainda guardavam os traços que falavam de sua beleza quando jovem, mas estavam agora adornados de grossas rugas; os traços do rosto eram finos e mais delicados se tornavam com a magreza da senhora doente.

– É, você tem razão, minha filha. Mas é tão bom na água! As feridas das costas não doem. Como elas estão?

Marion havia observado as escaras quando banhava a mãe. A infecção estava cedendo e elas melhorariam ainda mais se a paciente contribuísse, aceitando ficar mais tempo sentada e ao ar livre, mas Madame Amélie, desde que ficara "inválida", como ela se denominava, não gostava de ser vista pelos vizinhos e muito pouco deixava que a transportassem à rua. Uma ou outra vez permitia que a acomodassem no pátio, nos fundos do sobrado, onde Marion cultivava alguns canteiros com ervas de chá e temperos, algumas flores, poucas árvores frutíferas e os grandes varais de secar roupa.

– Melhores – respondeu Marion, fazendo um gesto para que a empregada se aproximasse para ajudá-la a retirar a doente da banheira, para levá-la a seu quarto. Reunindo esforços, as duas mulheres conseguiram colocá-la em uma cadeira de madeira estrategicamente colocada ao lado da banheira e cada uma apanhou uma toalha macia, imaculadamente branca, e secaram-lhe cuidadosamente a pele. – Vamos aplicar o bálsamo novamente e não só nas escaras, mas em todo o seu corpo. Fique enrolada na toalha seca e segure bem firme, vamos começar pelos pés e pernas. É bom que essas escaras recebam um pouco de ar, vai ajudar a cicatrizar.

– Elas doem muito, minha filha, nem queira saber... Eu não entendo por que ainda não morri. Não sirvo para nada nesta vida, só lhe dou trabalho. É só sofrimento, ninguém devia ficar velho. Para que serve perder a visão, os dentes, os cabelos, e eu que nem caminhar posso mais? Eu não entendo para que tanto sofrimento, sabe.

Marguerite, em silêncio, aplicando ungüento na perna direita de Madame Amélie intimamente concordava com ela e até se compadecia de suas dores. Colocando-se no lugar da enferma, também dizia que Deus devia mudar essas "coisas da vida", não era preciso ninguém passar por aquele martírio.

– Não diga bobagens, mamãe – repreendeu Marion tranqüila, massageando a outra perna, ao mesmo tempo em que aplicava o bálsamo. – Cada minuto da vida é útil e tudo quanto passamos tem sua razão de ser e vem para nos ajudar a crescer, tornando-nos criaturas melhores do que fomos.

– Útil?! Não sei para quê? Só se for para você não esquecer suas artes de enfermeira.

– Já é alguma ajuda – concordou a filha sorrindo. – Conhecimento que não se exercita não serve para nada, é inútil. Portanto, a senhora é útil para a minha vida. Além disso, sempre podemos e estamos aprendendo algo, queiramos ou não. Deus é tão sábio, que nos faz crescer e desenvolver nossas inteligências e capacidades até quando não queremos e desdenhamos da oportunidade. Por isso, cada minuto de vida é útil, mamãe. E só depende de você torná-lo ainda mais útil ajudando esse trabalho da natureza, esforçando-se por empregar bem seu tempo.

– Você quer me consolar. Sempre foi uma boa filha, uma menina doce e meiga, não merece a vida que leva, devia ser mais feliz se Deus fosse mesmo justo.

– Chega de reclamos, mamãe – ralhou Marion com brandura e firmeza. – Entendo e aceito que todos temos momentos em que precisamos reclamar um pouco, faz parte do processo de aceitação um pouco de revolta antes que se compreendam as coisas, e mesmo que se precise chorar de autopiedade, mas isso é só um pouco, não fique se lamentando o dia inteiro nem um dia depois do outro. Valorize o que tem de maior – a sua lucidez, a sua razão. Quanto se pode fazer com essa saúde maior da alma? O corpo oferece limitações e nos causa dores, mas isso são limitações, não impedimentos de produzir. Já lhe convidei para fazer trabalhos manuais para os meus amigos da cooperativa. Iria lhe ocupar as horas e seria extremamente útil; eu a convido para ir lá comigo ensinar o que a senhora sabe e ainda não me deu o prazer de me acompanhar sequer um dia, e olhe que tenho certeza de que o Sr. Duvernoy teria prazer em ajudar-nos a locomover a senhora. De automóvel tudo fica mais fácil, mamãe.

– É um bom homem, esse senhor. Ele gosta de você, por que não se casa com ele? Devia refazer sua vida, seu marido morreu faz tanto tempo... é triste envelhecer só. Se seu pai ainda vivesse, eu seria mais feliz. M. Duvernoy é um pouco mais velho que você, mas isso não é problema; sua tia Eunice casou-se com M. Gustavo, e ele era quase 20 anos mais velho que ela e ainda a enterrou. A vida tem decisões estranhas; só porque ele é mais velho, você não precisa temer enterrar outro marido. Sei o quanto dói enterrar um companheiro.

Marion suspirou resignada. A bom tempo já enxergara que as

pessoas vêem e ouvem só, e tão-somente, aquilo que lhes interessa. Por mais que explicasse à mãe seu desinteresse em relacionar-se com outro homem, ela não entendia, e entendia menos ainda que houvesse um pretendente, afável, honesto e, como ela não se cansava de lembrar, "com boa estabilidade na vida", querendo dizer que poderia sustentá-la com conforto, e ela o mantivesse apenas na condição de um amigo. Madame Amélie não entendia que a filha amava o trabalho, a independência e a liberdade de dedicar-se às causas sociais. Nesse contato constante com outros seres humanos que a amavam e que ela amava recolhia e dava todo o amor de que precisava para sentir-se bem, equilibrada e satisfeita com a existência.

Portanto, calmamente ela aproveitou a lembrança de familiares queridos e começou a conversar com a paciente sobre suas antigas recordações, lembrando-a de momentos felizes e alegres que havia vivido; sabia que isso era uma necessidade para ela e, ao recordar os ditos "bons tempos", ela banhava-se em bons sentimentos que a renovavam intimamente. Restabelecendo sua serenidade, esquecia-se das limitações que, pela falta de aceitação, se tornavam mais dolorosas.

Pouco depois D. Amélie estava limpa, penteada e medicada, sentada em sua cama, perfeitamente arrumada e confortável, tomando chá com biscoitos amanteigados na companhia da filha e da empregada, conversando sobre vários temas dos jornais do dia, que iam lendo e comentando.

Auxiliar enfermos é uma grande arte, pouco apreciada pela sociedade em geral. São muito poucas as pessoas com habilidade de entender e se relacionar com alguém atingido pela dor. Essa ilustre mestra do ser humano é uma dama ainda envolta em negros e temidos véus que a maioria de nós não deseja por perto, e aqueles que não podem fugir de suas aulas nem sempre sabem encontrar a beleza e o proveito das suas lições.

Se alguém vê essa imponderável senhora aproximar-se, foge, como se ela fosse obra do demônio. E inegavelmente saber receber é bem mais difícil do que saber dar. Especialmente saber receber a dor, entendê-la em sua forma de ensinar, acolhê-la e amá-la... Ah! São poucos os que entendem a verdadeira resignação, aquela que é o fruto amadurecido da aceitação, que é a aceitação com o coração livre de qualquer revolta com a vida. Bem viver a dor, não negá-la e não negar-se. Não há coragem em fugir da dor, fingindo não vê-la ou não senti-la, assim como não há lucidez em dizer eu não sofro, eu não choro, eu jamais reclamo. É da natureza gemer diante da dor. Ouça uma tempestade e me replique, se não ouvir os lamentos e gemidos das águas, dos ventos, das plantas e dos animais. Assim como todos sorriem, todos choram, todos lamentam. E todas esses estados são transitórios se forem bem vividos, são estágios, e as sábias regulagens da vida – aqueles mecanismos que jazem lá no fundo de cada um de nós, funcionando sob a nossa inconsciência – trabalham com perfeição marcando o passo e o compasso dos ciclos que necessitamos para evoluir.

Somente se lançarmos os grãos de areia da nossa rebeldia – em geral aquelas convicções de que somos os maiorais da Terra e tudo podemos passar sem sofrer abalos, que também respondem pelo nome de orgulho e arrogância – emperrando as engrenagens é que, temporariamente, esse relógio natural irá parar, estacionar, trabalhar bem lentamente, com muito esforço e pouco resultado. É quando se instalam estados patológicos no ser, e o corpo adoece. Depressão, autopiedade, revolta e irresignação, um temerário "testar limites" a todo instante se evidenciam no comportamento do enfermo; afinal, esforçar-se é um ato penoso, enquanto buscar força é encontrar uma causa capaz de levá-lo a agir, de produzir um efeito. Enquanto um é gasto constante de energia, o outro é produção constante. Quem gasta tenderá naturalmente à falta, à escassez, à depressão; quem produz vive ativamente, ainda que com limitações.

Tudo que é bem recebido, que é aceito e assimilado, traz em si a própria causa que leva à ação. Pense comigo, como se dá o aprendizado: é posto à nossa frente um desafio; temos a opção de aceitá-lo e resolvê-lo, incorporando em nós aquela experiência, ou de rejeitá-lo. É interessante ver que todos aceitam, num primeiro momento; a rejeição vai se dar logo adiante quando surgirem as primeiras dores a serem aceitas. Quando rejeitamos automaticamente, paramos o fluxo de algo, estacionamos, e começamos, sem perceber, um ato penoso de nos esforçarmos para viver. É um ato vazio, desgastante.

Enquanto se aceitamos essa dor, vivenciamos, nos entregamos a ela, estamos fadados pelos mecanismos da vida a encontrarmos forças novas que nos impelirão à ação, à produtividade. Elas fecham um ciclo e nos lançam em outro, automaticamente. Veja quantos exemplos existem. Inúmeros animais necessitam passar por ciclos de dor para refazimento; as águias, os pingüins enfrentam momentos de dor extrema, em que de fato precisam arrancar sozinhos partes de si mesmos para se renovarem e prosseguirem vivendo; aqueles que não enfrentam essa etapa morrem. Nós não morremos, mas estagnamos, paramos no tempo, e sofremos muito mais quando, tangidos pela dor, não arrancamos aquelas partes que nos fazem sofrer. Jesus ensinava: "se tua mão é motivo de escândalo, é melhor que chegues ao céu sem ela", mas ainda não assimilamos que essa é a lição que a dama dos negros véus vem nos ensinar.

Saber acompanhar esse momento na vida de alguém exige delicadeza de sentimentos. Delicadeza não é frouxidão; poucas pedras são mais delicadas que um diamante, e muito poucas têm a mesma têmpera.

Estar ao lado da dor exige mais paciência e compreensão do que reclamar. Irritar-se, ficar mal-humorado é um direito do paciente, portanto, não torne as coisas piores dizendo palavras falsas. O silêncio e o gesto afetuoso fazem mais e melhor nessas horas, mas também saber o limite que, ultrapassado, conduz ao patológico, ao agravamento das dores, e saber intervir com precisão, mesmo com severidade, chamando a pessoa a abandonar o esforço ou a inatividade que resultam no mesmo, para procurar as alavancas da existência.

Não pense saber melhor do que o doente como ele deve se acomodar no leito ou na situação. Cada um sabe sua melhor posição e a busca instintivamente, tal qual a galinha chama os pintos abrindo as asas e se remexendo nos ninhos; poder-se-ia dizer para ela inventar uma outra forma de agir, ou simplesmente erguer as asas, sem ficar ciscando e cacarejando, mas do modo como ela faz funciona. Deixe as pessoas à vontade, aceitando a forma como elas se posicionam para viver a sua dor.

Ajuda-te e o céu te ajudará. Quem acompanha alguma forma de aprendizado pela dor precisa entender essa lei: cada um resolve a sua dor, o seu problema, a sua dificuldade. Quem se dispõe a auxiliar, toma o caminho do céu, está nas trilhas da caridade, portanto, lembre-se, a primeira ação é do interessado; a cooperação é coadjuvar a ação, não ser a estrela.

Por essas e muitos outros "insignificantes detalhes" é que bem poucas pessoas são artistas na enfermagem aos aflitos.

Marion aprendera e continuava aprendendo diariamente a desenvolver-se nessas lides sagradas da beneficência e da consolação aos aprendizes da dama dos negros véus. E de tanto vê-la atuar, onde mesmo seus alunos não lhe prestavam atenção, tão envolvidos estavam nas conseqüências de suas aulas, aprendera a reconhecê-la e admirava-lhe a beleza e a sabedoria. Para ela, essa mestra se mostrava despida dos seus véus.

As lamúrias de Madame Amélie não a agastavam, tampouco seus pontos de vista tão divergentes quanto ao papel da mulher e a necessidade de um marido a tiracolo, tais quais as bolsas da moda, a faziam perder a paciência. Ela simplesmente deixava-os passar lembrando o ensinamento do apóstolo João de apenas reter consigo o que fosse bom e verdadeiro.

Na Alemanha, Luidgi enfrentava as dificuldades naturais ao início da carreira que abraçara. Graças à influência do pai e do tio, conquistara uma vaga junto ao corpo de pesquisas médicas da Universidade de Berlim, envolvida em estudos de Genética, matéria que fascinava o jovem médico.

Irritava-o, profundamente, ver-se subordinado a um grande número de superiores hierárquicos, respeitados e competentes profissionais, de origem judia. As teorias tão disseminadas de Gobineau[2] e mesmo do excêntrico e perturbado Chamberlain, apesar dos anos decorridos desde a sua primeira publicação, infestavam a mente de gerações de jovens estudantes, sendo repassadas nos centros formadores de opinião do país.

---

[2] Aristocrata francês, esteve em Hanôver e Francforte como diplomata e, desse contato com alemães, resultaram suas teorias sobre a desigualdade racial. Houston Stewart Chamberlain – escritor inglês que dizia trabalhar sob a direção de demônios que o faziam escrever febrilmente; a temática de seus últimos trabalhos versava sobre a raça e a História; era membro da Sociedade Gobineau.

Palavras exigem cuidado extremo ao serem postas sobre o papel. Elas são sementes lançadas diretamente na mente do leitor; aí reside a responsabilidade do escritor. O poder da palavra, da formação do conhecimento e da opinião repousa em suas mãos enquanto se entrega à sua arte. A que tipo de colheita produzirão suas sementes? É a questão que deve se propor quem escreve.

Chamberlain, Gobineau e outros escritores e artistas – todos formadores de opinião – não poupavam esforços em divulgar suas idéias e teorias a respeito da superioridade da raça branca em relação às demais raças humanas. Diziam mesmo que a pureza das raças era caminho de evolução e desenvolvimento das sociedades e que, ao contrário, o cruzamento das raças era fator responsável pela decadência social.

Gobineau defendia – entre os anos de 1853 e 1855, quando publicou um extenso trabalho em quatro volumes intitulado "*Ensaio sobre a desigualdade das raças humanas*" – que a raça branca era a superior, que dela se havia originada toda a civilização e que nenhuma civilização poderia prescindir da colaboração dessa raça. Dizia ainda que a "jóia" dentre os membros dessa raça eram os arianos, seus mais nobres membros. Preocupava-se e mesmo julgava uma desgraça que os arianos do sul da Europa – naquele tempo – houvessem se misturado a outras raças; e, apontava, a noroeste, uma linha que corria aproximadamente ao longo do Sena e a leste da Suíça, onde, embora houvesse alguma mistura, os arianos ainda sobreviviam como uma raça superior e que, provavelmente, segundo suas teorias, os alemães, muito especialmente os do oeste, eram os melhores de todos os arianos. Conforme expressa o título de sua obra, ele defendia a idéia básica de que a questão racial dominava todas as demais questões da História e a desigualdade racial explicava o desdobramento do destino dos povos.

Chamberlain, em 1899, publicaria *As Bases do Século XX* em que seguia a mesma linha explicativa da História e da destinação dos povos baseados em critérios raciais, exortando à pureza da raça. Para explicar o século XIX e o mundo contemporâneo, primeiramente era preciso considerar os três principais legados da humanidade, a saber: a Filosofia e as artes gregas, o Direito Romano e a personalidade de Cristo; eram os legatários: os judeus e os alemães – as duas raças puras, segundo seu entendimento – e os povos latinos – uma meiaraça. Defendia abertamente que só os alemães mereciam essa gloriosa herança e via neles a única esperança da Terra. Essa obra foi largamente difundida, sendo mesmo um sucesso editorial cuja vendagem foi sempre crescendo ao longo dos anos, adotada pelas classes altas e governantes da Alemanha, que nela encontraram exatamente aquilo em que queriam acreditar. Ela atingiu picos de vendagem e aceitação especialmente após a deflagração da Grande Guerra e anos mais adiante – além do momento atual que narramos nesta história – quando, durante o regime nazista, floresce novamente no mercado editorial, conquistando novos leitores.

Envolvido com tal literatura e discussões em torno dela, Luidgi era um fanático apreciador da raça e acreditava-se superior aos demais, por isso irritava-se em vê-los ocupando cargos e posições que julgava terem sido usurpados e não legitimamente conquistados em relação aos profissionais alemães.

Sua paixão por Irina acabara por fortificar-se ainda mais. Agora via na beleza da dançarina a perfeição da raça ariana; todos os seus traços denunciavam que ela provinha de um dos povos arianos que habitara regiões da Rússia. A pele incrivelmente branca, os olhos azuis, o cabelo ruivo, o porte, a estatura, ela, aos olhos de seu fã, era a personificação da beleza da mulher ariana; lembrava as figuras míticas cantadas nas composições de Wagner e nas lendas do folclore germânico.

A lembrança dela o assombrava à noite, quando deitava a cabeça no travesseiro para repousar, e a mente o traía trazendo-lhe a visão das cenas vividas em Paris. Revivia-as intensamente, bloqueando a recordação de que Irina, após a noite de estréia no teatro de variedades, sempre o evitara e acabara apaixonada por um de seus companheiros. Quando, furando o bloqueio mental auto-imposto, essa memória retornava, era mais um incentivo a suas convicções em relação às raças: Gautier era um traidor, indigno, um ser reles, inferior, pertencia à "quase-raça" dos povos do Mediterrâneo. O fato de ele estar com Irina e não ele, era a usurpação de um direito natural.

Mantinha contato exclusivamente com Marion, a quem ele via como alguém sem raça, tais quais os apátridas. Escrevia-lhe com regularidade. E mantinha-se atualizado com as notícias da França através dos jornais que ela enviava, sem saber que o único móvel do pedido era manter-se a par da vida da bela artista russa.

Pensamentos com igual teor racial aos de Luidgi, imbuídos em conceitos de Chamberlain e Gobineau, infestavam a população alemã; ferviam no caldo de cultura de revolta com a miséria, de irresignação com a derrota e os ressarcimentos de guerra; o quadro político instável. Nem mesmo a recuperação econômica que se ensaiava com o surgimento de novos planos e de renegociações em torno do Tratado de Versalhes e das reparações era capaz de apagar esse rastro de pólvora de idéias fanáticas e preconceituosas.

CAPÍTULO X

Tempos de passagens

"Vós que conheceis o preço do tempo, vós a quem as leis da eterna sabedoria são pouco a pouco reveladas, sede nas mãos do Todo-Poderoso instrumentos dóceis servindo para levar a luz e a fecundidade a essas almas das quais foi dito: 'Elas têm olhos e não vêem, ouvidos que não ouvem', porque estando desviadas do facho da verdade, e tendo escutado a voz das paixões, sua luz não é senão trevas no meio das quais o Espírito não pode reconhecer a rota que o faz gravitar para Deus."[1]

A luz suave de um abajur iluminava o quarto de Irina. Lá fora o vento varria as ruas de Paris, agitava ao longe as águas do Sena e as copas das árvores que margeavam o lindo rio à beira da Ponte Alexandre III. Por certo as luzes dela deviam parecer chamas dançantes aos olhos dos primeiros trabalhadores que buscavam as padarias ou distribuíam o leite, topando aqui e ali com alguns notívagos a perambularem embriagados ou apaixonados a cantar, absolutamente alheios à hora, ouvindo o eterno som das gaitas de fole que parece impregnar o ar na capital.

Gautier acordara de súbito no meio da madrugada e não mais conciliara o sono; acabara por erguer o tronco na cama recostando-se nos alvos travesseiros de cambraia. Prestava atenção aos sons que vinham do lado de fora e compunha mentalmente a cena. Como sempre, seu olhar logo foi atraído para a mulher que ressonava a seu lado. Adorava vê-la adormecida. Parecia uma deusa, serena e sensual. Os cabelos ruivos se esparramavam sobre a fronha. O braço muito branco em contraste com o tom azul do cobertor e a alça fina da camisola

[1] Allan Kardec. *Revista Espírita*, 1868, pág. 52, IDE, tradução de Salvador Gentille, 1ª ed.

de seda levemente caída deixava desnuda a graciosa e delicada curva do ombro. A face plácida, tranqüila, voltava-se para ele como se mesmo adormecida ela precisasse saber que bastava abrir os olhos para tê-lo diante de si. Era o que costumava lhe dizer todas as noites ao adormecer. Ele era sua última e primeira visão de cada dia e, por isso, era feliz.

Dois anos e alguns meses já se haviam passado desde que tinham assumido publicamente o relacionamento. Não poderia ter sido mais realizado do que fora e era. Chegava a temer a felicidade que sentia. Quando lembrava o início, nem nos seus sonhos mais malucos imaginara sentir-se tão completo ao lado de alguém como se sentia com Irina. Muito menos que ela corresponderia a esse sentimento com igual intensidade. Que ventura!

Inebriado com seus pensamentos, logo imagens começaram a lhe surgir à mente e, evitando fazer qualquer ruído que pudesse atrapalhar o sono de sua amada, sorrateiramente ele alongou-se para apanhar o bloco de desenho e o carvão que ficavam sobre o criado-mudo. Acomodou-o sobre os joelhos e pôs-se a desenhar pela centésima vez – sem exagero algum – o rosto de Irina. Esboçou-lhe os contornos da face, a expressão de serenidade e plenitude, desenhou ao fundo o travesseiro e a massa de cabelos em meio aos quais traçou diversas cenas da madruga que os sons lhe haviam inspirado. Ainda desenhava quando sentiu o olhar de Irina pousado sobre si. Ela acostumara-se às crises noturnas de inspiração e, quando o via assim absorto no trabalho, nem se mexia para não interromper.

– Psiu – alertou Gautier sem levantar os olhos da folha.

Ela sorriu preguiçosa; bastava aquele simples "psiu" para saber que ele sentira seu olhar e sabia que o observava. Encantada e segura, envolta naquela sensação intraduzível de enlevo que só os amantes sabem conhecer e experimentar, ela deixou-se ficar, regozijando-se na simplicidade daquele amanhecer.

Algum tempo depois Gautier abandonou sobre o tapete o bloco e voltou-se, abraçando e beijando a mulher que o esperava. Acariciando-lhe o nariz com o seu próprio, sorriu e cumprimentou-a:

– Bom dia, madame.

– Bom dia, *monsieur.*

– Em que gastou estas preciosas horas da madrugada, minha amada? – indagou ele apertando-a ternamente e sussurrando-lhe no ouvido: – Me perdoe, mas eu não consigo perder esse hábito de trabalhar a qualquer hora. Não a acordei, espero.

– Não – respondeu ela lânguida, contente com o calor do abraço, como se fosse uma gatinha manhosa enrolada ao calor do sol. Suspirava de contentamento com o tratamento carinhoso que recebia. – Eu senti que você estava acordado e despertei para lhe fazer companhia. Não vai me mostrar o esboço?

– Depois. O dia ainda nem clareou, por que desperdiçar uma madrugada tão encantadora analisando o que é ainda um esboço. Hum, adoro o cheiro dos seus cabelos, da sua pele. Hum, que delícia!

Os raios do sol já invadiam as persianas, lançando luzes nas paredes que se projetavam no ambiente. Irina tinha em mãos o esboço e o analisava detidamente. Aprendera a conhecer artes plásticas e especialmente o trabalho e o talento do companheiro. A imagem era sugestiva, falava de como as pessoas viviam o fim da noite. A expressão serena e sensual da face adormecida contrastava com a atividade, assim como o trabalho com o vício, o calor com o frio, a luminosidade delicada do rosto com as figuras que se moviam no escuro emaranhado dos cabelos e pareciam se perder nas bordas do papel.

– Ficará lindo – disse Irina beijando-o rapidamente. – Qual é o recorde de retratar uma amante?

– Não sei, por quê?

– Acho que ele será nosso – respondeu Irina sorrindo. – Você será o pintor que mais retratou a própria amante. Eu sou sua fonte de inspiração.

– Convencida. Bem sabe que são poucas as pinturas que a retrato que deixo expor e nunca vendi nenhuma.

– Ah, isso eu também sei! Sobram poucas paredes sem telas neste quarto, até no quarto de vestir temos algumas.

– Isso é uma reclamação? – indagou Gautier fingindo-se de ofendido.

– Imagine! Eu compro outro apartamento que será todo apenas nossos aposentos, não terá cozinha, sala, nada. Será só nosso e você poderá me pintar de quantas formas quiser e teremos muitas paredes para decorar.

– Não me desafie, eu posso enchê-lo em alguns meses e aí o que fará, madame? Vai brigar comigo.

– Jamais. É tão simples, comprarei outro. Juro que paredes não lhe faltarão. Olhe, quem sabe você não faz um mural, bem grande, imenso, só com o meu rosto. Que lhe parece?

– Uma idéia genial! – respondeu Gautier entusiasmado. – Vou pensar seriamente na proposta.

Irina deliciou-se rindo da expressão de euforia que via no rosto do amante.

– Você é um louco com um pincel na mão e uma maleta cheia de tintas...

Gautier pôs-se a repetir as palavras dela em tom de deboche até elevar a voz abafando a dela e completando:

– E... E que você adora, ama. Negue.

– Eu não – disse Irina rindo.

– Então diga que me ama.

– Por quê? Para deixá-lo ainda mais convencido? – retrucou Irina. E com a expressão séria e profunda, prosseguiu: – Você me fez uma pessoa feliz, me mostrou que existe paz, felicidade e liberdade no relacionamento entre um homem e uma mulher. Eu pensava que isto não era possível.

Emocionado, Gautier estreitou-a ainda mais nos braços, lágrimas lhe umedeciam os olhos. Ela nunca lhe dissera: "Eu te amo". Só em seus sonhos ele a ouvia dizer essas palavras, mas não duvidava um minuto que fosse do amor ou da fidelidade dela. Sabia que desde que estavam vivendo juntos ela não tivera nenhum outro homem. Era agora uma atriz e dançarina que mantinha seu espaço por seu talento e beleza.

"Um dia eu a ouvirei dizer que me ama", pensava ele. Não tinha coragem de verbalizar o seu desejo, temendo magoá-la por pedir algo que ela ainda não estava pronta para dar.

Agora já não existiam mais segredos entre eles. Conheciam o passado e o presente um do outro. O futuro era uma construção diária feita a quatro mãos. Ele e somente ele entendia as razões de ser de Irina.

– Nestas férias iremos visitar a cidadezinha onde você nasceu e cresceu – decidiu Irina, naquele momento, retomando a conversa.

– Assim de repente, o que lhe deu para querer ir até lá?

– Vontade de ver e estar nos locais em que você viveu quando criança, de conhecer a casa onde cresceu, de visitar o túmulo da sua avó.

– O quê? Mas que desejo mais disparatado.

– É sua família. Se é tudo que posso conhecer, que posso fazer.

Gautier pensou alguns momentos, entendeu que Irina buscava uma família a quem pertencer, ela queria raízes. Lembrou a figura cândida e doce da avó; ela não lhe negaria receber a mulher que ele amava, ainda que ela tivesse um passado sombrio.

A figura amorável encheu-lhe o pensamento e repentinamente ele a sentiu muito próxima, quase podia vê-la ao pé da cama sorrindo enquanto repetia uma frase muito sua que ele crescera ouvindo:

"Menino, não dê mais valor ao que já passou do que à oportunidade que tem agora; ela não vem duas vezes. É uma só."

Notando o silêncio do companheiro, Irina indagou-lhe o que acontecera e, calmamente, Gautier explicou-lhe tudo o que pensou e sentiu. Ela ouviu em silêncio; ainda havia momentos em que daria tudo que tinha conquistado em troca de haver nascido apenas no momento em que encontrara com ele às margens do Sena. Mas não era assim.

Marion caminhava firme por entre as mulheres observando as atividades que desenvolviam no grande prédio em ruínas que servia de sede à informal cooperativa de trabalho e serviços que dirigia juntamente com outras amigas. O teto muito alto carecia de forração e o madeiramento e as telhas eram aparentes, assim como as goteiras. O piso surrado, se podia bem dizer, resumia-se ao contrapiso, tão gasta estava a cerâmica, em muitos pontos descolada ou rachada. As paredes descascadas mostravam a passagem do tempo, e as várias cores de tinta que as haviam colorido ao longo dos anos agora não eram mais que borrões desbotados. Nas janelas faltavam algumas vidraças, e outras estavam rachadas ou exibiam vidros quebrados.

Entretanto, as mulheres reunidas sob seu abrigo pareciam não dar nenhuma importância às precárias condições e à total falta de comodidade. Prédios como aquele ainda eram comuns nos arrabaldes da cidade –, eram as "feridas da guerra". Nas vidraças quebradas a lembrança dos tiros, nas paredes e no interior a miséria da guerra e dos primeiros anos do pós-guerra. A situação emocional do povo melhorava, pois o tempo é sempre o senhor das novidades e faz lançar o pó sobre o passado, mudando assim o rumo dos pensamentos e favorecendo os sentimentos daqueles que o acompanham abrindo novos horizontes.

Elas trabalhavam concentradas, algumas costurando, tricotando, bordando, cosendo roupas de cama, enxovais de bebês, toalhas de banho e cortinados; outras, diretamente sob a supervisão de Marion, estudavam lições de cuidados aos doentes, aprendendo noções de anatomia e higiene, manuseavam aparelhos de injeção, termômetros, tesouras, bisturis, gazes e medicamentos diversos. Enquanto suas pupilas buscavam responder à sua proposta de trabalho, ela se afastara para observar outros grupos.

– Passeando, Marion? – indagou Claire, uma de suas melhores amigas que dividia com ela a orientação das interessadas em capacitar-se como acompanhantes de enfermos. – E nossas companheiras como estão hoje?

– Oh, Claire, não a vi chegar – disse Marion sorrindo. – Elas estão tentando fazer algumas tarefas que propus. Cada uma tem seu desafio pessoal, assim se obrigam a encarar a situação sozinhas. É bom que se acostumem à idéia de que na prática diária precisarão tomar decisões rápidas e sem consultar terceiros. É preciso que tenham segurança em seus conhecimentos. Acredito que devam estar com dificuldades, a julgar por um alarido de reclamações que vez ou outra tenho ouvido.

Claire retirou o chapéu deixando à mostra os cabelos castanhos-claros presos em um coque na altura da nuca; alisou o vestido colorido que usava e com intimidade tomou o braço de Marion, seguindo-a na ronda pelas trabalhadoras. Alegres, conversavam com as aprendizes, elogiando seu trabalho e estimulando-as a prosseguir; estas, por sua vez, falavam das encomendas que cresciam e de como seria bom se elas pudessem trabalhar mais horas por dia, aumentando os rendimentos com que faziam a manutenção das despesas domésticas.

– É preciso conversar com Catherine – respondiam. E, brincando, lembravam: – Ela é a nossa administradora. É a mulher do dinheiro. Se ela disser que podemos, que temos condições, bem, então veremos mais horários, até lá continuem levando para casa e adiantando o trabalho conforme já combinamos, está bem?

Visitaram a cozinha que haviam reformado no fundo do prédio. Lá Eugene trabalhava incansavelmente na orientação e supervisão da confecção de geléias que ferviam em grandes tachos de cobre, exalando um aroma doce que atraía algumas abelhas e muitas moscas que uma mulher lutava por espantar do ambiente, sacudindo um guardanapo de louça branco sobre a cabeça, na vã tentativa de conduzir os insetos para fora do recinto. À distância trocaram um sorriso com a roliça Eugene, que enxugava o suor da testa com uma pequena toalha carregada sobre o ombro direito.

– Ela é um encanto – disse Claire referindo-se a Eugene. – Foi para nós uma verdadeira bênção. Você viu como o faturamento das cozinheiras melhorou desde que ela está nos ajudando? Seu conhecimento na preparação de alimentos é ótimo.

– Melhor ainda é o conhecimento que ela tem com proprietários de restaurantes, padarias e confeitarias. Isso sim, julgo excelente, pois ampliou rapidamente a comercialização dos doces. Claro que qualidade conta pontos, mas sem ter quem compre...

Conversando, retornaram ao grupo que efetivamente orientavam; separaram-se iniciando a supervisão da execução das tarefas de cada uma. Encerrada a conferência, reuniram as alunas em um círculo e começaram a expor e conversar sobre as atenções e cuidados diários exigidos pelos pacientes, usando experiências pessoais e reais para ilustrar os ensinamentos.

Rapidamente a tarde se escoou e elas viram suas assistidas uma a uma se despedirem. Cansadas, mas gratificadas, se reuniram na cozinha para compartilhar um chá de maçãs preparado por Eugene que já se constituía em um ritual do grupo de amigas. Era o momento em que colocavam cada uma o avanço de seu grupo, as perspectivas de colocação no mercado dos produtos ou a colocação das servidoras em empregos.

Animadas com o assunto, nem notaram a chegada de Duvernoy, carregando um pacote de sequilhos e biscoitos amanteigados. Ele batera para anunciar sua chegada, porém logo percebeu que não fora ouvido e, conhecido como era daquelas senhoras, esqueceu as regras de etiqueta. Afinal, aquele prédio as dispensava quase que por si só, o que não significava nenhum desrespeito ou menosprezo à atividade que ali se desenrolava, ao contrário, dava-lhe um quê de nobreza e elevação, entretanto exigia informalidade.

Claire foi a primeira a percebê-lo, fazendo-o notar pelo grupo; logo ele estava plenamente incorporado ao clima de alegre e sadia amizade, onde o trabalho os unia.

Duvernoy mudara muito nos últimos anos, encontrara um destino para a própria existência e uma razão de viver que o levava a preencher as horas em atividades úteis, construtivas. Apegara-se a Marion, chegara mesmo a julgar-se enamorado, mas a atitude dela não correspondera a nenhuma forma de encorajamento, fazendo a relação deles se transformar numa profunda e respeitosa amizade. Trocara as noitadas nos teatros e cabarés pela companhia daquelas senhoras e alguns outros amigos de Marion. Saía para se divertir, assistia a espetáculos, mesmo eróticos, mas sem aquela freqüência anterior. Descobrira que aquela atitude era muito mais motivada pela solidão e pelo vazio do que por qualquer outra razão. Agora que tinha os dias ocupados e o coração preenchido por afetos verdadeiros, tudo encontrara um equilíbrio natural.

"Lamento não ter conhecido as verdades do mundo dos espíritos anos antes, assim como lamento não ter encontrado antes amigos tão incomuns", pensava ele inúmeras vezes, contemplando a face de Marion, de Claire ou de qualquer das outras, e até mesmo de Gautier, ou, ainda, lançando olhares à sua coleção de livros sobre espiritismo.

Lembrando que tudo tem seu tempo, ele se consolava ao fitar-se nos espelhos de seu apartamento; os anos avançavam, não restava dúvida, mas o importante era aproveitá-los. Cada dia na Terra guarda sua lição; aprendê-la é o compromisso, não importa a idade.

A breve pausa de Duvernoy não chegou a interromper ou mesmo a comprometer o entusiasmo do grupo, somente Claire, mais atenta, sentada a seu lado, percebeu e indagou:

– Que houve, Duvernoy?

– Nada. Por quê?

– Não me engane. Vamos, diga-me em que pensava, pois devia ser importante, repentinamente você ficou sério, calado, parecia nem ouvir a discussão.

Duvernoy sorriu. Claire era uma das pessoas mais ternas que ele conhecia, era impossível não se render aos seus apelos.

– Apenas pensava, querida amiga, nada mais. Coisa de gente velha, recordava o passado e julgava que sou bem mais feliz agora e devo isso ao conhecimento espírita. Com ele compreendi muitas das chamadas "desgraças da vida", agora as entendo como lições duras ou difíceis de serem aprendidas, mas que são necessárias a nós, por isso nada as afasta de nosso caminho. Sabe, antes eu me iludia muito com as minhas opiniões e maneira de viver. Achava-me um ser muito justo, correto, dizia a todos que aceitava a vida e procurava viver bem, custei muito a reconhecer em mim amarguras e cinismo; em vez da visão de vida que eu tinha por tão boa e correta, por não fazer mal a ninguém, eu ignorava que também não fazia o bem para mim mesmo, portanto... – fez uma pausa erguendo o olhar, fitando as tesouras de madeira que sustentavam o alto telhado. – Eu não era bom, demorei a entender que não pensava em Deus com seriedade e meu comportamento era um reflexo direto da visão que eu tinha a respeito Dele e da vida. Depois que comecei a ler Denis e a conhecer a filosofia espírita, eu mudei, e justamente mudei porque passei a ver Deus, a vida e a mim mesmo de outra forma, mais harmônica e integrada, lógica, amorosa. Pensava nisso, amiga, e dizia a mim mesmo o quanto teria sido bom se tudo isso houvesse acontecido antes, muito antes, na minha vida. – Encarando-a sorrindo e tocando-lhe delicadamente a mão sobre a tosca mesa em torno da qual confraternizavam, acrescentou: – Teria sido ótimo, teria conhecido todos vocês bem antes. Como viu, pensamentos sem importância.

– Sem importância para você – retrucou Claire fingindo indignação. – Eu adorei conhecê-los. É muito bom ouvir que somos queridos e, principalmente, que de alguma forma ajudamos a tornar a vida de outra pessoa melhor, mais feliz. Obrigada.

– Ei! – chamou Eugene dirigindo-se a eles. – Pode-se saber a razão dos cochichos?

– Cochichos!? – retrucou Claire em tom de brincadeira, fazendo expressão de inocente. – Não ouvi cochicho algum. Alguém ouviu?

– Não. Imagine, que injustiça, não é Claire, você nunca cochicha – ironizou Marion participando da brincadeira. – Você simplesmente fala em particular, em tom relativamente baixo e sempre em paralelo.

– Invejosas! – acusou Claire olhando o gupo com um sorriso que desmentia a acusação – Está bem, vou explicar. Eu e Duvernoy estávamos trocando algumas idéias, lindas por sinal, e que pelo comportamento que demonstram vocês não merecem compartilhar. Não é mesmo, Duvernoy?

O homem olhou rapidamente para as amigas como a dizer: "Sou o único homem, como vou discordar ou concordar, aliás, de que valerá." Sua expressão tinha um toque indisfarçável de amistoso deboche, sabia que aquelas eram discussões e contendas alegres, motivada pela amizade e por pura diversão, então participava fazendo a sua parte de "bendito o fruto frágil". Acabou optando por erguer as mãos ao céu, em um mudo pedido de paz, depois declarou que por nada no mundo desejava ser o motivo da discórdia no grupo, penitenciando-se por sua eventual falta.

Aquela tarde caiu, deixando em seu rastro momentos em que vínculos saudáveis se solidificaram ainda mais. Duvernoy conduziu em seu carro Marion e Claire, prolongando a conversação. Claire foi a primeira a ser deixada em seu destino, prosseguindo os outros.

Ao chegarem ao pensionato, atendendo ao cavalheirismo que lhe era natural, Duvernoy acompanhou Marion à sala, para certificar-se de que a deixaria em segurança e bem. Entretanto, depararou-se com situação diversa.

Marguerite corria-lhes ao encontro. Era possível ouvirem-se os sons ruidosos de seus passos pelo corredor; chamava Marion e sua voz transmitia nervosismo e urgência. Os sons indicavam que a servidora vinha das proximidades dos aposentos de Madame Amélie.

– Madame Marion, graças a Deus a senhora chegou! Já ia mandar alguém até a coopertiva chamá-la.

Marion trocou um olhar preocupado com o amigo. Apressadamente lançou a bolsa sobre uma poltrona, arrancou as luvas jogando-as por cima, antecedendo casaco e chapéu, encaminhando-se ao encontro de Marguerite.

– O que aconteceu?

– É com Madame Amélie. Ela não está nada bem. Já mandei chamar o médico. A princípio julguei que não fosse nada sério, mas agora...

As explicações de Marguerite eram entrecortadas de justificativas de seus próprios atos, típicas de alguém que se sente culpado.

Marion acelerou o passo, passou pela ajudante e empurrou a porta dos aposentos da mãe. O quadro com que se deparou não a agradou. Acercou-se do leito, tomou o pulso da enferma constatando a anormal lentidão, chamou-a pelo nome e não teve resposta.

– Há mais de hora que ela não responde – adiantou-se Marguerite, nervosa. – Eu pensei que ela estivesse dormindo; só me preocupei quando passou da hora que ela costumava acordar, então vim ver, a chamei e ela não respondeu.

Marion forçou a abertura dos olhos e logo, mesmo em um exame superficial, verificou o estado de inconsciência. Resignada, suspirou, tomou as mãos da doente e pôs-se em prece, pedindo auxílio e amparo a Deus e aos protetores espirituais. Finda a prece, sentiu-se um tanto mais tranqüila e fortificada. Confiava que a Providência Divina dava a todos o melhor, embora nem sempre entendamos ou aceitemos essa verdade num primeiro instante ante a dor.

Duvernoy seguira-lhe o exemplo, unindo o pensamento numa súplica de paz para aquele lar e suas habitantes naqueles momentos de separação que pressentia se aproximar.

Marion encarou a empregada, indagando:

– Faz muito que mandou chamar o médico?

Marguerite abria a boca para responder quando o som da campainha da porta principal calaram palavras e depois substituiu o pensamento pela expressão:

– É ele! – Marguerite pronunciou em voz alta, saindo do quarto apressada para atender o visitante recém-chegado.

Duvernoy aproximou-se de Marion, olhou Madame Amélie; a face pálida, expressão serena, parecia dormir, e comentou:

– Não me parece que ela esteja sentindo alguma dor.

– É provável que não. Ela está inconsciente, seu coração bate muito lentamente, podem ser as horas finais desta existência.

Penalizado, comprendendo o momento doloroso que a amiga enfrentava, calou-se, não sabia o que dizer e acreditava que mesmo não havia o que ser dito. Limitou-se a lhe afagar o ombro com carinho, olhou-a cheio de amizade, espelhando no olhar a sua solidariedade.

O médico invadiu o ambiente segundos depois. Apressado, dispensou formalidades e cordialidades iniciais, partindo logo para o trabalho em busca de um diagnóstico, ainda que provisório. Informou suas suspeitas e recomendou cuidado especial. O quadro era de extrema gravidade; não deu falsa esperança a Marion, pois lhe conhecia a competência no trato com doentes.

Madame Amélie sobreviveu ao dia seguinte, tendo falecido nas primeiras horas da noite, porém não mais acordou nem disse qualquer palavra a ninguém.

Dias após o sepultamento, Marion perambulava pelos corredores da casa, sentindo o vazio da ausência da enferma a quem se dedicara nos últimos anos. Meditava sobre os rumos que daria à sua existência; parecia que era sempre a morte a lhe traçar caminhos. Nada mais a prendia a Paris, nada a impedia de realizar sua vocação natural de trabalhar em situações limítrofes. Parou sua perambulação em frente ao seu antigo uniforme da Cruz Vermelha, exposto na sala, e decidiu alistar-se novamente no corpo de voluntários.

No dia seguinte iniciou os preparativos. O trabalho da cooperativa prosseguiria sem ela. Claire era suficientemente competente para dar continuidade à tarefa. Sua única preocupação era a casa, seus inquilinos, – não podia de uma hora para outra fechar a pensão colocando-os na rua. A solução acabou sendo inesperada e inusitada.

Expondo suas decisões e problemas a Duvernoy em uma das suas visitas para jantar, ainda mais freqüentes após a morte de Madame Amélie, ele ofertou:

– Eu administro a pensão para você.

Vendo o olhar surpreso e intrigado de Marion, questionou:

– Acaso não me julga competente? Pode ser que no início eu não saiba fazer tricô ou crochê tão bem como você, mas me esforçarei bastante; logo, logo, nem a cadeira da sala sentirá sua falta.

E assim tudo foi se resolvendo e ainda naquela semana Marion compareceu à secretaria do posto da Cruz Vermelha, que a recebeu com alegria. Assim, todas as circunstâncias de pendência foram sendo resolvidas.

A pequena e bucólica cidade natal de Gautier estava se revelando o sítio ideal para as férias do casal. Há 20 dias se encontravam residindo numa pequena chácara, extremamente bem conservada, confortável e verdadeiramente encantadora em sua simplicidade, com seus jardins gramados, muitas árvores, canteiros de rosas e caramanchões floridos, convidativos ao descanso no fim da tarde, respirando o perfume das flores e sentindo a leve e refrescante brisa do campo. Mais além ficavam os currais, os galinheiros, e ouvia-se todo tipo de sons emitidos pelos animais domésticos junto com o trinado dos pássaros.

Irina andava descalça pelo jardim, em confortáveis trajes tipo pijamas – recente moda das estrelas para as horas de lazer e descanso. Roupa confortável e elegante que ela elegera em quase uniforme para aquela vida campestre. Sentia-se livre, bem disposta, descansada. Desde que assumira seu romance com Gautier esquecera o passado, jogara-o para uma região bem profunda da mente e lá ele jazia momentaneamente sepultado. Suas belas feições haviam adquirido traços de doçura que lhe humanizavam a expressão, tornando-a suave. Transmitia uma sensação agradável, coisa da qual antes não se podia falar. Ela era indiscutivelmente uma beldade, entretanto seu esplendor se resumia à perfeição dos traços, da pele, dos olhos, dos magníficos cabelos ruivos, de um corpo de linhas absolutamente harmoniosas e em comunhão com o ideal de beleza que iniciava seu império naquela época.

Colheu algumas rosas a cujo encanto não resistiu. Não pensou em que tipo de arranjo fazer com elas, simplesmente ia colhendo as que lhe agradavam a vista e o olfato – acabou com um buquê colorido. Passava as rosas na face, feliz em sentir a suavidade das pétalas em contato com a pele. Sua mente estava absolutamente relaxada, ocupada apenas na singela e prazerosa tarefa que realizava; isto lhe dava uma inigualável sensação de paz e bem-estar, de integração perfeita e absoluta com o universo interior e o exterior. Estava onde deveria estar, pensando no que deveria pensar, sentindo tudo que o momento oferecia. Quantas vezes vivemos absolutamente fora de sintonia com o momento! E nos surpreendemos em não achar graça em nada, em sermos "vítimas" de constante mau humor, em acabarmos nos tornando criaturas com poucos ou com frágeis vínculos afetivos. Ao depararmos com essa situação ainda nos perguntamos por que e como pode alguém achar que viver seja uma experiência fascinante ou como podem algumas pessoas viver sempre cercadas de amigos e de afeto? O segredo é muito simples: cada coisa no seu tempo, cada experiência no seu momento. Vivê-los com entrega absoluta e sem querer assenhorear-se das horas, das pessoas ou das oportunidades – todas elas passam e não pertencem a ninguém, senão a si mesma. – Tudo quanto podemos fazer é usufruir (talvez essa palavra ficasse bem em letras maiúsculas que era para registrar bem a idéia, mas fica o reforço). Usufrua do momento, viva-o, seja ele qual for, com quem for, mas lembre-se que deixá-lo passar é vital para a saúde mental e emocional. Ir-se é a única forma de poder voltar; tentar reter o impossível é porta larga por onde muitos se perdem do roteiro de crescimento e bem-estar.

Irina descobria nos anos que passava ao lado de Gautier a vivência dessas verdades simples, mas ainda guardava no íntimo, muito profundamente, algumas velhas feridas abertas. O amor as protegia, mas ainda não as curara. Era um amor jovem que apenas estava encobrindo a multidão das dores que ela carregava na alma desde a infância e adolescência.

Ao ouvir som de passos atrás de si voltou-se, e um amplo sorriso se estampou em seu rosto. O grande cão são-bernardo, que atendia pelo nome de Jaques, balançava-se todo. A energia com que abanava a cauda, a língua distendida para fora da boca, os olhos muito brilhantes falavam que ele vinha de um longo exercício. Um pouco mais de observação e se via nos pêlos das pernas alguma vegetação ressacada e pequenos nós enredados na barriga por carrapichos.

– Jaques! Onde você andou? – indagou Irina alegre. Aprendera a relacionar-se com o cão, descobrindo uma paixão pelos animais que até então ignorara em si.

Ao som da voz amistosa, Jaques balançou-se ainda mais, sacudia-se de contente e, erguendo a cabeça, deu sonoros e faceiros latidos.

Irina abaixou-se para acariciar o animal, enquanto lançava um olhar à volta como que buscando alguém.

– E o seu amigo, onde está? Gautier o deixou passear sozinho, não posso acreditar.

Alguns minutos se passaram naquela estranha comunicação em que dois seres usando de linguagem absolutamente diferente demonstravam perfeito entendimento e interação, provando que há várias formas de os seres se comunicarem. A aproximação de Gautier logo foi percebida por Irina; ele vinha acompanhado de Duval, em animada conversa; chegando, beijou-a carinhosamente, acompanhando-a nos carinhos que dava ao animal.

– Por onde andaram para que Jaques retornasse nesse estado de sujeira?

– Andamos pelos campos. Ele adorou, você precisava ter visto. Não quero ser estraga-prazeres da sua amizade com nosso amigo grandalhão e peludo, mas acho que ele estava cansado de caminhar a passo curto pelo jardim. Correu felicíssimo pelos campos; diante de tanta alegria, eu considerei que ele não me ouviria se o mandasse parar e para dizer a verdade não quis fazer isso.

– A velha teoria da alegria e do prazer de viver – comentou Irina resignada com o estado do animal. – Bem... Se o estragou, foi por uma causa justa, espero que tenha valido a pena.

Ela lançou um olhar ao animal notando o brilho intenso nos olhos dele e a alegria que a atividade lhe proporcionara; foi o suficiente para convencer-se.

– É, valeu a pena.

Gautier achegou-se, abraçando-a e dizendo:

– Duval, vai levar o automóvel ao mecânico da cidade.

– Mas já!? Ainda falta mais de uma semana para o término das férias – protestou ela.

– *Mademoisele*, não estamos em Paris ou em alguma outra grande cidade. Aqui há muito poucos automóveis, se precisarmos trocar alguma peça, vai demorar até que se consiga trazer da cidade mais próxima – objetou Duval, respeitosamente. – É melhor sermos previdentes do que correr riscos de atraso desnecessários.

Os argumentos do motorista eram irrefutáveis, realmente não havia considerado os transtornos de viver numa cidade pequena e tão isolada quanto aquela – deixara-se levar pelos encantos. Acabou por concordar, autorizando que o motorista levasse o carro à cidade na manhã seguinte, lá permanecendo até a liberação do veículo para viajar.

Duval, satisfeito, se afastou levando o buquê de rosas para pôr no vaso; não conseguiu evitar um sorriso ao ver que tinha uma de cada tipo e com tamanhos de caules diferentes. Deixou o casal a brincar com o alegre são-bernardo.

Dias de pacatas alegrias, de simplicidade e prazer de viver; noites e tardes de amor, muito carinho e respeito seriam as lembranças daquela temporada no campo.

A última semana transcorreu célere e, se possível fosse, ainda mais prazerosa. As horas e os dias de perfeita harmonia davam ao casal, especialmente a Irina, a impressão de sonho. Temia acordar a qualquer momento e retornar à realidade bruta na qual vivera por anos a fio.

Por mais dourada que seja uma gaiola, ela sempre será uma prisão, e aquele que nela vive, um prisioneiro cerceado da liberdade e do uso de seus direitos, alguém que não poucas vezes violenta a própria personalidade e é violentado pelos outros. Rica ou pobre, toda prisão carece de respeito. A prostituição dourada ou marginalizada não é exceção que fuja à regra. As marcas do passado eram facilmente visíveis em Irina; aliás, todos nós somos transparentes, é apenas a falta de atenção no agora, em si, e em quem está ao lado que nos faz iludido quanto à impossibilidade de conhecer o íntimo de alguém. Pensamentos são domínios, por vezes, inacessíveis, mas sentimentos transparecem e as marcas que carregamos são conflitos emocionais. Ninguém carrega traumas de pensamentos, apenas de vivências com altas cargas de emoção em seu bojo.

Irina trazia da infância e da adolescência grandes marcas. Freqüentemente seus olhos se nublavam, tornavam-se opacos, sem vida. A expressão de inocência se esvaía momentaneamente, parecia tragada por alguma força interior, abstraía-se, chegando a assustar-se quando era sacada desse transe, ou, quando dele despertava, tinha necessidade de sacudir os ombros, remexer os cabelos, sentia um peso, um mal-estar, necessidade de banhar-se longamente. Depois disso, parecia que amenizavam os padecimentos que a haviam feito dura, amarga, cínica, verdadeiramente descrente do amor e do bem na vida; psicologicamente tinha carência de limpar-se, julgava-se tomada de impurezas.

Por tudo isso, aquelas primeiras férias assemelhavam-se à visão das portas do paraíso. Brincara despreocupadamente nos jardins que o antecediam, deste paraíso desconhecido chamado "simplicidade de viver" e gozara da vida em seus mínimos e mais singelos momentos com a intensidade de alguém consciente de si. Uma camada protetora envolvera suas marcas. Tudo levava a crer que era um tempo de passagem, no qual se preparava uma mudança, um tempo de passar o ontem e estabelecer o hoje, apagando e desfazendo antigos conflitos, um tempo para libertação.

CAPÍTULO XI

Partidas e encontros

"Na morte violenta, as condições não são exatamente as mesmas. Nenhuma desagregação parcial pode trazer uma separação preliminar entre o corpo e o perispírito; a vida orgânica, em toda a sua força, é subitamente detida; o desligamento do perispírito não começa, pois, senão depois da morte, e, nesse caso como em outros, não pode se operar instantaneamente. O Espírito, apanhado de improviso, está atordoado; mas, sentindo que pensa se crê ainda vivo, e essa ilusão dura até que tenha se conscientizado de sua posição."[1]

Duvernoy encontrara no trabalho mais um motivo de felicidade; ao aproximar-se da velhice sua vida paradoxalmente se renovava. Definitivamente, os anos de solidão íntima e inconformidade com as deliberações da vida tinham terminado.

Apesar do apoio incondicional que dera a Marion em sua decisão de partir, retomando seu trabalho profissional e humanitário, temera sentir-lhe a falta. Desenvolvera uma grande amizade por ela, apreciava-lhe a companhia digna, alegre e inteligente. Ao seu lado aprofundara-se na busca por sua própria espiritualidade, aprendera que dar, por pouco que fosse, era um gesto imprescindível para se sentir realizado. Testemunhando-lhe o exemplo de dar unicamente porque o trabalho executado a gratificava, apegou-se àquele novo sabor do prazer – o prazer de servir, de se sentir útil; descobrira que vivendo cercado de pessoas que recebiam carinho e de alguma maneira, material ou espiritual, melhoravam, ele próprio acabava por receber e refletir esses sentimentos.

Naquela tarde, recostado na poltrona da recepção do pensionato, onde permanecia até ser servido o jantar, ficando depois um

[1] Allan Kardec. *O Céu e o Inferno*. 2ª parte, cap. I, item 12.

funcionário que fora por ele contratado para zelar pela propriedade, ele recordava a trajetória daqueles últimos anos e se mostrava surpreso e mesmo perplexo com as transformações que sentia em si mesmo. Em meio a suas reflexões, repentinamente surgiram fragmentos de lembranças de um texto que falava que o homem não é uma ilha. Recordava de tê-lo lido muitas vezes; agora se esforçava por reconstituir suas frases na memória.

– Que coisa! – resmungava ele com o olhar perdido nos pedaços do céu alaranjado do fim de tarde. – É tão lindo! Conheço-o há tantos anos e somente agora se me afigura compreender-lhe a essência... Mas que coisa! De quem é mesmo? Se lembrar do autor, sei que logo vou lembrar todas as idéias. Como posso não lembrar os versos e sentir que agora captei-lhes a profundidade do pensamento? Que coisa!

E cismou ainda um bom tempo, lutando com a traiçoeira memória. Cansou-se por fim, decidindo mexer mais uma vez nos livros de Marion. Sabia que ela tinha o texto entre eles, ainda lembrava de quando ela arrumara aquelas gavetas antes de partir, deixando-lhe ampla liberdade para vasculhá-las e permissão de usar sua biblioteca. Calmamente e ainda cismado, subiu as escadas em direção à biblioteca. Entretido na busca, perdendo-se em lembranças ao ver algumas fotografias, cartões, pequenos textos e recortes de revistas e jornais espíritas que Marion colecionava, assustou-se ao ouvir soar a campainha. Estremeceu de súbito e lhe pareceu ouvir uma voz feminina e delicada sussurrar-lhe ao ouvido:

"Seja forte, confie em Deus, mantenha a paz de seu espírito."

Sacudiu a cabeça, pois no mesmo instante uma sensação de pesar lhe invadiu o coração sem aparente razão de ser. Identificando o velho sentimento que fora seu companheiro por muitos anos, fechou a gaveta; o que desejava já fora encontrado e descansava sobre o lustroso tampo da escrivaninha.

– Vou descer e procurar o que fazer, nem que seja ir incomodar Marguerite na cozinha. Estou ficando nostálgico, não gosto disso. Essas evocações de lembranças devem ter me deixado suscetível. Nunca ouvi nada dos espíritos, creio que não vão começar agora. Foi tudo impressão minha – decidiu Duvernoy falando alto consigo mesmo, rechaçando a presença da entidade amiga que o observava amistosamente a alguns metros.

Descia os primeiros degraus quando avistou Marguerite atendendo à porta um homem baixo, magro, trajando terno marrom e um chapéu negro, que entregava a ela um cartão de visita. Apressou o passo e se dirigiu à empregada indagando:

– O que deseja este senhor, Marguerite?

– Quer vê-lo – respondeu sucintamente a criada, fitando-os com olhar assustado ao oferecer-lhe o cartão com as insígnias de uma conhecida funerária, onde se lia, além do endereço:

"Miguel Foussant – agente funerário."

Devolvendo o cartão ao visitante, Duvernoy perguntou:

– Em que posso lhe ser útil, M. Foussant?

– Desculpe se minhas palavras venham a feri-lo, não tenho intenção, é apenas meu trabalho – declarou inicialmente o Sr. Miguel segurando o chapéu de encontro ao peito. Entendendo que não seria convidado a entrar, prosseguiu: – Fomos chamados hoje ao hospital de Saint Etienne. Houve um sério acidente, com vítimas fatais, na estrada que liga a cidadezinha a Paris. Um automóvel desgovernou-se em uma curva vindo a colidir com um bosque próximo.

Duvernoy o olhava incrédulo. Entendia as palavras, mas não conseguia encontrar lógica para a razão de estar ouvindo-as, de ser o destinatário da mensagem. Na pausa feita pelo interlocutor, trocou um olhar aflito com Marguerite, indagando-lhe com o olhar se entendia o porquê daquela visita. A expressão espantada da mulher lhe respondia que ela entendia tanto quanto ele. Então, em segundos, repassou todos os jovens que moravam na pensão. Estavam todos em seus aposentos preparando-se para o jantar, não faltava nenhum. Marion? Estava no interior do país a trabalho, mas era possível que estivesse viajando de surpresa. A última notícia que tinha dela era de alguns dias atrás, poderia ter havido mudanças. Afligiu-se, encarou M. Foussant e o inquiriu com firmeza:

– Aconteceu algo a Madame Marion Lescault?

– Marion Lescault? – repetiu o agente e, sacando do bolso um papel com nomes escritos, leu-os rapidamente e respondeu: – Não, senhor, ela não é nenhuma das vítimas. Na verdade, viemos ao seu endereço porque além de identificação pessoal era apenas um cartão com seu nome e este endereço que encontramos entre os pertences deles.

– Por Deus, diga logo quem são essas pobres criaturas? – intimou Duvernoy já agora pensando em algumas das senhoras assistidas pela cooperativa.

– São dois homens e uma mulher. Senhores Duval e Paul Gautier e *Mademoiselle* Irina, esta é conhecida, e o hospital fez contato com a Conpanhia Stravinsky.

Duvernoy cambaleou, sendo amparado por Marguerite, que, lhe sentindo o peso, pediu ajuda ao agente fazendo-o entrar. Acomodaram Duvernoy em uma das poltronas e a criada correu à cozinha em busca de um copo com água doce, enquanto M. Foussant procurava esclarecer a situação ao notar que fora apenas o susto que desequilibrara o destinatário de sua mensagem.

– Seja claro, por favor. O que aconteceu precisamente? Quem são as vítimas fatais? O casal é meu amigo e o Sr. Duval é o motorista de *Mademoiselle* Irina. Ao que sei, ele não tem familiares, é de uma devoção a toda prova a ela – falou Duvernoy atrapalhado ainda com o choque da notícia do acidente envolvendo seus amigos.

– Como queira, M. Duvernoy. Vim aqui para comunicar-lhe a morte dos dois cavalheiros que acompanhavam *Mademoiselle* Irina e pedir-lhe informações quanto onde localizar familiares das vítimas para que se tomem as providências necessárias ao sepultamento.

Duvernoy levou as mãos ao rosto, pálido; sentia o peito oprimido. A sensação de pesar que sentira pouco antes agora se instalava e lágrimas rolaram por sobre as rugas que lhe marcavam o canto dos olhos.

– Gautier morto. Não é possível!

– Lamento, mas se faz necessário haver um portador de tristes notícias – falou o agente observando as reações de Duvernoy. Estava tão acostumado àquele trabalho, que poucas circunstâncias o afetavam. Ele repetia frases decoradas com educada frieza, enquanto Duvernoy remoía a notícia e Marguerite voltava à sala com a bandeja e o copo de água doce que lhe estendia, dizendo:

– Beba, M. Duvernoy, água doce é bom pra susto. Beba, eu já bebi lá na cozinha, é bom, o senhor vai melhorar, beba.

Duvernoy apanhou o copo e sorveu alguns goles, respirou fundo e, voltando a encarar o agente, declarou:

– Gautier não tem nenhum familiar. Sou seu melhor amigo, vou tomar as providências necessárias. Preciso de alguns minutos para arranjar umas coisas e já parto com o senhor para Saint Etienne. Tem notícias de *Mademoiselle* Irina?

– Infelizmente, o que sei é que foi encontrada desacordada e com várias fraturas; era delicado o seu estado.

Duvernoy baixou a cabeça em atitude de compreensão da informação. O abatimento tomara o seu rosto e todo o seu corpo se vergava sob o peso daquela trágica notícia. Nem do recurso da prece ele recordou. Somente quando passava pela porta do antigo quarto de Madame Amélie foi que a benevolente entidade que o acompanhava desde minutos antes dele receber a notícia conseguiu inspirar-lhe a idéia mediante a evocação da lembrança da atitude de Marion. Ele apoiou-se na parede do corredor, e erguendo os olhos como se quisesse ver Deus face a face, com o rosto banhado de lágrimas, endereçou uma sentida súplica de assistência espiritual para os amigos que partiam e pela saúde de Irina.

Recolheu documentos e dinheiro, apanhou um agasalho e voltou à sala encarregando Marguerite de transmitir a notícia aos amigos do pintor e do motorista.

– Tão logo as formalidades sejam cumpridas e os corpos liberados, os trarei a Paris para o sepultamento.

Imediatamente M. Miguel aproximou-se e principiou a dar recomendações, orientações profissionais, visando à realização das exéquias.

Duvernoy o ouviu com a paciência que ultimamente caracterizava-lhe as atitudes, mas seu olhar tinha um ar de crítica e lamento ao mesmo tempo. Intimamente se indagava:

"Sei que este pobre homem não faz mais que cumprir seu ofício, mas será que não era possível fazê-lo com mais sensibilidade, com mais humanidade? Será que ele não sente que neste momento minha alma se enche de dor e que não quero ouvir falar em documentos e custos?"

No carro, dirigindo-se à saída da cidade, o agente ainda insistia no monólogo, até que Duvernoy voltou a encará-lo, e enchendo-se de tolerância, pediu educadamente:

– M. Miguel, entendo que me acompanha a trabalho nesta triste viagem, entretanto vou lhe pedir que guarde todas as suas informações para o momento em que eu as solicitar. Agora, quero e preciso ficar em silêncio. Meu coração dói, estou triste. Gautier é um grande amigo, ajudou-me muito ao longo dos anos tê-lo próximo de mim. Sei que o senhor não sabe nada disso, tampouco quer saber, mas para mim é mais importante do que toda essa arenga que está fazendo desde que me encontrou. O senhor está contratado para tratar dos funerais, mas eu lhe direi o que e como quero que seja feito, está bem?

O homem pensou que aquela não era a primeira vez que recebia reclamação sobre sua conduta, mas o que interessava era conquistar o cliente. Dali em diante calou-se, seguiu literalmente mudo até o destino, chegando a ressonar com o balanço do veículo.

Duvernoy, aliviado, entregou-se a suas reflexões.

A morte tem o dom de cristalizar as últimas cenas tanto na mente daquele que segue para o outro lado da vida quanto para os que permanecem na esfera material. São sempre as últimas lembranças, os últimos momentos que vivemos junto ao morto os que vêm à mente, os que são alvo de comentários, aqueles que todos desejam saber como foi. E no espírito que parte é também seus últimos momentos na carne que se fixam na memória até que a consciência do desenlace se dê plenamente e seja aceita. Por isso, a repercussão do estado psicológico e físico dos últimos momentos da existência carnal se dá, prossegue no plano espiritual, gerando a ilusão de que o tempo parou e que a morte física – se temida ou se recusado o entendimento da verdade pelo espírito liberto – não ocorreu, julgando ainda "estar vivo", ou seja, na posse da existência corporal.

Chegando a Saint Etienne, obrigou-se a acordar o agente solicitando que desse as orientações ao motorista para alcançarem o endereço do necrotério onde estavam os corpos e do hospital.

Pigarreando, M. Miguel deu as informações necessárias; com atenção, foi guiando o motorista pelas ruas da cidade.

Pouco depois o veículo estacionava em frente a um prédio discreto de onde provinha uma fraca iluminação. A noite era abafada e escura; no céu nublado se via a lua como que em meio a um nevoeiro; nenhuma estrela era visível.

– Parece que a noite combina com meu estado de ânimo – comentou Duvernoy contemplando o céu ao descer o carro. É uma tendência natural em momentos difíceis erguermos o olhar ao firmamento buscando forças; somente quando a depressão e a descrença nos flagelam as forças do ser é que nosso olhar volta-se para baixo, para o solo. Há no nosso imaginário – fruto de anos e anos de ensino religioso baseado em crenças de céu e inferno – a idéia de que forças vêm do alto e, se queremos desaparecer, é a mãe terra que tem a inglória tarefa de nos tragar para suas profundezas. Todos os nossos ditos sentimentos negativos, aos quais foi dado o título de antinaturais – como se tal coisa fosse possível de existir na criação divina, onde, segundo nosso entender, tudo é natural, faz parte da natureza – e que deveriam ser banidos da experiência, são relacionados à terra e há mesmo quem associe as cores do marrom-avermelhado do solo terreno a propriedades de inferioridade. Da mesma forma dão inenarráveis ilusões de superioridade e por que não dizer milagreiras e angelicais a tudo que supostamente venha do alto. O azul-celeste é cor pura, simboliza bons sentimentos, no imaginário.

A realidade é bem outra, não há nem alto ou baixo, para o homem que vive na Terra, assim como não há nem céu nem inferno. Há o espaço e a vida desenvolvendo-se por todo o infinito. Há as maravilhas da natureza em evolução no interior e no exterior de todas as criaturas. A Providência Divina nos envolve tal qual o ar que respiramos; não vemos, mas sentimos e é vital. Olhemos para baixo ou para cima, fiquemos com olhos fechados ou abertos – posturas são atavismos seculares e como tal freqüentemente irrefletidos –, o certo é que, se nossa mente se liga a Deus, a ajuda é ainda mais facilmente sentida. Duvernoy não andava só para contemplar o corpo que fora de seu amigo; a seu lado, a serena entidade que o acompanhava desde minutos antes da chegada da notícia prosseguia sua tarefa de auxílio, agora enormemente facilitada pela conduta de Duvernoy, que buscava sintonia com as forças da vida, ainda que marcada por alguns traços inconscientes.

O agente funerário, ciente de que se iniciava o contrato de trabalho, apressou-se, tomando a frente e entrando no recinto. Falou a um funcionário, que encarou Duvernoy com ar de compreensão e entendimento e dirigiu-lhe apenas uma singular palavra:

– Siga-me.

Andaram por um corredor estreito alguns metros, no fim do qual havia uma porta dupla, que cedeu ao empurrão das mãos do homem, descortinando-se à vista de Duvernoy várias macas estreitas com corpos cobertos por finos e gastos lençóis, alguns brancos, outros verdes ou azuis.

O funcionário deslocou-se até o meio da sala e destapou o rosto de dois corpos para identificação.

Duvernoy contemplou os amigos com o coração apertado. Sem dizer uma palavra, acercou-se, e lágrimas desciam de seus olhos; voltou o rosto para o funcionário, trocando um olhar com ele, acenou afirmativamente com a cabeça e ele voltou a cobrir os rostos.

Quando regressavam pelo corredor foi que conseguiu indagar:

– Sabe as lesões que causaram as mortes?

– O motorista teve um ataque cardíaco fulminante, não sabemos se antes, durante ou depois do acidente. Fato é que foi encontrado morto pelos moradores do local. Tem algumas fraturas, mas não seriam bastante para matá-lo. O outro rapaz era um pintor conhecido pelo que ouvi falar no hospital. Teve muito azar, quebrou o pescoço, morreu na hora, sem dúvida.

Realizados todos os acertos e cumpridas as formalidades, Duvernoy encarregou o agente funerário do traslado dos corpos para a capital. Deu-lhe as ordens do que desejava fosse feito e surpreendeu o homem requisitando um enterro civil, sem assistência religiosa.

Depois foi ao hospital inteirar-se da situação de Irina. Orientado sobre onde ela estava internada e como chegar lá, andou pelos corredores do hospital, praticamente vazios, dado o adiantado da hora; apenas uma ou outra enfermeira circulava carregando bandeja com medicamentos, ou um ou outro acompanhante de paciente postava-se ao lado da porta ou nas janelas dos corredores. No silêncio, os passos de Duvernoy ecoavam, e mesmo o som de sua respiração parecia alto demais.

Logo adiante identificou a figura do maestro Stravinsky parado ao lado de uma porta alta de cor cinza-clara; ergueu o olhar para o número do quarto. Era o informado pela portaria.

– Boa noite, M. Stravinky – disse Duvernoy parando em frente do maestro. – Sou amigo particular de Paul Gautier, chamo-me Gaston Duvernoy. Fui chamado, infelizmente, para tratar do sepultamento dele.

O maestro prontamente estendeu-lhe a mão dizendo palavras de pesar.

– Vim saber como se encontra Irina. Posso vê-la?

– Ela não está no quarto, ainda está sob cuidados médicos e em observação. Ao que sei sofreu várias fraturas e está desacordada. Recobrou os sentidos reagindo aos primeiros socorros, mas ainda na ambulância perdeu novamente a consciência. Não a vi, porém um dos médicos veio falar comigo e, segundo o que disse, não sei o que podemos esperar.

A expressão de aflição do homem à sua frente tocou os sentimentos de Duvernoy. Ele tinha um relacionamento amistoso, mas superficial, com Irina. Podia mesmo dizer que gostava dela, simpatizava seria o termo exato, já que pouco a conhecia; surpreendera-o a felicidade que ela dera ao amigo e a própria evolução do relacionamento dos dois. Naquela hora amarga, envolto em seu pesar, reconheceu que pensou exclusivamente na dor que sentia pela morte do amigo e na falta que sua ausência lhe traria. Vendo a aflição do maestro, obrigou-se a reconhecer que a incerteza da situação que ele vivia em função da amiga e antiga amante era possivelmente pior que a sua, se é que aflição tem gradações.

Conversaram mais alguns minutos, depois, pretextando a necessidade de acompanhar o traslado e informando de que tomara as providências para o funeral de M. Duval, pediu-lhe que o mantivesse informado do estado de saúde de Irina.

– Agradeço-lhe a atenção com o motorista de Irina. Confesso que não pensei no infeliz, tal a minha preocupação com ela. Tome todas as medidas necessárias para o sepultamento de Gautier. De nada resolverá protelar as cerimônias, se foi pensando nisso que também veio à procura dela. Irina não terá condição de comparecer, ainda que recupere a consciência; as fraturas a impedirão de deixar o hospital.

Duvernoy baixou a cabeça, amassando o chapéu entre os dedos.

– É nossa obrigação, não há razão de agradecer, maestro. São de fato muitas as fraturas que ela sofreu?

– Seriíssimas, especialmente para uma dançarina. Suspeitam mesmo que talvez ela não possa mais andar – respondeu Ivan profundamente emocionado. – Estou rezando, espero que Deus ouça um infiel e ela se recupere, que não sejam tão extensas as lesões. Não consigo imaginá-la inválida. Para ela será a morte em vida.

Foram horas de dor e solidariedade entre os muitos amigos de Paul Gautier. Sua família consangüínea se extinguia com ele, entretanto deixava pesarosa uma numerosa família constituída por afinidades, escolhida e construída em toda a sua existência. Em volta de sua sepultura, no cemitério de um dos bairros de Paris, amontoavam-se flores amarelas, símbolos de amizade e saudade. Duvernoy, quiçá por ser o mais o velho e o mais próximo de todos, acabou por conduzir todos os atos e antes do sepultamento proferiu sentido discurso de despedida do amigo.

– A vida é cheia das mais estranhas surpresas, que são pequenos nadas a nos chamar a atenção para uma vida maior, para a vida de um Ser, com S maiúsculo – dizia ele em certo momento. – Descobrir e conhecer esse Ser é a nossa tarefa enquanto criaturas, enquanto seres menores. A vontade de Deus patenteia sabedoria, inteligência e amor em todas as suas decisões; não será a de nos afastar temporariamente do querido Paul Gautier que fugirá à regra. Senhores e senhoras, quando bateram à porta para informarem-me desse triste acontecimento eu divagava sobre o sentido da vida que ando a descobrir. Pensava eu sobre as relações, as teias invisíveis que unem todos os nossos destinos fazendo com que inconscientemente a maioria de nós gere com suas ações repercussões em todas as vidas. E, com esses pensamentos, me vinha à mente a recordação de um belíssimo texto que me apresentou nossa companheira Marion; na verdade, eu remexia entre seus pertences quando fui chamado à porta e lá cheguei com o papel amarelado entre as mãos. Era um dos muitos nadas a me falar da ação de Deus em nossas vidas, era um recado como a me dizer que eu não estava só, e tampouco estaria nas horas de dor que se sucederiam, pois justamente estou falando das maravilhosas palavras de John Donne, em *Devoções XVII*. Entre nós, seguidores da doutrina dos espíritos, não são os sinos que dobram anunciando a morte, libertos das mãos da Igreja. Somente nossas vontades se dobram e nossas lágrimas anunciam que nos resignamos ante a vontade superior de nosso Pai, ainda que contrária aos nossos desejos imediatos. E agora frente a frente com o último portal da vida física, lamentando a dor que nos causa a partida do amigo, embora todo o entendimento de que ele se liberta, vejo ainda o quanto nosso amor é egoísta e confesso que ao longo dessas horas conscientemente eu chorei por mim, chorei pelas horas futuras em que sentirei falta da alegria de Gautier, chorei por não mais vê-lo com as mãos tisnadas de tintas a falar entusiasmado sobre um novo quadro, por não mais compartilhar seus planos para uma nova exposição, por não tê-lo mais ao meu lado tão próximo e acessível como o foi até dois dias passados. Chorei, meus amigos, por mim mesmo e o confesso. Como lhes dizia, eu tinha em mãos o texto de Donne e não posso me furtar agora a também confessar que são em horas de dor e aflição que verdadeiramente amadurecemos. Entendo hoje o que há séculos escreveu o pensador: "E quando enterra um homem, essa ação me compete; toda a humanidade pertence a um só autor e é um só volume; quando um homem morre, um capítulo não é arrancado do livro, mas traduzido a outro idioma melhor e cada capítulo deve ser traduzido. Deus emprega muitos tradutores, alguns trechos são traduzidos pela idade, alguns pela enfermidade, alguns pela guerra, alguns pela justiça, mas as mãos de Deus estão em cada tradução e suas mãos encadernarão novamente todas as nossas horas dispersas para aquela biblioteca onde cada livro estará aberto junto a outro..." Jamais ficamos sós, nem aqui nem no outro lado da vida. Zelosamente Deus nos cuida e prove nossas existências. Tudo que nos cerca é para nós. A vida e a sua natureza exuberante contêm a morte, a destruição, e elas são necessárias portas de transição. Gautier não foi arrancado do livro da vida, mas traduzido para um idioma melhor. Como ele próprio diria, pintado com cores mais vivas, exuberantes de sentimento e amor. Todos cremos e sabemos disso, mas aqui nos reunimos pelo sentimento de perda que nos irmana ainda mais e porque não somos ilhas, somos trechos de continente, uma simples parte de um todo maior. Neste momento nos sentimos diminuídos, porque a humanidade se diminui com cada homem que morre, por isso Donne dizia nesse texto-recado, para mim, que não se envie ninguém a saber por quem os sinos dobram quando eles ressoam pelos ares, eles dobram por nós, por mim, por cada um de vocês. Eles não choram os que foram traduzidos, mas os que ficam diminuídos de um trecho.[2]

O grupo de amigos ouvia Duvernoy em respeitoso silêncio, cortado vez ou outra por um suspiro ou um lamento discreto e sincero. O orador ergueu os olhos ao céu nublado e prosseguiu:

– O céu está cinzento, isso é algo bem típico de nossa cidade. Mas essa cor mista de preto com branco bem retrataria nossos sentimentos. Sinto-me um misto de pureza – pois sei que meu amigo vive do outro lado, que as barreiras entre estes dois planos da vida, portanto entre nós dois não são intransponíveis, e lá amigos que choraram ao vê-lo retornar à terra anos atrás agora se regozijam por vê-lo regressar. Abrigo com sinceridade esta crença e a esperança e a fé me consolam – porém sou também impuro e já confessei as razões de meu pranto e da minha dor. Novamente *Devoções XVII* me socorre e inspira, lembrando-me que a tribulação é um tesouro natural cujo uso na viagem da vida me prepara e me aproxima de Deus. Muitas vezes desprezamos a nossa e a aflição alheia, jogando fora oportunidades benditas de crescer e compartilhar solidariedade, fazendo-nos carregadores da miséria de nossos semelhantes. Carregar não é se apossar da experiência alheia, mas é oferecer nossa cota de humanidade, nossa compreensão de que somos integrados, partes de um todo, para ajudar, pois se uma morte me diminui, também a dor de qualquer um me aflige. Gautier deixou-me exemplo de vida e humanidade; mostrou-me que o homem é capaz de amar e ser feliz, por esse só sentimento, quando se liberta de tolos preconceitos. Ele não viveu a minha vida, mas foi muitas vezes a minha casa carregar a minha aflição ou pedir-me que o ajudasse com a sua. Nós dois escrevemos lindos trechos – o livro dele será traduzido, o meu, o nosso, prosseguirá. Contemplemos este último portal da vida física como um espelho para cada um de nós, reconhecendo o que essa imagem nos fala e não perguntemos a ninguém a sua mensagem, pois tal qual

[2] O texto faz referência ao teólogo inglês John Donne, vinculado à Igreja Anglicana no século XVI.

os sinos dobram por nós, também a mensagem é para nós. Parte em paz Gautier! Sigamos todos com Deus, meu amigo.

Uma salva de palmas acompanhou o fim do pronunciamento de Duvernoy. Enquanto os coveiros baixavam à sepultura o corpo do morto, Adam, ao lado da esposa, empunhava um violino executando uma das sonatas de Chopin, emocionando os presentes com a lembrança do amor do falecido pela atriz que jazia entre a vida e a morte no leito do hospital, que aquela música embalara.

Enxugando as lágrimas que lhe saltavam dos olhos, Duvernoy olhava o caixão ser coberto com pás de terra e dizia baixinho:

– Segue em paz, Gautier! Foste um homem feliz, que conheceu o amor e foi amado com devoção. Prossegue teu caminho com as ternas emoções que essa música evoca.

Muito distante de Paris, numa pequena cidade na fronteira com a Suíça, assolada por uma calamidade, Marion aproveitava a hora de descanso sob a proteção de uma barraca para elevar seu pensamento em prece pelo amigo cujo desencarne lhe fora participado por um atencioso telegrama de Duvernoy. Após o momento de recolhimento, deixou-se ficar deitada sobre o catre velho e limpo, ajeitando o travesseiro onde reclinava a cabeça.

"Precisamos de fato valorizar a vida", pensava ela com os olhos fitos no teto de lona. "Como distorcemos conceitos, Deus do céu! E é tudo tão claro, tão óbvio, aos olhos de quem se dispõe a ver, a descobrir. Não há nada misterioso, tudo está literalmente posto ao alcance de nossos olhos, das nossas mãos. A vida ensina a cada passo o seu valor, nós é que completamente desfocados da hora não valorizamos as coisas verdadeiras, perdendo-nos em valores quiméricos. O que foi, meu Pai, aquela criança que enviaste, a minhas mãos esta manhã? Donde veio aquele anjo? Eu, entretida que estava com tantas ocupações, me julgando muito útil e feliz, e continuo crendo que fui, mas ainda assim não valorizando o real, o verdadeiro, ou melhor, não valorizando a causa e sim a conseqüência. Como pude viver até hoje, mais de 40 anos, e não dar-me conta de que fazia tal confusão de conceitos na minha mente? Justo eu que me orgulho de procurar ser atenta e cultivar meu espírito de aprendiz. Seja como for, obrigado, Deus, porque hoje eu descobri e desfiz esse equívoco na mente; que eu possa mesmo repassá-lo nas minhas atitudes doravante é o que te peço. Que lição! Pai, tu és inteligente, quando menos esperamos eis que a tua ação para o nosso crescimento salta aos olhos. Como iria eu esperar que aquele menino que foi se achegando ao meu lado e pedindo para distribuir junto a comida e os agasalhos, e de fato trabalhou como uma sombra a meu lado, fosse, ao fim da jornada, me mostrar que tenho por décadas cultivado uma noção e uma conduta – pois entendo que não pode ser diferente; se eu pensava assim, eu agia da mesma forma, era o mesmo motivador do pensamento e da ação o que me impulsionava – despropositadas, divorciadas dos meus próprios anseios profundos. O que senti quando lhe agradeci a ajuda, beijei-o e lhe ofertei uma dose extra de comida e ele me olhou muito terno e retrucou, no alto da sabedoria dos seus prováveis 12 ou 13 anos, que o trabalho vale por si mesmo, sem precisar retribuição, tocou-me fundo. Dei-me conta de que intimamente – porque procurava retribuir o trabalho dele, que não tinha me pedido isso, havia se oferecido simplesmente para ajudar – aquele meu gesto me levou a considerar que eu esperaria uma retribuição no lugar dele, talvez fosse só o beijo, a admiração de alguém para adular-me a vaidade, mas ainda seria uma retribuição. Quantas coisas fazemos sem valorizar a causa, valorizando sim a retribuição. O trabalho profissional talvez seja o grande exemplo. Ouço muitas mães orientando os filhos a buscarem um trabalho que lhes dê boa remuneração. Não valorizam a causa, a virtude de gostar do trabalho e fazer algo em que se sintam bem, realizados, gratificados, mas algo que seja bem retribuído; estão valorizando a conseqüência, e a lógica me diz que, se uma causa não é boa, a conseqüência também não o será, e a causa que alimentam é a ambição, o orgulho, portanto... A morte de Gautier me entristece; pensei muito nele nos últimos dois dias, como não fazia antes; agora reflito: estou valorizando a morte dele, mas a morte é uma conseqüência da vida e, quando ele vivia no mesmo plano, não ocupei dois dias pensando, valorizando a presença desse amigo. Que coisa! Como antes isso não me chamou a atenção: onde de fato está o valor das coisas e como podem os meus atos andar em descompasso com os meus desejos? Por pura inconsciência minha de refletir profundamente nas minhas ações. Sou, sim, capaz de pensar e falar uma coisa, e em meus gestos demonstrar a preponderância de algo muito velho em mim que eu julgava morto, sepultado, ou que a nível de idéias eu não abriguei nesta vida, entretanto vem comigo ou reaprendo atitudes irrefletidas e não consigo pôr para fora a singularidade de um pensamento próprio, 'novo', em face dos demais. Por que queremos nos sumir na mesmice de ser igual aos outros, quando em verdade isso não existe? Será que também aí estou valorizando mais a conseqüência de mim mesma do que a causa, ou seja, é mais importante a idéia que minhas atitudes projetam a necessidade de ser aceita como igual, do que a valorização da minha individualidade singular, que afinal é a tua criação e não a minha tão somente? Obrigado, Deus, por me teres enviado esse anjo a me advertir. Aliás, vou ficar atenta a ele. Jean Paul... A vida me afasta de um e me aproxima de outro Paul. Leva um homem notável, me traz um grande e sábio menino. Só a imortalidade da alma e a reencarnação nos podem explicar como, em meio a tanta dor e miséria, pode florescer uma inteligência madura e brilhante como meu jovem amiguinho. Não conheci esse vilarejo antes da calamidade, mas não é nada difícil perceber que é um povo de pouca escolaridade, que vive de cultivar o solo e ordenhar vacas. Por certo não seriam as maçãs nas árvores que lhe falariam com tanta maturidade sobre observação do comportamento humano."

Envolta em seus pensamentos, Marion relaxou e acabou adormecendo. O cansaço da longa jornada de trabalho cobrava seu preço, o corpo reagia à atividade e pedia repouso.

Vendo-a adormecida e descoberta, Marina, uma jovem que servia pela primeira vez nas fileiras da Cruz Vermelha e tinha adotado Marion por mestra, sorriu e, apanhando um cobertor, cobriu-lhe o corpo. Viera à sua procura, precisava de uma orientação e correra ao seu encalço. Era a maneira mais fácil de obter o que desejava, mas não iria acordá-la, sabia o quanto ela trabalhara aquele dia, encontraria outra forma de solucionar sua dúvida.

– Gautier..., Gautier... – murmurava Irina remexendo-se no leito do hospital e chamando a atenção da enfermeira que o maestro Stravinsky contratara para acompanhante da enferma.

A jovem senhora ergueu os olhos do livro que lia atentamente e observou a paciente; ainda tinha os olhos fechados, não fora desta vez que ela acordara. Três dias haviam passado sem qualquer sinal de que ela voltasse a recobrar a consciência. Inconsciente, ela murmurava chamando o nome do amante várias vezes durante o dia.

Liana, a enfermeira, compadecia-se da paciente. Não conhecia sua história, mas fora informada das circunstâncias do acidente e da morte da pessoa por quem ela chamava. Ivan Stravinsky não suportara ficar no hospital; em verdade não tinha coragem de dar-lhe a notícia da morte de Gautier, como também temia conhecer a extensão das seqüelas do acidente com a própria enferma. Fugira pretextando compromissos de trabalho. Deixara uma soma em dinheiro depositada, contratara uma profissional para cuidar da atriz e partira sem olhar para trás. Em Paris deixara informações e ordens com a empregada e também não voltou a fazer outros contatos.

Nanine recebera as notícias relativas à sua patroa e uma piedade profunda se estampara em sua face. Ninguém conseguia aceitar a hipótese de que a Divina Irina se reduzisse a uma mulher inválida, presa a uma cadeira de rodas, que nunca mais a vissem dançar, cantar, tocar ou representar em lindos espetáculos. E choravam por ela. Em meio ao desespero e à grande quantidade de fãs e antigos admiradores e amantes da atriz que buscavam informar-se sobre sua saúde, além da imprensa que estava dando ampla cobertura à tragédia que tirava de cena dois importantes artistas, ela se obrigara a pedir ajuda a Lilly e a aguardava ansiosamente. Tão logo recebeu o pedido, Lilly acorreu ao endereço de Irina inteirando-se dos acontecimentos.

– Que horror! Por que tamanha desgraça na vida dessa menina? – dizia Lilly encarando Nanine, que balançava a cabeça desconsolada e sem resposta para uma indagação que também era sua. – Essa vida é cheia de injustiças mesmo. Irina não é perfeita, ninguém é, mas tem gente bem pior que ela. Não merecia o que aconteceu.

– É uma injustiça realmente. E, pior, não sei o que dizer a toda essa gente. A coitadinha está lá no hospital nessa cidadezinha, dizem que não podem trazê-la para Paris, que é melhor aguardar que ela se recupere por lá mesmo, mas não sei... Coitada! Sozinha, ninguém conhecido, numa hora dessas... É muito duro!

– Eu irei para lá – decidiu Lilly. E, olhando para os trajes que usava, um vestido justo, decotado e escarlate, enfeitado com plumas, viu que precisaria retornar à sua residência. – Se tivesse sonhado que o caso era tão sério teria trazido uma muda de roupa. Precisarei voltar em casa para me trocar.

– Não, Madame Lilly, não é preciso. Ficaram algumas roupas suas aqui, *mademoiselle* as deu para mim, useia-as poucas vezes; se não se importa, pode levá-las.

– Ora, Nanine deixe de bobagens, imagine que vou me importar. Arrume já essas coisas, vou escrever um bilhete para as meninas explicando a situação e deixando as ordens para o tempo em que vou estar fora. Elas são muito boas, mas é preciso ter o olho atento senão os negócios não andam. Aprendi isto com Irina; se nenhuma outra razão houvesse, essa já seria suficiente. Sabe, Nanine, mesmo com estilo diferente do dela, depois de viver aqui, posso dizer que me tornei uma mulher de negócios, chique, não! Lembra-se de um velho amigo de quem eu falava muito, o Fantasma?

Nanine, andando pelo corredor apressada para recolher os pertences e enviar Lilly para Saint Etienne, apenas balançou o cabeça afirmativamente. Foi o suficiente para incentivá-la a continuar falando.

– Pois é, está conosco no Café Graville. Aliás, não é mais um simples café, mudou bastante, agora é uma casa de espetáculos. Fantasma conhecia tudo do Moulin Rouge, também viveu a vida toda lá; acredita que ele sabe de cor várias coreografias, músicas e apresentações inteiras; o diabo do velho lembra até do guarda-roupa de muitos espetáculos, especialmente daqueles mais antigos. Ele nunca disse por que, mas se afastou de lá e me descobriu no Graville; ficou alguns dias comigo e me propôs montar apresentações. Eu e ele fizemos tudo no início, desde criar até ensaiar as meninas, costurar o guarda-roupa, montar cenário. Foi uma loucura! Ulalá, só de lembrar fico cansada. Mas veio a recompensa, a freguesia agora é outra, a casa vive cheia, as meninas estão ganhando bem, trabalham satisfeitas e nós mais ainda.

Nanine ingressou nas dependências que habitava nos fundos do apartamento, abriu um dos armários, e pôs-se a escolher rapidamente as roupas, colocando-as sobre a cama. Depois se abaixou e apanhou uma mala.

Observando o silêncio e a rapidez da outra, Lilly notou o quanto ela estava nervosa e então percebeu o próprio nervosismo. Encostou-se ao batente da porta e indagou:

– Como vou dizer a Irina que tudo acabou? Santo Deus, que diabo de tarefa infeliz! Pobre coitada, não merecia. Dá pra fazer um chá de camomila, Nanine? Acho que estou muito nervosa, não sei o que fazer, tudo que sei é que preciso ir até onde ela está, daí para a frente...

– Já é alguma coisa, Madame Lilly – consolou Nanine terminando de arrumar a mala que fizera em tempo recorde e sem muitos cuidados; enfiava de qualquer jeito a manga de uma blusa para dentro a fim de fechar a tampa. – Lamento não poder fazer mais. O maestro mandou-me ficar aqui e encaminhar toda essa gente que faz contato para o teatro. Hoje mal tive tempo de comer uma fatia de pão com queijo como almoço; não fosse isso, iria junto com a senhora. *Mademoiselle* Irina sempre foi muito boa comigo, e M. Gautier, a senhora sabe que vivia aqui nos últimos anos, era um homem com um grande coração. Ela vai sofrer muito, pode ter certeza, quando disser que ele... – não conseguiu concluir a frase, sufocando-se com as lágrimas que a custo vinha contendo.

Lilly aproximou-se, abraçando a empregada e chorando junto com ela, enquanto pensava que aquela era a situação que jamais imaginara fosse acontecer. Várias vezes pensara em Irina nos últimos anos, mas não tinham mais se encontrado desde que partira do apartamento antes da morte de Graville. Ela bem podia avaliar o quanto a antiga protegida sofreria com a morte do companheiro, tinha essa experiência. Não seria nada fácil, ainda mais da forma brusca como acontecera o fato.

A tarde ia a meio quando Lilly chegou ao hospital. Encontrou a enfermeira, num imaculado uniforme branco, perfeitamente engomado, os cabelos bem arrumados, presos em um coque, sentada numa cadeira ao lado do leito. A surpresa ante a figura de Lilly parada na entrada do quarto com seus trajes berrantes tingiu de colorido as faces de Liana, entretanto suas maneiras mantiveram-se irrepreensíveis. Educadamente levantou-se e foi atender a visitante certa de que era um dos muitos e freqüentes enganos de quarto que costumam ocorrer em hospitais. Afinal, não era ingênua e aquela mulher era uma prostituta, sem sombra de dúvida.

– A quem procura, senhora? – indagou Liana.

– Irina – respondeu Lilly lacônica, assustada de ver as pernas da enferma enfaixadas, erguidas por um aparelho, e os braços cobertos por curativos, um deles também enfaixado, além de soro e sonda ligados à doente.

"Está toda quebrada!", constatou Lilly em pensamento sem dar a menor atenção à enfermeira.

– Aqui é o quarto de *Mademoisele* Irina, a atriz que sofreu um sério acidente. Seria a mesma pessoa que busca?

– É, somos parentas. Vim assim que soube do acidente, vou ficar com ela – esclareceu Lilly.

– Entendo. Eu fui contratada pelo maestro Stravinky e ele me informou que *mademoiselle* não tinha familiares na França. Ele deu essa mesma orientação à direção do hospital, portanto a senhora me perdoe, mas não posso deixá-la ficar.

– Vá pro inferno, moça – resmungou Lilly aproximando-se do leito de Irina. Tomada de compaixão, sentiu seu coração apertar-se ao ouvi-la mais uma vez chamar por Gautier. – Ivan deve ter esquecido de mim, faz alguns anos que não o vejo. Como está ela? Já sabe do acontecido?

– Os médicos dizem que clinicamente ela está se recuperando. Tem muitas fraturas, porém o que preocupa é o fato de ela não recobrar a consciência, embora tenha que se considerar que ela está tomando uma grande dose de sedativos – esclareceu Liana olhando em dúvida para Lilly.

– Coitada! Ela tem razão em não querer acordar e enfrentar a realidade, eu também preferiria não saber – respondeu Lilly agora encarando a enfermeira e notando o olhar sestroso com que era observada. Pôs as mãos na cintura e retalhou: – Olha aqui, moça, não tá acreditando no que eu falei, então vai correndo perguntar para o maestro Ivan se ele não me conhece, eu deixo. Vai, anda. Sai... Anda. Eu não quero ninguém me olhando atravessado; as coisas já estão ruins, sem precisar esse tipo de careta. Vai acostumando, porque eu não vou embora. Só saio daqui se a própria Irina me mostrar a porta da rua, tá bom?

Liana a olhava assustada, constrangida com os modos da visitante. Tentando apaziguá-la, disse:

– Fui contratada para cuidar da doente, é meu dever zelar por sua segurança e bem-estar. Não fui informada da sua visita, por favor, entenda.

– Eu entendo muito bem. Não sou burra. Você está achando que estou mentindo e que quero tirar algum proveito, porque uma mulher como eu, uma vagabunda. – Vendo a cara de espanto da enfermeira, um sorriso de deleite se estampou no rosto de Lilly: – É isso mesmo, sou vagabunda sim, senhora. E sou parenta de Irina, somos amigas, para sua informação. Talvez eu seja a única amiga que essa coitada tem; então me faça o favor de ir de uma vez telefonar para o maestro, já que só assim vai acreditar na minha história. Ah, por gentileza, diga a ele que avise Nanine que já estou aqui.

Liana fez mais algumas colocações com o intuito de explicar sua posição e atitude como profissional, para depois chamar uma das enfermeiras do hospital e pedir que ficasse com a doente enquanto ela ia dar alguns telefonemas e tratar com a direção do hospital quanto à chegada daquela familiar.

Lilly ignorou tudo o que a enfermeira fez e disse. Com total falta de cerimônia, acomodou sua mala no armário do quarto, apanhou a cadeira que era ocupada por Liana, aproximou-a mais do leito da acidentada, sentou-se. Voltou o olhar para o rosto de Irina e murmurou baixinho:

– Pelo menos não há nenhum sinal de lesão grave no rosto, só está com hematomas e inchado. Nada que deixe cicatrizes. Se ainda ficasse com o rosto deformado seria muito pior.

Mais um dia se passou sem alterações no quadro da enferma. A situação de Lilly esclareceu-se e, ao cabo daquela noite, ela e Liana já se entendiam amistosamente, ainda que a enfermeira fosse reservada.

Pequenos raios de sol da tarde invadiam o quarto do hospital através das janelas venezianas, emprestando-lhe uma agradável e suave luminosidade. Irina remexeu-se no leito tornando-se consciente de que tinha limitações em seus movimentos. Com certa dificuldade, abriu os olhos e, sofrendo a ação da luz que lhe feria a visão, voltou a fechá-los, fazendo nova tentativa e piscando para ambientar-se novamente à luz. Movimentou a cabeça de um lado para outro estranhando o local. Não sabia onde estava e estranhamente não tinha lembranças daquele lugar ou de qualquer outro. Parecia que tinha a mente vazia, um torpor envolvia-lhe os membros, as costas estavam desconfortáveis, desconhecia o peso do corpo. Tentou mover os dedos das mãos, tocando levemente nos lençóis de algodão, eram ásperos, parecia que o tecido era engomado. Estranhava também aquela sensação, esperava algo macio, sedoso, mas não atinava com a razão. Sem dúvida estava em um ambiente estranho, totalmente fora de suas vivências.

Fez uma tentativa de sentar-se, erguendo os ombros, o pescoço e a cabeça. Imediatamente uma forte tontura lhe acometeu obrigando-a a deitar-se e gemer alto, o que chamou a atenção de Lilly, que, após a refeição, envolvida no tédio da rotina de acompanhante de enfermo, não havia resistido à sonolência. Já que sua prestimosa companheira, apesar de mais amistosa, era muito calada, preferira a companhia do livro à dela, fazendo com que o silêncio dominasse o recinto.

Liana, que observava a paciente se remexer, tão logo percebeu a tentativa de movimento correu para a beira do leito, encantando-se com a beleza dos olhos de Irina; sorriu com simpatia, tocando-lhe delicadamente na mão, e recomendou:

– É melhor não se movimentar muito.

Irina contemplou-a com a mesma expressão de estranheza com que observava o restante do local. Era visível em sua expressão que ela despertava muito confusa.

– Você está no Hospital Saint Etienne della Croix. Eu sou Liana, sua acompanhante.

– Hospital? – repetiu Irina baixinho e os sons da movimentação de Lilly atraíram-na. Focando a figura da amiga, franziu o senho, ainda mais confusa, beirando a incredulidade: – Lilly? O que está fazendo aqui?

Lilly, ao lado de Liana, encarou a atriz. Não sabia como conduzir aquela conversa, estava tão ou mais confusa do que a paciente. "E agora, o que faço?", questionava-se ela. "Conto tudo do meu jeito nu e cru? Espero, não digo nada? Conto aos poucos? Santo Deus! Que situação dos diabos, nunca vivi coisa igual. Nem ao menos sei se essa coitada vai voltar a caminhar, mas sei que o mundo dela virou de cabeça para baixo e está tudo fora do lugar. Que é que eu faço?"

Liana, experiente na função, socorreu a estranha companheira que a vida lhe ofertara naquele emprego e explicou pausadamente:

– Sua amiga veio ajudar-me a cuidar da sua recuperação. A senhora foi vítima de um grave acidente de automóvel, foi socorrida por moradores de um vilarejo à beira da estrada e trazida para este hospital. Madame Lilly está aqui há alguns dias.

"Que bom! Parece que essa criatura sabe mesmo o que fazer; aqui eu sou novata, vou deixar que a moça mais experiente me oriente", pensou Lilly aquiescendo com a conduta da enfermeira.

– Como se sente Irina? – indagou Lilly em tom moderado.

– Estranha. Tenho sede. – E, correndo o olhar pelo alto, identificou os sacos com soro pendurados em um cabide; baixou os olhos para a própria cama, empalidecendo ao ver as pernas engessadas e erguidas suspensas por correntes ligadas a uma base de sustentação. Reunindo forças, a paciente movimentou os braços, espantando-se por reconhecê-los cobertos de arranhões e curativos. Em seu rosto o espanto, a incredulidade e a confusão mesclavam-se, enquanto a sensação de autopiedade se imiscuía no íntimo do seu ser. – O que é isso? Minhas pernas... o que houve?

– *Mademoiselle* sofreu várias fraturas. – A enfermeira voltou a responder, socorrendo Lilly, chamando a si a tarefa de dar as notícias à paciente, acompanhando e monitorando seu processo de despertar. – Mas logo estará boa. Confie em Deus.

– Acidente... Fraturas? – repetia Irina esforçando-se por entender.

– *Mademoiselle* não lembra do fato?

– Creio que não, tenho imagens confusas na minha mente. Estou confusa, muito confusa.

– Procure ficar calma – orientou a enfermeira. – Vou chamar o médico para examiná-la, está bem.

Liana não aguardou qualquer forma de autorização, apenas endereçou um rapidíssimo olhar a Lilly e saiu do quarto.

– Lilly, o que você está fazendo aqui? Parece-me fazer anos que não a vejo – comentou Irina. – Sabe alguma coisa desse lugar, desse acidente? Não consigo lembrar nada. Só me vêm à memória umas poucas pessoas, alguns lugares...

– Não se agite, Irina – repetiu Lilly em voz que procurava ser serena, imitando a enfermeira. – Você esteve muitos dias desacordada, deve ser por isso a sua confusão. Faça o que Liana pediu: fique calma. O médico já deve estar vindo atendê-la, ele melhor do que ninguém saberá ajudá-la, confie.

Contornou o leito a caminho do criado-mudo, onde serviu um copo com água e cuidadosamente aproximou dos lábios de Irina, que repousava com os olhos fechados.

– Beba – incentivou Lilly. – É fresca, trouxeram junto com a nossa refeição.

Sedenta, a doente sorveu o líquido e este simples exercício foi suficiente para cansá-la. Lilly, que lhe apoiava a cabeça erguendo-a um pouco, notou o empalidecimento, fê-la deitar-se rapidamente, indagando, assustada:

– Você sentiu alguma dor maior por eu ter erguido sua cabeça?

Irina limitou-se a mover a cabeça em negativa. Não tinha nenhuma vontade de falar, embora sua mente fervesse de indagações. Era como se de alguma forma pressentisse que as explicações seriam mil vezes piores que a dúvida, que a ignorância dos fatos que a levaram àquele hospital. Repentinamente algumas imagens começaram a se desenhar em sua memória. O carro voltara da oficina. M. Duval, dizendo que tudo estava em perfeitas condições, os consertos necessários haviam sido feitos e, embora o empregado manifestasse dúvidas sobre a competência do mecânico do vilarejo, acabara por constatar, no retorno à chácara, que o veículo funcionava bem. A chácara!

A propriedade veio-lhe à mente e com ela as férias, Gautier, a viagem de retorno, o clima alegre no carro. De repente, o desgoverno do veículo em uma curva, os gritos de Gautier, sua tentativa desesperada de assumir a direção do carro tentando ir para o banco da frente. Por fim, a inevitável batida contra as árvores que margeavam a estrada, o amante chamando seu nome em tom desesperado, depois o silêncio, a escuridão...

– Gautier – falou Irina. – Como está ele? E M. Duval? Feriramse muito? Com certeza trouxeram todos nós para cá.

Lilly sentiu os olhos arderem com o esforço para conter as lágrimas, respirou fundo tentando controlar as emoções ao que tudo indicava, a hora da verdade não aguardaria pelos profissionais. Encheu-se de coragem e, tomando a mão de Irina entre as suas, sentou levemente na borda do leito.

– Sim, trouxeram todos vocês para cá. Vejo que recobrou a lembrança do acidente, então já entendeu o que está se passando. Você teve muitas fraturas, ficou dias desacordada, precisará ser muito forte para recuperar-se.

Irina abriu os olhos, voltou a cabeça na direção de Lilly, a encarou notando as lágrimas que a companheira tentava desesperadamente conter.

– Como ele está, Lilly? Não minta para mim, por favor.

Lilly apertou com mais força a mão de Irina e, não contendo mais as lágrimas, sustentou o olhar da amiga alguns minutos em um silêncio eloqüente. Seu olhar irradiava uma grande tristeza, um profundo e sincero pesar, pois aprendera a admirar o caráter do pintor, sua ousadia em tornar público seu afeto por uma mulher prostituída, ainda que famosa.

Um sentimento de pavor, de pânico, foi tomando conta de Irina, como se de repente tomasse consciência de algo que pressentia e esse algo fosse muito doloroso. Sentiu queimar-lhe o peito, a garganta ressecou e só uma palavra lhe vinha à boca:

– Não! Não! Não!

Lilly aproximou o rosto do da amiga, na tentativa de abraçá-la, oferecendo conforto, mas Irina parecia insensível. Tinha os grandes olhos abertos, fitando o teto e espelhando uma dor intensa, que brotava no âmago do ser. Dos cantos de seus olhos rolavam grossas lágrimas, enquanto prosseguia murmurando sua inconformidade:

– Não! Não, estão enganados... Gautier não... não é possível... não Gautier.

A porta abriu-se e logo o som da voz de Liana conversando com um homem enchia o ambiente. O Dr. Vincent era o médico que socorrera e acompanhava a atriz desde a sua hospitalização. Era um homem de meia-idade, ainda bastante atraente, magro, grisalho e com olhos castanhos-esverdeados, ao redor dos quais se notavam salientes linhas de expressão denunciando a passagem de um tempo considerável gasto em estudos e noites e noites sem dormir trabalhando no hospital.

O médico acercou-se do leito, chamou pelo nome da paciente, mas ela limitou-se a conceder-lhe alguns breves momentos de atenção. Irina não falava. Quando abria a boca, era para murmurar sua não-aceitação da morte do amante e chamar-lhe o nome, numa atitude típica do desespero negando a realidade dolorosa.

Vincent carinhosamente pôs-se a examiná-la. Continuava falando, como se alguém estivesse lhe pedindo informações sobre o estado de saúde da paciente; por fim, dando-se por satisfeito, voltou-se para as acompanhantes, especialmente para Lilly, e falou:

– Sua amiga entrou em estado de choque com a notícia. É muito freqüente esse tipo de reação diante de uma morte inesperada, ainda mais se for de alguém a quem se ama muito. Como ela está tomando muitos sedativos para as dores, vou evitar drogá-la mais, porém, se ela não reagir em algumas horas, serei obrigado a intervir. Por enquanto vamos observar, qualquer mudança me chamem. – E encarando Liana, completou: – A enfermeira do plantão tem como me localizar a qualquer hora, não hesite em acioná-la.

A enfermeira baixou a cabeça demonstrando aquiescência.

Lilly apenas o acompanhava com o olhar. Vendo-o deixar o quarto ocupado com a planilha que tinha em mãos, registrara suas palavras, mas ficara em sua mente apenas que o médico considerava com naturalidade a reação de Irina, típica na situação e própria de quem perdia um amor tragicamente. De certa forma, aquelas palavras a tinham aliviado; preocupara-se e mesmo se culpara julgando que não tivesse sabido dar a notícia, que devia tê-la preparado melhor e coisas do gênero.

Voltou o olhar ao leito. Grandes rodas úmidas marcavam a alva fronha do travesseiro onde Irina recostava a cabeça, o pranto não cessava de rolar por suas faces e o olhar continuava perdido, sem ponto de apoio, refletindo mil lembranças, mil emoções, todas sobrepostas pela tristeza.

"... alguém a quem se ama muito", dissera o médico, e Lilly recordava-se das palavras em pensamento e com elas uma série de reflexões vinha à sua mente. Lembrava Dolly e sua incansável leitura de romances. Era só ela ter alguma hora livre durante o dia e lá estava Dolly, pequena, frágil, loira, enrodilhada sobre sua cama coberta com uma colcha de retalhos coloridos mergulhada em seu mundo de faz-de-conta, segundo o pensamento dela – Lilly. Não sabia explicar a razão, mas jamais se esquecera de uma ocasião em que a antiga parceira lhe lera encantada, emocionada, e, brincando de atriz dramática, interpretava um texto de Dumas Filho, do romance *A Dama das Camélias*, que colocara Dolly em lágrimas desde as primeiras páginas. Parecia ainda ouvir a voz rouca da amiga reproduzindo o texto de cor como se fosse o narrador da história:

"Estou simplesmente convencido do seguinte princípio: para as mulheres às quais a educação não ensinou o bem, Deus abre quase todos os dias caminhos que para Ele as levem; esses caminhos são a dor e o amor. São difíceis, e as que decidem percorrê-los sangram os pés, rasgam as mãos, porém deixam ao mesmo tempo nos espinheiros os adornos do vício e chegam ao final com aquela nudez que não as faz corar diante do Senhor.

Aqueles que encontram essas viajantes corajosas devem dar-lhes apoio e dizer a todos que as encontraram, pois é tornando pública a sua ação que mostrarão o caminho.

Não se trata de simplesmente colocar dois cartazes no ponto em que a vida se divide em duas vias com as inscrições, num deles, Caminho do Bem, e, no outro, Caminho do Mal, e de dizer a quem se apresentar: 'Escolha'. É preciso, como fez o Cristo, mostrar atalhos que levem da segunda via para a primeira aquelas que caíram em tentação; sobretudo, não é preciso que o começo do caminho do bem seja doloroso demais e nem que ele pareça impenetrável.

O cristianismo aí está com a sua maravilhosa parábola do Filho Pródigo para nos aconselhar indulgência e perdão. Jesus tinha muito amor por essas almas feridas pelas paixões humanas e gostava de curar as chagas retirando delas próprias o bálsamo que iria curá-las. Assim, dizia ele a Maria Madalena: 'Muito te será perdoado porque muito amaste.' Sublime perdão este que despertou uma fé sublime."

"É a dor ou o amor que conduzem Irina agora?", prosseguia Lilly observando-a enquanto se entregava a suas reflexões e lembranças. "Não sei. Mas é tão fácil ver que ela está nua, que não só seus pés e mãos estão feridos, mas que toda ela sangra, tem suas entranhas dilaceradas, muito além das fraturas do corpo. Se Deus existe – creio que sim, ao menos nessas horas é Dele que me lembro –, espero que a esteja recebendo junto de si. O amor dela por Gautier era muito grande. Nunca pensei que ela sequer fosse capaz de amar; vivia repetindo que não havia coisa mais idiota que uma vagabunda apaixonada. Como iria advinhar que era tudo da boca para fora, que no fundo ela queria amar? Que bom que amou, mas que triste que tenha terminado assim. E Irina está nua, como nunca esteve em toda a sua vida, em nenhum palco público ou privado. A dor rasga-lhe todos os véus da alma, arrancara-lhe todos os adornos do vício, agora não vejo nenhum. Ela não é nada mais que uma mulher em grande sofrimento. Realmente, a dor e o amor santificam até mesmo nós, as vagabundas. Nunca fui dada à religião, e tenho horror a batina de padre, mas se Deus existe mesmo essa é uma hora em que ela está precisando Dele. O romance que Dolly adorava dizia que o caminho não podia ser doloroso demais no início, bem... este está sendo terrivelmente doloroso, é preciso que Deus diminua um pouco esse sofrimento."

– Você sabe rezar, Liana? – perguntou Lilly surpreendendo a enfermeira, que tentava em vão retomar sua leitura e manter-se alheia à emoção que dominava o ambiente.

– É claro, madame.

– Por favor, me ensine – pediu Lilly se aproximando da enfermeira estampando no rosto toda a piedade que era capaz de sentir e tocando ainda mais os sentimentos de Liana, que aprendia rapidamente a rever muitos valores e opiniões naqueles breves dias de intensa convivência com Lilly. Rapidamente fez o sinal-da-cruz, depois lhe segurou delicadamente o braço. Apoiando o rosto de encontro ao ombro dela, começou a murmurar uma ave-maria, lembrando-se de que também a mãe de Jesus compartilhara momentos de dor por amor a um homem que partia com uma mulher desprezada pela sociedade. Se a mãe de Jesus não havia se negado a conviver com a pecadora, se o amor e a dor as haviam unido, qual razão ela teria para ser mais rígida que a mais valorosa das mulheres? Segundo lhe ensinava a crença católica, que abraçava com fervor. Foi aquela a primeira vez que questionou a forma como lhe haviam ensinado o Evangelho. Por que nunca ninguém lhe lembrara da importância de observar a conduta dos personagens da maior história que o mundo ocidental conhece e admira? Fora preciso passar aqueles dias entre as quatro paredes de um quarto de hospital na companhia de duas mulheres perdidas para aprender a ver o quanto de humanidade e semelhança havia entre elas três. Justo ela que sempre primara por uma conduta severa e virtuosa, exemplar – segundo seu desejo – da virtude feminina, agora, em tão poucos dias, se dava conta de que todos os anos e pregações ruíam diante da força da vida. Na verdade, seus exemplares de virtude feminina eram destituídos de sentimentos e não percebera antes. Agora enxergava.

Lilly ouviu a rogativa a Maria, em silêncio. As palavras cheias de emoção pronunciadas pausadamente por Liana caíam-lhe como bálsamo sobre as feridas. Notava que a outra pronunciava cada palavra com muita fé e sentimento.

– Repita comigo – convidou Liana, pondo-se a repetir a prece cheia de sentimento. Com a voz embargada, Lilly a acompanhava na prece buscando com o olhar o rosto de Irina, na clara intenção de fazer com que aquelas sensações de pacificação se transmitissem à enferma.

– Como se sente? – indagou Liana ao final da oração – Não é difícil, é?

– Estou melhor, me sinto menos aflita – respondeu Lilly, ignorando a segunda parte da pergunta, pois, apesar de ter recitado com toda atenção e sentimento as palavras, agora não lembrava mais do que alguns trechos desconexos e entendeu que a enfermeira lhe perguntava se aprendera as palavras.

– Se quiser posso lhe dar por escrito a oração. Assim, quando você quiser, a terá à disposição. Leva muito tempo até que se saiba de cor, a menos que se tenha tido a oportunidade, como eu tive, de freqüentar a igreja com minha família na infância e, a contragosto, naquela época, me ensinaram a decorar as principais orações. Você talvez não tenha ido a igreja na infância?

– Acertou – respondeu Lilly lacônica. – E nunca pergunte a uma vagabunda por sua infância ou por seu passado, dói lembrar de coisas que foram mortas e enterradas há muito tempo, ninguém gosta de desenterrar velhos ossos.

A sinceridade crua da prostituta desarmava Liana, que, sem os comuns jogos da boa educação, ficava sem saber como agir – uma desconfortável sensação terminava por se alojar em seu íntimo, despertando-lhe questionamentos nunca antes imaginados. Entregava-se ao silêncio e às reflexões, e Lilly fazia o mesmo, enquanto os olhos de ambas se mantinham atentos a Irina, que continuava a chorar silenciosamente. As lágrimas ampliavam cada vez mais as grandes rodas sobre a fronha do travesseiro. Os cabelos molhados pelo pranto colavam-se às laterais do rosto.

Alheio a todos os acontecimentos que se desenrolavam na França, em Berlim o jovem Schroeder agora acompanhava os passos do pai no exército alemão; deixara definitivamente a universidade. Seu país, após experimentar um surto de evolução, de ter suas instituições falsamente estabilizadas, tudo graças a grandes empréstimos e a investimentos estrangeiros, especialmente capital norte-americano, começava a dar sinais de desequilíbrios políticos internos. Havia uma infindável, complicada e comprometedora rede de intrigas cercando os partidos políticos e o gabinete de governo. A chancelaria era um cargo que passava de mão em mão, ao sabor da intriga do momento.

Em meio a esse quadro, o partido nazista voltava a crescer. Derrotado que fora nas últimas eleições, naquele final da década de 1920 ressurgia com vigor ampliado e renovado. Sua força paramilitar já suplantava o próprio corpo do exército na proporção de quatro homens para um. A figura de seu excêntrico líder, Adolf Hitler, voltava a despontar no cenário político, chamando a atenção de Schroeder com sua retórica e teorias de uma Alemanha forte, independente, valorizando a raça ariana como a mais capaz entre todas as outras. Sentia sacudir o pó de tradicionais conceitos que recebera na infância – os valores do avô, muito orgulhoso em seu uniforme impecável de oficial do exército. Toda a cultura ancestral lhe surgia aos olhos como raízes fortes que haviam sido relegadas, e, junto com elas, a lembrança de que um passado de glória se devia a um governo não-republicano, não-democrático. Fácil extrair daí as conseqüências de que a culpa do descalabro após a perda da Grande Guerra – a chamada traição de novembro –, que os fizera sofrer horrores tanto moral quanto materialmente, mergulhando o país em um estado caótico, era da odiada República de Weimar.

Schroeder se encaminhava com segurança para engrossar as fileiras do partido nazista, embora contrariando a posição oficial da organização a que pertencia, que "para todos os efeitos" não se envolvia com política, entretanto, a ala jovem do exército dava mostras de engajamento político e de simpatia às idéias nazistas, sutilmente infiltradas nas tropas.

CAPÍTULO XII

A bancarrota

"O homem não possui de seu senão o que pode levar deste mundo." [1]

A porta do pensionato abriu-se e fechou-se. Uma lufada de ar gelado invadiu o ambiente morno da sala de recepção. Duvernoy chegava para mais um dia de trabalho, desenrolava o cachecol para pendurá-lo no cabide juntamente com o pesado sobretudo de lã escura; alguns flocos de neve eram visíveis sobre as botinas pesadas que calçava. Trazia o rosto vermelho devido ao frio que fazia lá fora.

– Bom dia M. Duvernoy – cumprimentou Marguerite aparecendo no vão entre o corredor e a recepção. – Recebemos inesperadas visitas esta manhã, bem cedinho. Fiz um café quente, temos *croissant* e o bolo de nata e frutas, queijo fresco...

– Já chega, Marguerite, se continuar vou me afogar na saliva. Não troco seu desjejum pelo que se faz em meu apartamento jamais, e sabes disso – interrompeu Duvernoy bem-humorado; ele e a criada do pensionato haviam desenvolvido uma grande camaradagem e um ótimo relacionamento. Marguerite não poupava esforços para agradá-lo. Todas as manhãs o esperava com algum de seus doces favoritos para a primeira refeição. – Aliás, seu café é incomparável. Quem chegou para nos visitar? Algum dos rapazes que moraram conosco?

[1] Allan Kardec. *O Evangelho Segundo o Espiritismo*, cap. XVI, item 9.

– Madame Marion e o jovem Jean-Paul – informou Marguerite com um amplo sorriso que lhe iluminava a face.

– Que maravilhosa notícia! – exclamou excitado Duvernoy apurando o passo em direção à sala de refeições, onde, deduzia, se encontrava acomodada a amiga. Repentinamente, parou a meio caminho fazendo com que Marguerite praticamente tropeçasse nele, e indagou em tom de cumplicidade: – Quem é Jean-Paul? É algum conhecido comum que eu tenha esquecido? Sabe como é a minha memória... Cada dia pior.

– Pode se acalmar, é um novo amigo, um encanto de rapaz.

– Ah! Melhor assim, fico tão constrangido quando não reconheço alguém.

Marion, ouvindo a voz do amigo, apressou-se em vir saudá-lo à entrada da sala, abandonando a mesa. Um carinhoso abraço selou o encontro e, após as costumeiras expressões de afeto e preocupações com o mútuo bem-estar, ela se voltou em direção à mesa chamando a atenção de Duvernoy para o rapazote que os observava muito sereno, sentado em uma das cabeceiras da mesa.

– Duvernoy, quero lhe apresentar um novo amigo, Jean-Paul.

– É um prazer conhecer os amigos de Marion. Seja bem-vindo – cumprimentou Duvernoy estendendo-lhe a mão. – Marguerite já me havia falado de você.

Jean-Paul educadamente correspondeu ao cumprimento, sustentando o olhar e o exame atento que lhe fazia o amigo de sua protetora, em completo silêncio.

– Um belo jovem – declarou Duvernoy ao final. – Que idade tem?

– Doze anos, senhor – respondeu o menino.

Duvernoy lançou um olhar indagador a Marion, que lhe respondeu com um sorriso divertido, retomou a sua posição à mesa, e reiniciou a refeição, não deixando a ele outra opção que não fazer o mesmo.

– Teremos tempo para conversar depois, tenho muitas experiências para contar e esses poucos dias que passo em Paris não serão suficientes, mas prometo esclarecer as mais relevantes. Agora, não percamos tempo: conte-me as novidades. Aqui em casa Marguerite já me pôs a par de tudo. Você está de parabéns, é um excelente administrador de pensionatos, portanto conte-me de nossos amigos: como estão eles?

Duvernoy iniciou a longa exposição falando sobre as companheiras de trabalho na cooperativa e as atividades que prosseguiam. Entusiasmado, declarou que haviam conseguido a propriedade do prédio, através de uma doação dos antigos proprietários, e ele agora começava a sofrer reformas e em muitas partes já estava irreconhecível. As próprias melhorias refletiam num aumento de interesse nos produtos e serviços das cooperativas, elevando os rendimentos do grupo e de cada uma das integrantes.

– Excelente! Eu tinha certeza de que isso acabaria acontecendo. É só termos confiança, amor e sensatez na realização de um trabalho que ele gera frutos. Mal posso esperar para ir ver as reformas e abraçar a todas as alunas.

– Algumas de suas primeiras alunas já são experientes acompanhantes de enfermos e estão colaborando na formação de novas profissionais.

Marion batia palmas radiante com as notícias que recebia através do amigo. Jean-Paul sorria vendo-lhe o semblante alegre, descontraído, tão diferente da expressão serena, firme e compenetrada com que ela desempenhava suas funções no acampamento onde vivia. Entendia que os adultos falavam de coisas e pessoas que ele não conhecia, por isso entregava-se a observar as reações de Marion e Duvernoy. Não foi difícil ao olhar atento e precocemente amadurecido do menino notar quando o brilho se apagou do olhar de Duvernoy e sua voz silenciou para retomar o diálogo com uma inflexão cheia de preocupação e algo dolorida.

– Já se passaram seis meses da morte de Gautier. Parece que foi ontem! Sinto muito a falta dele – lamentou Duvernoy. – Especialmente quando me sento para ler e estudar às segundas-feiras. Não é mais a mesma coisa.

– Você continua com as reuniões? – perguntou surpresa Marion, também num clima de certa desolação.

– Sim, eu continuei. No início sozinho, como quando Gautier estava em férias, mas o sentimento era diferente. Antes eu esperava a volta dele, agora não mais, ao menos não fisicamente. Mas continuei. Como sabe, as transferi para cá e as fazia na sala de recepção. Sentava-me em sua poltrona, pegava os livros, lia, meditava, ouvia música, fazia minhas preces, enfim, confortava a minha própria dor. Depois, Marguerite um dia me pediu se eu podia ler para ela e lhe explicar sobre espiritismo. Adorei o pedido, senti-me um mestre com minha primeira discípula. Continuamos nos reunindo aqui e algumas reuniões depois observei que um de nossos jovens inquilinos sempre descia e ficava vagando pelos arredores na hora do estudo. – Trocando um olhar significativo com Marion, piscou e sorriu, completando: – Convidei-o para participar, ele aceitou. Eu exultei, tinha dois discípulos. Para minha maior surpresa dois outros rapazes se interessaram e também nossa vizinha, que estava muito revoltada com uma doença que lhe surgiu no caminho. Numa manhã, conversávamos sobre nossas dores e principiei a lhe falar como estava superando a minha perda e das dificuldades que tinha enfrentado para superar outras mortes de entes queridos, pois, creia, não só conquistei a amizade da simpática senhora como também ela freqüenta nossas reuniões domésticas. Assim, a dor me mostrou que, trabalhando por mim e pelos outros, ela acaba por se transformar em prazer. Ah, Marion, como é bom conversar com você! Senti muito a sua falta.

– Não exagere. Você tem feito coisas maravilhosas com as experiências que a vida lhe oferece. Não tem tempo nem razões para lamentar a minha ausência. Estou bem, saudável e feliz. Todas as noites peço a Deus por meus amigos.

– Concordo e, sem pretensão, acredito que realmente eu venha me espiritualizando bastante nos últimos tempos. Felizmente tudo acontece a sua hora, caso contrário, tivesse eu sofrido o baque da perda de um amigo tão querido anos atrás e teria de fato mergulhado na inconformidade e na autocomiseração.

– A vida é muito sábia ao nos colocar frente às provas, meu amigo. É sempre no tempo certo, não duvide. E *Mademoiselle* Irina? Você a tem visto?

O rosto de Duvernoy, que já demonstrava tristeza por lembrar dos fatos dolorosos do passado recente, nublou-se por completo. Piscou algumas vezes, rapidamente e dirigiu o olhar ao teto, como se nunca houvesse visto antes o delicado lustre que enfeitava a sala. Lutava intimamente para dominar a piedade que sentia por Irina, que não poucas vezes o levara às lágrimas. Não queria chorar diante de Marion.

– Irina. Que posso eu dizer dessa infeliz mulher? Nem sei por onde principiar a narrar-lhe o que tem sofrido a pobre criatura. É muito triste, desolador, viver sem fé. Acho terrível viver sem esperança, mas ela vive.

Marion o ouvia atentamente, emocionalmente tocada pela narrativa que lhe fazia o amigo. Poder-se-ia dizer que faziam ambos uma breve viagem aos meses passados. Tão vivas eram as tintas com que Duvernoy narrava o martírio de Irina que Marion parecia enxergar as cenas ante seus olhos.

Ele a fora visitar no hospital tão logo soube que estava lúcida e encontrou-a terrivelmente abatida; disseram que vivia o choque da notícia da morte do amante. Por três dias e três noites ela chorara sem parar; recusara todo tipo de alimento, somente o soro a mantinha. Mesmo a alta dosagem de analgésicos parecia ineficaz pois, a fazia adormecer ou delirar em alguns momentos, mas tão logo os efeitos cediam um pouco, ela voltava ao estado anterior. Lembrava da primeira visita que lhe fizera como se fosse ontem.

Irina, muito pálida, os belos olhos raiados de sangue, rodeados de grandes olheiras, o rosto inchado, a voz rouca, torturada pela dor, deitada naquele leito de hospital, com as pernas imobilizadas e os braços machucados, dando mostras da violência do acidente, não sairiam tão facilmente de sua lembrança. Naquele minuto não reconheceu a mulher que seduzira as platéias no teatro de variedades; estava despida de qualquer traço de sensualidade ou luxúria. Ao reconhecê-lo, ela lhe havia estendido uma das mãos e repetido com lágrimas descendo dos olhos:

– Gautier se foi... Por quê?

– Ninguém tem vontade superior aos desígnios de Deus, minha amiga – procurara confortar Duvernoy. – E a ele competem a vida e a morte. Pensemos que Gautier vive; apenas está sem o corpo e afastado do nosso olhar como que por uma cortina que nos impede de percebê-lo, mas ele, como todos nós, sobreviverá à morte. Ela não é o fim. É apenas uma separação temporária. Nosso querido Gautier continua nos amando e sendo a mesma pessoa alegre e bondosa que nós amamos, por isso vamos pensar também nele nesse momento. Por certo ele também sofre com essa separação e há de sofrer ainda mais se nós nos deixarmos levar pelo desespero. Ele tinha muita fé no futuro e uma linda sensibilidade para ver a beleza das obras de Deus; vamos recordá-lo com amor e confiança de que nos reencontraremos quando as névoas da ilusão de que estamos separados se desfizerem e for o momento certo de nos revermos.

Irina o fixara com aqueles grandes olhos cheios de contrastes, desde as cores que mesclavam azul e vermelho, até os sentimentos que refletiam: queria, precisava crer, mas a dor e a descrença que alimentara por tantos anos não permitiam.

– Como eu gostaria de acreditar no que me diz! Ver Gautier novamente... Que sonho bom, mas ele está morto. Não posso a acreditar nisso, às vezes acho que vou enlouquecer, pensando mil coisas. Mesmo vendo meu próprio estado, penso que exista algo, não sei o quê, mas alguma coisa que tenha acontecido que não a morte dele e que estejam me escondendo... Não posso aceitar que ele tenha morrido e que nós nem ao menos tenhamos nos despedido, que nem ao menos eu tenha podido cuidar do corpo dele. Eu já perguntei, mas ninguém me responde; como foi, eu preciso saber. Por favor, M. Duvernoy, me conte o que sabe. Não me esconda nada, eu não poderei sofrer mais do que sofro, por favor, entenda: eu preciso saber. Talvez sabendo de tudo eu me convença e deixe de criar fantasias; talvez, então, eu possa aceitar que não o verei mais.

Trocara um olhar de entendimento com as acompanhantes de Irina. Ambas o olharam com espanto e ergueram os ombros, deixando-os cair ao mesmo tempo, como a dizer:

– Que se há de fazer, conte-lhe.

Detalhadamente lhe contou todos os fatos que o ligavam àquela história e ao episódio do acidente. Falou-lhe sobre as reflexões de Donne que lhe inspiraram o discurso ao pé do túmulo do amigo. Repetiu-lhe a *causa mortis*, onde, quando e como ele fora enterrado. Procurara de todas as maneiras tranqüilizá-la, dar-lhe esperanças, mas sabia que pouco tinha feito, além de assustar a enfermeira com suas idéias.

Dez dias depois desse encontro, Irina fora transferida para o hospital de Paris, e ele ia vê-la diariamente. Aliás, apenas ele, Lilly, Thierry, Nanine e Adam ainda a visitavam. O maestro Stravinsky dera normal prosseguimento às atividades da companhia e partira para uma grande turnê pela América. Nem ao menos tinha previsão de retorno à França. Abandonara sua estrela ainda no leito do hospital.

A recuperação estava sendo muito lenta, pensava Duvernoy compadecido; felizmente ela poderia voltar a andar em breve, entretanto era improvável, senão impossível, que voltasse a dançar.

– Diziam que era também uma boa atriz – lembrou Marion. – Os artistas amam muito o que fazem, talvez sejam os mais devotados profissionais; esse amor que têm pelo que fazem lhes traz grande força. É bem de se esperar que, tão logo volte aos palcos, melhore seu estado de ânimo.

Duvernoy refletiu sobre o que Marion lhe dizia; concordava em parte com as colocações da amiga.

– Deus permita. Que realmente o amor à arte, aos palcos e às platéias devolvam a ela a vontade de viver, porque dá uma imensa piedade vê-la ainda hoje, pois a todos os dissabores que a perda lhe trouxe, agora vêm se somando dificuldades financeiras. Os gastos com o tratamento estão sendo muito altos; sem trabalhar, as economias, poucas que havia – pois me parece que nenhum dos dois se preocupou muito com o amanhã, não foram muito previdentes em termos de guardar alguma reserva de dinheiro –, estão se esvaindo rapidamente. A semana passada eu mesmo me encarreguei de vender os últimos quadros de Gautier que ainda existiam no estúdio. Ela tem inúmeras pinturas dele que, se vendidas, dariam um excelente recurso, porém não admite vendê-las, prefere desfazer-se das próprias jóias, crê nisso?

Um sorriso compreensivo esboçou-se no semblante de Marion.

– É preciso ser mulher para entender atitudes desse tipo, meu caro Duvernoy.

– É, são totalmente passionais.

– Em alguns casos, meu amigo, apenas em alguns casos. Uma mulher sofre e suporta uma grande dor, mas em meio à maior das tristezas ainda prevalece um senso de valores ditado pelo sentimento, mais do que pela simples razão. Irina pode já haver vendido seu corpo muitas vezes, seu tempo, mas jamais sua alma, seu coração. Ela preferirá qualquer coisa antes de fazer consigo tamanha violência.

– Não havia visto a situação por esse enfoque – confessou Duvernoy. – Mas tem certa lógica.

– Tem toda a lógica da alma da mulher – retrucou Marion com firmeza e tranqüilidade, enquanto servia-se de mais uma xícara de café e continuava a ouvir as histórias sobre Irina. Era fácil notar que Duvernoy visitava a atriz com regularidade; admirava-o por essa conduta. – Os quadros refletem-lhe a alma, além, é lógico, de serem a lembrança dos momentos vividos com Gautier. Que mulher não ficaria com as lembranças de alguém tão carinhoso como ele! Era um homem adorável.

– É – corrigiu Duvernoy sorrindo triste. – Ele é um ser adorável. Meu bom amigo ensinou-me alguns valores que, como homem, eu jamais havia cogitado.

– Diz isso referindo-se ao relacionamento dele com Irina?

– Sim. Eu ainda recordo o dia em que, torturado por seus sentimentos, ele foi procurar-me... Quando contou que todo aquele arroubo de sentimentos era para uma mulher prostituída, uma dançarina de cabaré, lhe confesso que lamentei a ingenuidade dele, vi maus caminhos à sua frente. Julguei e condenei Irina sem conhecê-la. Especialmente o passado dela me afligia; por causa dele, eu me tornei cego e não fui capaz de enxergar nem a mulher nem o presente que ela vivia. Só me fixava no passado escabroso, que, este sim, ainda imagino que ela tenha vivido.

Duvernoy fez uma pausa, relanceou o olhar pela sala e, esquecido de que estava na presença do menino, assustou-se levemente ao vê-lo com os braços apoiados sobre a mesa, calmo, a fitá-lo com o olhar atento e perscrutador. O rosto miúdo mostrava concentração, sua expressão dizia que ele estava entendendo perfeitamente o que era exposto pelo homem mais velho.

– O que foi que seu amigo lhe ensinou, M. Duvernoy? – indagou Jean-Paul interessado e sério; parecia estranhamente conhecer a resposta.

Duvernoy olhou novamente o menino, depois trocou olhares com Marion, que apenas sorriu incentivando-o a responder.

– Coisas muito sérias, meu jovem. Coisas que eu, um homem velho, não sabia e que talvez você seja jovem demais para entender.

– Minha mãe era dançarina, M. Duvernoy. Foi morta numa briga no cabaré em que trabalhava. Alguém começou a dar tiros e uma das balas a acertou – informou o garoto, encarando-o.

– Lamento muito – apressou-se Duvernoy a retrucar, visivelmente desconcertado com o olhar direto de Jean-Paul. – Onde você vive? Com sua avó?

– Eu não conheço meus avós. Não tenho ninguém. A única pessoa que era minha família era ela; desde que morreu eu vivo só, trabalho nas ruas. Quer dizer, vivia só e trabalhava nas ruas, agora não faço mais isso, sou ajudante das enfermeiras no acampamento próximo da cidade.

O menino falava com muita segurança; sem dúvida era muito maduro para sua idade; precocemente maduro seria mais exato.

– Conheci muito bem a vida que *Mademoiselle* Irina pode ter experimentado. Cada vez que minha mãe via uma menina nova chegar ao cabaré sorria para ela, fazia festa, muito barulho, mexia nas suas roupas, nos seus cabelos, até que ela parecesse outra pessoa, entende? Tarde da noite, eu a via chorar. Uma vez eu lhe perguntei por quê? Ela me disse que era de piedade pelo destino da moça que havia chegado; depois eu aprendi que, todas as vezes, quando chegava uma menina nova, ela chorava e nunca mais perguntei. Eu sabia que ela não era feliz trabalhando lá, mas ninguém mais lhe daria uma oportunidade, pois todos a conheciam e sabiam o que ela fazia; não a queriam fora dali. Mesmo que ela quisesse sair, as pessoas não deixavam, não a apoiavam. Seu amigo não era assim; foi a pensar diferente que ele lhe ensinou?

– De onde você tirou este menino, Marion? – inquiriu Duvernoy sem esconder seu espanto.

Marion sorriu ternamente para Jean-Paul e respondeu:

– Eu não o tirei, ele é que me tirou.

– Não mesmo – retrucou o garoto. – Saímos juntos, foi assim que concordamos, não pode mudar agora.

– Tem razão, eu havia esquecido – comentou Marion. E, voltando-se para Duvernoy, esclareceu: – Jean-Paul e eu nos encontramos sob uma situação de calamidade. Eu já o vira pelas ruas da cidade, mas nunca lhe havia falado, tampouco ele havia se aproximado do acampamento da Cruz Vermelha ou de mim. Entretanto, certo dia em que tínhamos muito trabalho, ele começou espontaneamente a ajudar a organizar a fila de pessoas que precisavam ser atendidas, acalmava algumas, providenciava pequenas coisas, como conseguir um copo dágua ou um caixote para alguém sentar-se. Acabou que notamos que o pouco que ele fazia ajudava-nos muito, pois as pessoas ficavam menos impacientes; passei então a orientá-lo na distribuição de alimentos e agasalhos. Trabalhamos juntos e, no final do dia, quis pagar-lhe. Ele não aceitou e me disse que quem trabalha porque gosta e sente prazer no que faz não espera outra coisa senão o prazer de trabalhar.

Marion fez uma pausa e prosseguiu:

– Depois daquele dia ficamos cada vez mais amigos, mais próximos, e agora solicitei à Corte da cidade que me dê a guarda de Jean-Paul até a sua maior idade. já que ele não quer ser legalmente adotado.

– Eis aí a razão de sua visita. Eu tentava entender o que a trazia a Paris.

– Também isso. Mas não só. Também sinto falta dos meus amigos, da minha cidade, sempre fui assim; adoro meu trabalho, mas reservo algum tempo para outras atividades – esclareceu Marion.

Duvernoy sorriu. Entendia o que era essa necessidade de mudança de hábitos, de rotina, e o quanto tais práticas ajudavam a melhorar o estado de espírito, a disposição, e concluiu:

– Então ficará por algum tempo conosco?

– Ficaremos por mais ou menos um mês.

– Que maravilha! – exultou Duvernoy. – Poderemos fazer muitas coisas nesse tempo. Essa criança conhece Paris?

– Não, senhor – respondeu Jean-Paul sério, com o olhar brilhante, visivelmente contrariado por ver falarem dele como se estivesse ausente.

– Teremos muito que andar, meu jovem – respondeu Duvernoy. E, notando a contrariedade do menino, abandonou o guardanapo que tinha entre as mãos sobre a mesa e daquele momento até o final da refeição, que se estendeu muito além do costumeiro, conversou com ele sobre as muitas atrações que tinha para conhecer em Paris.

O som do piano tomava conta do apartamento de Irina. Notava-se facilmente o estado alternado de ânimo que tomava conta da pianista – ora dedilhava as teclas com extrema leveza, extraindo notas suaves, débeis, melancólicas, para em seguida bater com força, com raiva, com revolta, quebrando totalmente a harmonia da música que executava.

Nanine, agora a única empregada que restava, desdobrava-se nos afazeres domésticos e nos cuidados com a saúde da patroa a quem idolatrava. Sofria junto à perda, à doença, à tristeza, e somente uma existência inteira, em um meio de pobreza que lhe ensinava a suportar privações e lhe dava força de vontade férrea, fazia-na ter a disciplina necessária para dar, ao menos, suporte material para aquela hora de provação.

Selecionava vestidos de Irina, roupas que ela não usava mais, e que Lilly venderia. A situação financeira tornava-se dia a dia mais complicada: as jóias estavam no penhor, em sua grande maioria, restavam poucas peças ainda no apartamento; as obras de arte mais valiosas também já haviam sido vendidas, e dos quadros de Gautier restavam somente os do acervo pessoal de Irina, aqueles que nunca haviam sido expostos nem comercializados e que ela se recusava a autorizar que fossem negociados de qualquer forma.

A campanhia anunciou a chegada de alguém, e, nos últimos meses, eram tão reduzidas as visitas, naquele que já fora um endereço muito freqüentado, que Nanine suspirou, ajeitou os fios de cabelo que estavam fora do lugar, arrumou o avental e mentalmente tentava descobrir, por exclusão, quem seria o visitante.

– Aqui vem o Sr. Duvernoy – este não há de ser, esteve visitando *mademoiselle* ontem e costuma vir duas vezes na semana; o Sr. Adam também não é, pois deve vir mais tarde, não agora; Madame Lilly saiu faz pouco, só se ela esqueceu alguma coisa; não sendo ela, só pode ser alguém cobrando... – murmurava Nanine irritada. – As pessoas não têm o direito de ter problemas; há alguns que não respeitam a dor e o sofrimento, só querem dinheiro, dinheiro... Ah! Se soubessem que em algumas situações essa moeda não serve para nada, que mais vale a solidariedade de um gesto que uma nota malcheirosa, seriam um pouco mais humanos. Não agüento mais esses cobradores! Sei que estão trabalhando, mas tudo tem limite. Quero ver se, como dizia o falecido Gautier, houver mesmo uma continuidade da vida e cada um for responsabilizado pelo que faz ou deixa de fazer. Quero ver a cara deles. Decerto vão ficar... – A pessoa do outro lado da porta insitia, nervosa, em apertar a campanhia, perturbando o rumo do monólogo da empregada, que murmurou ainda mais irritada: – Calma!

Apressou-se em ir abrir a porta, pronta para dar as justificativas para o atraso das contas e pedir um prazo maior para saldá-las; implorar paciência e complacência do credor, lembrando a tragédia que se abatera sobre sua patroa e a tirava dos palcos. Não suportava especialmente a pergunta:

– Se ela não tem dinheiro de reserva, precisa voltar a trabalhar imediatamente.

Inútil explicar as impossibilidades e a lenta recuperação de Irina; eles não entendiam que ela estava, acima de tudo, doente da alma e não conseguia forças para se erguer.

Respirou fundo na tentativa de controlar-se e abriu a porta; no rosto expressava sua pouca disposição de dialogar; era o que se chama uma "cara de poucos amigos", fechada.

– Cruz credo! – exclamou Thierry, escandaloso, ao ver-se frente a frente com Nanine, já entrando no apartamento. – Eu, hein, que bicho te mordeu hoje, querida? Que cara mais azeda. A Divina está tocando e pelo visto não está nos seus melhores dias.

Aliviada por se tratar da visita do cabeleireiro, Nanine sorriu, descontraindo a face e comentou:

– Eu esqueci de você, Thierry, me desculpe a maneira como o recebi, mas julguei que fosse mais um cobrador. E, sim, *mademoiselle* não está nada bem hoje. Que bom que veio vê-la. Ela está...

– Não precisa dizer onde, é fácil descobrir, querida. Não sou um jumento. Seja boazinha e leve um chazinho para nós lá, de maçã, bem gostoso, bem docinho, como eu gosto. Ah! Se tiver aqueles doces que o outro velho amigo da Irina traz, são deliciosos, leve também.

Impossível não rir dos modos despachados e um tanto estressados do cabeleireiro. Nanine riu e foi até a cozinha preparar a bandeja. Thierry era estranho, bastante escandaloso, mas estava dando provas, naqueles dias, de que sabia ser amigo. Continuava atendendo Irina como fazia antes, e agora a domicílio, sem cobrar-lhe nada, e sempre ficava algum tempo conversando com ela, mesmo quando não tinha resposta. Não se dava por achado e insistia na conversa; contava casos engraçados até vê-la sorrir e participar. Então, muito tempo depois, quando notava que ela se cansava, lhe dava um rápido beijo na face, lembrava-a que seus fãs a esperavam ansiosamente – o que era certa mentira, pois o público, em geral, é volúvel, e nem todos vêem o artista como um ser humano; amam o que ele faz e o que julgam ele seja, não o que de fato ele é –, e partia.

No corredor, dirigindo-se para a cozinha, ouvia a voz esganiçada dele se anunciando na sala onde Irina tocava. Logo o piano silenciou e Nanine deu graças a Deus, pois o som alto e pouco harmonioso estava lhe dando dor de cabeça, além de pôr a sua paciência à prova.

– Divina, até estas horas da tarde ainda de camisola! Não, não, assim não pode ser. Tudo bem se fosse uma daquelas lindas, de seda ou cetim, com um penhoar cheio de plumas, mas essa daí, perdoe, querida, está simplesmente horrível. – Ouvia-se por todo o apartamento a voz alta, em tom muito acima do necessário, advertindo Irina para o desleixo com a aparência. – Meu Deus, nem os cabelos você escovou decentemente hoje, me deixe ver esse rostinho lindo... Arrc! Divina, nem um risquinho de maquiagem. Ah, não, você precisa se cuidar.

Irina balançava a cabeça em negativa. Seus olhos azuis fuzilavam o amigo. Queria paz, sossego, para viver a sua dor; que se danasse o mundo, ela pouco se importava se a achassem feia ou linda, não tinha a menor diferença.

– Não tenho vontade, Thierry. Estou bem, me deixe, hoje não tenho vontade de nada.

– Só de ficar encerrada neste apartamento martelando o piano, descarregando sua revolta e frustração – falou Thierry firme. – Não vou deixar isso acontecer, não, não, de jeito nenhum. Você é jovem, belíssima, talentosa, não pode morrer em vida. Ande, levante, vou mandar Nanine preparar um ótimo banho para você, vou escolher roupas, vou arrumá-la, vou deixá-la de enlouquecer os homens e vamos passear. Ande, ande, ande, basta de ficar enterrada entre estas paredes. Daqui, meu bem, você só verá as coisas partirem, porque a vida corre lá fora, nas ruas, no meio das pessoas, é lá que tudo acontece. Quem fica à margem, querida, vira água parada, barrenta, podre e pobre. Esse não é o seu destino.

Como ela não fizesse menção de reagir e obedecer às suas ordens, voltando-se para o piano e apoiando a cabeça entre as mãos, escondendo o rosto, Thierry enlaçou-a pelas costas, erguendo-a do banquinho e carregando-a pelos corredores, sob protestos, que ele ignorava, enquanto berrava ordens para Nanine.

Irina não tinha forças de lutar. Protestou, resmungou, repetiu suas lamentações, mas foi ignorada pelo decidido Thierry, que contava com integral apoio da empregada, que a estimulava reforçando as idéias do cabeleireiro.

– Vai ser muito bom *mademoiselle* sair deste apartamento. Desde que voltou do hospital, não sai de casa. Quando estava quebrada, ainda dava para entender, mas agora... Já faz mais de semana que nem faixas não são usadas, suas pernas estão perfeitas. Graças a Deus, tanto pedimos, que ele foi bondoso e nos atendeu. *Mademoiselle* caminha; tememos tanto que isto pudesse não acontecer. Precisa valorizar essa bênção.

– Não me fale em Deus, Nanine – repreendeu Irina, seca. – Muito menos na sua pretensa bondade. Tudo isso não passa de fantasias de pessoas que não querem ver como são os fatos nus e crus.

Thierry lançou um olhar preocupado para Nanine. A amargura de Irina era profunda, profunda demais, corroía até o cerne do ser. Reconhecia que ela sempre tivera uma dose de amargura perfeitamente visível em sua conduta, que, quando disfarçava, se mostrava na forma de agressão ou indiferença no trato com as pessoas, mas declarações como aquela era a primeira vez que ouvia.

Nanine desculpou-se também assustada com a reação e parou em frente ao banheiro da suíte que Irina continuava ocupando no apartamento, sem saber o que fazer.

– Vá logo, Nanine, faça o que lhe mandei – ordenou Thierry resolvendo ignorar o acontecido segundos antes.

"Ela que pense de Deus o que bem quiser, não é a nossa forma de pensar dessa ou daquela maneira que mudará algo na existência Dele. Isso vai passar, faz parte da revolta pela morte do amante. Entendo o que a coitadinha deve sentir, era um homem e tanto, um encanto e a amava com devoção, não há quem possa negar. Mas a vida continua e se ela seguir assim, se não voltar a trabalhar, logo, logo, vai acabar mendigando", pensava Thierry enquanto forçava Irina a obedecê-lo, adotando atitudes de exagero e indiferença à dor que via em seu rosto.

Duas horas depois, a imagem exterior da Divina Irina ressurgia, mas faltava o brilho do olhar. A chama que dava vida àquele lindo corpo, poder-se-ia dizer, estava quase se extinguindo. Thierry fizera um brilhante trabalho de recuperação exterior. Até mesmo a perda de peso lhe acentuara a beleza, dando-lhe um ar de fragilidade, acentuando as maçãs do rosto, chamando a atenção para os belos olhos da atriz.

Dias de grande perturbação política se desenhavam nos horizontes da Europa naquela época. Aparentemente, e tão-só aparentemente, havia paz no Velho Mundo. Verdade é que o continente era um caldeirão em plena fervura, a borbulhar idéias, teorias, experimentos sociais; transbordavam, derramavam-se sentimentos exaltados por todos os lados. A sociedade mostrava nitidamente sua face dual. Extremos políticos eram o tom do momento: de um lado, extrema direita; de outro, extrema esquerda. Em nenhum havia equilíbrio ou liberdade, e sim, em ambos, a intolerância, a arrogância, o desejo do poder absoluto, a pregação de sonhos de uma sociedade justa segundo a concepção que beneficiasse a facção, não segundo a noção moral de justiça e liberdade.

Os interesses próprios eram e ainda são a pedra de tropeço que retarda a evolução social, fazendo-a andar a passos lentos. Os homens que são alçados ao poder, infelizmente, com freqüência, esquecem o sonho coletivo que regaram e com o qual se comprometeram, para, detentores do poder temporal, relegarem esses ideais maiores em prol da realização dos próprios desejos. Atitude infantil que lhes espelha a pouca consciência dos compromissos assumidos. Afinal, há mais de 2.000 anos é sabido que muito se pedirá àquele que muito recebeu.

Os ensinos de Jesus vieram alertar o homem para a descoberta de si mesmo, da sua individualidade, do seu papel, sua importância pessoal e coletiva. Chamam-no ainda hoje a tomar consciência de si e, por conseqüência, do móvel íntimo de cada uma de suas ações. É necessário questionarmos a sociedade, é justo saber o emprego de cada coisa, mas para que isso não passe de retórica desmentida em condutas futuras é imprescindível o homem questionar a si mesmo, saber as razões de por que emprega suas forças nisto ou naquilo, para não ser surpreendido por forças desconhecidas nascidas do próprio ser a exigirem satisfação antes de qualquer outra. Assim era a Europa em fins da década de 1920, cheia de retórica e ilusão. O progresso e a estabilidade econômica eram tão falsos quanto as imitações de jóias, então em moda no guarda-roupa feminino.

A Rússia vivia sob forte regime ditatorial. Arrasada, fortemente reprimida, qualquer oposição ao regime comunista fora esmagada. Havia ocorrido mudanças superficiais de mentalidade. Bandeiras vermelhas se erguiam, e as notícias que saíam dos muros internos davam conta de um regime ideal, pleno de justiça e igualdade. Da insatisfação, dos rigores, do policiamento ideológico, das revoltas pelas ilusões perdidas, ninguém falava, e ao povo se negava voz.

Na Alemanha, prosseguia a insatisfação com a República de Weimar, embora bastante amainada pelos investimentos americanos que davam a idéia de prosperidade econômica, fazendo o povo sonhar – talvez devanear fosse mais correto. Adulavam-lhes os egos e os conduziam por onde desejavam. A classe política manipulava a população, composta em sua grande maioria por pessoas ignorantes dos assuntos ligados à política, que viviam nos campos, e, de outro lado, com uma população urbana dividida entre defensores da extrema direita e da extrema esquerda. Uns acusando outros de serem a causa da preocupante hora que vivenciavam.

França e Inglaterra guardavam ainda as marcas latentes da Grande Guerra, não abrindo mão de uma política internacional bastante austera e rígida em relação à vizinha Alemanha.

Enquanto discutiam desarmamento, a indústria bélica se desenvolvia rápida e vigorosamente, num verdadeiro paradoxo, se não entendemos a inconsciência profunda do eu daqueles que adotam comportamentos de mera retórica. Podem possuir exemplar conhecimento das causas, conseqüências, medidas de corrigir rumos de desastre social, entretanto essa retórica só possui coerência enquanto mera retórica; quando testados face a face com o poder, eclodem no íntimo desses governantes os interesses pessoais, pondo por terra os argumentos.

Por toda parte se via o caldo de cultura de onde nasceriam os regimes totalitários que dominariam o cenário na década que se avizinhava.

Comunistas versus não-comunistas ocupavam o solo. Enquanto muitos sonhavam com as utopias, outros tantos se desiludiam, e milhares morriam por conta de idéias, temores, emoções e interesses pessoais contrariados.

Nessa briga insana despontava a descoberta do uso da propaganda ideológica. A condução do povo, visto como massa, altamente manipulável por hábeis formadores de opinião, dava seus primeiros passos na construção de um monstro devorador de vidas.

E o interessante era notar que ambas as partes brigavam, agrediam-se, discordavam ferrenhamente, entretanto, usavam dos mesmos expedientes na luta, sinalizando para quem quisesse ver que as diferenças não passavam do pantanoso mundo das formas.

– Extra! Extra! Quebra a Bolsa de Valores de Nova York. Extra! – berrava um jovem jornaleiro em uma movimentada esquina próxima ao apartamento de Duvernoy, que se deliciava sentado na sacada sob o sol morno do outono.

Ele ouviu os primeiros gritos do jornaleiro sem se abalar, tão absorvido em seus íntimos pensamentos; entretanto, como a voz alta do moço continuasse a retumbar em seu cérebro como um disco arranhado, eis que surge repentinamente a mensagem: "Extra! Extra! Quebra a Bolsa de Valores de Nova York". Encontrou sentido racional e se sobressaltou. Dimensionando as desastrosas conseqüências da notícia, ergueu-se de um salto e, apressado, dirigiu-se à porta no afã de adquirir um jornal. Precisava com urgência informar-se da situação das bolsas de valores, mesmo porque tinha seus investimentos e acompanhava o mercado.

Quando ia avançar porta afora, reparou no olhar de censura que recebeu de uma vizinha que subia o último lance de escadas. Aquele breve segundo o fez refletir sobre a inconsciência de sua conduta. Ainda estava usando o roupão puído e chinelos velhos, absolutamente confortáveis, porém incompatíveis com a pretensão de descer do edifício e adquirir o exemplar. Bastou ter aberto a porta inadvertida e apressadamente para ver os olhares de reprovação que lhe dirigiram algumas senhoras.

– Danem-se! – resmungou ele decidido a afrontar as normas da elegância. Que importa ao mundo como estou vestido? Velhas matronas desocupadas. Que aproveitem, terão o que falar por vários dias, embora nos próximos segundos todo o prédio tome conhecimento de que Gaston Duvernoy foi à rua em trajes "indecorosos". Saberão disso, mas garanto que não ouviram a manchete do jornal que afetará milhões de pessoas em muitos países. Faladeiras...

Resmungando e apressado desceu os lances de escada que alcançavam o térreo. Logo viu na calçada muitas pessoas em torno do jornaleiro afoitas para terem seu jornal; alguns liam a matéria ali mesmo, na calçada, comentando com os outros a bombástica notícia. Sentia-se o nervosismo pairando no ar.

Ao embrenhar-se no grupo, as mais diversas opiniões já se formavam. A maioria expressava incredulidade diante do fato mesclada ao temor das conseqüências que adviriam da bancarrota da bolsa.

– Um exemplar do jornal, por favor – pediu Duvernoy, estendendo ao jornaleiro alguns francos.

Não resistiu e, imitando os demais, pôs-se a ler a notícia ali mesmo, absolutamente esquecido dos trajes que usava. Porém não demorou muito para que se sentisse desconfortavelmente observado por alguns cavalheiros, que sob as abas dos chapéus corriam o olhar de cima abaixo de sua figura, sem esconder um ar de riso. Duvernoy dobrou o jornal, segurando-o embaixo do braço; irritado, marchou de volta ao seu apartamento.

– Desocupados! Ora vejam só, em meio a uma tragédia econômica de proporções alarmantes essas criaturas têm tempo e disposição de reparar em como um velho insignificante está trajado. Gente! Gente, quando vou compreender essa minha raça!? A atenção está sempre voltada ao que se passa ao redor do próprio umbigo. Parece que essas mentes são incapazes de ir um pouco além ou será que eu é que não entendo, e essa coisa louca é demonstração de capacidade? Ah, não sei de mais nada. – Ia murmurando revoltado ao longo do trajeto; rápido, alcançou seu destino e retomou seu lugar na cadeira da sacada. Bem acomodado, leu a notícia na íntegra, pondo-se a meditar primeiro em seus interesses pessoais e imediatos. Essa bancarrota não afetaria somente seus investimentos em papéis, mas a comercialização de muitos produtos agrícolas da safra estava comprometida. Tinha boa quantidade de produtos armazenados em suas propriedades rurais, aguardando melhor preço para venda. Isso agora perdia completamente o sentido; seus grãos estavam valendo muito pouco.

O mundo capitalista sofreria um profundo e drástico empobrecimento; as conseqüências sociais e políticas poderiam ser dramáticas. Miséria, desemprego, falências por todos os lados, desespero semeado em abundância no seio de uma grande população. Politicamente a situação se complicaria, sem a menor dúvida. Essa gama de insatisfações e esse brusco e vasto contingente de desempregados e falidos que surgia pressionariam a situação atual, trazendo mudanças. Só restava saber se agiriam preocupados com o umbigo ou vendo um universo maior.

Por todas as suas dores passadas ou presentes, o ser humano só tem a si mesmo como principal e maior causador. É certo que sempre surgem nomes que se destacam, mas ninguém é inocente num processo social. Ação ou omissão são as hipóteses de conduta, ambas geram efeitos. Relembrando Donne: o homem não é uma ilha. Se uma parte do continente é arrancado, todos sofrem indistintamente. Tudo aproveita a todos na grande teia que liga os destinos humanos.

Duvernoy ainda refletia em todas essas coisas quando a insistente campanhia do telefone fê-lo erguer-se para ir atender à chamada.

No apartamento de Irina a notícia da bancarrota em Nova York desceu como mais uma nuvem agourenta. Uma semana após o evento, Nanine repetia as notícias e comentários que ouvia. Apática, Irina não demonstrava afligir-se, parecia que não a atingiria em nada. Lilly, que tomava café com elas, recordava os tempos difíceis após o fim da Grande Guerra.

– Vai ser dureza. Mas já enfrentamos tempos difíceis, esses serão mais alguns dias pavorosos e com o dinheiro desaparecendo de nossas bolsas – filosofou ela. – Não concorda, Irina?

– O quê? – Literalmente jogada sobre o sofá, de camisola e penhoar, Irina não dava sinais de querer arrumar-se, sair ou mesmo de prestar atenção à conversa das pessoas ao seu redor. Afundava-se num mundo de melancolia, de recordações e de silêncio. Sua face era pálida, seus olhos sem vida, até mesmo seus gestos careciam de vigor – eram débeis.Vivia o passado, e a irresignação íntima com o presente a consumia, desencadeando um processo de grande e preocupante depressão. As tentativas de Thierry de alegrá-la e tirá-la daquele estado mórbido de sentimentos surtiram um resultado muito fugaz, de apenas algumas poucas horas.

– Irina, você não presta atenção em nada – ralhou Lilly fingindo severidade. – Estamos falando da bancarrota, aliás, é só o que se fala. Os clientes do café não têm outro assunto. As meninas estão que não agüentam mais, acho que já são mais informadas que os jornalistas.

– Tudo nesta vida morre – respondeu Irina. – Os melhores e os piores dias morrerão da mesma forma e terão as mesmas horas. Não adianta ficar discutindo. É bobagem.

Lilly trocou um olhar assustado com Nanine, como se lhe dissesse:

– Ih, ela não melhorou em nada nestes dias. Se já não chora como no início, nem por isso está melhor, ao contrário, parece que ela está virando uma estátua de pedra, dura e fria, por dentro e por fora.

Respondendo a essa comunicação silenciosa das trocas de olhares, Nanine balançava a cabeça em sinal de concordância. Seu rosto externava a preocupação que sentia pelo estado da patroa.

Enquanto as mulheres bebiam o café e conversavam, duas entidades espirituais as observavam a pequena distância.

– Ela não está nada bem – comentou Laura observando carinhosamente sua tutelada, penalizada com o seu estado de prostração.

– Se as pessoas soubessem o valor da fé e da esperança, as cultivariam bem mais. Sonho com o dia em que todos conseguirão olhar para o futuro e sorrir, ver o presente e confiar – filosofou Ryane com o olhar brilhante pousado na face pálida de Irina. – Nossa amiga não cultivou essas sementes e agora não tem a árvore da fé para se abrigar, falta-lhe até mesmo o que até há poucos meses abundava, que era a autoconfiança, a fé que tinha em si mesma.

– O momento é doloroso, crucial em sua existência. Essa sucessão de perdas tem o potencial de fazê-la progredir muito, mas tudo vai depender das reações dela. Por hora preocupam-me. São poucas as oportunidades que tenho tido, desde que ela chegou à fase adulta, de aproximar-me mais. Quando era menina, tudo foi bem diferente, semeei muito, porém a adolescência foi arrasadora e inesperada. Seus pais equivocaram-se no uso do livre-arbítrio. Surgiram situações gravíssimas, totalmente desnecessárias e imprevistas que abalaram a preparação de Irina; arrojaram-na num turbilhão; acordaram em seu íntimo as facetas de uma personalidade que ela vem lutando por modificar. Por muitos anos perambulou pela vida, prostituiu-se, depois quis dinheiro e fama, conseguiu tudo. Entretanto, em todos estes anos nunca fez mal a ninguém; é certo que se pode contar nos dedos de uma mão as suas atitudes desinteressadas. Avalio que tenha se mantido estacionária. Agora poderá acontecer uma grande virada. Penso mesmo que esteja acontecendo, e preocupa-me ver que tem preponderado o seu lado mais insensível e cético.

– Guardemos a paz interior – recordou Ryane. – Pedindo ao Pai Supremo que ilumine o pensamento de nossos protegidos. Paul Gautier também tem me preocupado. Teve um despertar difícil. A separação dela é um fato que ele ainda custa a absorver, sente muito, recorda demais o passado, o que não é nada bom. Está triste, embora tenha perfeito entendimento da situação em que se encontra. Os conhecimentos espíritas estão lhe valendo na luta, porém o pensamento depressivo dela o perturba. Tenho enfrentado dificuldades em tirá-lo daqui; quando menos espero, eis que os temos novamente juntos a chorarem a separação. Gautier sabe que assim se une mais a ela, que essa separação é ilusória. O problema é ele encontrar forças para vencer a paixão e a tristeza. Somos criaturas ainda muito possessivas em nossa forma de amar. E ele é um ser passional; aliás, posso dizer eles.

– Eles, sem dúvida. A simbiose da paixão que algema almas é o que vemos. É romântico como um drama shakesperiano, mas na realidade lamentável, porque é fruto de um comportamento que reflete ainda um estado de inconsciência bastante profunda de si mesmo e das leis da vida. Sofrem.

– E como! – reforçou Ryane. – A mestra preferida ainda é a dor; há uma grande resistência ao aprendizado com prazer, com alegria e liberdade. Ainda temos que fazer o parto do bem em meio aos vícios, quando poderíamos optar por comportamentos que nos conduzissem naturalmente no caminho de regarmos as sementes das virtudes, sem dor no aprendizado.

– Liberdade. É um anseio e um temor no ser humano. Viver com liberdade plena equivale a ter plena responsabilidade por tudo e consciência de que não podemos nos esconder sob alegações de que fomos forçados a fazer tal ou tal ato, a ter este ou aquele pensamento, adotar uma crença em vez de outra, abrigar sentimentos destrutivos por própria escolha. Ao mesmo tempo em que anseia por cruzar a linha divisória e abraçar as responsabilidades, vem o temor das conseqüências, o medo. É um comportamento tipicamente adolescente; quando encarnados nessa idade, aspiramos freneticamente a conquistar a liberdade do uso das horas e das coisas materiais; quando desencarnamos e contemplamos não só a existência finda, mas a vida imortal e a sucessão de retornos a matéria, começamos a analisar o grau de maturidade de nossos sentimentos, e essa falta de habilidade em usar a liberdade entendo como sinal de adolescência.

– Concordo plenamente. Nossos protegidos, pelo estado de escassez da consciência do que é liberdade e do que é amor, em essência, me parecem que estão construindo algemas bem fortes e perfeitamente aparafusadas. Tenho conversado muito com Gautier, quando julgo que ele entendeu perfeitamente os conceitos que pretendo lhe transmitir. E, de fato, intelectualmente ele acompanha com perfeição. Temos tido momentos excelentes de diálogo, mas deixo-o algum tempo só e, pronto, ele é vencido pelas próprias forças emocionais. Sintoniza com o pensamento de Irina – a lhe evocar a memória a cada instante, sente todo o desespero e solidão que ela vem alimentando e se desestrutura completamente, caindo ao lado dela, vítima de um amor que agora o faz sofrer.

– Ambos pioram. Veja – chamou a atenção Laura. – Ela conseguiu atraí-lo novamente. Como chega desatinado!

Naquele momento, Gautier aproximava-se de Irina; tinha a aparência saudável, agradável que sempre o caracterizou; apenas o olhar denunciava tristeza, melancolia. Acercou-se da mulher, abraçando-a com intimidade, acariciando-lhe os cabelos. Beijando-lhe as faces com carinho, punha-se a murmurar palavras em seu ouvido.

– Meu amor, você precisa reagir, não pode sofrer assim. Se você chora, eu choro por você e por mim, e ficamos nessa estranha situação, separados aparentemente, mas próximos, chorando um pelo outro e por nós mesmos.

Identificando a presença do amado que partira, entretanto sem racionalmente reconhecer sua visita, Irina sentia as mesmas emoções de quando estava nos braços dele, a mesma ternura, o mesmo calor. Julgava que era a saudade que a fazia reviver com tal intensidade a lembrança e, sem razão aparente, irrompeu em pranto. Inicialmente as lágrimas jorravam copiosas, até que, não resistindo, ela dobrou-se sobre si mesma, abraçando-se sozinha – como se quisesse reter o corpo de alguém junto de si –, e soluçava dolorosamente. O rosto de Gautier e seu sorriso fácil e meigo ocupavam inteiramente o seu pensamento. Em meio à sua dor e ignorância das verdades espirituais, ela julgava ouvir a sua voz dele sussurrar:

– Minha amada, não faça assim, não chore.

E, de fato, Gautier, abraçado a ela, desesperava-se e, sem conseguir o domínio das próprias emoções, a apertava, soluçando também.

Lilly e Nanine trocaram olhares aflitas e correram para o lado da poltrona onde Irina estava. Lilly tentou confortá-la, quis abraçá-la; ela recusou o contato, parecia surda aos chamados da amiga, absolutamente alheia à realidade. Para elas, que assistiam à cena contemplando apenas a realidade material, aquela era uma reação absolutamente incompreensível e preocupavam-nas, pois eram crises aparentemente despropositadas. Ela estava, repetimos, aparentemente bem, serena, triste, mas calma, quase conformada, de repente irrompia naquele estado de desespero.

Ryane também trocou olhares com Laura e, decidida, andou até o casal. Aproximando-se de Gautier, prostrou-se a seu lado enviando-lhe pensamentos de calma e serenidade. Tal qual Irina recusava-se a reconhecer a presença das amigas, também ele nem ao menos visualizava a presença da benfeitora espiritual. Paciente, Ryane continuou envolvendo-o em calma, tentando apaziguar as emoções descontroladas do casal.

A crise ainda perdurou tranqüilamente por mais uns 15 ou 20 minutos, até que Gautier começasse a registrar as vibrações de Ryane e o chamado à razão viesse socorrê-lo. Envergonhado, ergueu o olhar confrontando-se com o semblante benevolente da amiga a fitá-lo, em silêncio.

Afrouxou o abraço em torno de Irina, enxugou as próprias lágrimas com as costas das mãos e, esforçando-se por recuperar o domínio, encostou a cabeça no ombro dela. Somente quando se apaziguou, voltou a falar. Observando-se a cena na integralidade da vida, era interessante notar a força da simbiose dos pensamentos e emoções reagindo um sobre o outro. Conforme Gautier serenava-se, Irina sentia a dor acalmando. Nela, o cansaço físico e emocional trazia também a debilidade após a crise.

– Precisamos ter calma, amor. Durma, durma. Eu vou fazê-la dormir. Venha, vamos para o quarto, vamos deitar.

Imediatamente ela transmitiu o desejo de descansar às amigas, que, debalde, tentavam acudi-la com água doce e chá calmante e receberam o pedido com alívio. Amparada por Nanine, ela deitou-se. Gautier, a seu lado, a acariciava, como o fazia quando encarnado até que ela adormecesse em seus braços, confiante para acordar na outra dimensão da vida, temporariamente.

Lilly e Nanine sentavam-se aos pés da grande cama de casal, observando Irina. que rapidamente adormeceu.

– Morro de pena de *Mademoiselle* Irina, parece que ela não encontra forças para superar a morte de M. Gautier – falou Nanine olhando comovida a patroa.

– Jamais esperei ver a Divina nesse estado. Quando eu a conheci, ela era muito decidida, firme, dissimulada. Ela já sofreu muito nesta vida, confio que isso a tenha feito realmente forte. Ela precisa voltar a ganhar dinheiro, senão logo, logo vai acabar de volta em alguma esquina. Tenho evitado falar com ela sobre isso, mas não posso deixar de pensar. Sabe, Nanine, ela e Dolly, a minha parceira morta – acho que estou envelhecendo, pois quando começo a falar de meus amigos, todos já morreram –, têm em comum o gosto de ler romances sobre nossas colegas de profissão. Eu penso que elas tentam, na verdade, dourarem a realidade. Os escritores sempre pintam as prostitutas com alguma piedade e as fazem parecer melhor do que são e com um *glamour* que nosso dia-a-dia não tem. Irina me falava muito de uma que eu não recordo o nome agora. A dita-cuja tinha um medo enorme do futuro, pois temia ficar velha, feia, esquecida pelos seus admiradores e terminar como uma outra que já tinha sido famosa – uma tal de Carabina –, que depois de velha ficou a mendigar pelas ruas de Paris. Reconheciam-na porque usava uma rosa vermelha nos cabelos trançados. Qualquer hora vou lembrar Irina de ler esse romance novamente. Pode ser que ela desperte para as coisas necessárias.

– É, concordou Nanine, ouvindo interessada a conversa de Lilly. Adorava a franqueza da velha prostituta. – Nossas contas não têm mais como serem cobertas, só por piedade ainda nos vendem comida.

– Irina tem condições físicas de voltar a trabalhar; vou ter que arrumar algumas visitas aqui, mas ela não pode ter essa cara de morta-viva e esses rompantes de choro. Que chore depois, a vida inteira se quiser, mas não o dia todo; vai precisar reservar algumas horas para ganhar a vida. Tudo que lhe resta é a beleza, precisa usá-la enquanto ainda a tem. Pois você sabe, Nanine, mulheres feias como você têm o dom de serem permanentes, parece que não sofrem o desgaste do tempo, são sempre iguais, mas as belas como Irina são passageiras, e o tempo é impiedoso para nós. A feiúra é eterna, a beleza é temporária, já ouvi alguém dizer isso em algum lugar, não lembro onde.

Nanine encolheu-se ferida com as palavras de Lilly. Tinha muitos complexos por causa de sua aparência física, pouco atraente. Voltou a olhar para Irina e, buscando consolar-se, pensou:

"De fato sou feia, não despertei amores nem paixões, mas ao menos não sofri como ela está sofrendo. Ela arde nas chamas do inferno, eu cozinho em fogo lento, sofro um pouco a cada hora, como quem tem um espinho na carne e aprende a conviver com ele, ajeitando para cá e para lá, a fim de enganar a dor."

– Vamos deixá-la dormir – falou a empregada erguendo-se do pé do leito. – Ainda há chá na cozinha, Thierry nos trouxe alguns biscoitos. Aceita Madame Lilly?

– Só o chá, Nanine – respondeu Lilly também se erguendo. – Vou ver a despensa do café e amanhã trarei algumas coisas para vocês. A crise está terrível, os homens gastam cada vez menos... – E reiniciou a ladainha sobre os efeitos terríveis que já estavam sentindo com a bancarrota em Nova York, nem ao menos percebendo que havia ferido a sensibilidade de Nanine, pois não tivera a intenção de magoar; falara a seu modo, sem muito cuidado com o que dizia.

CAPÍTULO XIII

Livres para escolher

"Aqueles, ao contrário, que fazem mau uso da liberdade que Deus lhes concede retardam seu adiantamento." [1]

A penumbra do cair da tarde invadiu o quarto assim que Nanine e Lilly se retiraram apagando a luz. A luminosidade suave dava ao ambiente um clima sereno, propício ao descanso.

Gautier ainda enlaçava delicadamente Irina. Ryane aproximou-se dele, convidando:

– Gautier, meu caro, afaste-se um pouco de Irina. Agora ela já se tranqüilizou; você também. Precisamos conversar com calma, não concorda?

Ele balançou a cabeça em anuência. Novamente a expressão de vergonha e cansaço se estampava em seu rosto. Ryane, compreensiva, não insistiu no convite, dando-lhe tempo para reunir as forças necessárias para se vencer.

Laura, que acompanhara toda a movimentação sem interferir, acercou-se do casal e, sorrindo, tocou as mãos de Gautier, dizendo:

– Meu querido amigo, ela dorme. Está muito debilitada, vou deixá-la descansar algum tempo mais, depois prometo que a levarei para vê-lo, e tenho certeza de que vamos todos nos esforçar para esse encontro ser benéfico a ambos.

[1] Allan Kardec. *O Evangelho Segundo o Espiritismo*, cap. IV, item 25.

– Cuide bem dela, Laura – pediu Gautier encarando a amiga espiritual de Irina.

– Faço o que ela me permite.

– Eu sei que ela é muito difícil, é temperamental, teimosa, mas é incrivelmente meiga e frágil. Ela era tão solitária quando a conheci...

– Por que não diz que os dois eram solitários, essa é a verdade, Gautier. Nascemos sós, vivemos essencialmente sós. Temos inúmeras companhias, infinitos afetos a se somarem e se multiplicarem ao nosso redor, mas, não se deixe iludir, ninguém o completa, ninguém é imprescindível à sua existência, assim como você não o é para ninguém. Cada um de nós é um ser íntegro, único, individual, completo, por si só, não precisamos de complementos nem de partes. Deus nos criou inteiros e indivisíveis, portanto não somos seres aos pedaços nem temos a possibilidade de deixar partes de nós. Mesmo o amor que damos e sentimos não leva nada de nós nem nos deixa algo, é simples troca. Conosco ficam somente as marcas da experiência. Você e Irina têm entre si um bonito sentimento, o amor. Entenda que ele nasce nas fontes de seu íntimo e que o amor que você sente neste minuto é muito diferente do amor que nasceu às margens do Sena. Ele cresceu, evoluiu, e por que aconteceu isto, hein, me responda?

Gautier continuava a fitá-la sob o encanto da tranqüila vibração com que ela o envolvia. Havia em Laura uma alegria delicada e constante, verdadeiramente contagiante, como se ela transpirasse liberdade e confiança. Seu semblante sempre calmo, a aparência delicada e firme ao mesmo tempo, bela na sua simplicidade, infundiam nele um sentimento de respeito quase reverente.

– Porque cedemos espaço a ele em nossas vidas. Tanto Irina como eu, não resistimos à força que nos atraía e deixamos que ela agisse em nós, apenas nos harmonizando ao sentimento que nos envolvia.

– Espaço, liberdade, harmonia, ceder sem resistir. Eis em poucas palavras conceitos importantíssimos nas nossas relações interpessoais e muito especialmente conjugais, amorosas em geral. Nenhum relacionamento afetivo sobrevive quando alguém se anula. É ilusão crer na doação absoluta ao próximo. Todos necessitam de tempo, de espaço, de liberdade para nossa individualidade num contexto coletivo, senão não há harmonia, não há equilíbrio. Um sempre se sentirá tolhido, prejudicado; a falta de si mesmo o desnorteará e fará ruir a beleza do afeto, pois nele vão imiscuir-se sentimentos naturais de raiva; atribuirá culpas ao outro por encontrar-se intimamente descontente; tornar-se-á ansioso e mesmo revoltado, julgando ser sempre aquele que tem de ceder, que tem de doar; sentirá "esgotarem-se" e não renovarem-se as fontes do amor no seu íntimo. É uma das razões pelas quais é comum se dizer que amor e ódio andam de mãos dadas e se alternam numa mesma pessoa, manifestam-se em uma mesma relação. É por isso que uma mãe pode amar e odiar o filho, tudo depende do momento. É por isso que os amantes podem amar-se ternamente e podem matar-se violentamente, em outro momento. Você é um artista, é sensível, dedicou-se à pintura, então sabe que para haver harmonia é preciso espaços definidos, onde cada coisa ocupe seu lugar, sua luz e sua sombra, que brilhe sozinha e no conjunto.

– Entendo o que está querendo me dizer. Ryane tem conversado muito comigo, de outra forma, bem mais direta. Sei que estou agindo errado, aumentando meu sofrimento... – Gautier tinha dificuldade em coordenar os pensamentos. Lutava para dominar a emoção, para encarar a necessária separação de sua amada que ficara presa à vida material. – Mas é muito difícil. Eu li muito sobre o depois da morte. Isso tem me ajudado, creia. Pode até não parecer, mas, sem o que aprendi, acredito que estaria sendo ainda mais difícil. Nunca pensamos que as emoções não morrem nem se esquecem, damos pouca importância no trato delas quando encarnados. Se são boas e nos dão prazer, nos entregamos sem análise alguma; se são ruins, bem aí então é que não queremos analisar nada, queremos é nos livrar, como se isso fosse possível. A verdade é que passei a existência sentindo, sem me aperceber do quanto isso era importante e que aí é que estavam de fato as minhas forças e as minhas fraquezas. Eu simplesmente não vi isso, Laura. Agora estou pagando o preço. Consegui, enquanto encarnado, não ter ciúme do passado de Irina, nem mesmo quando sabia ainda dividi-la com outros. Justamente porque tinha convicção de que a amava como ser inteiro, não apenas um corpo bonito. Mas não me dei conta de que cada vez mais nós criávamos um sistema de dependência, de isolamento, um mundo nosso à parte de tudo e de todos e era ilusório acreditar que nunca nada iria mudar entre nós. O grande teste é o amor que resiste à separação. E eu sei que estou falhando, juro para você que tenho me esforçado. Não sei se você já viveu algo parecido, mas, acredite, é uma luta de muitas exigências, e o pior é que o inimigo é o mais íntimo e o mais desconhecido ao mesmo tempo: eu mesmo, tudo o que sei e o muito que não sei de mim.

Laura sorriu e apertou afetuosamente a mão de Gautier.

– Insista, é tudo o que tem a fazer para conseguir a vitória. Você é consciente e interessado, o que é muito bom e torna o caminho menos áspero. Não pense que sou algum tipo de criatura diferente na natureza; passei por todas as experiências que precisava para aprender; necessariamente não são iguais às suas, mas, digamos, que muito semelhantes. Posso avaliar o que está sentindo – viu, continuamos sentindo mesmo depois de abandonarmos o corpo. Analise, pense, não fuja, ainda que seja ruim. A vida sempre nos dá tempo de aprender as lições; faça agora o que admitiu não ter feito antes: encare descobrir a força dos seus sentimentos. Verá que há um universo fascinante à sua espera, todinho dentro de você. Lindo, cheio de contrastes, de luz e sombra, de consciência e inconsciência, onde nada, absolutamente nada, é vergonhoso, pernicioso ou motivo de desespero, mas onde tudo são descobertas e aprendizado. Pense como se fosse uma criança aprendendo a equilibrar-se e caminhar; nessas circunstâncias, cair é parte natural e mesmo esperada na experiência. Cair e se machucar, também. Se doer, chorar é outra conseqüência natural, traçada por Deus em você; não resista, chore, mas levante e tente outra vez.

Gautier abaixou-se até tocar com os lábios as mãos da benfeitora; beijando-a respeitosamente, murmurou:

– Tentarei.

Depois se afastou, beijou as faces e a testa de Irina, acariciou-lhe o rosto com o dorso da mão, sorriu triste, resignado, suspirou, afrouxando o abraço, e ergueu-se do leito.

Sinalizou a Ryane, que observara atentamente o diálogo dele com Laura, que estava pronto para partir. Despediram-se de Laura reiterando votos de harmonia e serenidade para o próximo encontro, ainda naquela mesma noite, tão logo Irina estivesse em condições de participar.

Em torno de uma grande mesa de carvalho, cujo tampo polido brilhava refletindo as luzes que entravam de uma alta janela paralela ao teto, reuniam-se altos oficiais do pequeno e combalido exército alemão.

– General Von Scheringer – dizia o major Schroeder. – Temo que haja exagero quanto à preocupação com a infiltração de idéias nazistas em nosso exército. A corporação sempre foi fiel à sua tradição, acima de tudo. Os nazistas são arruaceiros, violentos e parecem uma gaita de fole, ora se estufa, ora se esvazia, não tem equilíbrio como movimento político.

– Diz isso porque, como todos sabem, seu filho está francamente engajado com eles – retrucou o general, um homem forte, de físico avantajado, que aparentava bem menos que seus 50 anos. Tinha as bochechas vermelhas e a boca levemente torta pelo hábito de fumar cachimbos e charutos; os cabelos ruivos estavam misturados de fios brancos e perfeitamente penteado; toda a aparência era impecável, sobressaindo o peito coberto por várias medalhas.

– Luidgi é um jovem que voltou da França um doidivanas. As promessas nazistas o seduzem. Isso é bem típico da juventude. Trata-se de um fenômeno sazonal, como a colheita do trigo, que tem tempo certo para ceifar. Esse entusiasmo nazista nele tem tempo certo para acabar. O partido deles reanimou-se, precisamos admitir, estavam praticamente mortos, mas ressuscitaram e não podemos ignorar que Hitler é um orador carismático. Ele diz o que o povo quer ouvir. Cegos e surdos, eles não julgam se ali está a razão ou a verdade, simplesmente crêem. É só esperar alguns meses e eles estarão novamente liquidados. Não sobrevivem à próxima crise política e sabemos que nessa república ainda haverá muitas. A Alemanha precisa da monarquia; é preciso restaurá-la. Na época do czar não tínhamos esses problemas.

– Todos os pais de jovens vinculados ao movimento nazista dizem a mesma coisa, major Schroeder. Eu, particularmente, os entendo, são jovens, ambiciosos, querem construir uma carreira. A república, acatando os termos de Versailhes, mantém nosso efetivo reduzido. Hitler tem em seu partido um efetivo paramilitar superior à nossa força. Promete aos jovens oficiais quebrar os termos desse acordo e assim restaurar o exército. Obviamente, isso passa por uma ampliação considerável do quadro e também por maiores chances de promoções, ascensão na carreira, meu caro major. Como vê, esses jovens, a meu juízo, não são tão loucos como você pensa. Eles querem simplesmente aquilo que eu e você conquistamos em outras épocas. Politicamente é bem provável que o pensamento deles e o nosso não sejam assim tão divergentes. Eles pregam um governo centralizador, autoritário, forte, em suma: uma ditadura; nós sonhamos com o passado, com a restauração da monarquia, que me parece ter algumas características bem próximas.

– Com o devido respeito, general Scheringer, não posso aceitar o que me diz. Os nazistas são um bando de aventureiros, de nacionalistas fanáticos. Não consigo enxergar em que possam eles contribuir para trazer estabilidade ao país, quanto mais para reconstruir o antigo império da nossa história. A monarquia e só ela pode nos trazer essa estabilidade. É a força da tradição.

Scheringer tirou outra baforada do cachimbo e pôs-se a observar a fumaça que se evolava em círculos acima de seu nariz. Seus olhos tinham uma expressão pensativa.

– Ainda assim, major. Ainda que sejam aventureiros e talvez justamente por isso é que precisamos defender nossos jovens oficiais. São ambiciosos, inexperientes em causas políticas. Provavelmente, nem todos tenham perfeita consciência de que, apesar do sucateamento, ainda temos grande influência, um nome e uma tradição a zelar. Deixam-se levar pelas promessas nazistas, embebedam-se de suas críticas mordazes ao momento atual e não enxergam que não passam de retórica, de bravatas. Veja o Putsch da Cervejaria, que fiasco! Mas diga isso a eles, negarão e o farão ver como o líder deles se sobressaiu no julgamento. Andam com Main Kampf, embaixo do braço, como se fosse uma arma. – E, sorrindo com desdém, provocou: – Aliás, é uma arma, um livro daquela grossura só pode ser uma arma. Não posso crer que o tenham lido de capa a capa.

– Bem, devo entender que então está mantida a ordem de transferência dos cabos, sargentos e tenentes.

– Sim, está. Há algo mais que o senhor queira discutir, major?

– Não, senhor.

– Está dispensado.

O major bateu continência e, rodando nos calcanhares, andou ereto e firme em direção à alta porta que dava acesso a um corredor no amplo prédio que servia ao quartel general em Berlim.

Schroeder ia pensando no filho. Desde seu retorno definitivo à Alemanha, o jovem o preocupava. Reconhecia para si mesmo que o filho era um estranho em casa, embora aparentemente fossem uma família exemplar. Ficara feliz com a decisão dele de seguir a carreira militar, para isso o educara desde menino. Era a quarta geração da família servindo ao país, entretanto muitos comportamentos do filho lhe tiravam o sono. Para completar agora se envolvia abertamente com os nazistas. O exército sempre fora engajado politicamente, mas, para todos os efeitos, era neutro. Ele mesmo servira ao Partido Conservador, ajudara a preparar os Corpos Francos, mas abertamente nunca dera mostras, quanto mais provas de suas simpatias políticas.

– Esses jovens são inconseqüentes – pensava ele com os seus botões. – Só têm a perder nesse movimento nazista. O que conseguiram foi uma bela transferência para a guarnição de Ulm. Pode ser exagero a preocupação de Von Scheringer, mas afinal de contas algum tempo entre as montanhas, distante da agitação da capital, vai fazê-los pensar melhor e, mais do que isso, aprenderão a reconhecer a disciplina e a autoridade.

A movimentação das tropas no pátio àquela hora era bastante intensa. Por algum tempo o major se deteve a observar-lhes a aparência: eram jovens saudáveis, bonitos, altos, louros, fortes, o uniforme impecável. Aliás, a expressão impecável fazia parte de um vocabulário quase religioso dentro do exército alemão. A rigidez de conceitos, a estreiteza de idéias, tudo levava a um comportamento maquinal, sem raciocínio, um campo fecundo a todo tipo de preconceito e de insanidade. Ser impecável tornava a todos neuróticos, nervosos, seres humanos reprimidos que acabavam por se desgovernarem totalmente no manuseio das próprias paixões, inúmeras vezes alvo dessa verdadeira paranóia de ser "impecável". Aspiravam a uma condição que absolutamente não tinham meios de possuir ou de manter. Ser intimamente impecável equivale a dizer-se um ser puro, condição impossível ao atual grau de desenvolvimento da humanidade terrena. Somos cheios de conflitos, nos caracterizamos por uma verdadeira multiplicidade de comportamentos marcados de vícios e virtudes, de erros e acertos, o que nos leva à grande verdade de ainda termos que peneirar muito as nossas personalidades para aspirarmos futuramente a uma condição de pureza. Mas essa pureza não se faz de fora para dentro, mas justo seguindo a rota inversa, ou seja, de dentro para fora. Hoje envergamos corpos que apodrecem, infeccionam, são atacados e carcomidos por vermes, refletindo o nosso interior comprometido a expurgar-se na matéria densa. Quando esse interior for puro, nossos corpos serão livres dessas marcas de inferioridade, serão belos, saudáveis e leves.

Nos idos da década de 1920, porém, os oficiais alemães tinham em alta conta a "impecabilidade". Um fio de linha, uma mancha de pó, uma costura levemente – diria quase imperceptivelmente – enviesada, um calçado menos brilhoso, uma mecha de cabelo fora do lugar eram motivos de verdadeiros incêndios de paixões. Gritavam, humilhavam, puniam, destilavam raiva e fel em virtude de coisas e situações tão sem importância, gerando um ambiente de altas cobranças, insatisfações, e onde o ego de muitos ocupava quarteirões inteiros.

Não é difícil entender que, se espiritualmente isso é impossível, com mais razão o é materialmente. A natureza do planeta acompanha as condições evolutivas da população de espíritos aqui encarnados. Ela é ainda agressiva, selvagem. Não há como viver nele e ser imune à sujeira, ao desarranjo da aparência. Desejar essa impecabilidade é colocar-se em luta contra a natureza interior e exterior, que nos dá exemplo e nos pede o aprendizado da flexibilidade e da aceitação.

Mas fato é que o major Schroeder dava-se ao luxo de desperdiçar tempo em sua existência a observar o lustro de coturnos, os botões das fardas, o barbeado e o cabelo dos subordinados, sem falar no engomado dos colarinhos. Enquanto desperdiçava os dias nessa atividade, esquecia-se de si, de joeirar a própria personalidade e dar-se a oportunidade de conhecer as experiências, expectativas e frustrações das pessoas com quem convivia, o que de resto era regra em toda a força. Era um verdadeiro dominó de vaidades, em que o maior derrubava o menor na escala de progressão da carreira. Dessa forma, a vaidade e os recalques do primeiro no topo da fila chegavam ao último com o peso e o somatório da vaidade e dos recalques de todos que haviam caído na cadeia até tocar a sua vez. Não escapava um, ou melhor, quase nenhum – havia poucas honrosas exceções, como a do tenente que desfilava sua tropa naquele momento e que, enquanto marchava mecanicamente à frente dos homens, dedicava seus pensamentos a interesses mais elevados – o jovem Richard von Scheringer, filho do general.

Schroeder ficou observando a execução perfeita do exercício, o perfilamento e a disciplina dos soldados.

"O rapaz faz um bom trabalho, apesar de ser muito estranho. Na cantina jamais se junta aos oficiais mais graduados, mantém-se numa linha de conduta de independência. Jamais o vi tentando agradar um superior. É obediente, isso não posso negar, é disciplinado, não falta ao respeito com os de patente maior, entretanto parece absolutamente desinteressado de promoções, de apoios."

Ficou acompanhando com o olhar a tropa, dirigida pelo tenente, encerrar sua atividade, marchando unida para fora do pátio. Notou que após o comando de dispersar um grupo de soldados cercou o jovem oficial e o interrogava com interesse. A conversa era bastante animada; os sorrisos pareciam contagiosos, embora não houvesse algazarra. Era a alegria pura e simples que tomava conta daqueles que o acompanhavam.

Curioso, o major deu a volta ao pátio em passos rápidos, indo postar-se a alguma distância do falante grupo. Curioso e, por que não dizer, por alimentar um sentimento de inveja em relação à carreira e à aceitação do filho do general, era a contragosto obrigado a reconhecer que o rapaz a construía por mérito próprio e não por influência paterna, apesar das esquisitices de seu comportamento.

– É irônico, mas reconheço como muito bom o trabalho do pensador francês que você tanto admira. Aliás, é difícil entender que aquele país tenha produzido algum gênio, entretanto me curvo às evidências – comentava um dos soldados.

– Não diga isso, Frank – contrariou o tenente de forma amena. – Espíritos como o de Voltaire não se ligam a noções de território e fronteiras; eles produzem para a humanidade, para quem os queira conhecer. São perenes, meu amigo, tal qual os rios que descem as montanhas. Suas vidas deixaram pegadas tão profundas no planeta que o tempo não conseguirá apagar. Penso neles como construtores da mentalidade humana; vão lançando bases e assentando pedras na infinita escada de crescimento do homem. Francês, alemão, turco, grego... Que importância tem?

– O senhor considera sem importância as questões do nacionalismo? – indagou outro soldado um pouco mais afastado, provocando a discussão do tema que palpitava no momento.

– Sem importância não seria uma definição correta. Deixe-me pensar numa forma de explicar-lhe como vejo o nacionalismo – pediu Richard, coçando o queixo e deixando seu olhar vagar pelas nuvens, muito além dos rostos ansiosos que se agrupavam ao seu redor.

– É importante amar a pátria, a terra onde nascemos, crescemos, vivemos e, possivelmente, onde morreremos. Porém, eu poderia lhes perguntar o que é amar a pátria, como identificamos esse amor nas nossas atitudes e que tipo de amor é esse. Ouço e leio muitos discursos que se dizem nacionalistas, amantes da pátria, entretanto... O que me transmitem é que são redigidos por criaturas altamente preconceituosas, arrogantes e fanatizadas. Não é amor que eles pregam –, é vingança, rancor. Não posso entender que alguém que ame seu país e seu povo alimente no seio dessa nação sentimentos destruidores. Amor à pátria para mim se demonstra através do amor às pessoas que compartilham esse torrão conosco. Dar desenvolvimento social, boas condições de viver, trabalhar e prosperar com dignidade. Educar o povo para uma vida de responsabilidade e liberdade, isso é patriotismo. Espicaçar ânimos, rebaixar o que não seja nosso, culpar outros países de nossas desgraças internas – ainda que eu entenda a ligação que se estabelece entre todos os países e as questões de política externa –, ainda assim não vejo isso senão como manifestação de revanchismo, de despeito.

– Tenente, mas e a traição de novembro, e o maldito Tratado de Versailhes, e os americanos que agora com a bancarrota da bolsa esvaziam o país de recursos, jogando-nos de volta numa situação econômica caótica? O senhor acha que tudo isso é mero revanchismo? Usurpam nosso orgulho e não devemos fazer nada?

– Devemos fazer algo sim, Albert. Pensar como chegamos a este momento. Refletir com maturidade sobre nossa postura enquanto nação integrante de um contexto internacional, meditar o que fizemos para que agora recebamos de retorno esse descalabro todo. Veja bem, se eu esticar o elástico das suas roupas ao extremo e não conseguir mantê-lo sob o meu controle, ele vai naturalmente voltar para você com força redobrada, certo?

O soldado e o restante do grupo que o ouviam com interesse e atenção assentiram com a cabeça. Schroeder estranhou não ver em nenhum deles reação de espanto pelas palavras do tenente. Pareciam acostumados àquela conduta liberal, porém disciplinada, como exigia a corporação. O exemplo não poderia ser mais pobre nem mais claro, qualquer um entendia o raciocínio que o jovem oficial traçava.

– Eu vejo exatamente isso nos acontecimentos: tanto no passado recente, dos idos de 1920 ou 1925, como nos dias de hoje. A vida é uma lavoura; cada ato nosso, interior, como os pensamentos e os sentimentos, ou exterior, como nossas ações físicas, são sementes que lançamos. Plantamos com total liberdade, escolhendo quando, onde e como, todavia não teremos escolha quando se tratar de receber os frutos dessa plantação.

– Em suma, o senhor crê que sejamos os únicos responsáveis pela crise em que mergulhamos – comentou o que primeiro o interpelara.

– Eu diria o principal responsável, Frank. O principal. E mais: nessa linha de raciocínio, pensar em revanche é simplesmente continuar subordinado a acatar as conseqüências que são fadadas. Melhor seria uma boa reflexão principalmente dos governantes para terem um entendimento mais abrangente de como vive e se relaciona a maioria dos alemães. Nossos líderes políticos, com grande facilidade, se sentam em torno de primorosas mesas de madeira, com uniformes e coturnos impecáveis, para decidir os destinos da nação. Olham mapas, números, documentos e esquecem a face sofrida do povo nas ruas; decidem seus destinos como se estivessem em uma mesa de jogos de azar – retrucou o tenente.

– Então o culpado, em verdade, não somos nós, mas os nossos governantes – replicou o soldado. – Agora começamos a nos entender. É por isso, justamente, que o povo precisa ser engajado na política, que nenhum cidadão tem o direito de não se envolver, como fazem conosco, proibindo-nos de militar em partidos ou mesmo de manifestar nossas tendências.

Os demais soldados que acompanhavam o debate informalmente travado, com a característica liberdade que o tenente dava a seus comandados de lhe dirigirem a palavra, penderam para apoiar o companheiro sem patente.

– Parece sina do homem procurar um culpado, um bode expiatório, um Judas qualquer. Milhares de coisas se passam anônimas na vida do povo, mas o culpado precisa de um nome e que este nome seja o mais enxovalhado possível – tornou o tenente com calma. – É paradoxal. É o povo que põe seu governante no comando da coletividade, cada um de nós participa e o escolhe. Vivem uma verdadeira lua-de-mel por poucos dias e depois a criatura é alvo de chacotas e rebeliões. Pois eu digo que se assuma a responsabilidade por aquele que está no poder; somos os responsáveis por ele e não o contrário. Parece que a monarquia se acabou, mas as pessoas ainda buscam no governante o "pai". Há uma mera substituição de figuras, uma liberalização de costumes, mas os conceitos interiores permanecem inalterados. Tanto me parece ser o caso que o presidente Hidenburg, apesar de sua avançada idade, não encontra um substituto. O povo reclama, mas o reelege. Não é isso o mesmo que o cáiser?

Desarmado, o soldado calou-se por alguns segundos, pensativo. Entretanto, não cedendo à argumentação do superior, proclamou em um tom que não admitia contraponto e deixava à vista todo o seu fanatismo e cegueira políticos.

– Isso vai mudar, tenente. Espere o governo do Partido Nacional Socialista. Quando chegarmos ao poder, faremos um governo forte, não essa vergonha que é a república. Precisamos de um governo forte, decidido, que desenterre a Alemanha, que reacenda o orgulho da nação. Nós somos os melhores e é preciso que tenhamos consciência disto, que não nos rebaixemos para qualquer país de impuros. O senhor verá, tenente, assim que acabarmos com o Tratado de Versailhes, o senhor verá o nosso exército retomar o prestígio e crescer, e com ele nós cresceremos também. Agora, na atual situação, há de convir comigo, não podemos aspirar a muitas promoções com uma força tão reduzida. Para chegarmos às patentes mais altas, só quando estivermos muito velhos ou se acontecer de morrerem todos os nossos superiores, de resto teremos, no máximo, a possibilidade de chegarmos ao seu posto ou um pouco mais. Pense o senhor: é bom olhar o futuro e esperar apenas um dia depois do outro, sem qualquer possibilidade de avançar, ou é melhor olhar para ele e descobrir novos caminhos? O nacional-socialismo é o caminho

O tenente ouviu as colocações do soldado, reconhecendo claramente estar diante de alguém fanatizado, que não enxergava nada além das próprias convicções e que não se via como um ser integrado a um contexto. Era fácil notar o grande elemento fanatizador agindo no inconsciente da criatura – o interesse pessoal. Toda doutrina que prega as vantagens pessoais e faz o ser humano se reconhecer como o melhor diante dos outros, aquele que mais sabe, quem melhor entende e interpreta os fatos ou o conhecimento, é inegavelmente fanatizante; usa as paixões desgovernadas e inconscientes da criatura humana para conduzi-la.

O major, que acompanhava a certa distância o desenrolar dos acontecimentos, assustou-se ante as atitudes e as idéias expressadas pelo soldado.

"O general pode estar certo", pensou ele, nascendo em seu íntimo pela primeira vez o medo do crescimento da influência nacional socialista nas bases da corporação.

A tradição de instituição sem vinculação oficial, mas nitidamente simpatizante, quando não defensora, era sempre ao lado das teorias políticas dos partidos de direita. O nacional-socialismo não fugia a esta regra geral, porém diferenciava-se por buscar raízes entre as classes trabalhadoras da sociedade e por ser radical em seus postulados.

O tenente voltava a se dirigir aos soldados e foi fácil ao major notar que deixara alguns pensativos, por certo os indecisos, mas aqueles que abertamente se confessavam partidários do movimento nazista não arredavam pé de suas convicções. Notava-se no olhar deles um brilho raivoso e, em suas condutas, uma forçada tolerância.

– Pensem, meus amigos – convocava o tenente Von Scheringer. – Não se deixem levar por promessas. É sempre preciso ver que não somos uma ilha só no meio do oceano, fazemos parte de um continente e de um mundo. É natural e previsível que o que afeta aos meus vizinhos, a mim me afete. Nenhum líder, por maior que seja, terá o poder de extinguir esse fato basilar: ninguém vive só, e uma só cabeça não é capaz de comandar o mundo. Não nos iludamos com teorias de superioridade racial; elas são idéias de excêntricos, e o tempo e os fatos já demonstraram que não têm fundamento. Vemos povos chamados de impuros nos derrotarem nas armas, na economia e no desenvolvimento social. A mim isso fala que precisamos aprender com eles e não exterminá-los. Aliás, essas idéias violentas só me dizem que ainda há muitas bestas humanas em nosso meio, muitas cabeças cheias de falsas teorias, falsos conhecimentos, absolutamente cegos na sua ignorância enquanto seres humanos. Agora basta desta discussão, vão de volta a seus alojamentos.

Resmungando contrariedades, alguns soldados mais exaltados se afastaram, outros saíram cabisbaixos, sem saber a que idéia apoiar – lutava neles a consciência que aflorava contra as forças do orgulho. Nesse último número se incluiu o major Schroeder, que ficou escorado à coluna do prédio a pensar no que observara; seus brios haviam sido severamente machucados com a visão do tenente que chamara a muitos – entre os quais ele também se incluía – de "bestas humanas". Sentira-se ofendido, agredido por essas palavras. E um brilho de raiva iluminava-lhe o olhar ao fitar as costas do tenente, que se afastava em direção aos portões de saída do quartel.

"Os tempos estão mudados", murmurava ele consigo mesmo. "Luidgi não tinha pior hora para meter-se em confusão política. Não entendo por que não arruma uma boa moça, de quadris bem largos, que possa lhe dar muitos filhos e sossegue um pouco a cabeça doidivana. O desgraçado, quando se envolve com mulher, é alguma vadia. São boas, mas só para sexo, jamais se pode constituir uma família com mulheres dessa laia, quando muito tomar alguma por amante durante algum tempo; por certo, o camarada já vai arrumar incomodação. Mas, que eu saiba, nem isso ele faz, é freqüentador de bordel, de espelunca. Agora deu para se envolver com política; é falta de uma mulher que lhe traga preocupação. Não posso fazer muito por ele; esse outro tenente é protegido, o pai é general. Eu sou major e obrigado a reconhecer a verdade do que falou o soldado, daqui não vou passar. Preciso ter uma conversa muito séria com Luidgi antes que ele vá para a Guarnição de Ulm."

Assim pensando, dirigiu-se por sua vez à saída; na memória, ainda ruminava os eventos recentemente vividos.

A noite tomava conta do céu de Paris. As luzes bruxuleavam iluminando a cidade. As águas do Sena refletiam as luzes da Ponte Alexandre III. Sobre a mureta de guarnição da construção apoiavam-se Ryane e Gautier, observando a beleza da noite.

– Essas cenas fazem voltar minha inspiração e o desejo de pintar.

– Que bela notícia! – comemorou Ryane. – Faça. Nada o impede de voltar a pintar. Realize-se.

– De fato nada me impede – concordou Gautier recordando que vira muitos espíritos desenvolvendo diferentes atividades no local que o abrigara após o desencarne; entretanto, ele não tivera inclinação para buscar-lhes a companhia. – Posso lhe fazer uma pergunta, Ryane?

– Lógico.

– Prometa que não irá rir nem ficar zangada comigo.

Ryane o encarou sorrindo pacientemente e fez uma declaração formal de que lhe acatava o pedido.

– Não é a primeira vez que essa vontade desponta, mas fico pensando quem vai ver a minha arte. Produzir para quem e para quê? Fiquei confuso e julguei um tanto sem sentido preocupar-me com essas coisas – desabafou Gautier olhando firme para sua amiga e benfeitora.

Ryane manteve-se em silêncio; o mesmo sorriso ainda lhe pairava no rosto quando, minutos depois, dando mostras de impaciência, Gautier cobrou-lhe uma resposta.

– Meu querido, se você não sabe para quem e para que produzir sua arte, mesmo estando desencarnado, fiquei em silêncio para que pensasse e descobrisse sozinho. Mas, já que me pede uma resposta, digo-lhe: a vida existe para você, para cada um de nós. É uma experiência de evolução, uma aventura de crescimento e descoberta da sua individualidade. Responda-me: quem se realiza é o que faz ou o que observa?

– É o que faz.

– Quem cresce: é o que pensa, estuda, experimenta ou aquele que vê os outros fazerem?

– Sem dúvida é o que se lança na atividade.

– Quem ganha mais: o que se atreveu a fazer e mesmo a errar ou aquele que fica sentado sobre o que conquistou?

– O que se lança ao novo. Mas por que tantas perguntas?

– Já que concordamos que os objetivos da vida são sempre realizados para quem faz, responda-me: para quem é a sua arte e a sua realização? A quem serve o trabalho que realiza?

Gautier ouvira atentamente as palavras de Ryane. Acostumara-se à sua maneira muito direta de mostrar-lhe as verdades, de fazê-lo refletir. De início se sentira um bobo nas mãos dela, magoara-se porque ela colocara a descoberto todas as suas carências e necessidades de evolução, justo ele que julgara saber alguma coisa com relação à espiritualidade, mas agora gostava desses diálogos, pois compreendera o quanto o ajudavam a melhorar. Ela não tinha senão a intenção de ajudá-lo a descobrir as próprias capacidades.

– Entendi – disse ele após reflexão. – Quando voltarmos ao abrigo, começarei a pintar. Você me ajuda com o material? Não sei como consegui-lo.

Ryane balançou a cabeça afirmativamente enquanto murmurava uma expressão de consentimento.

– Eu dependo de mim mesmo. É isso, não é, Ryane? Trabalhar no que gosto é fator de realização e crescimento, independente se tem ou não tem quem admire o que faço. Creio que a vida toda sempre soube que era assim, mas todo artista produz também para ser apreciado. Sentimos uma necessidade de público e, com isso, inverti os padrões de importância, valorizei os outros muito mais do que o eu. Humildade ou modéstia, o que me faltou?

– Pense mais um pouco. Você tem condição de fazer a distinção sozinho. Mais tarde tornamos ao tema, é muito interessante. As nuanças das nossas emoções me fascinam. Agora precisamos cuidar de solucionar o impasse em que você e Irina estão vivendo. Veja, Laura se aproxima com ela.

Na cabeceira da ponte era possível ver as duas entidades. Irina tinha o olhar confuso de quem não define nitidamente o que está vivendo; ainda assim caminhava ao lado de Laura, ouvindo-a com certa atenção. Entretanto, bastou erguer os olhos, divisando a figura de Gautier alguns metros à frente para que seu olhar brilhasse, radiante, e seus passos, como que por vontade própria, acelerassem na direção dele.

Ryane tocou rapidamente no ombro de Gautier, mirou-lhe os olhos com firmeza e disse, convicta:

– Vai, meu amigo. Lembra-te do muito que conversamos. Ajuda-te e a ajudarás; o estado em que vivem não pode continuar para o bem de ambos. Que seja esta a despedida de vocês.

– Temporária, Ryane – lembrou Gautier sorrindo com confiança e ternura, para logo se afastar ao encontro de Irina.

Laura deixara que Irina se adiantasse e permanecera na cabeceira da ponte observando a cena à distância, tal qual Ryane o fazia mais ao centro da construção.

Irina corria ao encontro de Gautier com os braços estendidos e o olhar apaixonado, irradiando felicidade; seu rosto era um amplo sorriso. Ele a esperava pronto para tê-la em seus braços uma última vez. Aquele era um momento limite, um espaço entre o material e o espiritual que se tocavam e lhes possibilitava o contato; ele tinha consciência dessa realidade, precisava aproveitá-la transmitindo à amada todo o conforto possível. Era uma daquelas ocasiões na vida do ser em que alguns segundos têm que valer por anos inteiros.

Abraçaram-se emocionados, murmurando palavras de amor e saudade. Ela sorria e chorava, sem entender a razão de sua emoções. A consciência de seu estado de emancipação do corpo não era muito clara. Tudo o que sabia era que estava com o homem que lhe ocupava inteiramente o pensamento e os sentimentos, e nada, além disso, a interessava. Conseguia senti-lo, tocá-lo, acariciá-lo; podia conversar; ele novamente vivia. Ela não sabia como, mas não importavam explicações. Os porquês não tinham significado. Era verdadeiro; estava mesmo nos braços de Gautier, sentia toda a ternura com que ele a envolvia, isso lhe bastava; explicações não lhe dariam aquela felicidade.

– Gautier, Gautier, meu amor... – murmurava Irina cobrindo-lhe o rosto de beijos.

Ao ouvi-la declarar seus sentimentos, o que nunca antes fizera, ele sorriu e apertou-a fortemente como se desejasse que se fundissem em um único ser.

– Boba, egoísta – xingou ele docemente ao ouvido da amada. – Por que nunca me disse isso antes? Esperei tanto ouvi-la me chamar assim. Chame de novo.

– Meu amor, meu amor, meu amor, mil vezes meu amor – retrucou ela alegre entre beijos e abraços.

– Hum, que delícia sentir seu cheiro, sentir seu toque outra vez. Eu sinto muito a sua falta, minha amada. Porém, precisamos conversar.

Notando que Gautier controlava a emoção que os dominava e lutava por agir conforme a consciência lhe determinava, ainda confusa e não querendo romper o idílio que vivia, ela reagiu recusando-se a afastar-se dele. Abraçava-o, beijava-o e o acariciava com desespero.

– Calma, minha amada – pediu ele compreendendo que ela fugia da necessária tomada de consciência. – Nada mudou, nossa realidade de seres separados pela morte continua. Estamos apenas vivendo um breve encontro para que possamos nos ambientar melhor a essa situação. Eu e você precisamos encarar a realidade, embora ela doa terrivelmente; não podemos continuar nos lamentando, remoendo o passado; podemos olhar o agora e o amanhã e tecer novos sonhos. Será mais saudável.

– O que está dizendo? Quer separar-se de mim? Por que, meu Deus? Acabei de lhe dizer que o amo, nunca amei outro homem e quer deixar-me agora que nos reencontramos? Não entendo.

– Minha amada, não é nada disso que estás pensando – disse Gautier baixinho tomando as mãos e puxando-a para perto de si outra vez. – Olhe, estamos tendo um breve encontro, talvez possamos ter outros no futuro, não sei. Nada mudou. O acidente aconteceu, nele eu perdi a vida do meu corpo, mas todos somos espíritos – lembra dos livros que eu estudava com Duvernoy e Madame Lescault –, pois é, não são utopias o que eles contêm, mas a pura e simples verdade. Leia-os quando acordar, vão ajudá-la. Ninguém morre. A morte é apenas um fenômeno do corpo biológico; o ser inteligente, que pensa e sente, enfim, aquilo que cada um de nós é, continua vivendo. Olhe para mim. O que vê?

– Que pergunta! Eu vejo você. Está usando sua roupa favorita, aquela que vestia quando nos conhecemos. Guardou-a, eu sei, você nunca quis se desfazer dessa camisa, nunca a deu aos pobres que a sua amiga ajuda.

– Exatamente. Eu não sofri nenhuma mudança, continuo o mesmo. Penso e sinto tal qual quando ainda tinha um corpo, apenas passo por experiências novas em outra dimensão da vida. Uma dimensão que permeia a vida material – explicou Gautier pacientemente, falando-lhe ao ouvido e vez por outra lhe beijando os cabelos que a brisa noturna despenteava. – Você se liga a mim pelo pensamento, querida. Cada vez que você chora, que se revolta com a minha morte, eu sinto e sofro também. Outras vezes, sou eu que não suporto a separação, anseio por vê-la, por saber de você e corro ao seu encontro, mesmo sabendo que não me verá, mas eu sei que sente a minha presença e meu amor é egoísta demais; busco apenas minha satisfação; apenas apaziguar meus desejos.

Repentes de lucidez raiavam na mente de Irina e ela começava a dar-se conta do que estava vivendo. Enquanto ouvia o desabafo de Gautier, sua mente se dividia com lembranças de fragmentos de diálogos com uma mulher que não conhecia, mas com quem já tivera muitos sonhos estranhos e mais freqüentes desde o acidente do que em qualquer outra época de sua existência. Aflita, agarrou-se ao pescoço de Gautier.

– Não, não, psiu... Fique quieto, não diga mais nada. Eu não quero ouvir, por favor... – e lágrimas desciam-lhe dos olhos, onde se lia uma tristeza e solidão infinitas.

– Minha amada, não faça este momento ser sofrido. Ele é doce e amargo, eu bem o sei. Mas, vamos nos esforçar por ficar com o que há de doce, de consolador, nesta vivência. Com o tempo entenderemos tudo o que vivemos agora e esclareceremos o que nos parece injustiça. Confie na sabedoria da vida, Irina. Vamos aceitar a nossa separação. Eu sei o quanto é difícil o que estou propondo; em momento algum pense que eu não a amo, é justo o contrário. Uma amiga deste lado da vida me ensinou que o amor só é verdadeiro quando resiste à separação. Eu sei que o meu amor é verdadeiro, ele resistirá o tempo que for preciso, até que possamos nos reencontrar, e não me importa em que condições, se serei seu amigo, seu filho, seu pai, seu empregado, seu irmão. Eu a amo e estar com você me fará feliz.

Irina agarrava-se a ele com desespero, não chorava mais. Entendera racionalmente a mensagem que ele lhe queria transmitir, entretanto, emocionalmente, se recusava a assimilar qualquer conceito. Limitava-se a abraçá-lo, a viver intensamente as sensações de paz e ternura que a envolviam ao lado de Gautier e a murmurar palavras de amor que nunca antes falara e que ao longo daqueles meses de separação lhe queimavam a consciência. Assim ficaram abraçados longo tempo.

Laura aproximou-se, tocou suavemente com a mão a fronte de Irina, enviando-lhe energias que lhe trouxeram imediata sensação de sonolência, torpor. A consciência lutava, negando-se a assimilar a vontade da benfeitora, entretanto estava fraca, cansada, e, pouco depois, Gautier a beijava ternamente, entregando-a aos cuidados de Laura.

– Leve-a – pediu ele, cabisbaixo. – Não conseguirei acompanhá-la. Minhas forças estão no limite. Pode parecer bobagem e mesmo um despropósito, mas, por favor, cuide bem dela. Prometo que não voltarei a visitá-la até estar em condições de maior equilíbrio. Sigo daqui com Ryane. Voltarei a pintar, estudar, enfim, vou cuidar de mim mesmo e da minha vida, até que possamos novamente nos encontrar.

– Vá em paz, Gautier. Siga seu caminho, quem sabe um dia você não me substitui nesta tarefa? – comentou Laura, brincando para amenizar a carga emocional do momento, tornando-o mais fácil para Gautier, que estava perfeitamente lúcido.

Ele sorriu, lançou um último olhar a Irina, andou alguns passos de costas, ainda olhando as duas entidades femininas paradas sob a luz do poste, envolvidas pelas brumas do amanhecer, tendo ao fundo os prédios seculares e cinzentos da velha Paris, adormecida àquela hora. Depois, decidido, virou-se caminhando sem olhar para trás em direção à amiga espiritual, que o aguardava emocionada pela vitória de seu pupilo.

Abraçou-a em silêncio e partiu com ela.

CAPÍTULO XIV

Começar de novo

"Nada vale mais do que o preço que nós próprios damos." [1]

– O que houve, Nanine? – indagou Lilly tão logo a criada lhe abriu a porta. – Chamar uma mulher que trabalha à noite a estas horas da manhã não se faz, olha que pode até ser pecado.

– Entre, Madame Lilly – convidou a empregada. – *Mademoiselle* a espera na sala.

– E o que quer Irina, afinal?

– Não sei, mas madame tem que concordar comigo que ela está bem melhor. Eu não a vejo chorar mais, claro que ainda noto que há dias em que ela amanhece com os olhos vermelhos e inchados, parece ter chorado na madrugada, mas é tudo. Nunca mais a ouvi falar o nome do falecido. Só que bebe muito, demais, eu diria.

– Isso é normal – retrucou Lilly, recordando seu próprio passado e as muitas mágoas que afogara em litros de álcool da mais ordinária procedência. – E amigos? Ela tem recebido alguns?

– Homens?

– Claro! Ricos, de preferência.

– É, tem. Faz quase 15 dias que toda noite ela tem companhia. Coitada, sinto tanta piedade por ela – disse Nanine baixinho, segurando Lilly pelo braço no *hall* de entrada.

---

[1] Willian Shakespeare. *Tróilo e Cressida*. Ato II – Cena II: Tróilo.

– Coitada nada, está ganhando a vida. Pior ela estava quando se deitava a chorar nos sofás. Pelos diabos, achei que ela não fosse superar. Estava ficando preocupada. Ainda bem que melhorou; não é nada, já se vão dois meses daquela última crise horrorosa.

– Coitada sim, madame. Ela sofre se vendendo como faz. Eu vejo. Em nenhuma dessas noites ela estava sã, em todas a pobre caía de bêbada. Parece que quer se matar. Atirou-se na vida feito louca, ela não era assim, mesmo antes do romance com o falecido. Ela tem feito coisas de assombrar; ah, se as paredes desse apartamento falassem...

– É, as paredes não falam, não é, Nanine, mas a língua das criadas fala por elas – censurou Lilly. – Deixe sua patroa em paz. Ela está lhe pagando o salário, não está? Então, meta-se com a sua vida. O que queria que ela fizesse? Por acaso você pensa que as vadias não têm sentimentos, pois fique sabendo que têm sim, e muito fortes. Para seu governo, Irina está se matando sim; cada vez que ela vai para cama com um homem, ela morre um pouco, por isso se embebeda, para suportar a dor.

– Mas é isso mesmo que estou dizendo, sempre fui amiga dela e da senhora – resmungou Nanine. – Mas ela está abusando, ontem dançou nua na sala, precisava ver.

– Ótimo! – aprovou Lilly. – Quantos convidados na festa?

– Não contei, mas havia bastante gente. Alguns ficaram com as moças que a senhora tem mandado, só foram embora quando estava amanhecendo.

– É, Irina ainda sofre por Gautier, mas ao menos está reagindo como pode e como sabe. Não faz idéia do que ela quer comigo tão cedo? Ei, espere um pouco, você falou que Irina dançou? Tem certeza?

– Absoluta. Não foi como era, mas ela dançou sim. Isso é outra coisa que me preocupa: ela tem feito exercício de dança todos os dias e não quer mais as aulas de piano. M. Adam vem aqui só para conversar com ela, que nem o Sr. Duvernoy, mas ela os tem tratado tão mal... Acho que não quer mais recebê-los em casa.

– É compreensível, agora que voltou a trabalhar. Além do mais, eles devem trazer lembranças que é melhor evitar. Chega de conversa, vou falar com a Divina.

Lilly adiantou o passo e deixou Nanine arrumando a sala que tinha ainda claros sinais da noite anterior. Andando pelo apartamento, notou que havia muitas mudanças na aparência; cores mais quentes e sedutoras dominavam o ambiente antes tão terno, sereno e luxuoso. Acometida por uma súbita curiosidade, parou em frente aos aposentos que Irina dividia com Gautier, pôs a mão na maçaneta e a girou:

– Fechada – constatou com expressão de vazio no olhar. Era fácil entender que Irina fechara todas as lembranças do passado; retirá-las de seus olhos era um caminho natural.

Ajeitou os cabelos, enrolando no dedo um cacho da testa que Thierry lhe permitira voltar a usar no novo penteado. As cabeleiras encaracoladas voltavam à moda, depois da longa dominação do à *la garçonne*.

Encontrou Irina na antiga sala onde ficava o piano, que havia desaparecido de cena e pelo qual não perguntou. Também ali era fácil ver as mudanças inseridas na decoração, bem mais sensual, com um bar repleto de copos finos e boas bebidas. Aliás, o cheiro do álcool e do fumo impregnava o local.

– Então, Divina, o que deseja comigo a esta hora da manhã? Também trabalhei ontem.

– Eu sei – respondeu Irina olhando friamente para a companheira. – Chamei-a porque preciso lhe comunicar minha partida. Vou embora e quero deixar este apartamento aos seus cuidados e acredito que possamos acertar uma parceria em relação às meninas e à renda que se pode conseguir aqui. Não é uma espelunca qualquer, é um lugar chique e bem freqüentado. As meninas que mandou são muito habilidosas e aprenderam rápido. Podem manter uma boa qualidade e acredito que isso será bom para todas nós.

A surpresa tomara conta do rosto de Lilly. Estupefata, jogou-se em um sofá em frente onde se reclinava Irina, lançou a bolsa um pouco adiante e encarou sua anfitriã ainda incrédula.

– O quê? Vai partir, para onde?

– É uma longa história. Vou resumir dizendo que não consigo viver em Paris, essa cidade está me sufocando, preciso de ares novos, de conhecer gente nova. Quero retomar minha vida como atriz e aqui tudo será mais difícil, me entende?

"Deveria dizer, querida, que todos os homens que podem ajudá-la, conhecem seu passado e sua paixão por Gautier; nenhum, por mais que a deseje, vai querer as sobras que pode lhe dar nem vai ser fácil os iludir de que o que lhes dá não é meramente uma sobra muito cara", pensou Lilly. Porém, em voz alta, disse apenas:

– Entendo, Divina. E já sabe para onde vai?

– Vou para a Áustria.

– Vai com alguém? Digo, já tem algum trabalho ou como se manter por lá?

– Vou com um diretor de teatro austríaco que conheci há alguns dias. Ele não sabe de nada, está em Paris procurando rostos e talentos novos para uma montagem que está fazendo. Interessou-se por minha experiência e ofereceu-me um dos principais papéis femininos. Não sei quanto vou conseguir ganhar, por isso gostaria de acertar detalhes com você. Se isto aqui continuar, ao menos terei algum rendimento certo até que esteja estabelecida.

– Sem dúvida. Será um começo melhor do que quando chegou a Paris. E claro que me interessa a manutenção desta casa e não é problema administrar aqui e o café. Nanine fica ou vai com você?

– Ainda não decidi.

Ao longo da manhã acertaram os detalhes para a sociedade que estabeleciam, e uma única exigência foi feita por Irina:

– Jamais use o quarto fechado ou o abra. Só eu posso abri-lo, ninguém mais.

– O quarto que era seu, aquele que nunca foi usado com os clientes?

Irina balançou a cabeça afirmativamente e seus olhos fugiram fitando o céu que se via pela vidraça da janela. O rosto enrijecera levemente, traindo as emoções que ela com supremo esforço dominava.

Quinze dias depois Irina partia na companhia do diretor Max Reinhardt, levando uma imensa bagagem, um novo visual, perfeitamente de acordo com os padrões da moda, Nanine e um coração endurecido que internamente sangrava mas ninguém via, e todos se encantavam com a sedutora e bela atriz recém-contratada.

Mais uma vez Irina não tinha passado.

"Quando será que verei novamente bons tempos neste país?",

questionava-se Duvernoy lendo o jornal do dia na sala do pensionato. Cansado das manchetes e matérias que falavam de desemprego, de disputas político-partidárias internas, do aumento incessante dos preços, largou as folhas sobre o estofado e com uma mão afastou o forro da cortina que encobria as vidraças e pôs-se a admirar as crianças que, barulhentas, se divertiam na rua com seus jogos e correrias.

Despreocupado, sacou o relógio de bolso e mirou as horas. Faltava um quarto de hora para as 12. Jean-Paul não devia demorar muito mais a chegar da escola, que era próxima. Podia ouvir a movimentação de Marguerite tampando e destampando panelas, cortando a massa. O cheiro do molho com suas ervas e temperos invadia a sala e naquele instante lhe enchia a boca d´água. Estivera tão envolvido com a leitura, irritara-se tanto, que não havia percebido o aroma que vinha da cozinha.

Ergueu-se e, decidido a esquecer as notícias, foi procurar pela empregada e verificar o cardápio do almoço.

Vendo-o chegar à porta, Marguerite sorriu enquanto com o rolo abria mais um pedaço de massa.

– Teremos massa. Que delícia! Ninguém faz massas como você, Marguerite. O que vai ser? Posso ajudar, adoro cortar.

– Eu sei. Já deixei as massas abertas ali em cima do balcão, estão bem farinhadas, é só cortar as tiras, tipo talharim, larguinhas. A faca está junto. Sabia que não ia demorar muito para o senhor vir aqui.

– Não consigo ficar sem fazer nada. Estava lendo, mas as notícias me irritaram, não quero perder minha paz de espírito. Temos milhões de desempregados no país; infelizmente não posso ajudar a todos. Então de que adianta me afligir? Quando lembro o início deste século, quantas promessas, quantas esperanças. Como se falava em mudança! Lá se foram três décadas inteiras, estamos em 1930 e nada das tão faladas melhorias. Já vivemos uma Grande Guerra, duas grandes crises econômicas, muitas querelas aqui e ali gerando mortos e feridos. Muito bem, temos melhorias nas comunicações, nos transportes, temos o rádio, o automóvel, as mulheres podem exercer profissões e recebem um salário mais justo do que antes, mas também aí cabe perguntar de que vale tudo isso se o povo não tem trabalho?

– Calma, M. Duvernoy. É preciso ver que podia ser pior e isso não é querer se iludir, é só tentar ver com equilíbrio. Se ficar só olhando o que há de ruim, ih! Deus do céu! Pode-se fazer uma lista imensa. Mas é o senhor mesmo que lê para nós e fala que a lei da vida é progredir, que nada, nem ninguém dá pra trás. Então já foi pior ou, quando muito, igual ao que é agora, não é assim?

Duvernoy foi pego de surpresa com as colocações de Marguerite. Sorriu feliz por notar que ela estava aprendendo os ensinamentos da espiritualidade, esquecendo, agora completamente, a irritação com o noticiário.

– É, é exatamente assim, Marguerite. Não pense que porque estava reclamando eu não acredite no que estudo. Creio, porque é só pensar e conhecer um pouquinho da história do passado para saber que muitas coisas já melhoraram e ainda melhorarão muito mais. É que o mal grita muito, e grande parte do povo ainda se compraz nele. Eu tenho que admitir que muitas coisas que são comentadas me horrorizem, mas corro para saber do que se trata. Ligo rádio, compro jornal, tudo para quê? Só para adular o lado mais denso de mim mesmo, aquele que até hoje ainda não fez nenhuma barbárie nessa vida, mas que antes, em outras, deve ter sido bem malvado. É a propensão ao mal que ainda domina nossas personalidades – isso é a prática daquilo que estudamos na outra semana.

– A Escala Espírita? A que classificava as pessoas? – Ante a muda concordância de Duvernoy, ela prosseguiu: – Muito interessante aquele assunto. É bom a gente ler, parece que ajuda a se enxergar melhor. Eu até me julgava boazinha, antes de estudar o assunto, depois vi que ainda tenho muito que aprender.

– Tem razão, Marguerite. Desde que comecei a estudar *O Livro dos Espíritos* com Marion, anos atrás, se recorda? Pois é desde aquele tempo que, de vez em quando, eu dou outra lida naquelas questões e fico pensando no que tenho feito, como tenho agido, para ver se já andei um pouco, e faço o mesmo com a minha forma de ver o que se passa no mundo.

– E qual é o resultado?

– É lento, muito lento. Atrevo-me mesmo a dizer que há situações em que estacionou, e não consigo vislumbrar quando vai voltar a se movimentar, andar alguns passos à frente.

– Por isso é que sofremos igual a essa massa aqui embaixo do meu rolo. Tem que juntar, amassar, sovar, passar um rolo pesado por cima, ser cortado em pedacinhos e cozinhar em água quente para que a gente se transforme em algo bom. Não devia ser assim; pelo que entendo do que se estuda, ninguém é obrigado a sofrer ou a ser mau, é a gente que escolhe. Fazer o que, agora? Agüentar, né.

– Escolhemos tudo, até nossa forma de aprender – completou Duvernoy atento e interessado na conversa com Marguerite. – Você tem lido bastante. Isso é muito bom.

– Aprendi a gostar de ler. Antes eu não tinha paciência nem me interessava. Foi na doença da falecida Madame Amélie que fui tomando gosto pela leitura, mas não lia os livros espíritas para ela; depois que comecei a ler os livros de Madame Marion foi que posso dizer que aprendi a gostar de ler para mim mesma, só por prazer. Depois comecei a encontrar explicações e idéias novas a respeito de muitas circunstâncias que se vê ou que se vive e que antes me afligiam. Então ficou bom, parece que estou conversando com o autor; eles me respondem, me fazem pensar. Nem vejo as horas passarem. Torno-me um pouco menos medíocre, eu espero.

– Medíocre?

– Não é isso que diz no texto de que estamos falando: que a humanidade em sua maioria é algo bem medíocre, inclinada para o bem e para o mal?

– Sim, é verdade. Allan Kardec diz exatamente isso quando fala dos espíritos neutros, dizendo que eles são a maioria dos encarnados na Terra – elucidou Duvernoy.

– Pensei bastante sobre isso; quando li, não gostei, depois vi que os espíritos tinham razão. Pensei: preciso me tornar consciente de muitas coisas que ainda não sei. Como fazer? Estudando, lendo, meditando e é isso que tenho feito. Todo dia, antes de dormir, eu leio um pouco, depois fico pensando no que li, tentando ver aquele ensinamento na minha vida ou de alguém próximo – comentou Marguerite, fazendo após uma pausa em que observava Duvernoy correr a mão firme com a faca pela extensão da massa, e elogiou: – Muito bom, vamos fazer um belo talharim. O menino vai adorar.

– Essa criança é uma bênção em nossas vidas – falou Duvernoy, observando o tom de entusiasmo e carinho com que Marguerite se referira ao menino e ao fato de não deixar dúvida de que era pela alegria dele que ela se esforçava naquele momento.

– Madame Marion sabe o que faz. Escolheu uma beleza de menino para ser o filho que ela não teve; faz caridade acolhendo ele aqui e ainda faz todo mundo feliz.

– Aí está o sentido da verdadeira caridade, Marguerite: ser e fazer alguém feliz. Caridade é muito mais do que dar, é um comportamento, um modo de ser que desenvolvemos quando nos tornamos mais conscientes da vida, de nós mesmos e do porquê de tudo isso, que naturalmente nos traz felicidade. Não é preciso um grande gesto nem ser o salvador da humanidade, é só fazer aquilo que temos possibilidade. Deus não nos pede o impossível, mas que façamos uso de tudo segundo nossas possibilidades. Marion fez duas grandes caridades para comigo: a primeira me deixando trabalhar aqui, a outra quando adotou Jean-Paul. Fico ansioso esperando que passem logo as horas que ele vai para escola; a alegria dele me contagia. Como é inteligente e maduro para sua pouca idade! Os filhos todos – adotados ou não – são frutos da lei de afinidade. Não havia outra mãe possível para esse garoto nem outro filho que se parecesse mais com Marion do que ele.

Marguerite sorriu obviamente referendando as palavras de Duvernoy e ficou pensando nas mudanças que aquela casa sofrera em poucos anos. Sempre fora alegre, mas antes era pacata e havia as rabugices de Madame Amélie, e, em virtude da doença, muitas pessoas se afastaram ou, se vinham visitá-las, o assunto era invariavelmente a vida da doente, como se vivessem excluídas do mundo e daquilo que o cerca, com se fossem qualquer coisa à parte onde só existisse a enferma. Agora, era alegre, vibrante, movimentada. Várias pessoas vinham se reunir e conversar nas salas em diferentes horas do dia. Havia a reunião semanal de estudo, o riso e a vitalidade de Jean-Paul. Madame Marion estava mais descontraída, mais feliz. Valorizavam a vida muito mais do que antes, concluiu Marguerite em silêncio.

O major Schroeder não acreditava no que os olhos lhe mostravam; só podia estar sendo vítima de alguma cruel brincadeira do filho. Em primeiro lugar, Luidgi não devia estar em Berlim, e sim servindo na guarnição de Ulm; em segundo lugar, devia estar envergando o uniforme do exército alemão, não o dos camisas pardas nazistas. Seu filho com uniforme das SS, só podia ser uma brincadeira muito infeliz, mas Luidgi não tinha senso de humor, ao contrário, era carrancudo.

– O que é isso, Ludwig Schroeder? Não gosto de brincadeiras, você já devia saber. Além disso, não poderia ter escolhido outra de pior gosto. Fazes idéia do que pode te acontecer se fores visto por outro oficial, que não seja teu pai e te perdoe a insanidade de envergar esse uniforme?

Luidgi recebeu a reprimenda do pai sem sequer erguer as sobrancelhas, nem um único de seus nervos se encolheram ante as veladas ameaças. Permanecia rijo, firme como uma rocha; um brilho estranho lhe iluminava o olhar.

– Nada pode me acontecer, papai – respondeu com voz fria e calma.

– Como nada? Estás louco, por acaso? Não recordas teus deveres como oficial do Exército? O procedimento que estás adotando é proibido.

– É proibido para um oficial do exército, concordo plenamente, mas não mais para mim.

– És o novo protegido do presidente Hidenburg? – ironizou o major recusando-se a interpretar ou esclarecer o que o filho lhe declarava. – É a sua única e pequena chance de fugir a uma exemplar punição e ter a sua carreira bastante comprometida.

– Não tenho carreira alguma no exército, senhor – anunciou Luidgi mantendo a postura, fazendo o pai andar em círculos à sua volta analisando os mínimos detalhes da impressionante farda das SS. Analisando o filho de alto a baixo: estava imaculado, impecável. Apresentava-se como um exemplar de caprichosa e bem cuidada juventude.

O major jogou-se pesadamente sobre a poltrona, juntou as mãos sobre o rosto, apoiando os braços sobre os joelhos, inclinando-se para frente. Sua figura dobrava-se sobre si mesma, à maneira de alguém que apara violento golpe, encolhendo-se para se proteger.

– Que fizeste, rapaz estúpido? Não posso acreditar que jogaste teu futuro pela janela; não, a janela é muito honrada; pela descarga da privada faz mais justiça ao momento. Explica-te, eu exijo. E nenhum passo para fora de casa com esse uniforme medonho.

– É muito simples: abandonei o exército. Não creio nele da maneira como está agora, nem para arcar com responsabilidades particulares, quanto mais garantir o governo do país. Sou membro do Partido Nacional Socialista, de Hitler, e há uma semana integro orgulhosamente a polícia política do partido; somos uma força já superior ao exército.

– Você tornou-se realmente um SS? Não! Meu Deus, que fiz eu para merecer tamanha vergonha: ter um filho desertor e ainda por cima que se torna um SS, vinculado a um bando de marginais, assassinos e perturbados mentais; na melhor das hipóteses, um bando de loucos, fanáticos.

– O partido ficaria satisfeito se o senhor, major, guardasse suas impressões errôneas para si mesmo. Não o aconselho a divulgá-las, pois, como para o senhor é uma vergonha ter um filho nazista, para mim igualmente é vergonhoso ter um pai servindo a esse regime irresponsável que lança o nome do país, a nação e toda a nossa história na sarjeta do caos moral, econômico e político. O partido restaurará a ordem e a dignidade da nossa raça. Quando isso acontecer, e está muito próximo, me dará razão. – Luidgi mantinha a postura corporal inalterada, mas o vermelho do rosto e a rispidez da voz denunciavam a raiva que sentia.

O major, por sua vez, tinha também o rosto rubro. Os olhos estavam também rajados de sangue e as narinas se dilatavam e se retraíam, denunciando a tempestade emocional que se desencadeava em seu íntimo.

– Nunca, jovem tolo, idiota, imbecil... – E a lista de impropérios que lançou contra o filho seguiu; ele tinha necessidade de expressar-se com as palavras mais grosseiras e ofensivas que conhecia, pois eram as únicas que se afinavam com a intensidade dos sentimentos que o assaltavam. Do contrário, partiria para a agressão, a fim de dar vazão às forças que o dominavam.

Numa situação bastante típica quando o correto seria atacar a atitude que causa desgosto, o major, como a maioria dos indivíduos, tomado de surpresa pela força das emoções, perdia a razão e se deixava levar pela fúria atacando o ser, a pessoa do filho e não seus atos, dando assim uma amplitude ao caso muito maior do que originalmente possuía. Com isso, também o potencial danoso do evento se amplia e, lamentavelmente, pela imprevidência do homem, que não se aplica ao estudo de si mesmo, cumpre-se o que a espiritualidade ensinou quanto ao trato com os sentimentos desde os idos do século XIX: "As paixões são alavancas que decuplicam as forças do homem e o ajudam na realização dos objetivos da Providência. Mas, se em lugar de dirigir, o homem se deixa dirigir por elas, cai nos excessos, e a própria força que em suas mãos poderia fazer o bem recai sobre ele e o esmaga."[2]

Víamos uma cena em que, literalmente, as pessoas estavam sendo esmagadas pela força desgovernada de seus sentimentos. Irados, pai e filho se engalfinharam em uma discussão sem precedentes, ofendendo-se e agredindo-se mutuamente; velhas mágoas e ressentimentos vieram à tona exigindo sua parcela naquela luta. A discussão dos xingamentos chulos passou aos gritos e destes aos berros, até que o major se lançou contra o filho, empurrando-o em direção à parede.

Era inadmissível a um oficial das SS que alguém o tocasse, ou o agredisse; havia uma severa doutrinação dentro das paredes dos quartéis nazistas incutindo na mente desses jovens o quanto eles eram especiais, escolhidos para a reconstrução do país, enfim, usavam todos os argumentos que lhes lisonjeavam a vaidade e o orgulho, cortejando-lhes as forças mais negativas do ser, a fim de que se tornassem guerreiros frios e destemidos, capazes de não só silenciar mas verdadeiramente amordaçar a própria consciência, no intuito de que as cenas e os atos mais violentos que fizessem necessária a sua participação não influíssem no chamado moral da tropa.

Toda essa doutrinação explodiu no interior conturbado de Luidgi assim que sentiu as mãos do pai em seu peito, empurrando-o. Era inadmissível aquele ultraje e a ele reagiu com prontidão, empregando o máximo de sua força jovem, de sua perfeita forma física, lançan-

---

[2] Allan Kardec. *O Livro dos Espíritos*, questão 908.

do o major de retorno à cadeira que, pelo impacto da força com que foi jogado o corpo sobre ela se quebrou, vindo o major a estatelar-se no chão da sala.

Luidgi aproximou-se dele cutucando-o com a ponta do coturno, realmente para humilhar. Com o olhar lançando chispas de fúria, despediu-se do pai com uma saudação nazista, sem preocupar-se se ele havia se ferido ou não. Afastou-se da sala com passos firmes e logo se ouvia a forte batida da porta da frente da residência e o som de um carro partindo.

Caído sobre o tapete, uma dor aguda dilacerava o peito do major, tirando-lhe a fala. Inutilmente tentou gritar, chamar os criados que dormiam no fundo da casa, distante o suficiente da sala para que os débeis sons que conseguira pronunciar não fossem ouvidos e disciplinados demais para se envolverem numa briga familiar de seus patrões, que sempre haviam fingido não ver nem ouvir. Assim, ficou caído o major no chão da sala, atacado por uma dor inenarrável e vítima dos próprios conceitos de distanciamento que alimentara em sua casa. Ninguém correu ao seu socorro e, na manhã, seguinte um dos criados o encontrou morto, sobre o tapete.

Um fulminante ataque cardíaco, desencadeado pela força das emoções envolvidas na discussão com o filho, levou-o ao desencarne; literalmente o esmagou.

Nós atribuímos nosso próprio valor e a forma como seremos valorizados pela sociedade, assim como atribuímos valor a tudo que nos cerca, seja em um universo conceitual ou material. Nossos personagens nos deram claras lições a esse respeito: cada um se coloca e recebe da vida conforme se dá ou não valor.

CAPÍTULO XV

A Ascensão

"O que importa não é viver, mas viver bem e, por isso, tornar-se culpado de injustiça é pior que a morte."[1]

A platéia, envolta na penumbra e em reverente silêncio, assistia transportada à montagem do clássico *Romeu e Julieta*. O luxuoso figurino da época, o belo cenário, a atuação perfeita dos atores, tudo contribuía para transportar a assistência ao drama romântico que atravessa os séculos emocionando os apaixonados pela dramaturgia, entretanto, era a primorosa interpretação de Irina, vivendo a adolescente transbordante de paixão e dor, que comovia os espectadores. Levava-os a transportes de amor e nostalgia, revivendo antigas emoções ou fazendo-os sonhar com paixões ainda não vividas.

Em um ou noutro caso contaminavam-se da emoção que fluía da bela atriz; estavam imersos nos gozos e alegrias das descobertas do amor e da paixão, mas, sobretudo, era nas cenas de dor que ela arrancava soluços da platéia emudecida, tal a força dos sentimentos que expressava.

Naquele instante iniciara-se o quarto ato da peça. Irina trajando um belíssimo vestido branco com detalhes dourados, ostentando uma peruca de cabeleira loura que alcançava a altura dos quadris, com sua silhueta esbelta e delicada, era a própria imagem da pureza e ju-

[1] Sócrates. *Sócrates, Vida e Pensamento*. Ed. Martin Claret.

ventude. Entregava-se ao seu personagem com todas as suas forças, dava tal veracidade à sua atuação, que conquistara a capital austríaca em um curto espaço de tempo. Na cena passada na cela do frei Lourenço ela extravasava sua dor e revolta, chorando um amor contrariado, uma iminente separação.

Andava até próximo à borda do palco, colocando-se com maestria sob as luzes que lhe davam um ar etéreo, diáfano, ao mesmo tempo em que lhe cegavam a nítida visão da platéia. Era um curto metro quadrado no mundo em que se sentia só e livre para, envergando personagens consumidos por paixões e dores humanas, expressar seu próprio universo emocional, escoando as emoções que a atormentavam.

Ninguém ali conhecia seu passado. Não sabiam que sob o nome de Julieta a atriz revivia os dias de ventura ao lado de seu amado. E a intensidade das cenas de dor e revolta não era fruto do dom de interpretar tão-somente, mas, como os fiéis que expressam sua fé e devoção por textos decorados, ela também punha nas palavras decoradas dos textos dramáticos ou românticos encenados os mais profundos e verdadeiros sentimentos que lhe iam à alma. Por isso, contagiava-os de emoções, despertavam-lhes anseios, dores, paixões, e conquistava-lhes a simpatia. Para aqueles que trabalhavam com ela, era uma diva sem outra palavra que a pudesse descrever e tudo atribuíam unicamente ao talento dramático, pois a mulher que conheciam fora do palco era muito diferente: barulhenta, vivia cercada de pessoas e festas, divertia-se muito, era sedutora e inconstante, tinha dúzias de amantes a seus pés e não se fixava a nenhum, parecia ter prazer em ver os homens disputar-lhe a companhia, e bebia muito, muito além da conta.

Desconheciam a criatura – para eles era Julieta – que exclamava com profunda dor:

– Ah, feche a porta! E, depois que a tiver fechado, vem chorar comigo. Não vejo esperança, não vejo solução, estou sem nenhum socorro.

Tal qual Julieta, não se sensibilizava com as palavras de consolo do frei Lourenço; também a diva dos palcos de Viena não encontrava consolo para suas dores morais e pedia para morrer, matando-se aos poucos.

A dramaticidade e a força das paixões narradas no texto tinham nela um diapasão perfeito, fazendo vibrar cada célula do seu ser, acordando mesmo imagens percebidas em sonhos. A despedida sob as luzes do amanhecer na Ponte Alexandre III era buscada e revivida intensamente em sua memória quando interpretava a cena final do suicídio de Julieta.

Ante o corpo morto de seu amado, ela recusa toda ajuda, afasta com brusquidão o bondoso Frei e sozinha aproxima-se do corpo de Romeu.

– O que é isso? Um cálice, que meu verdadeiro amor segura em sua mão? Vejo que veneno foi seu fim prematuro. Avarento! Bebe tudo e não deixa nem uma gota amiga que depois me ajude? Beijarei teus lábios. Pode ser que ainda encontre neles um pouco de veneno que me faça morrer com este fortificante.

Esquecida de qualquer pudor, beija seu companheiro de cena, pensando em Gautier, e as lágrimas que lhe lavam o rosto comovem o público, extraindo soluços e suspiros das damas presentes, enquanto que os homens invejam o ator que recebera os beijos calorosos.

Em lágrimas, ela toca, surpresa, os lábios do Romeu inerte:

– Teus lábios estão quentes!

Ouve-se o som da voz dos guardas aproximando-se do cemitério.

– Barulho de gente chegando? – então serei breve. – Ah, punhal feliz!

Declama tomando nas mãos a arma que encontrou nos trajes de Romeu, acaricia e observa a lâmina da adaga, ergue-a e apunhala-se dizendo com tal intensidade o texto shakesperiano que muitas pessoas se assustam e sentem a mesma dor que afligia a desnorteada personagem e que atormenta a atriz, numa simbiose emocional.

– Esta é a tua bainha; enferruja dentro de mim e deixa-me morrer.

É a última fala de Irina; após, o corpo de Julieta tomba ferido de morte sobre o cadáver de Romeu num abraço eterno. A cortina desce sobre a cena verdadeiramente trágica.

Entretanto, era o brilho de prazer e felicidade em seus olhos no momento em que sua personagem se lança aos braços da morte, na esperança de reencontrar seu amado, que a platéia comentava ao recobrar-se das emoções do espetáculo e derramar-se em elogios à atriz, que inegavelmente roubava a cena por melhor que fossem seus colegas de palco.

Após o final, as cortinas voltavam a abrir-se, retornando o elenco da peça para agradecer os aplausos. Irina era, invariavelmente, a última a retornar, trazia sempre a maquiagem manchada pelas lágrimas e a expressão de dor e prazer impressa nos lindos olhos azuis; vinha pela mão do diretor do espetáculo e do ator que interpretava o Romeu.

Ao vê-la esgotada e ainda exibindo as marcas das emoções vividas no palco, o público erguia-se das poltronas e a aplaudia de pé.

Não sabiam que ela vinha depois das outras figuras do elenco porque precisava beber vodca no camarim em grandes doses diretamente do gargalo da garrafa, tal a sua ânsia por anestesiar a dor evocada, e que precisava, buscava, desesperadamente um meio de esvair-se de seu ser. Transformando suas interpretações em vivências, estabelecera um ciclo que a fazia ascender na carreira teatral e consumir-se ao mesmo tempo. Tampouco sabiam que ela se jogava em festas e em relacionamentos sexuais desregrados numa louca tentativa de esgotar as próprias forças e de nunca, em momento algum, estar só, em contato consigo.

Nanine era a única a ler aqueles fatos e relatá-los confidencialmente ao seu diário guardado no fundo de uma gaveta de sua cômoda, no quarto de dormir, em meio a outros romances e livros de orações. Somente ali, em uma péssima caligrafia e em meio a muitos erros de gramática francesa, lia-se a verdade sobre Irina. Naquela noite ela escrevera sobre a patroa:

"Fevereiro de 1934. *Mademoiselle* continua vivendo a Julieta. Temo que essa peça vá levá-la à morte. Várias vezes, *mademoiselle* fala sobre suas inquietações quanto à escolha de Julieta, parece dar razão à tresloucada moça. Tem bebido muito e quando não bebe abusa dos remédios para dormir. Seus dias, para mim, são um tormento: dorme até tarde, não se alimenta bem, trabalha bastante, gasta as noites – após os espetáculos – em bebidas e com muitos homens, nunca chega só em casa, apenas quando está 'doente',; então, dorme só, mas abusando dos remédios. Apenas a bondade de Deus para com algumas mulheres explica que ela ainda mantenha sua beleza; aliás, Ele é tão injusto nessa distribuição, que parece mesmo que ela está ainda mais bela; há qualquer coisa misteriosa, intrigante, fascinante na expressão de seu rosto. Pobre *mademoiselle*, eu a entendo, afinal sou a única aqui que sabe o porquê de tudo isso, só eu entendo por que ela desenha páginas e páginas com a letra "G" muitas manhãs, mas ela não diz nada e eu também não. O luxo, a fama, o dinheiro, todas suas roupas e jóias valem nada para o que ela realmente quer. É triste! Muito triste."

A luz do sol se derramava sobre o gramado do campo de golfe. Aqui e ali se viam as marcas do frio, em manchas amareladas no tapete verde; o inverno não perdoava a alegria da grama e a castigava, mas ainda assim, sob a luminosidade da morna, quase primaveril, tarde de domingo, Richard e o pai caminhavam a longos passos com seus tacos sobre os ombros, elegantes em seus trajes esportivos, e descontraidamente trocavam idéias.

– No culto desta manhã o pastor lembrou o aniversário de falecimento do major Schroeder. Assustei-me quando ele mencionou o fato; já se foram três anos. O tempo passa rápido demais – comentou o general Von Scheringer, fitando o campo ao longe.

– Ouvi e confesso-lhe que há muito nem mais lembrava do major, mas depois da oração do pastor, esta manhã, me pego pensando nele e em seu desmiolado filho. Era uma família pequena, o major tinha apenas um filho, era viúvo, a mãe já havia morrido, se não me falha a memória. É certo?

– *Frau* Schroeder era morta há anos. Morreu poucos dias depois que o filho do major abandonou os estudos na França. Não lembro se Schroeder tinha irmãos; ao que me consta resta agora apenas o SS.

– Jovem tolo. Inteligente, mas tolo. Estivemos juntos no exército, e eu sempre o achei muito estranho. Não tinha um comportamento normal, havia qualquer coisa de diferente nele. Era frio, desinteressado pelas pessoas, sorria raramente; o senhor sabe que nunca o vi com mulher ou pelo menos cortejando uma moça? Formou-se em medicina, dizem até que com distinções, trabalhou algum tempo na universidade, mas nunca demonstrou interesse em exercer a profissão e poderia ter se colocado muito bem. Tinha poucos amigos. A única vez que vi brilharem seus olhos foi quando estava envolvido numa conversa com outros oficiais e soldados nazistas. Ele me parecia não ter uma vida pessoal, privada, me entende?

– Claro, filho – afirmou o general acompanhando atentamente as colocações do filho. – O pai dele era um bom amigo, mas também era bem estranho em seus hábitos: rígido, inflexível, bastante frio também. Era bom médico e adorava mulheres; depois que enviuvou, os outros companheiros comentavam que ele tinha um romance com uma prostituta. Em termos de política, meu pobre amigo, era um ingênuo. Creia que julgava que os nazistas não eram nenhuma ameaça ao governo e que a monarquia restaurada é a salvação. Ilusões! Tolas ilusões!

– De fato, cada dia eles controlam mais o país. Goebbels é um propagandista de muita eficiência. Seus seguidores são mais fanáticos do que aqueles que lutaram nas guerras religiosas do passado. Fazem tudo pelo partido e por seu líder, e ai daquele que se atreva a falar-lhes de que são vítimas de tremenda manipulação. Só uma propaganda muito boa pode fazer com que milhares de pessoas vejam em alguém despreparado como Hitler a esperança para a salvação da pátria. Eu não vejo possibilidade. Peço a Deus que esteja enganado, porque agora estamos nas mãos dele. Depois de todas as tramóias políticas envolvendo a chancelaria e o gabinete de governo, ele agora é o nosso chanceler e com o velho marechal não podemos contar, ele já deu à nação sua contribuição. Hidenburg está muito velho e doente, não tem força para conter a vontade do chanceler. E isto eu admito: Hitler tem uma vontade férrea, é persistente e firme em seus ideais, por isso vem esmagando toda e qualquer oposição. – Richard fez uma pausa para recuperar o fôlego e administrar as idéias que expunha e que a conversa com o pai despertavam.

– A vida tem me ensinado a esperar, meu filho. A paciência é boa conselheira quando se quer a vitória; talvez esse estado de coisas que vivemos acabe sendo bom para a Alemanha. Em um ponto, eu concordo com Hitler: precisamos de um líder e de um governo fortes.

– Eu o entendo, mas não concordo. O pensamento do exército sempre foi conservador, tradicional e cauteloso quanto a mudanças, entretanto essa mentalidade por vezes se torna paradoxal e temerária.

A sociedade é dinâmica, modifica-se, porque o pensamento e o sentimento humanos são coisas em transformação, melhor eu diria, em elaboração, em amadurecimento. As regras sociais são frutos da mentalidade do povo. Existem instituições sobre as quais o povo amadureceu o suficiente para não mais aceitá-las, e a monarquia é uma delas. O sistema republicano parlamentarista democrático veio na esteira da derrota na Grande Guerra e da ameaça comunista. Seguindo a mentalidade tradicional de entre os males escolher o menor, o exército apoiou, na época, os social-democratas e sufocam as esquerdas, mas, ao longo destes anos da República de Weimar, se arrependeu. Pois bem, agora se repetiu, a meu ver, o fato, uma vez que avalizaram a indicação de Hitler para a Chancelaria. Temo que o futuro nos mostre novamente o erro da falta de firmeza em atitudes e posições.

– Já falamos muito sobre isso – disse o general pensativo, fitando as nuvens no céu azulado. Seu rosto expressava o respeito que tinha pelas idéias do filho e também a incerteza que o assaltava quando se tratava de assuntos políticos do momento.

– É, eu sei, mas me aflige muito ver por onde andamos. Beiramos um regime autoritário; agora quer me parecer que caminhamos rápido demais para ele e absolutamente não vejo quem possa parar esse homem, a não ser o próprio exército e o presidente.

– Desaguaríamos numa sangrenta guerra civil, filho. O país tem sofrido muito nestes últimos anos, é preciso ter cautela. O Partido Nazista ultrapassa em muito o conceito de partido político; você bem sabe do que estou falando. E Hindemburg está muito velho, não é justo que encerre seus últimos anos de uma vida dedicada à nação sob o tiroteio de uma guerra interna.

– Os nazistas são fanáticos armados e também admiro o presidente, mas a idade dele deveria ter sido mais bem avaliada na época da eleição. Esse argumento não me convence nem justifica a inércia do comando do exército. É conivência, não há outra palavra para definir a situação.

– Com eles é prudente lidar com cuidado; toda cautela é pouca. A posição do exército é justamente monitorá-los de perto. Temos grandes homens no comando; eles serão capazes de trabalhar com os nazistas.

– Que os anjos abençoem suas palavras, porque momentos existem em que só a religião me conforta e me dá esperança.

– De qual religião você está falando? – indagou o general mudando completamente a expressão com um sorriso descontraído e levemente malicioso.

Richard sorriu matreiro. Uma luz resplandeceu em seu olhar, trazendo alegria ao rosto de linhas harmoniosas e fortes. Nada respondeu ao pai, remexendo o taco que carregava sobre o ombro.

– Sua mãe continua desconfiada, e *Frau* Helga tem uma intuição muito forte – provocou o general risonho.

– E o senhor, o que me diz?

– Acho o rabino Samuel Beck um homem excepcional, uma grande inteligência e uma alma sincera; seu filho Saul é meu amigo desde a infância. Aprecio muito conversar com eles, têm uma visão clara da vida. Admiro mesmo muitos ensinamentos do rabino, mas confesso que os traços de sua neta são encantadores, é uma jovem sensível e muito bonita. Lembra a mãe.

– Bateseba – murmurou Richard recordando a bela jovem de longos cabelos lisos escuros e grandes olhos castanhos. Era pequena, delicada, tinha os traços do rosto e o corpo suaves, com aparência de fragilidade; era ágil e graciosa em seus movimentos. Herdara as características orientais dos traços de seus antepassados.

– Pobre menina, o avô a tortura com esse nome, prefiro chamá-la como todos a chamam: Betse.

– Pois eu concordo perfeitamente com o rabino e a chamo pelo nome.

– E quem lhe deu tamanha intimidade com a família Beck para você escolher como chamar a menina? – prosseguiu provocativo o general, sem esconder a clara alegria que sentia.

Apesar das diferenças, os Von Scheringer e os Beck eram famílias amigas. Os segundos, de origem judia, pertenciam à classe alta. Eram proprietários de bancos e indústrias na Alemanha e, na Polônia, tinham um sólido patrimônio e uma família exemplar. Bateseba era a filha única de Saul van Beck, seu maior afeto, que a criara sozinho desde os nove anos, quando falecera a esposa. O general conhecia a família Beck desde a infância e sempre fora grande amigo do pai da moça. A idéia de que seus filhos se unissem, ao seu ver, não tinha nenhum impedimento, uma vez que nenhuma das duas famílias radicalizava questões relativas à raça e à crença.

– Eu os visito desde a infância, papai. O senhor me levava à casa deles, está lembrado?

– Mas faz muitos meses que não vou à casa de *Her* Saul. Encontro-o aqui ou na hípica, enquanto você, pelo visto, e pelo que diz *Frau* Helga, tem se avistado muito amiúde com o rabino. A cabala é assim tão interessante? Será que o velho judeu, depois de tantos anos, vai ensiná-la a um alemão católico?

– Penso com minha própria cabeça. Somos seres humanos e nos entendemos neste vasto espaço, longe das limitações de crença e raça.

– Já que não é cabala, então é a delicada menina que o leva à mansão dos Beck – concluiu o general batendo malicioso no ombro do filho. – *Frau* Helga tinha razão!

Sem ter como negar o interesse e o afeto que tinha pela jovem filha do amigo de seu pai, Richard o encarou e, sentindo-se estimulado pelo sorriso de aprovação no rosto do pai, indagou:

– O senhor aprovaria essa idéia?

– Lógico. E, mais, fico muito feliz.

– Será que *Her* Beck também ficaria feliz?

O general coçou o queixo, apertou suavemente o ombro do filho e inquiriu:

– E Betse já sabe do seu interesse? O que ela diz?

– Ainda não falei abertamente, mas, pelo modo como ela me olha, pela maneira como me trata, acredito que retribua meu interesse.

– Assegure-se do que me diz e, se realmente for correspondido, pois *Her* Saul não casará a filha contra a vontade, comprometo-me a conversar com ele.

Richard sorriu, exultando de felicidade; abraçou o pai. Agora, com mais liberdade, a conversa tomou os rumos do interesse afetivo e o jovem confiou ao pai os sentimentos profundos que alimentava pela moça judia, deixando demorar no fundo de sua mente as preocupações com o estado e a crescente nazificação da Alemanha.

Prosseguiram caminhando e jogando a bolinha a metros e metros de distância de um buraco embandeirado a outro, trocando cumprimentos com outros freqüentadores do clube.

O som barulhento de um caminhão cortou os ares pacatos da tarde dominical. Uma tropa de assalto das SA ia acomodada nos bancos laterais em seus uniformes pardos. Ecoando sobre o ruído do motor eles entoavam a canção de Horts Wessel a plenos pulmões:

"Desfraldemos bem alto as bandeiras!

Ombro com ombro permaneçamos unidos

As tropas de assalto marcham firmes, com passos tranqüilos (...)"

– Passos tranqüilos! Pois sim! – resmungou irritado Richard, mirando o caminhão que se afastava pela estrada que ladeava o campo de golfe, além das cercas de demarcação da propriedade.

– Calma, filho – pediu o general vendo o rosto do jovem crispar-se de raiva. – Eles passarão, confie. É preciso ter cautela. Sei o que é ter a sua idade e a mente cheia de ideais, mas o tempo nos traz a experiência e a paciência. Confie que nossos comandantes sabem o que estão fazendo.

– Juro para o senhor, pai, que me esforço, mas não minto: eu não acredito que "eles", esses vermes pardos e negros, esses monstros, passarão assim tão facilmente. Eu creio que haverá um preço e sinceramente temo que seja muito alto. Nossos comandantes temem uma guerra civil, ao menos é o que proclamam. Talvez tenham mesmo é medo de enfrentar as SA, as SS, os SD, os Capacetes de Aço, a Gestapo[2] e tantas polícias como Goering tenha imaginação, para criar todas filhas dessa mãe horrorosa que é a SS. – respondeu Richard quase cuspindo as últimas palavras, tal sua ira.

O general acompanhou com o olhar sério o rasto de poeira deixado pelo caminhão; o som do motor se ouvia ao longe na pacata hora do dia. Mais uma vez o filho o colocava em xeque e ele se sentia confuso.

– Vamos continuar nossa partida – convidou o general descon-

---

[2] Todas as siglas referem-se a polícias políticas do Partido Nacional Socialista Alemão (Nazista). As SD ou a Sicherheitsdient, Serviço de Segurança, como as outras siglas, infundiam terror aos alemães e mais tarde aos países ocupados. As SD inicialmente tinham a função de observar os próprios membros do partido e comunicar atividades suspeitas; em 1934 transformou-se em unidade de informação da polícia secreta, sob a direção de Reinhard Heydrich, mais tarde conhecido como "Heydrich, o Enforcador". Comandava uma força com 100.000 informantes, que espionavam os cidadãos, informando ao governo atitudes antinazistas.

versando e, forçando um tom animado na voz, instigou o filho, dizendo: – Hoje eu vou vencê-lo por uma larga diferença.

Richard encarou o pai notando o esforço que ele fazia para demonstrar um interesse que não mais sentia pelo jogo; com sua costumeira e cordial autenticidade, retrucou:

– Já me venceu. Aumente em quantos pontos quiser a sua vitória, se a margem pequena de agora não lhe agradar, mas não posso mais jogar, não consigo.

– Por causa "deles"?

– E por que mais seria? Aqueles animais estão indo, cantando, sabe Deus fazer que tipo de atrocidade nesta calma tarde de domingo. Com passos tranqüilos, eles arrancam pais de famílias de seus lares e os espancam e torturam até à morte nos seus quartéis porque o infeliz teve o azar de que algum deles sonhou que o pobre disse ou fez alguma coisa que não está escrito em Main Kampf; ou, quem sabe, vão importunar alguma família judia de classe média, tirando-lhes os empregos, os cargos, tripudiando sobre sua condição, como se alguém fosse culpado por nascer nesta ou naquela raça; ou será que estão indo surrar algum líder sindicalista; ou perseguir algum infeliz remanescente e desgarrado membro do Partido Comunista que a esta altura dos fatos ainda não fugiu, encarando a clandestinidade. Aliás, pode ser também um membro do partido católico do centro ou dos social-democratas, qualquer um serve para ser morto ou desaparecer de repente. Daqui a pouco, em algum lugar, mais um cidadão alemão estará sofrendo nas garras deles. Sangue estará pingando e tiros ecoando. Enquanto isso o comando do exército me diz que espere, porque eles precisam evitar uma guerra civil e o derramamento de sangue dos cidadãos. Ora, por favor, me digam se o que está se dando não é isso e se simplesmente não estamos apenas nos negando a defender o povo desses bandidos pardos, assassinos sanguinários.

– Richard! – advertiu o general áspero e severo – Modere a linguagem.

– Por quê? Perdoe-me, mas não consigo. A consciência me tortura, não posso me calar. E me condena por quê? Por dizer a verdade e isso incomoda ou por temer que atrás de alguma árvore do parque, dentro de um buraco ou embaixo da grama exista um SD nos vigiando. Danem-se todos eles!

Incomodado e resmungando impropérios ao governo do chanceler Hitler e seus ministros nazistas, Richard afastou-se deixando o pai parado no meio do campo com a mente fervendo, cheia de indagações, e a que mais o perseguia, a que parecia ter um eco profundo na sua consciência era:

"Será que meu filho tem razão? Será que por covardia estamos sendo coniventes e omissos? Deus do céu, centenas de pessoas já morreram neste ano e pouco do governo Hitler, milhares estão sofrendo sua tirania. Será que somos culpados?"

Depois sobrevinha a preocupação com a segurança do filho. O general não era bobo, sabia que não havia quem escapasse ao rígido controle dos nazistas.

Marchando apressado, Richard logo chegou ao bar do clube apinhado de jogadores que descansavam ou se preparavam para uma partida. Aproximou-se do balcão e pediu uma caneca de cerveja, que bebeu a grandes goles. Sobre o balcão, um exemplar do jornal matutino Voelkisher Beobachter, obviamente de orientação nazista, ostentava manchetes que glorificavam o governo do Reich para maior irritação do jovem tenente, que lhe lançou um olhar fulminante.

– Por favor, Otto – chamou Richard dirigindo-se ao garçom. – Se ver o general Von Scheringer, diga-lhe que fui embora. Estou indisposto.

O garçom acercou-se de onde estava o jovem tenente, olhou-o nos olhos, calmamente secou as mãos com o pano branco que carregava sobre o ombro e respondeu:

– O senhor está incomodado, é fácil notar. Vá para casa, dirija com calma, ouça um pouco de rádio, ainda não começaram as transmissões dos discursos.

Richard olhou desconsolado para o calmo garçom. Sentia vontade de fazer uma grande bola de papel com as páginas do jornal matutino e lançá-la sobre o rádio acomodado em uma prateleira e visível do lugar onde ele estava sentado. As mãos crisparam-se, fechou os dedos com força, resistindo ao desejo de cometer um ato de vandalismo, muito impróprio naqueles dias. Afastou-se pensando que nem mais ler um jornal ou ouvir rádio era possível, pois tudo estava sob cerrada censura nazista. Em um ano no poder, "eles" haviam acabado com todas as garantias individuais dos civis, com a liberdade de opinião, de manifestação da palavra e da imprensa.

Sem responder ao solícito Otto, levantou-se e partiu. Dirigia com cuidado, mas sem concentração. Seu pensamento não se desviava da cena política. Rememorava o dia em que haviam noticiado a assinatura do Decreto pela Proteção do Povo e do Estado, em fevereiro do ano anterior, 1933.

"Desde esse malogrado dia os alemães vivem com medo. O Reich pode tudo, estamos em suas mãos. Nossa liberdade é restrita; a manifestação de opinião é fortemente censurada; qualquer um pode ter sua residência vasculhada, seus bens confiscados quando "eles" bem entenderem. Não há mais estados federados; acabou-se a histórica federação dos estados. Agora há interventores nazistas em todos os lugares e, para completar, ainda nos impõem a última ameaça que é a pena de morte para vários crimes, inclusive para algo que "eles" entendam como "grave perturbação da paz" por pessoas armadas. O que é isso? Que conduta pode ser inserida nesse conceito? Qualquer uma, afinal a maioria da população andava armada", pensava Richard ainda revoltado. "Além do mais, uma faca de cozinha, uma navalha de barbear podem ser consideradas armas e quem não as têm? Não vou ligar rádio porcaria nenhuma. Para quê? Para ouvi-los? Não, já basta."

Sem saber como, se viu à frente dos portões de sua residência, prontamente abertos pelo jardineiro que fazia a conservação dos canteiros de grama em frente ao confortável prédio de dois andares e esguias janelas.

Na residência de Madame Lescault, em Paris, a azáfama era intensa. Marguerite, em trajes de festa, revistava apressada os armários da cozinha verificando se não haviam esquecido nenhum dos pratos de doces e salgados que preparara para a festa. No andar superior, Marion mirava-se no espelho, o rosto corado, o olhar brilhante, as formas mais arredondadas e alguns fios de cabelos brancos elegantemente penteados num coque moderno. Era uma mulher feliz, realizada. Aqueles últimos anos haviam feito desabrochar uma alegria genuína em seu ser, fruto da realização pessoal, do encontro com o próprio caminho, da vivência sincera do eu real, consciente. Ainda encarando o reflexo no espelho, falou com seus botões:

– Quinze anos! Jean-Paul está completando 15 anos, que felicidade! Quem diria que ele me daria tantas alegrias, me faria tão bem. É hilário quando me apresento como sua mãe adotiva, e as pessoas dizem que fiz um gesto de caridade, que sou digna de respeito e admiração por acolher um órfão. Eu sou é feliz por tê-lo comigo, ele é que fez a caridade de me adotar. Como ainda somos egocêntricos, sempre pensando que nós é que fizemos o bem para os outros, quando os outros é que fazem o bem para nós. Esse tempo com esse menino que se torna um adulto em minha casa me fez entender o que por anos eu lia sem sentir: caridade é todo ato que nos dá prazer, alegria e felicidade, que mesmo sendo difícil em alguns momentos não é pesado na minha economia emocional, espiritual ou material. Dá aquele sentimento interior de gratificação, de plenitude, que dispensa qualquer tipo de reconhecimento. Eu dou o meu amor a ele, isso não dói, não é arrancado de mim, eu o dou. Doação, entrega, caridade, palavras que exprimem comportamentos que falam de uma forma de viver e ver a vida.

– Madame Marion – chamou Marguerite ao pé da escada no andar térreo – Chegou o carro de M. Duvernoy.

– Estou pronta – gritou Marion em resposta. Encarando a própria imagem uma última vez, aprovou. – Ótimo! Ainda tem isso: a pessoa feliz é mais bonita, não importa a idade. Beleza é algo que vem de dentro, por fora é só o reflexo.

Apanhou um perfumador sobre a cômoda e espirrou a delicada fragrância floral atrás das orelhas e na nuca. Alisou a saia evasé do vestido, ajustou o cinto forrado com o mesmo tecido da roupa nas cores preta e branca, verificou o pequeno laço que arrematava o decote e saiu satisfeita.

Marguerite a esperava ansiosa e, tão logo a avistou, começou o relatório dos preparativos; seus movimentos, supervisionando se nada havia sido esquecido, e todas aquelas conversas típicas que antecedem a preparação de festas, grandes ou pequenas. Havia uma expectativa e uma ansiedade naturais e agradáveis no ambiente, que fazem parte do espírito de comemoração. No carro, Duvernoy as esperava no mesmo clima de alegre inquietação.

Jean-Paul ficava a semana inteira em uma escola interna, preparando-se para ingressar em dois ou três anos na universidade. Passava os finais de semana em casa e costumavam ir buscá-lo no sábado. Aquele fim de semana era especial. Ele completava 15 anos, e haviam preparado uma festa surpresa. O salão da cooperativa, amplamente reformado, serviria de salão de festa; todos os amigos do jovem rapaz e de Madame Lescault estavam reunidos.

Após deixar Marion com os amigos, Duvernoy retornou ao carro acenando aos convidados e falando alto e animado:

– Vou buscar nosso diplomata. Volto logo.

Viver todos vivem, aproveitar as experiências e bem viver é diferente. Viver arrastando-se, viver cultivando mágoas, culpas, dores, perdas, enfim, sentimentos autodestrutivos, não é viver, é condenar-se à tortura.

Viver em paz e em clima de paz implica erradicar a violência de si, para que ela não circunde nossos ambientes. Muito mais que a violência explícita que um ser humano lança ao outros, a violência implícita é que faz com que vivamos mal. Falo da violência interior, mental, emocional, que podemos lançar sobre os outros ou sobre nós mesmos; que cultivamos em idéias, exprimimos em palavras faladas ou escritas. Aquela que não dilacera corpos, que não faz jorrar sangue, mas que destrói com palavras, com olhares, com repressões e com preconceitos a paz pessoal ou de nossos semelhantes e faz com que a terra se inunde de lágrimas.

É porque somos assim violentos que a advertência de Sócrates ainda cala fundo: "O que importa não é viver, mas viver bem e, por isso, tornar-se culpado de injustiça é pior que a morte."

Ryane, escorada ao batente da porta, observava atentamente a concentração com que Gautier se entregava à pintura. De costas para ela, absorto na tarefa de criação, ele não se apercebia da presença da benfeitora, que, encantada, sorria, rememorando os dramas recentes vivenciados pelo pupilo e sua luta para dominar os próprios sentimentos e agir de forma renovada.

Ficou bons momentos analisando-o e avaliando fatos passados, até que ele, passando a mão na testa, recuasse alguns metros para ver seu trabalho à distância e, então, notasse a presença dela.

– Ryane – disse ele surpreendido. – Não notei sua chegada, me perdoe.

– Está perdoado – respondeu Ryane prontamente em tom alegre sem mover-se do lugar. – Além do mais, não tomei nenhuma atitude para chamar sua atenção, percebi que estava se esmerando no trabalho e fiquei observando. É uma felicidade vê-lo tão bem.

– Devo muito à sua bondade – declarou Gautier aproximando-se de Ryane e apoiando-se no outro batente da porta, oposto ao dela, e, apontando a pintura, indagou: – Qual sua opinião?

Ryane meneou levemente a cabeça para a direita, fixando a tela em tons de azul, branco e com detalhes de uma luminosidade prateada.

– Arte abstrata, eu gosto. Dá-me uma sensação de plenitude e liberdade. Passa duas idéias: a noite no mar iluminada por finos raios de luar ou o espaço e os jogos de luz dos astros.

– Não tinha nenhuma imagem na mente quando a compus, mas suas idéias são sugestivas e a identificação dos sentimentos foi perfeita. Era exatamente o que estava buscando exprimir, era assim que me sentia.

– Maravilhosa! – aprovou Ryane – Declaração desse teor é a primeira que ouço. Excelente! Seu trabalho é honesto, você realmente encontrou o seu equilíbrio, está em paz.

Gautier olhou para ela e sorriu. Por breves segundos se permitiu recordar algumas das lutas que travara consigo. Não havia sido nada fácil entender-se alguém possessivo, apegado e dependente, justo ele que se julgava alguém liberal. De repente, analisar o foco de suas ações com o olhar e o entendimento límpido e consciente de Ryane fora uma profunda decepção, um abalo em sua vaidade e o reconhecimento de que mascarava de si mesmo suas inclinações profundas. O mergulho para poder separar-se de Irina fora profundo e solitário, embora sempre visualizasse a mão de Ryane estendida para puxá-lo quando quisesse. Entretanto, ela não o privara das dores e jamais esqueceria a advertência freqüentemente ouvida:

"Meu caro, não posso privá-lo do conhecimento, da experiência pessoal, ainda que eu saiba que isso vai fazê-lo sofrer. Não tenho esse direito. Tudo que posso fazer é estar próxima para lhe dar a mão e deixá-lo chorar ao meu lado, caso queira. Só lhe peço que confie quando lhe digo que vale a pena."

Agora conseguia acompanhar a existência de Irina, sem tanto sofrimento, sem tanto apego, sem o sentimento de posse. Lamentava vendo-a sofrer de forma atroz a separação, mas não cedia aos apelos. Aprendera a orar por ela, aproveitava o conhecimento que travara com Laura e, assim, tinha notícias da amada e também pedia por ela.

– É, estou. Custou-me muito compreender a profundidade da minha condição de individualidade neste mundo, mas consegui.

– Sou só e isto não é o mesmo que estar sozinho.

– É.

– Antes, quando me diziam, ou eu pensava "sou só", a idéia que eu tinha era de solidão, de vazio, e me inquietava. Por isso, só depois de conhecer Duvernoy, e ele começar a me emprestar seus livros de filosofia espírita, foi que descobri a real importância do eu e do próximo, mas apenas agora, depois de desencarnado, entendi "sou só" como sinônimo de plenitude e liberdade. Quer dizer, sou inteiro, único, independente, capaz; as decisões são minhas, ninguém, por melhor que seja, pode tomá-las em meu lugar; não preciso de dirigentes da minha vida; sou consciência, e por aí vai. Amo muitos seres, felizmente, e consegui dar-lhes liberdade, mas apenas quando a conquistei, quando compreendi minha individualidade. Amadureci, creio, e todas as minhas formas de expressão se modificaram. Para melhor, espero.

Ryane baixou a cabeça, balançando-a em assentimento.

– Sei do que fala. Sentimentos e idéias há que jamais esqueceremos. Desde os primeiros tempos que brotam, ficam para sempre conosco.

– Bem, adoro conversar com você, mas creio que não foi apenas para ver o que eu estava fazendo que veio aqui. O que a trouxe?

– Um convite para você.

Gautier fez um olhar indagador e manteve-se aguardando que Ryane esclarecesse o assunto.

– Tenho muitos amigos que trabalham em diversas instituições, já falamos sobre o assunto. Pois bem, lembro que quando lhe falei a respeito da Casa de Maria[3] você se mostrou particularmente interessado. Conversando com Marcos, o amigo que dirige aquele local, ele me falou que tem idéia de desenvolver um trabalho relacionado à arte junto aos seus tutelados. Várias formas de expressão artística serão usadas, cada uma atraindo aqueles que tenham afinidade com ela. Marcos crê que esses exercícios venham a tornar mais rápida a recuperação de muitos pacientes. Espera que a arte sirva como atividade para desenvolver maior sensibilidade, mas, e principalmente, como canal de expressão de sentimentos e idéias inconfessados que torturam muitos espíritos lá abrigados. Cada sessão seria acompanhada pelos terapeutas, e os resultados levados à análise nos trabalhos de reflexão e autoconhecimento.

A benfeitora calou-se, mantendo o olhar sereno pousado sobre o artista, que a fixava com expressão muito compenetrada. Meditava cada palavra ouvida, dimensionando a extensão da proposta que Ryane insinuara.

– Eu seria útil, transmitindo-lhe conhecimentos de como se expressarem através da pintura – comentou Gautier pausadamente. A amiga apenas balançou levemente a cabeça confirmando o entendimento.

Ele andou até bem perto da tela que descansava sobre o cavalete, mirou o azul profundo e refletiu bons momentos. Depois, começou a correr o olhar por outros trabalhos que ocupavam as paredes e alguns ainda apoiados ao chão e recostados às paredes. Estivera de fato ocupado produzindo as telas, aprendendo que o trabalho e a vocação exercida tornam feliz o ser humano, independente da necessidade de apreciação de terceiros.

Seu olhar demorou-se nas primeiras, as que produzira logo após a tomada de consciência da necessidade de afastar-se de Irina. Eram pesadas, expressavam insegurança, medo, angústia, a dor da velha "solidão", aquela que não compreende a individualidade dos seres, aquela para quem ser só é doloroso. Depois, passeou pelas etapas interme-

[3] Falamos a respeito dessa notável instituição em nosso romance Dramas da Paixão - nota do autor espiritual.

diárias, em que, obviamente, a característica marcante era a transição e, daí, a mistura, ou melhor, a alternância de estados emocionais. Por fim, o momento atual que lhe descortinava uma estado de paz e plenitude como antes não experimentara.

– Seu amigo é inteligente e sensível. Desde que o mundo é mundo o homem expressa sua realidade interior e exterior pela arte, especialmente pelo desenho, pela pintura. Claro que a música e a dança também fazem parte desde tempos remotos. Fato é que poucos têm consciência dessa verdade e da real utilidade. Quando encarnado, era muito fácil ver o desprezo de muitas pessoas. Julgavam a arte uma futilidade, um passatempo, algo para os ricos se divertirem e a maioria pensava que para ser artístico tinha que ser bonito. Na verdade, tem que haver uma mensagem, é preciso estabelecer uma comunicação do mais íntimo do artista para quem o aprecia, senão não vale o sacrifício. Criar é um grande misto de prazer e dor, uma simbiose, eu diria.

– Eu iria um pouco mais longe, Gautier. A criança, no seu processo lúdico de manifestação, entendimento e aprendizado, usa todos os mais conhecidos tipos de arte. Ela canta, interpreta e compõe; ela dança e cria as coreografias; ela desenha, pinta, modela, esculpi e interpreta. Nas representações e brincadeiras, ela cria personagens, escreve textos e dirige cenas. Faz tudo isso para expressar suas vivências, ao mesmo tempo em que amplia seus potenciais. Age naturalmente, instintivamente, atendendo apenas à satisfação de suas necessidades psicológicas, emocionais e intelectuais. E assim amadurece e toma contato com a sua realidade pessoal. De fato, Marcos é um ser especial, de uma sensibilidade profunda e delicada, e essas características se notam claramente na Casa de Maria e no trabalho que ele coordena.

Gautier a olhou tranqüilo. Um leve brilho de expectativa iluminava-lhe o olhar ao indagar:

– Antes de lhe dar uma resposta definitiva, seria pedir muito solicitar uma visita à instituição e uma entrevista com seu amigo?

Ryane sorriu, vendo a expressão de Gautier. O interesse era patente, porém bem dosado, sem arroubos de entusiasmo nem delírios de que o convite era para um grande trabalho. Era uma oportunidade de servir, de contribuir e crescer usando o que mais prazer lhe dava e ao que se entregava com e por amor. Sinais de bom estado de lucidez e equilíbrio que a agradavam sobremaneira.

– Quando quiser. A Casa de Maria tem as portas abertas; basta, assim que chegarmos, pedir que avisem Marcos de nossa presença e desejo de lhe falar e, tenho certeza, de que seremos recebidos.

– Amanhã, então?

Ryane ampliou o sorriso e estendeu a mão, selando o compromisso para o dia seguinte.

Gautier finalmente estava bem. O trabalho só viria a completar e coroar aquela fase de amadurecimento.

Na manhã seguinte, encontravam-se já nas proximidades da Casa de Maria. À pequena distância, Gautier visualizou o extenso prédio quadrado, envolto em delicada luminosidade, que sobressaía em meio aos vastos jardins desenhados logo após a faixa de gramado que cercava a organização. As cores claras, a predominância do verde e o brilho da água das fontes, refletindo a luminosidade, encantaram a visão do artista e lia-se com facilidade a emoção que aquela organização fazia brotar em seu íntimo.

– Linda! Dá-me uma paz tão grande. Sinto vontade de dar cambalhotas nesse gramado e correr como fazia quando era criança. Você não tem vontade de brincar aqui?

– Brincar?! – repetiu Ryane entre questionadora e surpresa com a proposta. – Brincar?

– É, correr, rir, olhar a natureza e ver as suas belezas, confiar em quem você encontrar, não ter idéias preconcebidas e não pôr-se em guarda preventiva contra os outros. Alegria! É isso, esse lugar me inspira alegria, me enche de paz. Deve ser por isso que tenho vontade de brincar.

– Não sabia que você era tão lúdico, amigo.

– Nem eu, acabo de fazer essa descoberta. Estive tão pesado, tão voltado para minhas dores e aflições por tanto tempo que era mesmo impossível sentir o que sinto agora. É uma conseqüência da minha conscientização de ser pleno. Entender-me como alguém só me tornou mais leve. Estou gostando ainda mais da idéia de desenvolver um trabalho aqui. Pintar é arte, e arte é uma brindadeira muito séria

– filosofou Gautier alegremente. Seu rosto simpático e calmo irradiava de maneira cristalina os sentimentos que descrevia.

Ryane, acostumada aos comportamentos espontâneos de seu tutelado, pegou o seu braço e, com segurança, avançaram pelo gramado, ganhando os jardins.

Sons de pessoas conversando e o suave murmúrio das fontes se misturavam. Gautier observava os rostos com muita atenção; uns estavam marcados pelas lágrimas, outros eram inexpressivos, outros ainda estampavam densos sentimentos, rancores e mágoas, e muitos pareciam alienados, vivendo em um mundo próprio sem compartilhá-lo com mais ninguém, solitários e fechados.

Enfermeiros e atendentes se movimentavam em meio a eles, com calma e firmeza, acudindo aqui, sorrindo ali e dialongando acolá com seus muitos internos.

Ryane o conduzia em silêncio. Julgava melhor que Gautier formasse suas próprias opiniões, extraísse as lições que tinha condições de compreender. Confiava que ele acabaria desenvolvendo um trabalho longo naquele lugar e durante esse tempo poderia aprender muito. Não havia razão para explicações apressadas e, de mais a mais, ele nada questionava, apenas observava e pensava, sem elaborar conceitos; só recolhia impressões que iriam amadurecer.

A medida que avançavam pelos jardins, recebendo sorrisos e cumprimentos dos trabalhadores, Gautier registrava que suas sensações iniciais sofriam modificações. O contentamento ainda vibrava em seu íntimo, a confiança também, mas vinham envoltos em serenidade. Brincar não era mais o seu desejo, que reconhecia sim como impulso de levar e de despertar aquela alegria nas pessoas que encontrasse. Conforme seguia, observando-lhe os rostos e lendo as suas expressões corporais e o que seus olhos diziam, com mais intensidade esse sentimento ganhava espaço e certeza dentro dele.

"Como podem essas pessoas viverem assim? Tão tristes, tão longe da realidade?", indagava-se interiormente. "Como fui egoísta julgando que o meu era o maior dos sofrimentos, entregando-me à depressão."

– É sempre bom sair do buraco – comentou Ryane quando alcançavam a larga calçada de cerâmicas decoradas que rodeava a construção.

– Não entendi.

– Conhecer nosso íntimo é uma necessidade fundamental para nosso equilíbrio e para a conquista de um segurança emocional, mas viver voltado para si mesmo não é, necessariamente, um sinônimo. Conhecer-se é atividade diária; em algumas ocasiões um mergulho mais profundo é preciso; entretanto, olhar para fora, conhecer as experiências externas, acrescenta ao nosso mundo. Costumo dizer que quando passamos o tempo todo com a atenção voltada exclusivamente para nós, vivemos no buraco do umbigo – podemos até conhecer todas as dobras, linhas e fissuras do buraco, mas não há acréscimo de elementos novos e caímos facilmente num processo de exaustão das forças da criatividade, que todos possuem, embora apliquem de diferentes formas: desde preparar alimentos até desenvolver o senso estético, apurar o gosto artístico, tudo é criatividade. Ocupar-se durante o dia exige criatividade, senão a rotina esmaga e esmaga justamente porque ficamos no buraco.

– Sei – disse Gautier baixinho. – Eu estava no buraco, mas foi uma situação de mergulho necessário; agora, sair e olhar para fora é a necessidade da hora.

Ryane riu e nada respondeu, não havia necessidade, Gautier entendera por si mesmo e diagnosticara o estado do qual estava saindo. Alcançaram a grande porta principal, que estava aberta e descortinava um interior elegante, porém simples e singelo. Poucos móveis, o branco era predominate, só quebrado pelas cores que surgiam nos rostos e corpos das pessoas, já que as roupas seguiam o padrão de simplicidade e a cor branca.

Interessado, Gautier movia a cabeça para todos os lados, registrando suas impressões sobre o lugar. Das grandes janelas jorravam luz e calor para o interior da construção, onde a temperatura amena era extremamente agradável. Só naquele momento deu-se conta desta sensação: desde que entrara naquela organização, a luminosidade, a brisa e a temperatura eram agradabilíssimas, suaves, mornas.

Atrás de um grande balcão, encontrava-se um homem trajando o uniforme do local que, educado e amável, foi atendê-los, cumprimentando Rayne com familiaridade.

– Este é Gautier – apresentou a benfeitora após trocar algumas palavras com o atendente. – Viemos para conversar com Marcos. Será possível?

O homem sorriu como se a pergunta fosse desnecessária e lhe causasse incredulidade.

– Alô, Gautier – disse ele estendendo a mão ao artista. – Todos aqui me chamam de Amaral e sou desde o porteiro até o secretário especial de Marcos, nessa nossa grande casa. Sabe como é: tudo passa pela porta.

Simpatizando com o comunicativo enfermeiro, Gautier apertou-lhe firmemente a mão e devolveu o amplo sorriso.

– Seja bem-vindo – completou Amaral. E, voltando para Ryane, convidou: – Venha, como todos sabem, Marcos é uma das criaturas mais disponíveis que conheço. Às vezes fico envergonhado, eu me atrapalho nas minhas funções e obrigo-me a pedir que esperem para dar atenção às pessoas em algumas oportunidades. Marcos, não. É só bater na porta e ele atende. Eu o invejo, por esta sala passam não sei quantas criaturas por dia e ele permece tranqüilo e disponível.

– Marcos ainda atende alguns pacientes pessoalmente? – perguntou Ryane.

– Claro. Sempre antes de começar sua atividade na direção da Casa, ele visita os pacientes e dá atenção àqueles que trata mais diretamente. Depois ele conversa com a equipe de trabalho e aí temos a partida para uma jornada – esclareceu Amaral com nítida aprovação e admiração pelo diretor da Casa.

Gautier tentava formar uma imagem de Marcos. Reunindo o que ouvia, ele deveria ser um velho experiente, de barbas brancas e um meigo sorriso na face. Ao ouvir a ordem de "entre" e deparar-se com o indivíduo de branco recostado na poltrona alta, a surpresa do pintor fez com que seus olhos se arregalassem e encarasse deselegantemente seu anfitrião.

"De onde o conheço?", era a pergunta que assaltava a mente de Gautier ante a sensação de familiaridade que aquele rosto jovem e simpático, de traços comuns, lhe infundia na alma. Vasculhou as memórias de sua trajetória passada. Não conhecera nenhum Marcos. De onde, então?

Como se soubesse do embaraço e da surpresa do visitante, Marcos sorriu, erguendo-se com desenvoltura e leveza para aproximar-se de Ryane e afetuosamente a abraçar, cumprimentando-o com a mesma intimidade, e, olhando-o sorridente disse:

– Você é o pintor. Gautier é seu nome, certo?

Ante a muda concordância, prosseguiu:

– Sentem-se, vamos conversar. Temos muitas idéias a discutir, e Ryane me assegurou a sua competência nos assuntos relativos a artes plásticas, pintura em especial.

Acomodado lentamente, Gautier foi relaxando, deixando de lado a inquietação da súbita consciência de reconhecer Marcos. Deixou-se envolver na agradável conversa e rapidamente discutiam os planos para o trabalho que a direção da Casa de Maria pretendia ver implantado. Surpreenderam Gautier os conhecimentos do diretor no terreno da arte como forma de expressão. A concepção ampla o agradou, e ele não tinha dúvidas de que aceitaria o desafio.

CAPÍTULO XVI

Cheiro de morte

"Quando, em outros tempos, me dava na veneta compreender alguém ou a mim mesmo, eu examinava não as ações, em que tudo é convencionado, mas os desejos. Dize-me o que desejas, dir-te-ei quem és." [1]

As luzes da pequena e luxuosa mansão onde residia Irina nos subúrbios de Viena indicavam que mais uma noite de festa se iniciava sob o comando da atriz. Muitos carros estacionavam no caminho que cortava o jardim, indo desde o grande portão de ferro em art noveau até a porta de entrada. O som do jazz se evadia das janelas abertas. O verão se avizinhava no continente europeu e a noite era de uma temperatura amena. Pelas janelas abertas se via o salão de festa repleto de convidados, muito bem vestidos, dançando alegremente. As mulheres exibiam vestidos com decotes profundos que deixavam as costas desnudas, e seus sapatos de salto para dançar batiam ritmadamente no piso de madeira.

Dois empregados da casa circulavam empunhando bandejas de prata com copos e bebidas e a um canto do salão havia um bufê de finas iguarias para deliciar os presentes.

Irina recostava-se em um divã lateral cercada de admiradores que insistiam em levá-la à pista de dança, quando Nanine, governanta da casa – usando um discreto e elegante vestido azul-marinho de corte reto, com os cabelos presos num coque baixo à altura da nuca e sem

[1] Tchekhov, Anton. "Uma história enfadonha, memórias de um homem idoso". Contos, pág. 211. Ed. Nova Cultural. Tradução de Boris Schnaiderman.

nenhuma maquiagem, já que suas concessões ao estilo de vida da patroa eram limitadas e fizera questão de manter as características de sua personalidade, insistindo que sabia tratar-se de uma mulher feia –, aproximou-se falando ao seu ouvido:

– *Mademoiselle*, está na porta de entrada M. Rheingold, da embaixada alemã, acompanhado de alguns amigos. Hoje ele não era esperado, não foi convidado para a festa. O que devo fazer?

Irina pensou breves segundos. Alfred Rheingold não podia ser desprezado, era seu mais generoso "admirador". Haviam se conhecido há poucos meses, mas ele semanalmente a visitava e já recebera dele mais jóias e presentes caros do que podia lembrar-se, sem falar que muitas despesas da mansão corriam também por conta do influente alemão.

– Irei recebê-lo, é lógico. Não podemos dispensar Alfred. Essa festa não terá importância alguma para ele, você verá.

Nanine ergueu-se pronta a acompanhar Irina até a entrada onde estavam os alemães.

A atriz usava naquela noite um vestido longo branco justíssimo, bordado com fios prateados, exibindo uma fenda que chegava à altura da coxa, insinuando a visão das pernas da atriz. Ela caminhava com leveza e graça, tinha no rosto um grande sorriso de boas-vindas ao visitante e o recepcionava com os braços estendidos.

Alfred Rheingold era um homem beirando os 50 anos ou mais. Exibia um corpo bem conservado, era alto, forte, tinha o rosto quadrado, um pronunciado nariz aquilino, os cabelos grisalhos bem penteados como mandava a moda e o bigode curto bem aparado. Adiantou-se ao ver Irina, por quem estava fascinado, e sem importar-se com os amigos que o acompanhavam tomou as mãos da atriz, beijando-as sofregamente e encostando-as ao próprio rosto, para depois beijar-lhe com intimidade as palmas das mãos e os pulsos.

– Você está linda – elogiou Alfred. – Não me convidou para sua festa, por quê?

– Ah! Querido, perdoe-me, mil perdões, lhe peço. Mas sabe como é a minha vida, nada disso foi planejado. Hoje, após o espetáculo, se reuniu este grupo de amigos e decidiram estender a noite aqui em casa. Sabem como Nanine é rápida e que sempre tem com o que recepcionar as pessoas. Abusam de mim, essa é a verdade – respondeu Irina, desmanchando-se em olhares e sorrisos sensuais para seu admirador.

– Quem sou eu para perdoá-la, ainda mais por algo tão sem importância e mais do que natural. Estava apenas com ciúmes. Sei que uma mulher com a sua beleza tem muitos admiradores e sonho que ela seja apenas minha – retrucou Alfred, beijando novamente as mãos de Irina, enquanto lançava-lhe olhares lânguidos, onde deixava claro as intenções que o haviam levado à sua casa.

Irina riu como riem todas as mulheres que se entregam à vida que ela retomara e, usando seu charme, fez o alemão, apenas numa pequena troca de olhares e num roçar breve em sua perna, esquecer as grandes verdades que dissera estar ciente. E foi com olhos brilhantes de desejo que Alfred apresentou-a aos cinco oficiais alemães das SS que o acompanhavam.

Com a memória anestesiada pela ingestão de boa quantidade de álcool e envolta nos ruídos da festa e no cansaço das apresentações teatrais, Irina não reconheceu – no homem louro, alto, de olhos azuis gélidos, trajando o imponente uniforme negro das forças especiais das SS, as chamadas Unidades Caveira[2] identificadas pelo uniforme negro com a braçadeira vermelha contendo a suástica preta num círculo branco e o quepe com a caveira em cor prata – o antigo estudante que freqüentara por meses a fio o teatro de variedades de Paris apenas para vê-la dançar. Ele, porém, reconheceu-a imediatamente e, embora sua face não sofresse qualquer alteração, o coração disparou no peito em um misto de raiva, paixão e despeito.

– Prazer em conhecê-lo, *Her* Ludwig Schroeder – disse Irina, observando que o olhar do alemão a analisava despudoradamente. Sorriu para ele e, tocando o braço de Alfred, prosseguiu: – Ele já

[2] Os oficiais das SS deviam possuir o perfil ariano, ou seja: mais de 1,80 m de altura, cabelos louros, pele clara e olhos azuis. Possuíam treinamento especial e formação ideológica mais elaborada. Eram hierarquicamente superiores ao Exército e às AS. A principal atividade era a guarda pessoal de Hitler, além de assassinatos, espionagem, confisco de terras e extermínio de pessoas. A partir de 1934 dividiram-se em Unidades Caveira, que se ocupavam dos campos de concentração, e especialmente dos campos de extermínio, do serviço de segurança encarregado da espionagem ideológica e o Centro de Questões da Raça e Povoamento.

havia me falado que esperava sua visita, disse-me maravilhas sobre sua competência no comando de unidades especiais. Está gostando de Viena? Precisamos conversar, adoro ouvir histórias de aventuras, e você deve ter muitas para contar-me.

– A alegria é minha, *fraullen* – respondeu sucintamente Luidgi, não podendo furtar-se ao pensamento de que a vida novamente fazia seus caminhos se cruzarem.

Durante o restante da noite, ele perambulou entre os convidados, bebeu e observou Irina. Os anos pareciam não ter feito nenhuma diferença para ela, e principalmente notou que ela flertava com todos os homens presentes, embora desse maior atenção a um grupo onde estava Alfred, que disputavam claramente quem seria o preferido da noite, para depois da festa.

"Ela está sozinha. Esqueceu Gautier, aquele francês idiota", concluía Luidgi no fim da recepção enquanto, acompanhado de seus quatro subordinados, caminhava em direção aos carros oficiais da embaixada que os aguardavam sob o sereno. Alfred iria bem mais tarde, antes do amanhecer. Nenhum homem pernoitava na residência de Irina e ela continuava com seu hábito de possuir dois dormitórios, tal qual na França.

Enquanto servia-se de mais uma bebida e estendia outro copo ao seu acompanhante, comentou:

– Belos rapazes os seus visitantes. Tão claros, tão fortes, o uniforme preto lhes assenta muito bem. Ficarão muito tempo?

– Espero que apenas o necessário ao cumprimento da missão que os coloca em solo austríaco.

– Há qualquer coisa de demoníaco na aparência deles, nunca vi uniforme militar igual. Preto e vermelho. Tem alguma razão especial ou são os meus olhos de artista que vêem a combinação preto/vermelho associada à aparência de figuras míticas, infernais? – comentou Irina com inusitado interesse e fazendo expressões e gestos teatrais enquanto se referia aos oficiais da SS que conhecera pouco antes.

Alfred riu da encenação dramática da atriz, que se tornava cômica naquele vestido sensual e à luz de penumbra. Recebendo o copo que ela entregava, informou:

– Quase tudo que ocorre no Reich alemão obedece a um conceito que, segundo Goebbels e sua equipe, presta-se a atuar no imaginário das pessoas. Pelo que vi, com você funcionou. Realmente eles usam um "manto de luto", não um mero uniforme de unidade especial; os SS e, especialmente os "caveiras", cheiram a morte, minha doce Irina. Todo cuidado com eles é pouco, até mesmo para mim que sou membro do partido e ocupo importante cargo de confiança.

– Interessante. E o que significa o uniforme deles?

– Força, virilidade, imponência, mistério e morte. O preto foi escolhido por ser uma cor sempre associada ao divino; evoca religiosidade, transcendência, se vista com bons olhos. No caso dos SS, o motivo é que o preto evoca o aspecto negativo do divino: a morte, além de amendrontar e reprimir. É uma cor sempre associada com a morte. A faixa vermelha, cor de sangue, é a sensualidade, a fertilidade, é a cor de sociedades guerreiras, já que irrita e excita; combinada com o preto, adquire as qualidades satânicas que você muito bem identificou. A caveira em cor prata significa a primazia hierárquica dentro das SS.

Irina sentou-se ao lado de Alfred no divã, acariciando-lhe lentamente a coxa, enquanto, fingindo-se impressionada com a explicação, insuflava o orgulho do alemão, demonstrando um falso interesse pelo país que ele representava, indagando:

– O uso da suástica, a cruz gamada, também tem algum caráter religioso, ou melhor, alguma significação de transcendência?

Retribuindo as sutis carícias da atriz, Alfred afagava-lhe a nuca, massageando-lhe o pescoço e os ombros, enquanto respondia às perguntas.

– Longe disso, Irina. Os povos germânicos antigos já a usavam como um símbolo guerreiro; como vê, é muito antigo. É um símbolo de ação; ela tem movimento circular, indica regeneração; ela atrai, hipnotiza quem a encara lembrando o ato sexual, o que é reforçado pelo vermelho, minha linda, uma cor tão sensual como a mulher que tenho comigo agora. Vou desenhar suásticas em suas pernas, no seu ventre... – a voz de Alfred se tornou um murmúrio rouco perdido entre os cabelos de Irina a declamar o caráter viril dos nazistas.

Mais tarde eles voltavam a falar dos SS, que se hospedavam na embaixada. Irina ouviu e nehuma importância deu ao fato de que não eram apenas cinco alemães visitando a embaixada na Áustria, mas 150 homens aproximadamente e que lá estavam em sigilo. Nem mesmo Alfred sabia exatamente todas as razões da visita que oficialmente passava como de rotina para os cinco oficiais que o acompanharam naquela noite.

Envolta num penhoar de seda, Irina conduzia pela mão o ilustre oficial alemão. Na cama da amante ele esquecera dos deveres de sigilo e, julgando-a à margem de qualquer suspeita ou interesse por parte do Reich – Alfred era bastante ingênuo para o cargo que desempenhava –, soltara a língua falando bem mais do que deveria, porém, de fato, não corria perigo algum, sua amante há anos vivia apenas na tentativa de morrer. Se as notícias que chegavam da Alemanha nazista aterrorrizavam as nações vizinhas, a ela eram indiferentes.

Confiara-lhe todas as ações do Partido Nazista Austríaco; ela era sabedora que a Alemanha o patrocinava fornecendo armas e dinamites, além de lideranças. O reinado de terror instalado há alguns meses em Viena com atentados em série era obra do Reich alemão. Aqueles que conheciam e tomavam a sério as palavras escritas no primeiro parágrafo de Main Kampf não ignoravam que a anexação da Áustria ao Reich alemão era a primeira ambição de seu autor. Irina nenhuma importância dava nem ao que confidenciava o amante, nem quando dias depois ouvia insensível a imprensa noticiar a ocorrência do fato com saldo de mortos e feridos.

Que perseguissem judeus, religiosos, políticos oposicionistas e líderes sindicais, que matassem, que ninguém tivesse liberdade alguma, nem mesmo de dizer o que pensava, nada lhe importava, não estava acontecendo com ela, e seu íntimo, que era uma chaga aberta e infeccionada, não doeria mais nem menos. Pouco lhe interessava tudo o que ouvira. Eles que fizessem o que bem entendessem; ela não tinha nada com aquilo; seguiria sua vida e eles a deles.

Ao longo daquele mês de junho e até os primeiros dias do mês de julho, Alfred e os oficiais SS foram presença constante em sua casa, em festas ou em visitas particulares. Luidgi aproveitou a oportunidade que a vida lhe negara anos atrás em Paris. Não sabia se Irina de fato não o havia reconhecido, e isso lhe causava grande abalo ao orgulho, ou se ela preferia fingir que o conhecera na companhia de

Alfred. Interessava-lhe que agora ela se mostrava disponível e não recusava sua companhia; essa era razão suficiente para sufocar a dor do orgulho ferido e entregar-se a longas horas de prazer na companhia dela, em quentes e preguiçosas tardes de verão.

A temporada de apresentações estava encerrada. Era tempo de férias e, para Irina, nada melhor do que deixar-se mimar e cortejar pelo jovem e viril oficial comandante das SS. Passavam muitas horas juntos, embora ela não desse a Luidgi nenhuma idéia de exclusividade e mesmo o rejeitasse algumas poucas vezes naqueles dias.

Ludwig Schroeder dividia-se entre atenções à bela atriz e o esmerado cultivo dos planos que o levavam ao estrangeiro. Ao contrário do ingênuo Alfred, ele não dissera a ela uma só palavra a respeito de sua missão. Dera-lhe aulas de ideologia nazista, falara como era a vida no Reich, qual era seu trabalho – tudo de acordo com o que oficialmente era divulgado –, enalteceu o Führer e seu governo como um messias para o massacrado povo alemão. Falou-lhe muito da vida cultural alemã, dos programas de incentivo governamentais, do seu interesse pelo cinema.

Estavam sentados nos gramados do jardim à sombra de uma árvore centenária, a julgar pela espessura do caule e das raízes que se erguiam do chão, envolvendo o casal. Luidgi deliciava-se acariciando os cabelos e a nuca de Irina, que, preguiçosa, se deixava adular pensando que, eventualmente, era bom um envolvimento com um homem mais jovem; tinham menos dinheiro, davam-lhe menos presentes, mas eram mais românticos e menos enfadonhos que muitos de seus outros amantes, em geral homens mais velhos, ricos e influentes. Há muito tempo não se permitia ser cortejada por um homem, mantinha seus relacionamentos numa esfera estritamente "profissional". Repentinamente surgia o jovem oficial alemão, e tinha que reconhecer que, além de um belo espécime masculino, ele era muito atencioso e terno.

Enquanto ela se entretinha em pensamentos absolutamente sem importância, ele escolhia palavras para iniciar uma breve investigação de interesse pessoal que, conforme seus planos, minuciosamente traçados na noite anterior, poderiam ser muito importantes para o futuro de Irina, dele e do que o levava à Áustria. Depois de definir que aquele era o momento, ele se decidiu por uma abordagem mascarada, nenhuma pergunta direta, todas envolvidas em muitos afagos e carícias para que não pairasse nenhuma desconfiança nem durante nem depois do interrogatório.

Decidido, baixou a cabeça alcançando a nuca da atriz com os lábios. Começou a acariciá-la sensualmente, roçando-lhe o rosto no pescoço, fazendo-a rir baixinho, correspondendo a seus carinhos. Em meio a afagos que mantinha sob controle férreo de sua vontade treinada no Reich, indagou-lhe com voz rouca:

– Você nunca conta nada de sua vida. Sei tão pouco a seu respeito, entretanto se torna a cada dia mais importante na minha vida. Não sei como farei para ir embora quando chegar a hora.

Acostumada a não falar sobre si para ninguém, Irina riu simplesmente, deixando as mãos passearem pelas coxas do oficial, com toda a intimidade.

– Venha me visitar quando desejar – respondeu ela fugindo às perguntas.

– Hum, isso é uma promessa ou um pedido?

– Como quiser entender, meu comandante – sussurrou Irina, movimentando a cabeça para expor a face aos beijos de Ludwig.

– Alguém me falou que você vivia em Paris antes de vir para cá. É verdade?

– É.

– Todos se apaixonam por Paris. Você abandonou a cidade, não gostou de lá ou teve algum motivo especial?

– Sou alguém sem raízes, Luidgi. Não gosto de falar de Paris; vamos conversar sobre outro assunto, está bem?

O alemão fez uma expressão de pouco caso com relação ao pedido, como se de fato concordasse que era para ele um tema sem outros interesses.

– Você tem amigos influentes em Viena, sua casa é freqüentada por artistas, políticos, industriais... Se algum dia precisasse deixar tudo isso, não sentiria falta?

Irina resignou-se à teimosia do companheiro, que trocava o assunto, mas não o tema. Continuava a indagar sobre sua vida, o que a desagradava, porém pacientemente respondeu:

– Não sinto falta do que deixo; se me vou é porque o lugar e as pessoas não me agradam mais. Sou como os gatos: escolho com quem vivo. Eles pensam que são meus donos, deixo-os pensar assim; quando me canso, parto e não lembro mais nada. Isso satisfaz sua curiosidade?

Ludwig riu, pois, ao mesmo tempo em que falava, Irina fazia caretas e, com as mãos, imitava as patas de uma gata com as unhas expostas.

Ainda rindo, ele a puxou para mais perto de si, como que desejoso de aprisioná-la, e murmurou-lhe ao ouvido:

– Uma linda gata de pêlo vermelho, da qual quero saber tudo, aprender tudo, ter tudo o que possa ser meu.

– Por isso tantas perguntas? Está se assegurando para um investimento futuro? Sendo assim, declaro que não estou à venda, meu comandante, sou apenas de aluguel. Não quero ninguém exclusivamente para mim e não me dou. Não se iluda e não sofra mais tarde. Outro dia fiquei sabendo que Madame Chanel está escandalizando Paris e, claro, escândalo logo se torna moda. Imagine, ela mistura as jóias recebidas como mimos de seus admiradores com imitações. Diz que usa grandes colares de pérolas falsas, correndo de boca em boca, entre os mais íntimos, que ela faz isso para que seus homens saibam não ser ela uma mulher comprada com jóias. Louca, não acha?

– A vida no Reich não me permite me interessar por essas manias parisienses – respondeu Ludwig displicentemente. – Voltando a falar do que me interessa: você. Pergunto porque queria saber se há ou se houve alguém importante na sua vida, apenas isso.

– Do passado não falo, não interessa a ninguém. No presente... – Irina fez novamente uma expressão e postura corporal de relaxamento, de preguiça, de entrega sensual e, lançando-lhe olhares sugestivos, declarou cuidadosa, puxando delicadamente a cabeça de Ludwig para perto de si, oferecendo-lhe os lábios a beijos lascivos: – No presente você me encanta, *Her* Ludwig, me agrada muitíssimo.

Ele resistiu, afagando-lhe os cabelos e a face; encarando-a, comentou:

– Fico feliz, muito feliz com o que me diz, mas gostaria de ter bem mais. Sou um homem influente no Reich, posso lhe oferecer tudo o que tem aqui e talvez mais, depende de você, pense no assunto. Quem sabe a Alemanha não lhe abre as portas do cinema, tenho meios para tal. Será pretensão ou posso ter esperança?

Irina surpreendeu-se com a inesperada proposta. Rapidamente a idéia se plantou em sua mente. Cinema era uma ambição, um desafio. Uma mudança seria algo a considerar, Viena estava ficando monótona.

– Pensarei no assunto, depois voltaremos a conversar. Não costumo responder nem pelo ontem nem pelo amanhã, *Her* Ludwig. Precisaremos conversar melhor, mais tarde. Não sou como tantas outras que enganam seus admiradores; eu digo exatamente o que faço e não sou exclusividade de nenhum. Desde agora o assunto fica claro.

Ludwig ignorou muito do que ela falou, confiante em si para fazê-la mudar de idéia. Tinha razões – pessoais e profissionais – para querer levá-la para o Reich. Guardava sérias desconfianças da fidelidade de Alfred aos planos nazistas e não poderia deixar que as atividades de uma mulher como Irina ficassem longe dos mil olhos das SS e das SD. Era perigoso demais, pois ao redor dela circulavam muita influência e muitos interesses econômicos e políticos. Precisava saber o quanto ela sabia; desconfiava que fosse além do necessário e do permitido. Fora isso, tê-la para si era um velho sonho de juventude que se realizava. A antiga paixão nunca fora de todo sepultada e renascera com muita força sob o sol do verão de Viena.

Vendo que seu silêncio se prolongava, trazendo certa inquietação à atriz, ele comentou:

– Uma mulher sem passado. Que dramático! E de certo exagero, não lhe parece? Todos têm um passado, por que não falar?

– Não, não é – retrucou Irina afastando-se para encará-lo de frente, sem esconder que a colocação a irritara. – Esta conversa não vai nos levar a lugar algum, é melhor mudar de vez o assunto.

Soltando-se dos braços do oficial, ergueu-se limpando a saia de seda plissada de algumas folhas de grama que se grudavam ao tecido. Graciosamente, apanhou o quepe de Ludwig sobre as raízes e colocou-o na cabeça, olhando-o, marota, disposta a diverti-lo para que esquecesse de vez o súbito interesse por sua vida.

– Como fico com as insígnias da sua unidade? É verdade que no Reich pretendem que todos usem uniformes?

Ludwig registrou a informação. Alfred Reinhgold falava demais.

O uso de uniformes era parte do projeto de nazificação em curso na Alemanha, mas ainda não era comentado fora dos círculos interessados e confiáveis.

– Linda – respondeu Ludwig observando-a. – Esse é um estado definitivo para você: ser linda. É linda vestida ou nua, arrumada ou não, é linda de manhã, à tarde e à noite. Nada altera a sua beleza. E eu, humildemente, lhe rendo culto como a uma deusa da mitologia nórdica, magnífica em sua beleza, branca como o mármore, olhos azuis, cabelos ruivos. Você é a personificação da beleza feminina da raça ariana. Aliás, os russos possuem sangue ariano. Pelas suas características, você é um exemplar de raça pura. Uma deusa nórdica viva e deslumbrante, que fascina pela sua beleza.

Lisonjeada com o elogio, Irina não deu nenhuma atenção ao discurso racial, fruto da investigação que Luidgi procedera em sua vida e que não fora tão difícil, considerando o conhecimento prévio. Como não dava importância à nacionalidade, muito menos à descendência, ignorou as alusões à sua pátria e família e começou a imitar posturas militares, ressaltando a coragem que tinham os membros das SS, pois suas ações eram perigosas, punham em risco a própria vida atuando em assassinatos, explosões e atentados; exaltou-o brincando com temas de imensa seriedade, fazendo-o, aparentemente, descontrair, seduzindo-o, falando de seu uniforme negro, usando as explicações que recebera sobre a simbologia da suástica.

Sem se fazer de rogado, ele cedeu aos apelos da sensualidade, habilmente manipulados pela atriz, porém guardou a lembrança das informações perigosas e inclusive sobre os conhecimentos quanto à propaganda nazista que ela era portadora. Esses conceitos não eram livremente divulgados no Reich; perderiam sua eficiência junto ao imaginário popular se fossem conhecidos. Mais tarde, entre uma taça de vinho branco gelado e outra, ele lançou alguns elementos na conversa para avaliar até onde iam os conhecimentos da atriz sobre a política do Reich. Suas suspeitas aumentaram, levando-o a naquela mesma noite relatar minuciosamente suas averiguações e temores a Goering – o segundo homem do Reich, comandante-geral das SS. Estabelecendo eles que, de fato, era necessário manter ferrenha vigilância sobre a atriz, além, é claro, de conter o imbecil Alfred, uma vez que a missão que os levava a Viena estava próxima do desenlace, e todo cuidado era pouco para garantir-lhe o êxito, fundamental aos planos de expansão e dominação do Reich alemão.

O verão estava a meio em Berlim. O sol escaldante contra os muros do quartel fazia suar os jovens soldados em suas fardas. Usavam capacetes e sustentavam armas, fazendo a guarda do prédio, e o calor era-lhes insuportável; a cabeça parecia cozinhar em vapor. De tempos em tempos, a intervalos regulares, tinham que vistoriar toda a extensão do prédio.

Os soldados trocavam impressões sobre o sofrimento que aquele dia de calor lhes impusera quando ouviram o ruído de vários veículos se aproximando dos portões; rápidos, separaram-se, retornando aos seus postos para identificarem os carros.

Logo a tarefa se mostrou extremamente fácil, porém curiosa. Eram todos carros oficiais utilizados pelos militares mais graduados. Reconhecendo os superiores, prestaram respeitosa continência, dando passagem ao cortejo.

Assim que o último veículo ultrapassou os limites dos portões, os soldados trocaram um olhar de estranheza, correndo a retomar a conversa interrompida.

– Está acontecendo alguma coisa – sentenciou o da direita.

– Eu diria que é alguma coisa grande, muito importante. Todos os generais entraram, só faltou o ministro da Defesa – emendou o outro.

– Bom, aí também seria demais. Só se houvesse um golpe contra o governo.

– Será??

E ficaram os guardas a ruminar suposições, enquanto no interior do prédio os generais discutiam as divergências cada vez mais acentuadas com as SA e as SS, especialmente com Rohem o comandante das SA.

Von Scheringer ouvia as exposições de seus colegas fumando seu charuto. Uma leve e aguda dor de consciência o assaltava. Parte de si ouvia os relatos e novas acusações contra as forças paramilitares do

Reich, repugnando-se com os comentários que circulavam a respeito de seus membros. Desde os mais altos oficiais até os principiantes eram alvo de falatórios de amplo conhecimento em toda a Berlim, envolvendo-os em corrupção, denúncias de licenciosidades sexuais e homossexualidade. Esta então incomodava sobremaneira os oficiais do exército e tanto pior que recaía com maior peso sobre a pessoa de Rohem – homem influente no Reich e amigo particular de Hitler de longa data. Todos sabiam que eles haviam feito carreira desde o NASDAP até chegarem ao poder.

Além disso, os oficiais inquietavam-se em razão do rearmamento sigiloso que a Alemanha estava empreendendo; era um assunto delicado; feria interesses muito sérios nacionais e internacionais.

Para eles, compartilhar esse processo com as SA e as SS era algo muito díficil, pois a rivalidade era acentuada. Os oficiais não poupavam palavras como: peculatários, bêbedos, libertinos e pederastas, ao se referirem aos membros das forças políticas do Reich. Acusavam-nas, ainda, de adquirirem metralhadoras pesadas, o que os tornava uma ameaça ao próprio exército e ao rearmamento sigiloso.

Os oficiais relatavam seus pleitos junto ao general Von Blomberg, ministro da Defesa, incumbido de levá-las à consideração do chanceler. Cobravam maior consideração, lembrando que se não fosse o aval do exército os nazistas não estariam no poder.

Naquele final de tarde, quase anoitecendo, a notícia era de que os pedidos seriam aceitos, e as SA e SS sofreriam redução em seus efetivos.

Transpirava na reunião a idéia de tolerarem os nazistas apenas enquanto vivesse o velho presidente, de longa história militar, marechal-de-campo, herói de guerra, que era credor de máximo respeito dos generais, não merecendo ver seu mandato manchado com a deposição de seu governo; mas, tão logo ele fechasse os olhos, pretendiam ver restaurada a monarquia dos Hohenzolhern.

A essa esperança se apegava a parte mais aguilhoada da consciência de Von Scheringer para se acalmar, pois se via constantemente acossada pelas críticas severas que o filho fazia ao regime e das quais se lembrava no curso da longa reunião.

Era fato que neste último mês Richard parecia menos revoltado, vivendo o encantamento do namoro com a jovem Bateseba. As sementes do descontentamento e da dúvida quanto à opção adotada já haviam sido lançadas e germinavam no íntimo do general, conhecido como representante do pensamento conservador.

A reunião chegou ao final mantendo-se entre os oficiais um pacto silencioso de cautela e vigilância.

Novamente, agora sob a luz das primeiras estrelas, passaram os carros pelos guardas, repetindo-se as saudações militares e as trocas de olhares cheios de curiosidade entre os subalternos, em cujos olhos se liam:

"Nada de golpe."

O clima político daqueles dias era dos piores. Pipocavam em toda parte suspeitas de conspiração e não tardou a surgirem boatos de que também dentro das tropas das SA e sob orientação do próprio Rohem, conspirava-se contra o chanceler.

O céu azul do verão berlinense escondia uma atmosfera densa e carregada, prenunciando dificuldades no porvir.

Absolutamente alheio à convocação extraordinária do general Von Scheringer para uma reunião sigilosa, Richard entregava-se ao jogo de xadrez em companhia do rabino Van Beck. Concentrados no tabuleiro e na movimentação das peças, estavam esquecidos dos maus momentos impostos pelo governo nazista.

O velho rabino e seus ralos cabelos amarrados na nuca, o rosto sereno, contando mais de 70 anos, ainda se lhe notavam traços atraentes na fisionomia, apesar do nariz pontiagudo. Era um senhor de compleição física forte, que dava os primeiros sinais de perda do vigor que o caracterizara ao longo da vida.

– Vamos, filho, jogue ou vamos ficar a noite toda sobre esse tabuleiro. Bateseba não vai gostar – provocou o velho jocosamente, observando o ar irresignado do companheiro que, num movimento em falso, pôs a partida a perder.

– O senhor é impossível, *Her* Samuel. O que tenho a fazer é entregar-lhe minha dama. – E, olhando sobre o ombro do idoso, piscou o olho para a jovem que bordava numa poltrona próxima e completou, sorridente: – A do tabuleiro, é claro.

– Ora, ora, decerto era preciso esclarecer. Jogue, tenente, não tenho a vida toda para apanhar sua dama, ela não tem salvação.

Richard cedeu ao único movimento que lhe era possível, perdendo sua dama e abrindo caminho para a vantajosa vitória do rabino, que poucos minutos depois ria deliciado com o próprio sucesso.

– Lute, meu jovem, mas saiba perder com classe, nem tudo na vida são vitórias e, muitas vezes, sobreviver à derrota é a grande sagração.

– Quanta filosofia, vovô! – comentou Bateseba largando o bordado para vir sentar-se ao lado do noivo.

– Muitos anos de experiência, querida, faz de qualquer homem um filósofo.

– Não concordo, *Her* Samuel – apartou Richard. – Conheço muitos homens que regulam de idade com o senhor e nem por isso têm a sua sabedoria, ouso dizer que são mesmo imbecis, em que pese o respeito que lhes deva pela idade avançada.

– Pois é, meu caro jovem, eles não devem ter sangue judeu nas veias – brincou o velho rabino, mas o riso não alcançava o olhar, que permanecia sério e pensativo, como se o que dissera lhe evocasse lembranças doridas. – É uma diferença pesada de se carregar; acaba por nos modificar.

Aludia à história de sua raça, às inumeráveis perseguições de que fora vítima e à alta carga de preconceito que os judeus sofriam na Europa.

Richard, que apreciava a companhia do avô da noiva, também entendera a referência.

– O senhor é especialista na arte de saber perder com classe. Confesso que não consigo entender a origem de tanta perseguição, de tamanha aversão.

O velho Samuel sorriu. Erguendo-se, colocou as mãos nos bolsos das calças, andou até a ampla porta-janela que dava vista para o gramado que rodeava a casa, afastou levemente a cortina e contemplou, através do vidro, o brilho das estrelas no firmamento.

– Meu caro, muitos dizem que nos perseguem em nome de Deus, mas já não sei a qual eles se referem. Quando vivíamos entre povos politeístas, nos perseguiam por nosso amor e fé a Jeová, nosso Deus único. Depois surgiram os cristãos, melhor dizendo, os católicos, que dizem professar fé em nosso Deus, mas lutam pelo Messias Nazareno. Depois, nos perseguem pelo ouro, como se todo judeu fosse rico, o que não é verdade. O anti-semitismo já rendeu muito dinheiro à Europa; isso, sim, pode ser provado, é só analisar quantas vezes já fomos espoliados de tudo que possuíamos. Os nazistas e sua política racial não fazem nada de novo, reeditam uma história antiga cheia de preconceito e violência. Infelizmente, meu jovem, preconceito e violência, a meu ver, só são explicáveis quando entendemos que a besta humana pouco amadureceu ao longo dos séculos. Os preconceituosos e violentos abdicam do direito e do dever de pensar, de formar juízos e adotar condutas próprias; simplesmente se deixam levar pela turba. Não vê os cartazes que começam a proliferar na cidade?

– Bateseba comentou o fato. É um horror, principalmente porque a comunidade judeu-alemã nunca foi radical – respondeu Richard, segurando a mão da noiva e apertando-a com carinho no intuito de transmitir-lhe sua solidariedade.

– Pois é, você tem razão, nossa comunidade é de fato muito aberta. Há um grande número de casamentos mistos e muitas famílias são relapsas na educação religiosa de seus filhos, nas vivências domésticas de nossa fé. Como responsável por parte dela, eu nunca fui rigoroso, sempre pensei que se faz necessária uma integração também com o solo onde nascemos. Somos judeu-alemães. A Alemanha é nossa pátria também, lutamos para construí-la; nosso trabalho, nosso suor e inteligência marcam este chão, ele é nosso tanto quanto dos não-judeus. Agora nos vemos expulsos de cargos que fizemos por merecer, não nos foram dados por favoritismo; não podemos exercer profissões para as quais estamos legalmente habilitados[3], e a única razão que nos oferecem é: você é judeu. Disso sabemos desde o nascimento, não é nenhuma novidade. Hoje me procuraram na sinagoga duas jovens senhoras muito aflitas porque não lhe haviam permitido adquirir alimentos em um comércio onde habitualmente compravam e na porta havia um grande cartaz: "Não é permitida a entrada de judeus."

– Já vi alguns exemplares desse tipo ou semelhantes. Até em algu-

[3] Referência à proibição nazista de os judeus exercerem cargos públicos e profissões, como advocacia e medicina, na Alemanha.

mas estradas estão surgindo – interveio Richard revoltado. – Cada dia que passa fico mais assustado por ver os caminhos por onde nos conduz a política nazista. A barbárie é lei, o desrespeito impera, somos todos reféns de um grupo de fanáticos armados. Sinceramente, não sei onde vamos parar, mas acredito que não seja algo muito bom.

O rabino voltou-se e encarou o jovem oficial, que segurava a mão de sua neta. Andou lentamente até eles, pôs sua mão cheia de manchas da idade sobre a deles, fixou o olhar em Richard e falou:

– Você é um jovem inteligente, sensato, enxerga claramente. Fico feliz em vê-lo ao lado de Bateseba, sei que irá protegê-la. Também temo pelo futuro, minha intuição me diz que estamos apenas no começo. Meu filho tem esperança de que a monarquia se restabeleça e tudo volte ao que era antes; eu não confio nesse desfecho. Os nazistas são fanáticos, concordo, mas são maquiavélicos e muito inteligentes, manobram com destreza as emoções do povo e apresentam-se como os salvadores. Espere até que a grande população de desempregados e miseráveis tenha alguns marcos nos bolsos e verá a força nazista ser decuplicada. A cada dia menos forças da sociedade têm condições de detê-los: os partidos políticos foram extintos; os sindicatos, destruídos; a imprensa está sob censura e império deles. O exército, ainda, quem sabe, possa fazer algo, não sei. O povo, entretanto, eu lhe asseguro, tão logo tenha alguns poucos marcos em mãos esquecerão todo o resto e serão nazistas até às entranhas da alma.

– Vovô, que futuro sombrio! – interveio Bateseba. – Precisamos ter esperança. Senão como sairemos vitoriosos?

– A pouco eu falei, minha criança, que sobreviver à derrota era uma grande vitória. Esse é o resumo de nossa história. Somos sobreviventes de grandes derrotas e, se tenho alguma sabedoria – como disse seu noivo –, é por esta razão: aprendemos a arte de sermos instruídos pelos nossos próprios erros de julgamento. E nascer judeu já é sinônimo de ser alguém que precisa tornar-se muito ciente de seus caminhos e de suas escolhas; alguém que precisa aprender a conjugar o verbo tolerar.

Richard, que compartilhava plenamente as idéias de Samuel quanto ao Reich e ao futuro do país, colocou sobre a dele a outra mão e solenemente disse:

– Juro, *Her* Samuel, que tudo farei para assegurar a felicidade e a segurança de sua neta.

Samuel sorriu e balançou a cabeça recebendo o juramento com um suspiro de alívio e gratidão.

– Você entendeu. Temo que a purificação da cultura alemã possa não se limitar à queima de livros e ao banimento de autores judeu-alemães como Marx, Freud, Einstein[4]. As coisas podem se tornar muito mais sérias e não seria o primeiro êxodo ou o primeiro massacre de nossa raça; infelizmente, a história pode se repetir.

Richard balançou a cabeça confirmando o entendimento da mensagem; mesmo assim, Samuel insistiu em fazer-se mais claro.

– Já que se propõe a compromissos, peço-lhe que, se o futuro se mostrar como o vejo, leve minha neta para longe da Alemanha e dos nazistas.

– Tenha a certeza disso, meu amor por ela é muito maior do que qualquer outro.

– Tudo o que temos será de vocês; poderão ser vitoriosos numa aparente derrota, meu caro amigo – completou Samuel.

Bateseba olhava os dois homens bastante apreensiva com o rumo do diálogo. Não havia quem não sentisse medo na Alemanha de 1934, mas quem tinha sangue judeu sentia o cheiro da morte no ar.

Notando o ar assustado da noiva, Richard decidiu descontrair a conversa, pedindo-lhe para servir-lhes chá, pois estava com sede, ao mesmo tempo em que buscava assuntos mais amenos. O velho patriarca Beck sorriu complacente, cedendo à orientação do jovem. O amor dele por sua neta era sincero, e esse pequeno detalhe de poupar-lhe dissabores era a prova de que, se necessário, cumpriria seu julgamento.

Acomodado em uma sala particular da embaixada alemã em Viena, que provisoriamente lhe servia de escritório, Ludwig passava os olhos sobre as informações em código recebidas, via telex, do Comando-Geral das SS dando ciência das ocorrências havidas no dia anterior.

[4] Referência ao Bucheverbrennung (queima de livros) patrocinada por Goebbels em 10/05/1933.

Segurando o papel entre as mãos, o oficial tinha o olhar perdido à distância. Visivelmente não se encontrava nem vivendo o presente nem no local onde descansava seu corpo, ainda que preso à matéria seu espírito vagasse em busca de onde estavam seus interesses naquele instante na distante Berlim.

"Perfeito", maquinava o alemão com seus próprios pensamentos. "Executaram o plano com precisão. Aqueles SA traidores caíram que nem moscas. Os que sobreviveram aprenderam a lição de quem comanda. Adoraria ter estado presente a esse fuzilamento. A Escola de Cadetes também foi o lugar perfeito. Ninguém desconfiou, ao levarem para lá os 150 dirigentes das AS, que era para serem sumariamente fuzilados. Os pelotões SS são leais, ninguém vacilou ao executar antigos camaradas. Rohen, este sim, quisera eu mesmo ter posto fim naquele crápula, traidor, miserável, tudo se lhe podia tolerar, mas conspirar contra Hitler jamais. O chanceler ainda foi muito bom mandando deixar uma arma sobre a mesa dele para que desse fim à existência sozinho. O miserável preferiu ser assassinado e ainda quis dar-se ares de herói, como se fosse alguém para desprezar um grupo SS, entregando-se à morte de peito descoberto. Bom, está morto o maldito, esse não causará mais transtornos e servirá de lição a algum outro ambicioso. Vejamos o que os covardes bastardos do exército vão fazer agora, com o que vão incomodar Von Blomberg. Eles também tiveram baixas, dois generais também foram expurgados; assim, eles recebem o recado de que nunca há baixas de apenas um lado. As SA estão reduzidas, e o comando do exército também. É a justiça do Reich. As ocorrências com o vice-chanceler devem mostrar que não tememos nada nem ninguém. Somos o poder e quanto antes eles se curvarem melhor. Perdem tempo com suas reuniõezinhas sem sentido, cheias de sonhos infundados com a monarquia. Os tempos são outros, e nós damos as cartas. Haverão de se entender daqui para a frente conosco – da SS –, e a conversa é bem diferente que com os SA. Logo, logo devemos ter um novo Reichsfüehrer, porém primeiro o Exército deve cumprir sua parte no trato. Nós fizemos a nossa – as SA estão reduzidas, tanto em efetivo como em moral. Breve faremos por aqui a nossa parte, então as SS mostrarão seu poder."

Voltando à realidade, escreveu em código a resposta, congratulando-se com os companheiros de Berlim, que tão brilhantemente haviam executado com precisão cirúrgica o ousado plano de expurgo. Informou que reuniam dados para a ação planejada e tudo corria perfeitamente sob controle, exceto pelo único problema que era o caso Julieta – como designavam a relação de Alfred Rheingoldt com Irina, informada além do necessário e do permitido. Encerrava pedindo resposta com brevidade a respeito desse caso Julieta inusitado.

Até fins do mês de julho nenhum evento significativo se fez notar na existência dos nossos personagens; prosseguiam rotineiramente suas existências, cada qual trilhando os caminhos que sua vontade escolhera.

Na casa de Irina, com a habilidade que só ela desenvolvia àquele grau, seus vários amantes continuavam a circular, cobrindo-a de jóias, de caros presentes, pagando-lhe as vultosas contas e cumprimentando-se uns aos outros com grande fidalguia. Somente Luidgi incomodava-se com os outros. Era possessivo e ciumento, embora fosse obrigado a disfarçar esses sentimentos, pois nunca fora enganado; aliás, como nenhum outro. Iludiam-se por livre querer.

Ludwig traçara um plano para atrair Irina a Berlim. Tão logo cumprisse sua missão, pretendia partir levando-a consigo para uma "curta viagem de férias". Recebera do comando maior das SS liberdade de ação, o que, em geral, acabava em assassinato. De fato, o melhor e mais seguro seria matá-la, entretanto entrava naquele perigoso jogo um sentimento que a doutrinação das SS não lograra vencer: a paixão.

Dividido entre a fria e implacável execução dos planos das SS e a antiga paixão renascida e enfim satisfeita, ele alimentava planos de conciliar ambos os interesses. Aproximando-se o prazo que marcava o fim de sua permanência em Viena, começou a envolver Irina em suas malhas, seduzindo-a com a idéia de uma agradável e luxuosa viagem de férias. Falou-lhe das belezas da Alemanha, país que ela não conhecia, dos teatros, dos festivais artísticos, incitou-a a conhecer a indústria de cinema e, como ela estivesse encantada com as atenções que o jovem oficial lhe prodigalizava, acabou por aceitar o convite.

Confabulavam, passeando pelos arredores de sua residência, planejando a viagem, quando Irina se surpreendeu ao ser informada minuciosamente quanto à partida:

– Esteja pronta antes das 13 horas do dia 25, pois pontualmente às 13 horas um de meus homens virá apanhá-la com ordens de levá-la para fora da cidade. Eu a encontrarei lá. Não se atrase, é só o que lhe peço.

– Pensei que iríamos juntos todo o trajeto. Por que não virá me apanhar?

– Não posso, mas fique tranqüila que você estará segura e fará uma viagem curta e confortável.

– É estranho. Ainda se fosse em Berlim eu poderia pensar que talvez sua esposa não gostasse de me ver a seu lado e se justificaria essa medida de partirmos separados.

– Eu ainda não sou casado, Irina – informou Ludwig beijando-lhe a mão e encarando-a fixamente.

– Que surpresa! Sempre pensei que você fosse casado. É jovem, mas é comum homens da sua idade estarem casados. Não quis se casar Ludwig, por quê?

– Uma longa história. A mulher que me atraiu na juventude e que poderia hoje ser minha esposa não me deu a atenção que eu esperava; depois, por muito tempo, nenhuma outra me interessou; dediquei todo o meu tempo ao trabalho e ao partido, fiz carreira e meu tempo era cada vez mais tomado pelas SS. Nestes últimos anos, com a ascensão de Hitler à Chancelaria e o partido no poder, obviamente as coisas se intensificaram ainda mais. Só aqui em Viena não pude resistir a viver um pouco fora dos estritos interesses do Reich.

– Quer dizer que só divido você com as SS?

– Não. Você tem inteiramente o homem, as SS têm inteiramente um de seus oficiais. São coisas distintas.

Irina balançou a cabeça sorridente. Estava habituada a ouvir declarações apaixonadas, a ter os homens a seus pés, não dava importância a esses arroubos de paixão. Ela representava automaticamente, agindo e falando como sabia que iria agradá-los.

Sua vida emocional continuava uma chaga aberta. Embora não falasse, a perda de Gautier ainda lhe doía na alma. Vezes sem conta sonhava com ele e acordava banhada em suor e aflita, pois os sonhos acabavam sempre com a mesma imagem dele se afastando, sendo envolvidos em brumas sobre a Ponte Alexandre III. Não suportava sequer ver uma fotografia daquele lugar, que para ela perdera toda a beleza e encanto, sendo apenas um fantasma que não entendia por que a atormentava em sonhos.

Invariavelmente, depois desses sonhos, Irina sentia necessidade de anestesiar-se, pois a lembrança do amante morto a perseguia. Ela literalmente ruminava, escarafunchava sentimentos, chorava sozinha encerrada em seu quarto, onde não tinha nenhum objeto que a lembrasse de Paris; mas não era preciso, carregava todas as lembranças detalhadamente consigo e, embora negasse a si mesma, as conservava zelosamente e as cultivava. O amor, a paixão que ainda nutria por Gautier, a memória dos poucos anos que viveram juntos não se apagaram. Entregava-se a eles para depois chorar o amargo fim que nunca aceitara. Isso levava à dor, uma dor insuportável, verdadeiramente física, tal a sua intensidade, embora a origem fosse moral e emocional. O álcool aliviava, segundo sua mente confusa julgava, mas nos dias mais sombrios apenas as injeções de morfina lhe traziam o alívio; o ópio já não lhe causava o efeito almejado. E se entregava às drogas na vã esperança de esquecer, de apagar o que ela mesma cultivava.

Gautier sentia os reflexos dos pensamentos confusos de sua amada e exigia grande esforço não correr ao encontro dela para abraçá-la e ficarem ambos perdidos num mar de inconformidade e depressão. Com muita luta, conseguira desenvolver a consciência de sua individualidade, compreendendo alguns conceitos fundamentais da existência humana, mas ainda assim sofria, compadecia-se com o estado dela e entregava-se à prece, suplicando que ela encontrasse forças para sair daquele caminho que a consumia. Evitava visitá-la, por saber que ela era extremamente sensível à percepção da presença dele, o que não lhe era nada salutar pela forma como encarava a separação, aceitando receber notícias dela através de Ryane ou de Laura, com quem mantinha contato.

Alheio a toda complexidade da vida emocional de Irina, julgando-a apenas uma mulher volúvel que se fazia e deixava amar por muitos homens, Ludwig andava a seu lado pensando em todos os caminhos percorridos desde que deixara Paris, por sentir-se preterido por ela. Como Irina não demonstrasse reconhecê-lo, recusando-se a falar, nunca obtivera intimamente a certeza se ela lembrava ou não do passado. Ao mesmo tempo justificava agora, com a vivência de homem experiente e maduro, que os tempos de Paris não passaram de uma paixão unilateral, de um relacionamento que ele construíra e alimentara em seus devaneios, e que para ela realmente não tinham qualquer significado. Nos dias atuais a história era bem diversa, e ele tinha motivos concretos – no seu modo de ver – para alimentar pretensões a um relacionamento duradouro entre eles.

Em meio a diálogos despidos de significação e carícias ainda que íntimas, para ela, meros gestos banais e mesmo habituais, eles encerraram aquele encontro deixando acertada a partida na tarde seguinte.

O restante do dia Irina ocupou-se em arrumar a bagagem. Partiria sem Nanine, levando consigo apenas roupas e objetos de uso pessoal, pois não pretendia ficar fora mais do que dez dias.

Ludwig ocupava-se com o desenrolar da missão que o colocara em solo austríaco. Repassava com os demais oficiais as informações que haviam colhido, o material reunido, a forma de ação e a fuga imediata dos SS clandestinos e a saída organizada dos cinco oficiais. Dentre esses, apenas ele partiria na mesma data dos clandestinos, encarregando-se de comandar não apenas a execução da missão, mas a evacuação sem rastros dos homens.

Exaustivamente eles analisaram o plano, revisaram os disfarces a serem usados, checando os uniformes do exército austríaco. Réplicas perfeitas, vistoriaram o armamento, os documentos falsos usados na fuga, as roupas e demais apetrechos de disfarce. Tudo preparado, ele mesmo arrumou a bagagem, sem maiores cuidados, deixando separados dois uniformes militares, um do exército austríaco e o seu de comandante das SS, unidade Caveira. Antes de deitar-se ordenou aos servidores da embaixada que providenciassem um carro para levar Irina aos limites de Viena no dia seguinte às 13 horas.

Conforme o combinado, no dia seguinte Irina foi apanhada pontualmente às 13 horas. Algum tempo depois aguardava, acomodada junto ao balcão de uma cervejaria instalada nos limites da cidade, a chegada de Ludwig. Bebia uma grande caneca de cerveja, atraindo a atenção de algumas pessoas que freqüentavam o lugar e cochichavam a seu respeito. As experiências que trilhara na existência a tinham feito indene a essas situações; estranhava quando não era alvo de comentários. Por isso estava bastante confortável se refrescando com a bebida. Ia pedir que a servissem novamente, quando o homem avantajado que atendia o estabelecimento correu para junto do rádio, elevando o volume do som, e um burburinho se instalou entre os freqüentadores, que correram todos para junto do balcão esquecidos da bela ruiva e atentos à voz do locutor que noticiava evento dramático na capital austríaca: a demissão do chanceler Dollfuss ocorrida ao meio-dia.

Imediatamente vozes se ergueram na assistência, espantadas, preocupadas, enquanto outras pediam silêncio para continuarem ouvindo o noticiário.

Minutos após a porta se abriu e Ludwig ingressou no salão da cervejaria, calmo e confiante, impecável em seu uniforme negro. Em meio à agitação do local, ele aproximou-se de Irina sentando-se em um banco alto a seu lado.

– Fiz você esperar muito, minha linda?

Surpresa por não haver notado a chegada de seu acompanhante, ela voltou-se para contemplá-lo, sorrindo ao responder, erguendo a caneca:

– Apenas o suficiente para que eu pudesse tomar uma. Agora estão em tal alvoroço que nem gritando vou ser atendida.

– São as notícias sobre o chanceler Dollfuss?

– Sim, informam que se demitiu – comentou Irina desinteressada. – A menos que queira ficar aqui, nessa balbúrdia, de minha parte podemos seguir viagem.

– Não tenho mais nada a fazer na Áustria. Vamos embora.

Ludwig largou algumas moedas sobre o balcão, suficientes para pagar as despesas de Irina, e, tomando-lhe a mão, saíram rapidamente.

Cumprindo o prometido, a viagem foi agradável. Ludwig estava um pouco tenso, ansioso, mas Irina não deu qualquer atenção ao fato, tagarelando assuntos inofensivos.

Cansada, acabou vencida pelo sacolejar das molas do veículo e adormeceu. Ludwig procurou ajeitá-la o melhor que pôde, convidando-a a deitar-se em seu colo para dormir até que chegassem à fronteira, ainda distante.

– *Her* Comandante, a *fraullen* adormeceu? – atreveu-se a perguntar o motorista.

– Sim.

– Acompanhei o noticiário.

– Sim.

– Haverá festa?

– Esperamos que sim, tudo correu bem.

– Receba meus cumprimentos, *Her* Comandante. Eu me sinto orgulhoso de servi-lo.

Ludwig meneou a cabeça numa aceitação muda da manifestação de admiração de seu subordinado e indagou:

– Será que conseguimos sintonizar a rádio de Viena pelo aparelho do automóvel?

– Difícil, *Her*. Mas vou tentar. – E pôs-se a mexer infrutiferamente no dial do aparelho, sem conseguir mais do que chiados e palavras esparsas incompreensíveis.

– Desista, é irritante esse ruído. Junto da Legião, quando cruzarmos a fronteira para a Baviera, saberemos mais detalhes. Ande o mais rápido que puder.

Aquiescendo às ordens, o motorista desligou o rádio e acelerou o veículo fazendo-o ganhar maior velocidade.

Anoitecia quando o veículo estacionou no pátio de um restaurante em uma cidade próxima à fronteira. Ludwig, gentilmente, acordou Irina e aguardou que ela penteasse os cabelos e retocasse o batom; então desceram, dirigindo-se ao interior do prédio.

O assunto que corria de boca em boca entre as poucas pessoas reunidas no local, apenas uma mesa ocupada, era o atentado em Viena.

– Que atrevimento! É por isso que não gosto de militares. Porque carregam armas, julgam que todos são seus reféns e que podem tudo, são inimigos da Igreja, sempre foram essa é a razão desse atentado – bradava revoltado um dos integrantes da mesa, chamando imediatamente a atenção de Ludwig. – Vamos ver agora como será o Dr. Von Scguschning; ele se mostrou um herói hoje. Acabou com esses rebeldes desgraçados; não bastava serem militares, ainda tinham que ser nazistas. Deviam deportar todos para a Alemanha. Hitler é que gosta deles, que fique com todos e não os espalhe pela vizinhança.

– É, mas o chanceler pagou com a vida. Eles fizeram um enorme estrago e o homem penou, pelo que estão dizendo no rádio – lembrou outro. – Para ele não tem volta, nem que Hitler fique com todos os nazistas encerrados nas suas fronteiras daqui para a frente.

– Tens razão – apartou um terceiro que usava um grande avental branco sobre as roupas e carregava um pano de prato sobre o ombro, fazendo supor que era o responsável pelo atendimento. – Dollfuss foi baleado ou metralhado, não sei bem, na garganta, ao meio-dia, mais ou menos, e só morreu agora no fim da tarde. O movimento foi grande na capital; dizem que já prenderam alguns rebeldes e que outros nem são austríacos, são alemães. Quero ouvir o que a DNB vai noticiar hoje, está quase na hora.

Um rapaz que estava sentado ao canto vira a entrada do oficial SS e da bela mulher, que discretamente admirava, e chamou a atenção do dono do restaurante dizendo-lhe:

– Frederic, você tem outros clientes – acenou com a cabeça em direção ao local onde estava o casal. E, falando em tom baixo, alertou: – Vejam a farda do homem, é um oficial SS dos mais graduados. Conheço aquele uniforme, há vários deles na fronteira com a Baviera, são perigosos, é bom tomar cuidado.

Irina, ainda sonolenta, observou os homens que conversavam em voz alta na outra mesa e comentou com Ludwig:

– Parece que as coisas não foram como havia sido noticiado à tarde.

Com expressão impassível e o olhar sem brilho, ele respondeu friamente:

– É o que estou entendendo.

Foram atendidos e, entre o tempo de serem servidos e fazerem a refeição, já beirava a meia-noite. Frederic sintonizou seu rádio na agência oficial alemã de notícias e, junto de seus amigos, silenciosamente ouviu o pronunciamento oficial da Chancelaria alemã, que expressava o pesar do seu povo pelo "assassinato cruel" do governante austríaco e declarava que não interviria no assunto, entendendo-o de total responsabilidade da Áustria.

– Bandidos! – resmungou Frederic. – É preciso ser idiota para achar que tudo que aconteceu nos últimos meses, todos os atentados, explosões e agora essa tentativa de golpe foram puro acaso; agora vão querer nos fazer engolir essa de que "eles" não têm nada com o fato. Por que não explicam a razão do acampamento militar na fronteira?

O mais jovem entre os homens, outra vez, pediu cuidado, considerando a presença do oficial na mesa a poucos metros.

Ludwig empalideceu ao ouvir a informação da DNB.

"Saiu errado. Os nazistas austríacos foram contidos pelas forças do governo. Isso não estava previsto. Deveríamos estar anunciando o surgimento da Grande Alemanha, com a anexação do território austríaco ao nosso... Preciso chegar rapidamente à Baviera", pensou Ludwig abandonando a xícara na qual bebericava lentamente o café, já frio.

Voltando-se para Irina, que, cansada, se mantinha silenciosa e sonolenta pela grande quantidade de vinho que ingerira na refeição, orientou:

– Vamos, querida. Estamos perto da fronteira, não há razão para ficarmos nesta espelunca se podemos ter um bom alojamento na Alemanha.

CAPÍTULO XVII

Graves comprometimentos

"O bem e o mal que se faz são produto das boas e das más qualidades que se possui. Não fazer o bem que se poderia fazer é, pois, o resultado de uma imperfeição. Se toda imperfeição é uma fonte de sofrimento, o espírito deve sofrer não apenas por todo o mal que fez, mas por todo o bem que poderia fazer e não fez durante a vida terrestre."[1]

Poucos quilômetros além da fronteira austríaca, rodando em solo alemão, Irina percebeu a grande diferença. Homens armados ostentando a suástica e as insígnias das SS eram vistos freqüentemente aos bandos ou em caminhões de patrulha; grandes bandeiras vermelhas do Partido Nazista pendiam das sacadas dos prédios públicos.

A juventude dos recrutas chamou a sua atenção, não só pela aparência física, escolhida a dedo, que os fazia parecer um exército de gêmeos univitelinos, todos com mais de 1,80 m de altura, olhos e cabelos claros, físicos bem desenvolvidos e metidos em impecáveis uniformes, mas porque acabavam por tornar-se aparentemente iguais quando vistos a alguma distância.

Haviam chegado à Baviera à noite, pernoitando num hotel. Nas primeiras horas da manhã, a pequena cidade fronteiriça estava em plena atividade, entretanto poucas mulheres eram vistas na rua. Vira apenas duas: uma carregando um bebê e a outra acompanhando um casal de idosos.

– As mulheres não andam na rua por aqui? – indagou Irina surpresa com o fato.

---

[1] Allan Kardec. *O Céu e o Inferno*, 1ª parte, cap. VII, item 6º.

– As mulheres do Reich trabalham, querida, em seus lares; algumas, nas fábricas.

– E as moças, ou são todas casadas? Há alguma obrigatoriedade de casamento?

– Nossos jovens concluem sua educação nos acampamentos da "Força pela Alegria", por isso não os vê nas ruas se perdendo em vícios. O Reich tem um grande cuidado com a infância e a juventude, um apreço e zelo pelo futuro, eu diria. Nossos jovens crescem para acreditar no futuro, são sadios e fortes, crêem em sua pátria, em si mesmos. Nos acampamentos lhes ensinam a importância da solidariedade e da camaradagem entre os membros da raça, independente de barreiras sociais, de classes. São alemães, acima de tudo, e unidos – esclareceu Ludwig bem disposto.

– Acampamentos?! – disse Irina surpresa, tentando imaginar tais lugares e a vida que se oferecia a eles. – Como assim? As moças também são educadas pelo Reich?

– Exatamente. Nossas jovens dos 10 aos 14 anos pertencem ao Movimento da Juventude de Hitler. Usam uniformes, participam de marchas, recebem aulas de interesse do Reich, em absoluta igualdade com os rapazes, porém enfatizando-se o papel da mulher em nossa sociedade.

Começando a assustar-se com o que via e ouvia, porém mantendo-se relaxada com o pensamento fixo de que passaria por ali, no máximo, 10 dias, Irina não pôde esconder um sorriso amargo ao registrar a última frase de Ludwig. Não era difícil deduzir qual o papel da mulher naquele meio, já que nas ruas não eram vistas; preferiam que se mantivessem em casa. Passados muitos anos, aqueles conceitos lhe evocavam memórias da infância e adolescência; o rosto de sua mãe bailou à frente de seus olhos e ela reagiu rapidamente, sacudindo a cabeça em negativa e rematou com voz irônica:

– Educadas para servirem aos homens.

Notando a visível irritação da companheira, Ludwig permaneceu em silêncio, confiando que com o tempo e maior conhecimento do nazismo ela entenderia sua própria importância como membro da raça ariana e mulher e acabaria por ter prazer em cuidar do seu lar e dar-lhe filhos.

– E depois dos 14 anos o que fazem essas meninas? Continuam nas marchas?

– Não, elas participam da Liga das Moças Alemãs.

– Onde aprendem a fazer tricô, crochê, maravilhas da culinária e coisas do gênero? – indagou a atriz sempre ironizando.

– Não. Elas vão para as fazendas até completarem 21 anos, onde trabalham tanto nas casas como nos campos.

– Dos 14 aos 21 anos. Que loucura!

Ludwig sorriu do espanto de Irina, confiando de que com o tempo ela assimilaria aquelas mudanças sociais implantadas na Alemanha e veria o quanto eram benéficas.

Estacionaram o veículo em frente a um prédio militar de uso das SS. Ludwig saltou, ágil, caminhando apressado em direção ao interior, deixando Irina no veículo, sem qualquer satisfação, apenas com a ordem seca de aguardá-lo, pois seria breve.

Sem ser anunciado, Ludwig apresentou-se na sala do comandante local das forças, que, o reconhecendo, abandonou os afazeres e correu a cumprimentá-lo com familiaridade.

– Tem notícias de Viena? – inquiriu Ludwig direto, dispensando as formalidades costumeiras.

– Nada boas, senhor, aliás, péssimas.

– Conte.

– A notícia oficial é a negação de qualquer envolvimento nosso no evento.

– Isso eu ouvi pelo rádio ontem, pode passar adiante.

– O embaixador teve que intervir. Prenderam 13 alemães e os enforcaram. As forças do governo da Áustria controlaram a tentativa de golpe e estão no comando. O Partido Nazista austríaco está sob vigilância. O clima é tenso. Há homens presos, "sob suspeita"; a embaixada está pedindo a deportação deles.

Ludwig passou as mãos nervosamente sobre os cabelos e andou em círculos na pequena sala do comando local.

– Berlim tomou alguma outra medida, além da nota oficial?

– Von Papen está assumindo a embaixada com ordens de Hitler de reforçar a política de paz e reafirmar o respeito do país à independência da Áustria e à sua soberania, segundo foi divulgado internamente. Houve muitas demissões na embaixada, Reingold deve voltar à Alemanha, e outros líderes do partido também.

Ludwig meneou a cabeça entendendo a manobra política do Reich. Ainda não estavam preparados para um confronto aberto. Não estavam suficientemente armados e aparelhados para invadir e anexar a Áustria ao território alemão. Contemporizar era imprescindível.

– Envie um telex a Berlim informando minha passagem. Sigo daqui para Munique e depois para Berlim. Oficialmente estou em viagem de descanso, tratando de interesses pessoais, de hoje em diante, até apresentar-me a Goering.

– Será feito, senhor.

Ludwig cumprimentou-o e se retirou tão rápido como entrara. Irina, que se detinha a examinar a rigorosa disciplina com que funcionava o local, surpreendeu-se ao ver seu acompanhante de volta. Ele limitou-se a um pequeno sorriso em resposta à tagarelice dela, ordenando ao motorista que seguisse com destino a Munique.

Daquele momento em diante uma mudança se operou no oficial das SS. Ele, que estivera tenso e distante durante a saída da Áustria, voltava a ser o encantador enamorado das tardes de Viena, demonstrando sincera alegria em mostrar as belezas de seu país. Cumpria o prometido, fazendo o máximo possível para tornar a viagem prazerosa. Pararam calmamente em todos os principais pontos turísticos e outros locais que ele conhecia, passeando e deliciando-se com as experiências novas que oferecia a Irina.

Hospedaram-se em uma requintada estação de águas termais para deleite da atriz, que tinha todas as suas mínimas vontades atendidas pelo amante, cuja pretensão era tornar-se definitivamente o único após aquela viagem.

A França e muitas outras nações ocidentais ainda sofriam repercussões da quebra da Bolsa de NovaYork. O desemprego e a pobreza assolavam o povo, fomentando um clima de derrotismo.

Nesse ambiente, a luta dos companheiros de Paris orientados pela diligente Madame Lescault prosseguia sem tréguas. Sua equipe de voluntárias se esmerava no trabalho da Cooperativa de Senhoras

Parisienses, agora uma entidade legalmente organizada e ainda mais atuante na sociedade.

De outro lado, seu trabalho "de varejo" na divulgação dos ideais espíritas era pleno de bons resultados. O grupo, embora pequeno, era seguramente orientado e produtivo. Os novos membros que se aglutinavam em torno dela, de Duvernoy e outras senhoras, encontravam bases seguras para desenvolverem uma visão da vida, de Deus e do universo que lhes proporcionava paz e equilíbrio para enfrentarem as adversidades do cotidiano, forças para se autoconhecerem, buscando transformarem-se em criaturas mais harmonizadas e conscientes.

Arranjando um vaso de flores para decorar a mesa da sala de visitas, onde semanalmente se reuniam, Marion traçava na memória os caminhos que percorrera e intimamente agradecia a Deus o dia em que tomara contato com os ensinamentos espíritas. Fora seu marido quem lhe presenteara os primeiros e inesquecíveis livros, através dos quais passara a reformular as próprias idéias, aceitando e compreendendo uma infinidade de grandes e pequenas coisas que antes a perturbavam, pedindo uma resposta que ela não encontrava.

Daqueles tempos recuados no calendário até aquele dia, quantas mudanças! Nunca pensara em criar um grupo espírita, entretanto a vida fora se encarregando de colocar a seu redor todos os mecanismos para fazê-lo, como lhe dizendo: faz, este é o caminho. Segue.

Agora existia um grupo; sua família de amigos afins crescera consideravelmente. Toda vez que lia, em *O Evangelho Segundo o Espiritismo*, sobre os laços de família, enxergava aquela irrecusável verdade ao seu redor. Reunira-se uma família, nem mais nem menos.

Recebera, poucos minutos antes, um colorido buquê de rosas, enviado por uma das integrantes para alegrar o local da reunião, que se ocupava em acomodar no vaso.

– Que lindas! – exclamou Marguerite ao entrar na sala. – Há algo que precise ser feito para a reunião?

– Não, Marguerite – respondeu Marion sorridente, observando as flores. – São mesmo lindas. Catherine é sempre tão dedicada, lembrou-se da reunião enquanto fazia as compras da Cooperativa e enviou as flores para nos alegrar várias horas antes.

Marguerite também sorriu acercando-se da mesa onde Marion

colocara o arranjo, olhando encantada os botões cor-de-rosa, amarelos, vermelhos, brancos, cercados pelas folhas verdes.

– É a cara de *Mademoiselle* Catherine. Pura alegria e uma festa para os olhos. Deve ter comprado um pouco de cada cor que encontrou.

– Tem razão. É bom ver como todos no grupo encaram esse dia como de festa, de alegria. É tão gostoso. Eu já acordo querendo que escureça, que venha logo a hora de nos reunirmos todos, de trocarmos idéias, de recebermos nossos amigos do plano espiritual. Quanta experiência adquiri ao longo destes anos! Parece que vivi em dobro.

– Acredito que todos se sintam assim. M. Duvernoy saiu cedo esta tarde para, justamente, concluir rápido o que tinha a tratar dos seus negócios e voltar aqui bem antes da hora da reunião. Deve estar chegando. E todos os outros agem igual, até se pode pensar que é combinado, mas não é. Veja o nosso menino, Jean-Paul, já está no banho para estar conosco assim que chegarem os primeiros. Todos valorizam a hora do encontro.

– Por falar em Jean-Paul, ele já está sofrendo pensando no fim das férias e que durante o período letivo não poderá participar das reuniões – comentou Marion, encarando séria a sua ouvinte.

– Será que não tem outra escola que ele pudesse freqüentar e ficar em casa? – sugeriu Marguerite mais uma vez, pois nesse assunto ela se fazia de surda e desentendida, inconformada com o fato de o jovem ter de freqüentar uma escola interna.

– Nem pensar. Ele tem grandes ambições para sua existência; para conquistá-las precisa estudar e nas melhores escolas. Teve a felicidade de M. Duvernoy oferecer-lhe os meios de estudar na escola onde está; não pode desperdiçar a oportunidade. É a melhor. Voltará no final das férias e será o bom aluno de sempre. Além do mais, daqui a dois anos ele deve estar na universidade e também terá pouco tempo para nós e nossas atividades. Sei que ele gosta das reuniões espíritas e fico feliz, mas cada coisa a seu tempo.

Amuada, Marguerite calou-se: esse diálogo sempre terminava do mesmo modo. Marion olhou de solsaio para a companheira, endereçando-lhe um sorriso afetuoso, ao qual a outra não resistiu e, fazendo beiço, resmungou:

– Eu adoro aquele menino; é só por isso que continuo tentando ter ele em casa mais tempo.

– Eu também o adoro, mas não o quero preso às minhas saias. Muito antes pelo contrário, ele deve crescer e viver a própria vida. Nós devemos é ajudá-lo a caminhar sozinho, sem bengalas. Além do mais, em breve seremos duas velhas chatas e resmungonas e ele vai nos trocar por uma bela moça e virá aqui nos ver de vez em quando.

– É, lá isso é verdade, é mesmo bem possível.

A campainha se fez ouvir e Marguerite, atendendo ao costume, apressou-se a ir atender. Era Duvernoy, que se integrava a elas, comentando as atividades do dia. Logo depois, vezes seguidas, a campainha soou e corria Marguerite a atender, até que todos os membros do grupo estivessem reunidos.

Oito sonoras badaladas ecoaram pela sala. O velho relógio anunciava a hora combinada da reunião e sem que se dissesse nenhuma palavra todos se encaminharam para a sala, tomando assento em torno da mesa alegremente decorada.

Marion apanhou os livros e sorriu ao ver sobre a pilha o volume, bastante manuseado, de *Depois da Morte*. Sem hesitar, tomou-o nas mãos carinhosamente; era um velho e mui querido amigo, digno de máximo respeito. De tão usadas, aquelas páginas já eram viciadas e o livro tinha marcas nas quais acabava por se abrir sempre no mesmo ponto.

– Oh! *Depois da Morte*! – comentou Duvernoy assentado ao lado de Marion. – Bem poderíamos reestudá-lo. Tenho grande carinho por essa obra.

– Eu também, é de grande valia na minha vida. Eu não seria a pessoa que sou hoje se não houvesse lido e estudado essa obra – respondeu ela enquanto os demais os observavam.

Pelos olhos de Duvernoy perpassou uma expressão nostálgica, com uma nota de tristeza, e ele se deixou ficar pensativo alguns minutos recordando outros tempos em que estudara pela primeira vez aquele livro. Saudoso, recordou o amigo Gautier, seu primeiro companheiro de estudo espírita.

O alegre pintor lhe fazia falta. Passados tantos anos do seu desencarne, ele ainda se pegava freqüentemente admirando uma cena ou o rosto de alguém e imaginando, se o amigo estivesse ali, o que diria. As longas conversas madrugadas adentro e até mesmo as alegres quartas-feiras no teatro de variedades do Fredo. Daqueles tempos só lhe restavam lembranças e a companhia de Marion e todos os amigos que a cercam.

A vida traçara uma substituição lenta e gradual a seu redor. Mudara seus interesses, seus conceitos, e pensamentos novos acabaram por expressar-se em outras atitudes, novos gostos, novas companhias, novos interesses, e se via agora rodeado de pessoas muito diferentes que os *bom vivants* de outrora.

Alheio, não percebeu que os membros do grupo se manifestavam interessados em estudar a obra, ainda que muitos já a conhecessem, argumentando que os assuntos que ela continha despertavam discussões ricas e proveitosas, portanto não seria demais uma nova visita.

Notando-o dispersivo e com ar de tristeza, Marion tocou-o gentilmente no braço que repousava sobre a mesa, bem ao alcance de sua mão, chamando-o, delicada:

– Duvernoy? Você está bem, podemos começar?

Percebendo que era alvo de atenção dos amigos e que os havia preocupado, tratou logo de sorrir e, pondo a mão sobre a de Marion, que lhe repousava sobre o braço, relaxando a todos, brincou:

– Coisas de velho, minha querida, nada mais. Velhos são movidos a lembranças como os carros são a manivela. Quando eu era jovem não entendia como meus pais e avós podiam sentar-se horas a conversar sobre fatos e pessoas que eu não conhecia ou vira uma vez ou então quando mamãe me relatava seus sonhos em que se via mais jovem, menina até, e que eram inexpressivos, bobos. Achava tudo aquilo idiota; pois não é que agora me pego fazendo o mesmo? Estava aqui pensando, recordando para ser exato, que justamente esse foi dos primeiros livros que estudei com Marion e era nosso acompanhante meu grande amigo Paul Gautier, já falecido há alguns anos. – E, voltando-se para encarar Marion, prosseguiu: – Meu voto é favorável, nem poderia ser diferente.

Marion fez um breve comentário a respeito do passado, situando amigos recentemente chegados ao grupo do que estavam falando. E depois deu início à reunião. Leram, comentaram, desligaram suas mentes tanto das ocupações quanto das trivialidades do dia e, após uma sincera prece, entregaram-se à tarefa de intercâmbio com o plano espiritual, que vinham realizando há alguns meses, considerando a maturidade que o grupo alcançara.

Todo trabalho sério recebe assistência compatível. E o grupo doméstico tinha um amparo seguro e firme, logo produzindo bons frutos pela dedicação, responsabilidade e amor com que seus integrantes o realizavam.

O trabalho se desenvolvia com normalidade. Jean-Paul, jovem, porém maduro e bastante seguro, desempenhava seu papel de médium psicógrafo. Demonstrando uma faculdade bastante desenvolvida e muito equilibrada, fazia-se porta-voz de diversos espíritos, reproduzindo-lhes o estilo e as particularidades de suas individualidades com fidelidade admirável.

Tomando a caneta entre os dedos e apanhando uma boa quantidade de folhas de papel, concentrou-se logo; sentindo o pensamento do espírito que desejava se comunicar, pôs-se a escrever rapidamente. Sentava-se sempre à cabeceira da mesa, onde tinha maior espaço e liberdade para mover-se e acesso ao material que utilizava sem atrapalhar os demais.

Marion – sabedora de que as faculdades de seu filho adotivo eram para ditados espontâneos e de que, se ocorresse alguma comunicação em que sua intervenção fosse necessária para dialogar com o comunicante, ele faria com que a página psicografada lhe chegasse às mãos – apenas observou-lhe a movimentação sem qualquer interferência. No curso da reunião, entre um diálogo ou outro com os espíritos que se manifestavam, ela lançava olhares ao jovem, notando que ele prosseguia escrevendo.

Apenas poucos segundos antes do término da reunião Jean-Paul abandonou a caneta sobre as várias folhas de papel preenchidas com letras graúdas e sem cuidado com o traçado das linhas. Perfeitamente legíveis, porém facilmente se via que quem as escrevera o fizera às pressas, temeroso de que os pensamentos fugissem ou copiando um ditado muito rápido. Cansado, mas feliz, acompanhou a prece de encerramento.

As luzes voltaram à plenitude no ambiente e os participantes comentavam as comunicações recebidas buscando aprofundar o entendimento e extrair amplas lições da experiência recém-finda.

Quando todos haviam exposto suas impressões, sensações e opiniões acerca dos fatos ocorridos, Marion voltou-se sorridente para o filho adotivo indagando:

– Cada vez mais extensas as cartas que recebemos por seu intermédio, pelo que posso ver?

Ele retribuiu o sorriso e passeando o olhar pelos demais membros, respondeu:

– Hoje meu braço e minha mão cansaram de fato. Era tão veloz o pensamento do comunicante que cheguei a sentir pequenas câimbras na palma da mão, mas nem assim conseguiria parar de escrever. Mas não é nenhuma carta, também não é um texto puramente reflexivo, como os outros. Parece bem interessante e diferente dos demais, também as vibrações do espírito, os sentimentos em que ele me envolvia eram estranhos para mim. O autor desse texto é alguém que desconheço completamente e não quis deixar seu nome.

– Interessante, vamos analisar o teor do que ele fala – comentou Marion atenta. – Esse é um dos grandes benefícios dos médiuns escreventes: possibilitar ao grupo o exercício da análise, de debater pormenorizadamente as idéias sugeridas pela espiritualidade, pois o registro da atividade de intercâmbio é integral. Sempre lamento quando alguns amigos as lêem apressadamente e sem questionamento. Vamos lá, Jean-Paul, leia para nós.

– Diz assim:

"Certa ocasião, eu perambulava por diversas regiões do mundo espiritual e depois vaguei sem destino também em meio aos homens encarcerados na matéria e em seu mundo cheio de fantasias e ilusões.

Andei, andei muito, até me quedar extenuado, cansado e aflito à sombra de uma árvore, onde me deixei ficar. Poucos metros adiante corria um rio caudaloso que refletia um céu de anil e a luz solar itensa que fazia com que pequenas marolas quebrassem nas margens pintadas de prata; lindas, encantavam meu olhar, embora o pensamento logo se afastasse daquela beleza natural, voltando ao que me fazia correr mundo como folha largada ao vento.

O pensamento me atormentava. Eu tinha um desafio auto-imposto: queria conhecer a paz e saber onde e como se vivia segundo os ditames dessa excelsa virtude.

Cheguei a pensar na caixa de Pandora; a paz era uma das virtudes que por certo havia fugido e, como todas as demais, rolava pela face do planeta, mas onde?

Muitos pensavam que a paz chegaria após a morte. Vasculhei palmo a palmo as regiões espirituais que envolvem nosso mundo e nada. Entristeci-me com tal descoberta. Crer que a paz nos chegaria depois da morte era uma ilusão. Eu vi espíritos revoltados, raivosos, belicosos mesmo. Eu os vi clamando vingança e ansiosos por impingir dor e sofrimento aos outros, esquecidos de que os primeiros a sorverem essa taça de fel eram eles mesmos. Definitivamente aqueles não tinham paz.

Alguns outros sofriam as dores do apego, afligiam-se, amarguravam-se, eram doridos, também não estavam em paz.

Vasculhei lugares. Eu precisava desesperadamente encontrar um recanto de paz. Em muitos momentos encontrei lugares encantadores, mas logo chegava alguém. Por todos os cantos o espírito humano habita, e lá vinham histórias as mais diversas e por mim passavam criaturas em busca de algo, que muitas delas nem ao menos sabiam o que era. Moviam-se impulsionadas por uma força exterior que, literalmente, as arrastava a essa procura incessante. Com esse cortejo ia-se a paz que eu tanto tentava encontrar.

Desci à matéria; ao longe uma nuvem cinzenta com cheiro de pólvora me recepcionou. Olhei e logo vi – o homem prossegue vivendo em guerra. Matam-se como animais. Odeiam e não sabem por quê. E num estranho dominó em que as peças nunca terminam e nunca param de cair, os exércitos se refazem e se mantêm em luta. Nos séculos que compõem a história da humanidade as páginas são escritas com sangue; parece que ainda não se aperceberam da descoberta da tinta. Passei longe daquelas nuvens de pólvora; por lá, é certo, a paz não estaria; era preciso ir adiante.

Pus meus pés em solos não marcados pela guerra naquele momento, mas, olhando a terra, notei manchas. Abaixei-me, um vento frio assobiou lúgubre em torno de mim e perguntei: O que é isso?

Não sei de onde, talvez das forças mesmas da terra, ou da natureza, de fato não sei, mas ouvi claramente uma voz feminina a chorar magoada e a dizer-me: 'São manchas do sangue dos meus filhos, por isso meu som é lúgubre. Perdoe-me, mas aqui não tem o que vem procurar.'

Assustei-me, porém jamais esqueci aquelas frases. Rebelde, ignorei o alerta e lancei-me à minha busca; passado bom tempo, eis-me aqui sentado torturado por essa busca, por esse anseio que chego a pensar infrutífero.

Perdi a noção das horas. É provável que tenha adormecido, pois me acordei tendo a meu lado muitas pessoas em atividade, algumas interagiam com grupos, outras se mantinham isoladas. Vi que se misturavam quase indistintamente os dois planos da vida. Vi batalhas em que se envolviam encarnados e desencarnados. Vi cenas de discórida doméstica e lá igualmente estavam presentes os dois planos da existência. Mais além, brigas em ambientes profissionais. Um passo dali alguém sozinho, sentado a um canto, ruminava pensamentos rancorosos envolvendo um outro alguém; este mais distante e alheio àquele local, em densas emanações e sentimentos que eu notava faziam o pobre ser sufocar-se, por assim dizer. Pasmo, vi uma criatura que odiava a si mesma e se autodestruía.

Que horror!, pensei eu. Aqui não há guerras, mas mata-se tanto quanto. As pessoas vivem o medo, a dor, a angústia, são revoltadas e se agridem mutuamente. Quando não matam corpos, ferem sentimentos, o que pode ser bem mais danoso, uma vez que atinge parte essencial do ser espiritual, imortal.

Ergui-me daquele lugar e voltei a caminhar. Passei por um casal que passeava de braços dados. Estes vivem em paz. Apostei e cheguei-me mais; descobri que eles discutiam ferozmente, embora as aparências. Corri deles, entrei em um ambiente que me pareceu propício ao crescimento, creio que talvez fosse uma escola, o certo é que era uma tribuna. Várias pessoas se reuniam em uma sala e debatiam a preocupação com a paz. Exultei, enfim estava próximo o fim da minha busca. Qual nada! Logo esmiuçaram os interesses e as dúvidas por de trás de cada linha escrita. Duas pessoas assinavam pelas emoções, sentimentos, instintos e paixões de milhares. Não, aquele não seria o caminho; afinal, decisão onde o coração não toma parte dificilmente é obedecida.

Exausto, pensava em aceitar minha derrota e nunca vir a saber o que era a paz e nem como a encontrar. Nada do que eu via, nada do que conhecia, nenhum lugar parecia ser sua morada. Duvidei de que ela existisse. Dali em diante sempre que possível indagava dos seres:

Vives em paz? Conheces a paz?, ardia em saber como ela era.

'Eu...?!'Olhavam-me indagativamente meus inúmeros interlocutores. 'Claro que não! Que idéias!', e partiam, me deixando só.

Quando eu não mais acreditava possível, um ancião simpático e sorridente se aproximou e convidou-me a passear com ele. Eu fui, e logo vi que passava novamente por paragens que já visitara e lhe falei. Ele, muito calmo, apenas me olhou e prosseguiu. Revisitamos tudo, nenhuma mudança, somente estranhava o olhar imperturbavelmente firme e sereno do meu acompanhante surgido não sei de onde, e, ao final, ele me disse:

'A paz, meu filho, não está em nenhum lugar circunscrito, seja na matéria ou fora dela, e pode estar em todos. É preciso olhar dentro dos seres. Ela se esconde nos refolhos da consciência humana, junto à lei de justiça e amor que rege a vida. A paz é um fruto da consciência madura. A ignorância jamais a produzirá, pois ela vive nesses ambientes incolores em que as pessoas são inconscientes. O que lá existe é imobilidade, inércia, mas, ao menor agastamento, a besta humana se manifesta, bruta. Mas ela é bela. Por mais feroz que seja, tem todo o caminho da evolução traçado por Deus a seu favor. Mais dia menos dia ela vai adentrar pelos caminhos do conhecimento e da virtude, vai fazer as escolhas mais difíceis, ao invés das mais fáceis. Caminhará para dentro de si e não para fora, encontrará a paz, entenderá que Deus e o universo do qual fazemos parte repousam em paz, enquanto ainda muitos se esfacelam nas malhas da violência grosseira ou sutil que causam as guerras.'

Ante o olhar firme daquele ancião entendi que meu caminho não era varrer mundos, mas andar para dentro de mim mesmo, desenvolvendo conhecimento e virtude, pois sem conhecimento fácil é perder-se, perturbar-se por coisas sem significado real, sem ele eu jamais entenderia que o universo repousa em paz, nas mãos do Criador, e nelas eu viajo rumo à plenitude."

– Sem assinatura, nenhuma identificação – concluiu Jean-Paul encerrando a extensa leitura da comunicação.

Todos estavam pensativos; o teor do texto os surpreendera e fizera pensar. Marion recebeu as folhas, agora, numeradas que o jovem lhe alcançava e tornou a correr rapidamente o olhar pelas linhas mal traçadas.

– Inegavelmente é preciso pensar no que diz esse espírito. Confesso que me julgo alguém amante da paz e acreditava que vivia em paz; agora estou colocando em análise essa "minha verdade". Reconheci em alguns trechos que eu tenho comportamentos ainda cheios de violência, o que significa que sou mais ignorante do que admitia.

– Eu também – disse Duvernoy sério, sendo seguido por várias outras colocações e comentários que referendavam a experiência de autoconhecimento a que a leitura do texto chamava e, olhando com admiração para Marion, sorriu e completou: – Quando a conheci, pensei que nunca havia encontrado uma mulher tão segura de suas verdades. Você me parecia ter certeza e domínio de tudo. E eu me deslumbrava; agora que conheço um pouco mais de espiritualidade e de você me fascino por vê-la admitir suas incertezas e dúvidas, por questionar-se continuamente.

Marion riu, balançou a cabeça compreensiva e retrucou:

– Que bom que se desiludiu a meu respeito. Só há duas possibilidades, a meu modo de sentir, de eu ser alguém cheio de certezas: conquistar a evolução máxima ou estar no máximo da ignorância.

Todos riram da colocação bem-humorada, e a reunião foi concluída num clima de alegria e descontração, cada qual levando consigo material para as próprias reflexões ao longo dos dias até o novo encontro.

A viagem pelo interior da Alemanha encantou Irina. Foram dias de tranqüilidade. A mudança constante pode ser também uma droga poderosa que impede o homem de refletir e, muitas vezes, anestesia temporariamente as dores mais profundas.

Apenas para dormir ela recorria ao uso dos barbitúricos e exigia ter uma suíte privada, recusando-se ao que chamava "excessiva intimidade" com seu enamorado acompanhante, que, absolutamente, não gostara da idéia, porém acabou sujeitando-se às vontades da atriz.

– Eu não minto Ludwig. Você é meu amante e não é o único. Não sou mulher de me prender a ninguém, entenda e aceite essa decisão, pois ela não sofrerá qualquer mudança. Na Alemanha ou em minha casa em Viena, sou a mesma pessoa – dissera a Ludwig na primeira noite que pernoitavam juntos, quando ele tentara impor sua permanência na suíte dela além do que Irina considerava o necessário e suficiente. – Saia do meu quarto. Nenhum homem dorme e acorda na minha cama.

Desgostoso, mas vencido pela férrea vontade dela, Ludwig retirou-se, magoado. Para ele a convivência mais próxima com Irina se tornava um motivo de tormento: ora ela o desprezava e feria seus sentimentos com a crueza com que expunha seu modo de viver, ora o encantava e seduzia levando-o às raias da loucura e, por esses momentos, todo o resto era esquecido. Tudo, absolutamente tudo, o que ela queria o infeliz amante concedia. Esquecera por completo a palavra "não" quando se referia a Irina. A única exceção eram os interesses nazistas, que não tinha nenhuma vontade de compartilhar e se mantinham distantes do relacionamento dos dois.

Naqueles poucos dias de aventura e paixão, ele gastara uma soma significativa, que sem a companhia dela por certo consumiria em um ano. Mas o que ela via e gostava se tornava imediatamente seu novo objeto de desejo, e tinha prazer em ver os homens ansiosos por satisfazer-lhe as vontades. Jóias era sua fascinação, pedras preciosas, metais nobres, valores, pois não ignorava o custo, e, para ela, não era simplesmente um deleite de mulher mimada, mas patrimônio de fácil transporte e rápida transformação em moeda corrente. Garantia de independência e do futuro. No banco em Viena tinha uma fortuna considerável depositada em seu nome em um cofre. Os dias amargos cheios de doença, dor, abandono e dificuldades financeiras que atravessara em Paris e antes em São Petersburgo, nunca mais se repetiriam.

"O dinheiro ajuda em 'quase' tudo", pensava ela. "Se algo é ruim com ele é mil vezes mais sofrido se acompanhado da miséria. Tudo menos a pobreza."

E assim as vitrines das joalherias exerciam uma atração irresistível sobre ela, e o olhar era treinado na escolha do mais valioso.

Ludwig, como muitos outros antes dele, nem se apercebia que ela os dirigia a tais lugares; parecia sempre uma "coincidência". Fazia-se de admiradora meramente interessada na jóia, mas sem possibilidade de possuí-la. Pedia para ver de perto, experimentava, falava no quanto se encantara com a peça, sem dúvida a mais linda que tinha visto e depois, com ares de tristeza, a devolvia ao vendedor. Este, cumprindo os ossos do ofício da profissão – desejoso de vender –, era um auxiliar inconsciente e perfeito, pois passava a enumerar ao cavalheiro o quanto aquela jóia enaltecera a beleza da dama, "Parecia ter sido feita para ela", diziam eles em toda parte, e valia todo tipo de argumento para convencer o candidato a comprador.

Se, porventura, o homem resistisse e não saísse da loja com a jóia, ela se tornava calada, amuada, fria e distante, espizinhando os desejos do amante até que ele lhe viesse presentear, freqüentemente nesses casos, com mais de uma, em busca de uma reconciliação. Entretanto, se tal fato não se desse, o homem tornava-se imediatamente pessoa não grata em sua residência e alvo de seus ataques mordazes quando alcoolizada.

Luidgi descobrira durante as férias o quanto custava ter uma mulher como Irina. Em meio às muitas despesas e algumas poucas arengas, enfim chegaram a Berlim, e aí mudanças viriam.

Consumiram dias em passeios pela capital germânica. Por toda parte pendiam bandeiras com a suástica nazista. O vermelho e o negro imperavam nas ruas, e os uniformes que ditavam a moda eram os do exército, os das SS, havendo distinções conforme as unidades representadas: os SA, os da Gestapo, os da polícia, os das ligas de moças, os da juventude hitlerista e os dos pobres, cujas limitações econômicas os vestiam com trapos e andrajos em comparação aos impecáveis uniformes. Vestir um uniforme significava ascensão social e era o sonho de muitos jovens e de muitos pais.

Em meio a essa nação que se militarizava havia obviamente uma casta de ricos e poderosos que desfilava o luxo, ostentando o melhor da moda européia, e estes logo atraíram a atenção da atriz. Havia um público com poder aquisitivo alto; começava a despontar sinais de progresso econômico em várias partes do país, pelas quais passara; fora fácil notar que o setor industrial retomava impulso.

Escandalizara-se com a aberta repulsa aos judeus. Cartazes, jornais, revistas e programas de rádio abertamente os apontavam como o inimigo número um da Alemanha nazista e os culpados por toda a situação de perturbação social e miséria que haviam enfrentado por décadas após a Grande Guerra.

– Isto é um absurdo – revoltara-se Irina questionando Ludwig, recordando-se seus muitos amigos e admiradores de origem judia em Viena e mesmo a amizade com Adam e sua família em Paris. – Judeus são pessoas como outras quaisquer. Conheço-os ricos e pobres, não têm nada de diferente de qualquer outra cultura. Por que tamanha perseguição?

– Você precisa conhecer mais a história, minha linda. Estude e verá que essa raça inferior é um atraso para a humanidade. A mistura de raças é sempre prenúncio de decadência intelectual, moral e econômica de um povo. O sangue puro tem que ser protegido. É um patrimônio do qual as pessoas não têm consciência. Pense nesses países todos onde a miscigenação é uma prática; são decadentes, fracos. A raça ariana é forte e deve se conservar pura para o bem da evolução. Vou lhe trazer alguns livros; depois de lê-los, suas idéias mudarão, tenho certeza.

– Não perca seu tempo. Detesto ler sobre ciência. E não serão livros que me farão mudar de idéia. Tenho amigos judeus, sei que são pessoas iguais a quaisquer outras.

Ludwig considerou aquela defesa aos judeus como outro sinal perigoso para Irina e aconselhou:

– Guarde suas idéias para si. Aqui na Alemanha eles são malvistos, são mesmo uma peste e vamos exterminá-los.

Irritada, Irina calou-se. Sobre o balcão da recepção do hotel onde estava hospedade havia uma placa informando que o estabelecimento não aceitava hóspedes judeus, e alguns olhares se voltavam para ela, com uma frieza cortante. Somente não foi interpelada por nenhum deles devido ao respeito e ao medo imposto pela farda negra das SS Caveira envergada por seu acompanhante.

– É melhor seguirmos logo para a visita ao ministro – capitulou ela, sentindo-se encurralada, entendendo que contra a ideologia racial nazista não havia argumento; era uma profissão de fé; um dogma; era crer ou morrer, se discordasse.

"Prefiro voltar viva a Viena. Estou aqui em férias, não tenho nada com os problemas e crenças dessa gente. Ela que resolva seus problemas", pensou ela, dispondo-se a esquecer a breve discussão com o amante. Mudando totalmente o comportamento, se fez doce e alegre para acompanhá-lo à visita ao ministro Goebbels.

Próximo à entrada do prédio do Ministério da Propaganda, um homem do povo vendia cartões-postais com os retratos do imperador Frederico, o Grande, Bismarck, Hindenburg e Hitler com mensagem no rodapé, onde se lia: "O que o rei conquistou, o príncipe constituiu, o marechal-de-campo defendeu e o soldado salvou e unificou."

Irina correu rapidamente os olhos pelos postais; estava acostumada a vê-los desde que haviam cruzado a fronteira e agora, em plena capital, sentia toda a força daquela massiva propaganda de idolatria ao chanceler, que contava com a adesão entusiasmada da maioria da população.

Ludwig tomou-lhe o braço, apressando-a a ingressar no interior do prédio. A arrumação das salas e do escritório era impecável, assim como o aspecto dos funcionários e a organização de suas mesas de trabalho, onde não se via nenhuma folha de papel, à exceção da que porventura estivessem utilizando no momento. Irina precisou usar de seu talento como atriz para manter-se séria enquanto andava pelos amplos corredores, pois sentia uma incontrolável vontade de rir de tudo o que via; sentia-se cercada por bonecos falantes. Pensamentos saturados de refinada ironia lhe acudiam a mente, entretanto, não disse uma só palavra; era inteligente o bastante para entender onde estava pisando e sabia, por informação de Alfred, o que se passava no regime nazista além das aparências superficiais autorizadas a qualquer estrangeiro conhecer.

Pararam em frente a uma pesada porta de madeira, primorosamente entalhada, identificada como: Gabinete do Ministro.

Ludwig abriu a porta para que Irina ingressasse na sala de recepção do gabinete, onde uma senhora, trajando um conjunto de saia e casaco escuros, meias e sapatos pretos, o cabelo preso num coque severo, nenhum um único traço de maquiagem a alegrar a fisionomia do rosto, os recebeu, encarando-os sobre os aros dos óculos. O contraste com a apresentação de Irina não poderia ser mais gritante.

Uma era a imagem da fria eficiência assexuada, a outra a imagem da sensualidade feminina. Irina vestia um alegre e vaporoso vestido, de decote profundo, adornado por babados até a cintura fina, realçada por um cinto largo forrado com o mesmo tecido, sapatos de salto alto, meias de seda, cabelos brilhantes e soltos atingindo os ombros, maquiagem ressaltando os olhos e a boca, e o perfume delicado recendendo à sua volta.

– A agenda do ministro está atrasada, comandante Schroeder – informou a senhora friamente após a apresentação de Ludwig. – Por favor, aguarde na outra sala. Assim que terminar a reunião irei avisá-lo.

Irina trocou um olhar de acatamento da informação e dirigiu-se ao local sugerido, enquanto Ludwig era parado por um funcionário e levado até uma mesa no fundo da sala.

Algumas pessoas aguardavam na sala. Um cavalheiro atraente fumando displicentemente chamou a atenção de Irina e ela foi sentar-se a seu lado. Após a costumeira e educada troca de palavras, ela cruzou as pernas nervosamente, pondo-se a balançar o pé, fingindo ignorar o olhar interessado com que o vizinho acompanhava o movimento da perna. Após alguns segundos, abriu a bolsa sacando a piteira e um cigarro e pondo-se a remexer no interior à procura de algo. A estratégia era infalível.

– Posso ajudá-la? – perguntou solícito o cavaleiro.

– Oh! Estou nervosa e quando fico assim preciso fumar – disse ela mostrando os apetrechos que tinha em mãos. – Mas, imagine, não encontro meu isqueiro, devo tê-lo esquecido no hotel.

Prontamente o cavaleiro apanhou no bolso interno do paletó um isqueiro de ouro e acendeu, oferecendo-o a Irina.

– Obrigada – agradeceu a atriz mantendo a postura de leve curvatura que permitia ao homem vislumbrar um pouco mais do colo pela suave queda do decote do vestido.

Vendo que havia atraído-lhe a atenção definitivamente, sentou-se, encarando-o com os grandes olhos azuis profundos espelhando certa ansiedade.

– O senhor está esperando há muito tempo?

– Trinta minutos, um pouco mais talvez. Já estou acostumado. Essas reuniões da manhã sempre atrasam. Não é a primeira vez que acontece – comentou o homem resignado, mas disposto a conversar. – O que a traz ao gabinete de Goebbels? É atriz?

– Meu Deus! Será que trago isso estampado no rosto? – comentou Irina sorridente. – Sim, sou atriz, como soube?

– É uma mulher de extraordinária beleza. Vi que se movimenta com muita classe e domínio, tem a voz modulada, não foi difícil concluir que tantos atributos não eram mera coincidência.

– É muito observador. Agradeço seus elogios. O senhor deve estar acostumado a lidar com atrizes para identificar características que a maioria das pessoas não nota. Trabalha com arte dramática?

O homem riu baixinho envolvido pela voz e pelo charme de Irina.

– Não. Meu trabalho nada tem a ver com arte. Está tão distante desse mundo de luz e glamour quanto a Terra da Lua. – E lendo a indagação curiosa no olhar de Irina, respondeu: – Sou industrial.

– Industrial? E o que faz no gabinete do ministro da Propaganda? – Imediatamente, num gesto estudado, ela levou a mão à boca e fez uma expressão consternada: – Desculpe-me, senhor. Falo demais. Por favor, esqueça minha curiosidade. Sou estrangeira, é a primeira vez que venho à Alemanha e estou achando tudo tão... diferente.

– Há muitos caminhos no Reich alemão – respondeu o homem sucintamente. – De onde vem? Notei um leve sotaque, mas sua pronúncia do alemão é quase perfeita.

– Moro e trabalho em Viena há alguns anos, lá aprendi o alemão. É um idioma muito difícil.

– E o toque em sua pronúncia? De que região da França você vem? É francesa, não tenho dúvida. Só as mulheres francesas têm encantos tão zelosamente cultivados.

Irina riu, chamando a atenção do acompanhante para seus lábios bem feitos e perfeitamente pintados.

– Enganou-se. Vivi vários anos na França, em Paris, mas sou russa, nascida em São Petersburgo.

– Não?! Mas absorveu muito da cultura francesa.

– É verdade. E o senhor é de onde?

– Sou da região do Rhur. Conhece?

– Infelizmente, não. Como lhe disse, é minha primeira visita ao seu país. Ingressamos pela fronteira com a Baviera e tudo que eu conheço se restringe no caminho de lá até a capital.

O homem voltou a remexer no bolso interno do paletó, apanhou uma carteira de couro, de onde retirou um cartão de visitas que estendeu a Irina.

– Permita apresentar-me: Michael Waffen.

Ela graciosamente estendeu-lhe a mão, respondendo ao cumprimento:

– Irina.

– Irina – repetiu Michael como que saboreando o nome. – Onde está hospedada? Quantos dias ficará em Berlim?

O sorriso de Irina se estendeu. Tomou novamente a bolsa, pegou o cartão do hotel e o deu a Michael, informando:

– Devo ficar até a próxima segunda-feira. Depois pretendo retornar a Viena. A temporada de teatro deve começar nos primeiros dias do outono. Há preparativos e trabalho; nossa vida não é só luzes e glamour.

Prosseguiram conversando sem notar que eram observados com olhar frio, fuzilante de ciúme, por Ludwig Schroeder, que usava todo o treinamento recebido nas SS e no exército para conter o ímpeto de esmurrar o rosto do conhecido industrial. Respirou fundo e andou decidido ao encontro do casal, sentando-se ao lado de Irina, beijando-lhe os cabelos com intimidade e tomando-lhe a mão entre as suas, antes de se voltar para cumprimentar Michael. Tudo no intuito de deixar muito claro sua posse sobre a mulher que indisfarçável interesse produzira no industrial.

– Como está, Michael? Pelo que vejo já conheceu Irina?

– Sua "amiga" alegrou-me a manhã – retrucou Michael enfatizando a expressão amiga para aumentar a fúria do oficial alemão. – Além de esperar horas por Goebbels, vou muito bem e você?

– Retornando de férias.

Antes que pudessem prosseguir na conversa, a secretária surgiu à porta chamando o industrial ao gabinete do ministro. Ele levantou-se e galantemente se despediu de Irina, acenando displicente para Ludwig.

– Homem irritante – resmungou ele vendo o outro se afastar. – Infelizmente ainda precisamos de criaturas do tipo dele.

– Pareceu-me uma pessoa tão educada, tão agradável.

– Elite. Pertence a uma das mais ricas famílias da Alemanha. São mineradores que dominam a indústria do aço e estão se lançando agora na indústria química.

– Hum, então ele é patrocinador – deduziu Irina. – É uma figura muito necessária, deve ser bem tratado.

Ludwig incomodou-se com o comentário de Irina e com a dedução perfeita que ela fizera. Não era apenas um corpo bonito, havia inteligência. Um pesado silêncio caiu sobre o casal. Ele remoía seu ciúme; ela deixava o olhar e a mente vagarem observando a realidade ao seu redor sem, entretanto, manifestar interesse de compreensão ou de solidariedade; olhava e entendia tudo o que se passava sob a flâmula nazista como se olhasse uma vitrine em que nada lhe chamasse a atenção.

Ao ouvir o som da porta do gabinete entreabrindo-se, Ludwig adiantou-se puxando Irina pela mão. Michael despedia-se da rígida secretária quando viu o casal e acenou sorrindo para Irina, num flerte descarado ao qual ela retribuía sem constrangimento.

Ela e Ludwig foram convidados a entrar no gabinete e, atrás deles, a porta se fechou, não a deixando ver o olhar de cobiça do industrial e nem ouvir o comentário de uma apagada funcionária, em seu severo uniforme, que olhava à distância para Michael e dizia para a colega:

– Umas com tanta sorte com os homens e outras, como nós, enfrentando praga de madrinha.

– Deixe de ser boba. Mulheres do tipo dela os homens só querem para se divertir. Apenas um tolo se casa com uma delas – xingou a colega. – Vamos trabalhar porque para isso somos pagas.

– Pode até ser verdade, mas não venha me dizer que você não sentiu nem uma pontinha de inveja dela. A mulher é linda! Viu as roupas dela? E o batom? Bonito, não é? Pena que não tenho coragem de usar; em casa todos me dizem que é coisa de prostituta. Mas fica tão bem!

A outra voltou a resmugar renegada com as colocações da amiga de trabalho; elas esbarravam em seus desejos reprimidos e tanto a outra insistiu em seguir falando de Irina, do perfume, das meias, do esmalte, que, por fim, ela acabou agredindo-a, pois não suportava mais a pressão do próprio desejo renegado.

No interior do gabinete, Irina surpreendeu-se com a aparência do importante ministro do Reich. Esperava mais um fiel exemplar da raça ariana, louro, alto e forte, mas se defrontou com um homem moreno, baixo; poder-se-ia mesmo dizer nanico, jovem para o destacado posto que exercia no governo. Ele estava sentado atrás de uma pesada e bela escrivaninha; ergueu-se para cumprimentá-la educadamente, demonstrando no trato ser possuidor de refinadas maneiras.

A conversa, a princípio sutil, versava sobre teatro e cinema. Indagou muito da experiência dramática de Irina, exaltou sua aparência física, elogiando Ludwig por ter encontrado tão bela representante da beleza feminina ariana e perderam vários minutos entediando Irina com a lenga-lenga sobre pureza racial.

Ela, por sua vez, observava o político, notando nele gestos nervosos, repetitivos, com todos os indícios de uma personalidade neurótica.

"É um louco!", pensou ela.

Porém, repentinamente, o tom da conversa mudou, e Goebbels começou a comentar o destino das pessoas que sabiam demais a respeito dos interesses nazistas, amendrontando-a. Ela argumentou desinteresse por questões políticas ou diplomáticas; enfatizou ser simplesmente uma atriz vivendo de seu trabalho. O ministro rebateu, falando do envolvimento dela com Alfred Rehingold, demonstrando que ela sabia demais, o suficiente para determinar-lhe a morte, fato não ocorrido apenas pela interferência do comandante Schroeder, que apontara elementos úteis em sua pessoa e somente por isso fora poupada.

Em pânico, ela entendeu que caíra numa armadilha e odiou Ludwig com todas as forças de seu ser, jurando intimamente que tudo faria para que ele pagasse caro à trapaça em que a envolvera ingenuamente.

Ao fim de mais algum tempo de um hábil diálogo intimidador, ficou bastante claro que ela tinha duas escolhas: servir aos interesses do Reich ou viver alguns dias, talvez horas, na incerteza de quando seria emboscada e morta. Não havia tempo para pensar – era submeter-se imediatamente à única escolha viável. Apesar de ela buscar inconscientemente a morte, entregando-se ao consumo exagerado de drogas, temia a dor física. Em sua mente se formaram cenas dantescas. Via seu corpo crivado de balas sendo lançado nas águas do Reno ou largado ainda agonizante em algum monte de lixo para ser infestado por moscas e ratos. Um arrepio frio desceu por sua coluna desde a base da nuca; as mãos e a testa estavam cobertas por minúsculas partículas de um suor gelado; seu rosto se fizera pálido, e os olhos tinham um brilho febril.

Analisando-a friamente, Goebbels sorriu mordaz, pelo visível o medo atroz que incutira na mente da bela mulher. Era hora de acenar-lhe com uma alternativa mais promissora. Sem mudar de tom para não tirá-la do estado de pânico e impotência em que estava, passou a falar de como dirigia a cultura no país, onde tudo devia servir aos interesses da formação de uma consciência alemã e contribuir para a nova e forte nação ariana que ressurgia sob as mãos do Terceiro Reich.

Ao cabo de pouco mais de uma hora de ferrenha intimidação e doutrinação, Irina estava convicta de que, se não assinasse os documentos à sua frente, comprometendo-se a trabalhar em sua arte segundo as normas do ministério e aceitando sua condição de prisioneira em Berlim, ela não viveria para ver o fim do dia. Aterrorrizada assinou todos os documentos que lhe apresentaram e anuiu, dizendo-se ciente das condições não escritas daquele pacto.

Ao ouvir o influente ministro parabenizar Ludwig pela forma como conduzira o caso, trazendo-a a Berlim e convertendo-a numa peça importante da propaganda nazista, pois necessitavam de atrizes, o ódio que se instalara em seu ser ferveu nas veias. Ela, que nunca tivera um inimigo, alguém a quem quisesse destruir, agora tinha um chamado Ludwig Schroeder.

Nem ao menos saberia descrever como se encerrou a estranha audiência; lembrava apenas que assinara tudo com mão trêmula, tal o ódio que a invadia. Nenhuma atenção deu às pessoas que esperavam do lado de fora; passou sem enxergá-las. Sentia um desprezo nunca antes experimentado por aqueles indivíduos louros, de olhos azuis e mais de 1,80 m de altura, vestidos com fardas negras.

"Demônios miseráveis!", xingava-os repetidamente em pensamento. "Maldito alemão! Há de pagar-me muito caro por essa."

O rosto de Irina refletia seu transtorno, sua fúria; impôs a Luidgi daquele momento em diante uma distância física considerável. Se antes tinha certo apreço pelo admirador, agora o odiava com todas as forças de que se sentia capaz.

Dentro do carro um pesado silêncio seguiu ao baque surdo da porta traseira se fechando após a entrada dele. Sentada no extremo oposto, a atriz encolhia-se junto à porta querendo a todo custo diminuir seu corpo, se possível fosse, para aumentar a distância entre eles.

Desesperado com a reação de Irina, Ludwig estendeu a mão tocando-lhe o braço – foi o suficiente para fazer transbordar o sentimento que a dominava.

Tão logo sentiu o calor do toque de Ludwig, ela o encarou com o rosto fechado, crispado, os maxilares enrijecidos, enfim, toda expressão dela deveria tê-lo advertido de que estava em maus lençóis; entretanto, ele, dominado pela paixão cega, insistiu passeando a mão pelo braço até os ombros numa carícia suave.

– Irina, não tema as ameaças de Goebbels. Eu a protegerei. Como minha esposa, ninguém tocará em você. Eu a amo há muitos anos, desde os tempos em que trabalhava no teatro de variedades, desde a sua estréia. Lembra que dançamos um tango? Eu sou aquele rapaz que na época era um estudante em Paris...

A declaração de amor de Ludwig foi bruscamente interrompida por uma cuspida de Irina em seu rosto, que o tomou de surpresa.

– Porco! Miserável! Verme! Tire essas mãos sujas de mim, seu cretino. Quem você pensa que é? Ou o que você pensa que eu sou? A rainha das idiotas? – E cuspiu-lhe de novo no rosto. O comandante das SS tão temido fazia figura patética com o cuspe a lhe escorrer pela face e o olhar atônito, perdido como uma criança em busca da mãe na multidão, a encarar a adorada amante que não escondia a violência do ódio e do desprezo de que estava possuída.

– Nunca mais, ouviu bem, nunca mais encostará um dedo em mim. Prefiro morrer crivada de balas desses fanáticos nazistas a deixar que você toque em mim... Sua esposa, pois sim. Caso-me com um dragão, com o diabo e vou reinar nos infernos, mas nunca, jamais, com um verme peçonhento como você. Covarde, idiota, imbecil. Cretino! Pensou que me fazendo prisioneira nesse país de... – e o xingou com todos os palavrões que conhecia desde os tempos em que se prostituía nos bordéis de São Petersburgo, desfiando-os um após o outro, cada qual mais sonoro, como um rosário nas mãos de uma beata.

Constrangido e humilhado com o comportamento de Irina, ele recuperou-se, secou o rosto e, ignorando a torrente violenta de palavras que ela lhe lançava, ordenou ao motorista que os levasse ao hotel.

Usando de todo o seu autocontrole, Ludwig procurava ignorar o rompante de fúria da amante.

"Ela está sob estado de choque com a entrevista. Foi pega de surpresa. Assim que passar a raiva ela pensará melhor e tudo ficará bem, como era antes. Mais tarde, durante o jantar, falaremos da proposta de casamento. Não foi o melhor momento", pensava ele tentando alimentar a esperança de que o que ouvira não passava de um desabafo de alguém que estivera tenso demais.

Xingando sem parar e com o pior vocabulário possível, Irina sentia a cabeça quente e uma dor no peito como se nele houvesse um buraco. Cansada, fez uma pausa para respirar profundamente e, reconhecendo as proximidades do hotel, tentou se controlar. Tão logo o carro estacionou à porta do estabelecimento, ela saltou, sem aguardar que o motorista viesse abrir a porta, a qual, aliás, bateu com toda a força, fazendo o som ecoar pela rua pouco movimentada, chamando a atenção dos transeuntes.

– É louca! – murmurou o porteiro para o manobrista em frente ao hall de entrada do hotel.

– Não tem outra explicação. Bater de forma desaforada a porta na cara de um oficial graduado da SS é coisa de louca, só pode ser.

– E você viu a cara dele? Pareceu desolado.

O manobrista riu baixinho e disfarçadamente, pois os saltos de Irina martelavam com força sobre o piso de mármore ao passar diante deles altiva e raivosa como uma deusa irada.

– Que mulher! – disse o porteiro, olhando-a, cheio de admiração, aproximar-se do balcão.

– Linda e furiosa – completou o outro. E o movimento do carro partindo lhes chamou a atenção, desviando-a da atriz.

Ao apanhar as chaves de sua suíte no balcão, a funcionária lhe entregou uma caixa pequena embrulhada artisticamente acompanhada de um cartão.

Surpreendida, Irina olhou o cartão, que trazia escrito, em uma caligrafia firme e graúda, tipicamente masculina, apenas o seu nome no envelope. Contendo a curiosidade, subiu à sua suíte. Largou tudo sobre a cama e correu para o banheiro; sentia-se suja, como nunca antes na vida, nem quando se prostituía nas ruas e bordéis ainda menina. Precisava banhar-se longamente, acalmar-se e pensar no que precisava fazer. Era uma situação inusitada, no mínimo.

Pela primeira vez, desde que as palavras do ministro lhe soaram ameaçadoras nos ouvidos, lembrou de Nanine e de seus outros empregados em Viena.

– Será que correm perigo de morte? É quase certo. Preciso fazer contato com eles, mandá-los vir para cá.

Ergueu-se da banheira, enrolando-se em uma grande toalha branca e correu ao quarto pedindo uma ligação urgente para Viena à telefonista.

Terminava de se vestir e estava a meio caminho do móvel onde colocara algumas garrafas de vodca, das quais pretendia se servir, quando a campainha do telefone a fez mudar de rota e a levou para o lado da mesinha-de-cabeceira.

– Irina – identificou-se a atriz tão logo pôs o fone no ouvido.

– Senhora, infelizmente não estão conseguindo concluir a ligação para o número solicitado.

– Qual é o problema? – perguntou Irina preocupada, tomada de maus presságios.

– Ninguém atende, senhora. Quer que continue insistindo?

– Sim, quero.

– Volto a lhe falar. Boa noite.

Irina recolocou o fone no gancho e abraçou o próprio corpo. O medo desabara em sua vida e a mente formava quadros aterradores. Imaginava sua casa totalmente revirada, suas roupas e pertences pessoais vasculhados, jogados ao chão sem piedade; seus empregados tinham os olhos esbugalhados refletindo pânico numa expressão vidrada, estática; estavam mortos, atirados ao chão.

– Não. Não pode ser... – gritou ela recebendo a resposta do eco do ambiente. – Estou exagerando. Não há nenhuma razão para terem matado Nanine e os outros. Melhor parar com isso, vou tomar a minha vodca; verei as coisas com mais clareza depois de uns bons copos.

Entornava o segundo copo quando o embrulho e o cartão deixados sobre a cama voltaram a chamar sua atenção. Pegou o envelope, examinou-o e, decidida, abriu-o, retirando o cartão, onde estava escrito:

"Para se ter sucesso é preciso não perder tempo. Adoraria combinar um encontro com você. Espero uma ligação. Michael Waffen."

Abaixo o número do hotel onde ele estava e a suíte.

Um leve subir de sobrancelhas foi toda a reação esboçada pela atriz. Após as emoções violentas da tarde, esquecera completamente o atraente industrial. Desembrulhou a caixa descobrindo uma bela e pequena orquídea natural presa a uma pulseira. Um adorno para um programa requintado.

Olhou outra vez para o cartão, indecisa. Tomou o copo entre as mãos, observando a caixa transparente com o delicado presente, sorveu de um só gole a bebida, sentindo-a queimar-lhe a garganta.

– E por que não? – indagou para sua imagem refletida em um grande espelho. – Querem que viva aqui, não querem?! Pois que se acostumem logo comigo e, por outro lado, o apoio e a proteção de um patrocinador serão úteis.

Serviu-se de mais uma generosa dose de vodca e pediu uma ligação para o número indicado no cartão.

Uma hora depois, vestida e penteada para comparecer à ópera de Berlim, Irina embarcava no automóvel em companhia do atraente e simpático industrial.

Por uma fração de minuto Ludwig não a encontrou no saguão à espera do novo admirador. No balcão foi informado de que a hóspede não se encontrava; decidido a aguardar, acreditando que ela houvesse saído para caminhar pelos arredores do hotel, ele acomodou-se em um sofá, onde adormeceu, sendo acordado por um dos funcionários que trocava o plantão.

Correu o olhar ao relógio de bolso: três horas e quarenta minutos. Madrugada. Ela devia estar em sua suíte. Conversariam pela manhã, decidiu e rumou ao balcão apenas para se certificar do retorno da atriz.

– Não, senhor – informou o atendente educadamente. – Ela não retornou. Quer deixar algum recado?

Sem dar resposta, Ludwig se afastou do balcão indo para seus aposentos. A mente não lhe dava descanso, e o ciúme construía mil imagens que o torturavam. Era apenas o prenúncio dos dias futuros.

Irina se mostrou irredutível em relação ao oficial das SS. Cumpriu com os termos do que assinara junto ao ministro; aliás, dois dias depois da primeira entrevista, ela voltou ao ministério para encontrar Goebbels e tratar do trabalho na propaganda nazista para o qual fora "contratada", como também para esmiuçar qual seria sua vida e seus direitos na Alemanha.

Três dias após, ela recebeu, na portaria do hotel as caixas com sua mudança de Viena, documentos informando a transferência do depósito de suas jóias para um banco alemão, sua correspondência totalmente aberta e remexida, cópia da rescisão do contrato de locação da mansão onde morava, a liberação da companhia de teatro com a qual trabalhava e uma carta fria assinada por um funcionário da embaixada alemã na Áustria dando ciência de que sua residência havia sido encontrada vazia, abandonada e que não sabiam informar o paradeiro de seus empregados, tidos como desaparecidos.

Ao ler o documento lembrou-se do medo quanto ao que poderia acontecer à sua residência e às pessoas que moravam com ela.

– Desaparecidos... Por que são covardes? Deveriam ter escrito logo: mortos sumariamente. Coitados! Morreram por trabalharem para mim. Desgraçado Alfred, maldito Ludwig – resmungava Irina recebendo os pertences.

Em meio à correspondência violada, uma carta da moça que cuidava e explorava o apartamento em Paris, informando que não havia mais condições de mantê-lo. As despesas estavam a descoberto, e Lilly decidira-se a fechá-lo; todos os procedimentos haviam sido tomados e seu último vínculo com Paris se desvanecia.

Duas semanas depois, com a ajuda de Michael, estava confortavelmente instalada em um apartamento num bairro residencial de classe alta na capital germânica, recomeçando a vida. Foi informada ainda que seus objetos pessoais e seus muitos quadros estavam com Lilly.

Ludwig voltara aos tempos de Paris e ficava horas e horas rondando a vida da atriz, que se recusava a recebê-lo. Remoendo seus ciúmes e desaguando sua revolta sobre os prisioneiros políticos do campo de concentração,[2] que sentiam o peso de sua revolta em atitudes cada vez mais cruéis, sádicas e humilhantes, a personalidade psicótica cada vez mais se evidenciava. Ele se tornava dia a dia mais frio e distante, imune a emoções de solidariedade e afeto; seu prazer estava em agredir, em ferir, e seu comportamento era marcado por uma impenetrável máscara de frieza.

Irina estabeleceu-se na Alemanha rapidamente, fazendo um largo círculo de admiradores e, não fosse pelo fato de ver freqüentemente Ludwig observando-a do interior de seu carro estacionado à porta do edifício onde residia, teria se esquecido como fora levada a morar naquele país. Tinha bons empregados, disciplinados, obedientes e eficientes. Dinheiro não lhe faltava, trabalho também não, embora este fosse muito limitado em termos artísticos pela ação da censura.

As peças teatrais eram enfadonhas, o que levou Irina a um interesse maior pelo cinema, onde predominavam épicos sobre o glorioso passado da nação germânica. A época de Frederico, o Grande, inspirava várias montagens, e logo ela se viu transportada para o mundo dos estúdios, das gravações, dos cenários e todo o universo que cerca o cinema.

O clima decorrente das novas atividades – novas pessoas, e ela também uma criatura nova para todos eles – teve um efeito positivo sobre Irina por algum tempo, fazendo-a consumir menos drogas e ingerir menor quantidade de álcool. Seus personagens agora exigiam que ela, de fato, representasse diferente do que se dava em Viena, onde as fortes emoções do palco e das montagens dramáticas em que atuava traziam à tona uma carga emocional sufocada.

Portanto, apesar do modo como foi parar em meio aos nazistas,

---

[2] Os mais importantes campos de concentração foram os de Dachau, perto de Munique, o de Buchenwald, próximo de Weimar, o de Sachsenhausen, que veio a substituir o campo que se localizava próximo a Berlim conhecido como Oraniemburg – muito famoso nessa época inicial do período nazista – e por fim o campo de Ravensbrueck, em Mecklenburg, exclusivo para mulheres. Todos ficavam em território alemão e se destinavam aos cidadãos da Alemanha acusados de antinazismo, de inimigos do regime, além de aterrorizar o povo e frustrar tentativas de resistência ao governo nazista. Foram implantados desde o primeiro governo de Hitler e proliferaram com rapidez; eram mais de 50 sob a guarda e responsabilidade das unidades Caveira e das forças SS. Posteriormente estenderam-se por territórios ocupados, como Áustria e Polônia.

ela ambientou-se muito bem, tanto que em poucos meses não era mais vista como uma ameaça aos interesses do partido, mas como uma leal colaboradora. Seu apartamento se transformou em um dos endereços mais alegres e concorridos de Berlim, onde transitavam patrocinadores e patrocinados, enfim, um local onde os poderosos se reuniam informalmente e onde muitos assuntos e negócios de grande importância eram tratados. Entre seus muitos admiradores, Michael Waffen despontava como o preferido, além de ser, de fato, seu amigo.

Fatos marcantes sucederam-se em velocidade recorde na vida política alemã. Em agosto daquele ano o marechal Paul von Hindenburg faleceu. Era a oportunidade que o exército havia esperado e cujos generais ansiavam ainda mais desde o inverno, quando lhes foi impingido o uso da suástica nazista. Entretanto, não foram rápidos o bastante e, horas após a morte do presidente, o chanceler apresentava uma lei assinada no dia anterior que reunia em suas mãos o poder de chefe de estado, chefe de governo e comandante supremo das forças armadas – era o senhor absoluto –, atribuindo-lhe o título de Führer e chanceler do Reich.

Fracassou e mesmo naufragou totalmente a última oportunidade de deter a ditadura nazista. Esperaram demais para tomar uma atitude, e o preço se faria sentir, mas não imediatamente, pois eles se viam compensados na frustração pela devolução ao povo, ao país e à nação da sua "honra", palavra extremamente usada. O Fuhrer e seu governo faziam o que nenhum outro antes fizera: devolvia a honra à Alemanha. E fazia isso através da quebra das cláusulas do acordo de paz de Versalhes: a Alemanha voltaria a se armar; o exército tinha seu efetivo aumentado; a marinha e a força aérea voltavam a existir, embora ainda não oficialmente, e a expressão "estado-maior" era evitada formalmente.

As indústrias de aço trabalhavam a todo vapor servindo ao Reich e o enriquecendo com a produção de armamento bélico. O mesmo se dava com as químicas, que se orientavam na busca pela autonomia do país em dois materiais sem os quais uma guerra não seria bem-sucedida na época: gasolina e borracha. Produção de gasolina sintética extraída do carvão e borracha, ou buna – como denominaram a borracha sintética proveniente do carvão de pedra, fartamente encontrado no solo alemão.

E os generais logo se sentiam honrados em servir ao Führer e cumpriam com lealdade o juramento de fidelidade que Hitler exigira do exército e de todos os oficiais das forças armadas, não para o país ou a Constituição, mas para a pessoa dele.

A exigência do Führer determinou o fim da carreira do jovem tenente Richard. Após violenta discussão com o pai, comunicou que desertava do exército, abandonava a carreira, mas não pactuaria um segundo a mais com o regime nazista, muito menos faria um juramento de fidelidade a Hitler.

– Vou embora deste país. Não ficarei nenhum dia depois do meu casamento. Conto os dias para chegar logo de uma vez essa data. Até lá trabalharei no banco com *Her* Samuel, assumirei qualquer posto que ele me julgue capaz de exercer, mas minha boca não pronunciará um juramento desse tipo por nada neste mundo – falou Richard convicto respondendo ao general, que indagava do que ele pretendia viver, abandonando a carreira.

Ante a resposta convicta do filho e conhecendo o temperamento decidido, arrebatado e o seu sentimento de antinazismo, o general calou-se, deixou cair as mãos ao longo do corpo, aproximou-se da poltrona, correu o olhar pelas estantes cheias de livros da biblioteca de sua casa e sentou-se pesadamente. Richard continuava de pé, empertigado com sua farda impecável.

Como se sentisse no olhar paterno a dúvida de que cumpriria suas palavras, levou uma das mãos à altura do outro braço onde se fixava a suástica nazista e arrancou-a com força, rasgando o tecido da casaca.

Ergueu-a até o rosto apertando-a entre as mãos como se fosse algo vivo que desprezava profundamente e desejava esmagar. Poucos olhares conseguiriam transmitir tanta emoção quanto o de Richard naquele instante; tudo se apagava em sua pessoa para brilharem os olhos, espelhando todo o sentimento de revolta contra os atos nazistas de que sua alma se sentia capaz. Esmagou até formar com o tecido um monte na palma da mão, jogando-o ao chão enquanto reforçava o gesto, declarando:

– Nunca mais carrego em mim esse símbolo maldito. Basta! O exército fez sua escolha: segue com Hitler. Eu esperei, sonhei e acreditei que ele não faria tal insanidade; agora quem não segue com ele sou eu. Jamais assinarei por ação ou omissão um ato nazista. Se pouco posso fazer diante do que está posto, vou embora, não sirvo a essa pátria de assassinos.

Os argumentos de que o Führer estava cumprindo sua palavra de devolver a honra do país morreram na compreensão de que o filho não conseguia mais viver em sua terra natal, não estava feliz ali e como tantos outros engrossaria a leva de imigrantes. Era um direito dele e, antes de ser general, se entendia como pai. Nessa condição serenou seu estado de ânimo e, coerente à educação livre e responsável que dera ao filho, balançou a cabeça concordando e, buscando a paz doméstica, afirmou:

– Se é assim que se sente, meu filho, está certo em desertar. Peça sua exoneração amanhã, eu mesmo a encaminharei para que seja homologada antes do juramento. Samuel ficará feliz, muito feliz. Tenho certeza de que sua nova vida lhe dará mais satisfação e menos questionamentos do que a vida militar.

A atitude de respeito e acatamento de sua vontade pelo pai agiu como um balde de água fria, apagando o incêndio da ira que o consumia. Um peso e a dúvida da reação paterna à sua decisão de abandonar a carreira o aliviaram. Um suspiro fundo brotou de seu peito e, após um minuto de silêncio, andou até a poltrona onde o pai estava sentado e o abraçou fortemente. Não tinha palavras para expressar o que sentia; os gestos falavam mais alto.

Permaneceram longo tempo abraçados, emocionados, cada qual acalmando seu interior, trabalhando suas expectativas e frustrações recíprocas, entendendo que o afeto que os unia suplantava convicções políticas.

– Obrigado, pai.

– Seja feliz, meu filho, é tudo o que eu desejo; quem escolhe os meios e os caminhos é você. Já é um homem adulto, é certo que siga sua consciência e, se ela lhe aponta outro rumo, longe dos quartéis, vá com ela. O maior patrimônio de um homem é a consciência em paz, por isso viva conforme suas crenças.

Richard balançou a cabeça concordando e, se o pai lhe respeitava a escolha de abandonar o exército por discordar da orientação que seguia a instituição, só restava a ele respeitar a posição paterna de permanecer.

No dia em que os oficiais do exército pronunciaram o juramento, Richard já não mais pertencia à instituição e não participou da cerimônia em que eles juraram solenemente fidelidade, vinculando-se a Hitler e a tudo que ele decidisse dali em diante, tomando como pessoal o compromisso de honrar aquele juramento feito mesmo quando futuramente a própria noção de honra e moral militar a ele se opunha frontalmente, e que, para honrá-lo como oficiais do exército, desonravam a si mesmos como pessoas, mas haviam dito e precisariam cumprir as palavras:

"Faço perante Deus este sagrado juramento de que renderei incondicional obediência a Adolf Hitler, o Führer do povo e do Reich alemão, Supremo Comandante das Forças Armadas, e de que estarei pronto como um corajoso soldado a arriscar minha vida a qualquer momento por este juramento."

CAPÍTULO XVIII

Outras existências...

"(...) porque todas as existências são solidárias, umas com as outras." [1]

Envolto pelo ruído das fontes e fascinado pela luminosidade dos jardins, Gautier trabalhava com seus quatro alunos. À sua frente um cavalete, ao pé do qual ficavam suas tintas, seus carvões, materiais bastante semelhantes ao que usava quando encarnado.

Três homens e uma mulher constituíam a sua classe, como dizia Marcos. Eles sentavam-se no gramado, observando com toda a atenção como seu mestre projetava na tela a expressão, a representação daquilo que estavam vendo, ou seja, um ângulo dos jardins internos por onde muitos pacientes perambulavam. Enquanto pintava, Gautier continuava a conversar com eles, mantendo-os atentos ao trabalho e ao momento presente.

O aprendizado estava sendo frutífero para todos. Mabel era um espírito passional ao extremo. Vinha de uma encarnação terminada durante a Grande Guerra; recuperava-se de muitos traumas; perdera-se de si mesma, mergulhando nas águas tumultuadas da insanidade para esquecer os homicídios que perpetrara.

Leonardo estava interno há vários anos. Torturado pelo remorso e pela culpa, não conseguia equilibrar-se, fugindo ao presente e à

[1] Allan Kardec. *O Céu e o Inferno*, cap. VII, item 9, primeira parte.

consciência da desencarnação em situação de indigência e humilhação; morrera embriagado, caído nos esgotos de uma grande cidade.

Guilherme era o que estava em melhores condições. Depois de muito sofrer, estava aprendendo que trabalhar por si e pelos outros era um bom caminho de conquistar equilíbrio e resgatar a lucidez; era também o mais sensível e talentoso.

René adorava as artes e participava de outros trabalhos; lutava para libertar-se de uma personalidade extremamente depressiva e derrotista que desenvolvera ao enfrentar as duras provas da miséria no período de Napoleão. Consciente, adorava conversar com Gautier sobre sua última passagem por Paris, embora essas conversas acabassem geralmente em crises de pranto e estados mórbidos; por isso o pintor agora dosava o tempo de conversa com ele. Entendera que era necessário falar, mas não longamente; trocavam idéias rápidas sobre a França de ontem e hoje e logo Gautier trocava o rumo do diálogo, chamando a atenção para uma cor, para um efeito de luz e inserindo noções de compreensão de Deus como o Criador de todas aquelas belezas.

Falava-lhes de diversas verdades espirituais que estudava agora mais profundamente do que quando encarnado, despertando-lhes com a arte a sensibilidade e a consciência maior da vida.

Sem serem notadas por Gautier, a pouca distância, Rayne e Laura acompanhavam o trabalho com o grupo.

– Sinto-me emocionada – declarou Laura sorrindo ternamente. Era a primeira vez que vinha visitar o pintor desde que ele estagiava na Casa de Maria.

– Gratificante – concordou Ryane. – Ele tem aprendido e amadurecido muito nesta Casa. O contato com os seres transtornados aos níveis patológicos é enriquecedor. Somos criaturas semelhantes enquanto situadas num mesmo grau evolutivo e muito daquilo que escondemos, muitos dos sentimentos que negamos e mascaramos, nesses estados são visíveis. Enxergamos com clareza atitudes cheias de significado emocional, com uma carga vivencial densa e marcante; identificamos esses comportamentos, essas marcas, por assim dizer, e a partir daí não podemos mais ignorar nossas próprias reações, em escala menor, que contêm a carga vivencial ou emocional semelhante. É como se fôssemos a uma casa de espelhos onde nos deparássemos com nossas imagens distorcidas. Reflexos do interior que sepultamos num exterior limpo e mascarado.

– Podemos considerar que tivemos 50% de êxito em nossos planos. Irina, infelizmente, não tem correspondido aos propósitos. Como temos visto, no uso de seu livre-arbítrio, tem se comprometido bastante.

– A história deles é bastante conturbada, Laura, não podemos esquecer esse fato. São experiências e experiências que vêm se sucedendo ao longo do tempo e ela tem se mostrado a mais refratária. Gautier, possivelmente pelo muito que sofreu por amor a ela, tornou-se mais sensível e agora, enfim, creio que atinge uma maturidade maior a respeito do amor. Começa a manejar com equilíbrio os instintos, a razão e os sentimentos. Está caminhando para conquistar com segurança sua plena individualidade.

– E de nada adianta dizer-se consciente da própria individualidade se ainda se está cheio de dependências, sem assumir o "eu" – concordou Laura. – Irina até aqui se mostra estacionada em seu caminho evolutivo. Pediu provas de caráter familiar para suportar. Ao ser colocada no lar dos Verschinin, fracassou, abrindo as portas da fuga por onde anda até hoje. Pretendia ser a filha a amparar a mãe desvalida, queria semear paz em um lar cheio de tumultos, viver com dificuldades econômicas relativas para dosar o pendor às futilidades e desvencilhar-se do domínio que as coisas da matéria exercem sobre ela. Trabalharia, lutaria para conquistar o necessário à existência; enfim, pedira uma vida comum. Nessa condição de trabalhadora ela encontraria não só Gautier, mas familiares maternos em solo francês, que se empenhariam em desenvolver-lhe noções de espiritualidade. De todos os planos, só o encontro com Gautier se realizou. Eles ficariam poucos anos juntos era sabido e justamente essa dolorosa ausência deveria impulsioná-la a desenvolver espiritualidade, a amadurecer, a estudar e a evoluir junto a seus familiares. Entretanto, ela seguiu por caminhos muito diversos, pois tão logo a adolescência se anunciava e ela enfrentava a consciência das primeiras adversidades, abandonou tudo, buscando um caminho conhecido no passado. Em resumo, era isso o planejado.

– Eu recordo – falou Ryane tocando afetuosamente o braço da amiga. – Também lamento por ela. Não é a primeira vez...

– Mas preparo-me para recebê-la de volta com muito mais compromissos. Ela não avança, isso é certo, mas é fácil ver que traça ao seu redor muitos e sérios comprometimentos – desabafou Laura.

– É, muitos acreditam que por não fazer nada de mal, não causar mortes, não roubar, não ferir propositadamente a outrem em seus interesses, enfim, que vivendo, seguindo "seu caminho" como comumente se diz, estão bem, e o reino dos céus os aguarda. Ledo engano. Esse pensamento demonstra uma criatura dominada pelo egoísmo, que não enxerga além da própria sombra. O egoísmo é um estágio inicial da trajetória de evolução; quanto mais tempo se detenha o ser em cultivá-lo, por mais tempo se verá entre provas e expiações. Ainda necessitará de duras lições. Irina é um deles.

– É – anuiu Laura. – O único ser por quem ela demonstra afeto e interesse real, além dela mesma, é Gautier. Por ele, e só por ele. Esperava que a perda a abrisse para a vida, pois a falta dos familiares foi de certa forma substituída pelos amigos de Gautier que não a abandonaram. Ainda que fugindo, que negando seus compromissos, a Providência colocara a seu lado opções de retomada, de crescimento, de ajuda, para transformar dor em aprendizagem. Afastou-os e repetiu o desequilíbrio. Agora temo pelo futuro, pois ela envolve-se em situações de muito perigo, de graves comprometimentos. E tudo por recalcitrar. – Sorrindo, brincou para descontrair: – Creio que vou começar a imitar o próprio Jesus quando advertia Saulo de Tarso às portas da estrada de Damasco e dizer a Irina: – Irina por que recalcitras contra os aguilhões?

Ryane não pôde evitar sorrir, embora o assunto fosse de profunda seriedade, e comentar:

– Eles vinham envolvidos nesse afeto apaixonado e cego há várias existências; nas últimas três, incluída esta ainda em curso para Irina, é que conseguiram amadurecer, ainda que parcialmente.

– Já abandonaram muitos compromissos familiares por causa desse sentimento, que acabou por marcar-lhes, com necessidades de ajustes às experiências vividas. São afins, não resta dúvida. Amam as artes, são carismáticos, passionais, sensíveis e carregam as vivências do passado; tudo faz com que se busquem na multidão. Agora poderemos começar a pensar em afastá-los. Gautier amadureceu, entendeu que amar não significa algemar, nem é preciso dependências, que não é incompatível com liberdade, e que amar com liberdade é bem mais do que não ser possessivo – disse Laura ainda envolta na análise da trajetória da sua tutelada que passava tão paralela ao do espírito auxiliado pela amiga. – Ele, aliás, reagiu extremamente bem à visita feita à Irina recentemente.

– Realmente. Sinto que ele sofre por ela, por compreender que ela não absorveu o ensinamento que a separação deles no auge da realização amorosa deveria ter-lhe trazido e que ainda amarga a perda e tortura-se intimamente. Preocupou-se por notar que o ambiente em que ela se movimenta é assaz perigoso e pernicioso. Ele é inteligente; vislumbrou que os comprometimentos se enredam em torno de Irina. Conversamos sobre o assunto. Marcos também me relatou que ele foi procurá-lo e trataram do tema.

– Grande Marcos. Ele já o reconheceu?

– Sim. Nos primeiros dias aqui, Gautier o identificou como o antigo Mecenas Florentino que o ajudou e à sua amante e modelo, pintada e esculpida em muitas capelas, dando seu rosto a todas as representações das virgens que ele fez – comentou Ryane sem conseguir evitar um tom de riso na voz ao recordar os feitos do passado de Gautier, tal qual uma mãe que ri das travessuras pregressas de um filho amado – Ah, se muitos devotos que se emocionam diante daquelas imagens soubessem a verdade por trás delas... Quanta ilusão viria por terra! Mas, voltando ao caso, Gautier recuperou sim as lembranças do passado. Felizmente de maneira equilibrada.

Laura sacudiu a cabeça concordando e, como se houvessem combinado, avançaram juntas, aproximando-se do grupo com o qual Gautier trabalhava e que as recebeu com alegria, familiarizados que estavam à companhia afetuosa das benfeitoras.

O salão do clube estava perfeito, belíssimo, com a decoração em branco e verde, totalmente com flores e laços de fita; as mesas com toalhas de linho e renda enfeitadas com arranjos delicados baixos; o palco, onde tocava uma pequena orquestra animando a recepção, igualmente era decorado com arranjos de flores e laços de fita larga, tudo em branco. O prédio de arquitetura clássica fora muito bem arranjado segundo o gosto de Bateseba, que não poderia estar mais angelical em seu vestido de cetim cor de pérola, com véu curto e uma grinalda de flores naturais sobre os cabelos cacheados para a ocasião.

Simplicidade, bom gosto e elegância resumiam o tom da festa de casamento de Richard e Bateseba reunindo a classe alta de Berlim. Era início de setembro de 1935 e, naquela noite, em meio a vinho e champanha e ao som do jazz, nenhum dos convidados estava preocupado com as distinções entre alemães e judeus. Os noivos eram a prova. Um casamento misto unindo a família de abastados judeus financistas e a tradicional família de militares alemães, amigas de longa data.

Brindes pipocavam pelo salão cada vez que o sorridente casal se aproximava de uma das mesas recepcionando seus convidados. Alegres, jovens e felizes, procuravam olhar o futuro com esperança, ignorando o cenário político e crentes de que as nuvens negras seriam sopradas do céu alemão por um vento forte que lhes deixaria novamente um horizonte limpo e seguro.

A música levava muitos pares à pista de dança e divertia outros tantos grupos em apenas ouvir e observar.

Reunidos em uma mesa, as famílias anfitriãs trocavam impressões sobre a comemoração, sobre a felicidade do casal e a expectativa de terem logo netos e bisnetos para alegrar seus dias.

Saul, ao lado do general Von Scheringer, sorria, enquanto servia as taças com champanha; estendeu uma ao amigo, que olhava encantado os noivos dançando na pista em meio aos aplausos dos convidados, e, tomando a outra, propôs:

– A esta união que formalizou a realidade de que nossas famílias sempre foram uma só. Ao futuro e à felicidade de nossos jovens!

Emocionado, o general disfarçou para enxugar uma lágrima no canto dos olhos. Desde que a cerimônia tivera início, ele não conseguia dominar os sentimentos. Ergueu a taça correspondendo ao brinde e, engasgado pela emoção, comentou:

– Lembro o dia que Betse nasceu, tão pequenina, tão bonita.

Richard já era um menino crescido; minha mulher tinha medo que ele fosse machucá-la, pois vivia em volta dela. Lembra-se? Cresceram sempre amigos e hoje estão casados.

Saul sorriu com as imagens evocadas pelo amigo e mais uma vez, naquele dia, abraçaram-se, fazendo o velho rabino sentado ao lado balançar a cabeça tolerantemente:

– Estão precisando aprender a envelhecer – resmungou Samuel chamando-lhes a atenção. – Vão chorar todas as lágrimas hoje, é preciso economizar para o dia de amanhã. Ainda teremos muitas comemorações marcando a união de nossas famílias. Quando se envelhece com sabedoria, poupamos as emoções para o dia seguinte também; não se tem mais a ânsia da juventude de querer viver tudo em único dia; reservam-se as forças.

E, tomando uma taça com vinho, ergueu-a saudando os noivos que passavam rodopiando na pista de dança em frente à mesa:

– À minha Bateseba! A noiva mais linda da Alemanha!

Foi o suficiente para fazer rirem os pais, que se uniram ao rabino saudando o casal.

– Feliz? – perguntou Richard, acariciando com a ponta dos dedos a face de Bateseba, enquanto dançavam.

– Muito. Todo o esforço está compensado pela alegria de nossos pais – respondeu ela sorrindo para o marido. – E você?

– Feliz também, mas confesso que não vejo a hora de estarmos longe de toda essa gente aproveitando nossa viagem de núpcias. Agora é muito mais uma festa para eles; confesso que não suportava mais a correria com os preparativos.

– Exagerado – repreendeu suavemente Bateseba. – Foram algumas semanas de rotina acelerada, mas nada demais, e você não se envolveu tanto assim. Eu e sua mãe organizamos a festa.

– Exatamente por isso, quase pensei que você ia me trocar por ela, tanto tempo passavam juntas. Sempre havia alguma coisa que tinham de discutir, sem falar naquilo que eu não podia participar. Graças a Deus terminou.

Bateseba riu do desabafo de Richard e deixou-se conduzir leve como uma pluma pela pista de dança.

Altas horas da noite, o jovem casal partia em direção à luxuosa residência nos subúrbios de Berlim, onde passariam a residir. Seguiriam pela manhã com destino a Varsóvia e Praga, onde permaneceriam por duas semanas, distantes do solo alemão, em viagem de núpcias.

Uma salva de palmas e muitos assobios os seguiram pelas escadas do clube até o carro de Richard estacionado à porta de entrada. Apressados, eles sorriam e davam adeus, partindo rapidamente com destino ao elegante bairro da capital.

Oito dias depois...

– Não volte, meu filho – pedia Samuel por telefone a Richard. – Fique em Praga com Bateseba. A situação dos judeus piora. Hitler promulgou uma lei nos tirando a cidadania alemã. Mesmo os nascidos na Alemanha não são mais considerados cidadãos alemães; tampouco podem casar com não-judeus; discrimina os meio-judeus, enfim, atingiu a todos. É para proteção do sangue alemão, dizem eles. Mais uma loucura racista desses nazistas sem-vergonhas!

– Calma, Samuel – pediu Richard nervoso no outro lado da linha. A distância causava um chiado e descargas elétricas horríveis na linha telefônica prejudicavam a qualidade do som, dificultando o entendimento e o diálogo, mas as informações recebidas eram sem dúvida as piores. – Hitler fez o quê? Repita, por favor, eu não entendi.

– Fique em Praga, Richard – repetia Samuel. – Foi uma lei. – Lei de Proteção do Sangue e dos Casamentos Alemães. Retirou o nosso direito de cidadania, mesmo daqueles nascidos aqui, como eu e minha filha. Não somos mais considerados cidadãos alemães. Entende o que isso significa? Não temos mais direitos nem garantias individuais. A situação se complicou. Fique em Praga, vou encontrá-los daqui a uma semana. Procurem onde morar e um lugar para começarmos nossa filial. Entendeu?

Atônito, Richard empalideceu. A compreensão do significado e extensão do que significava a perda da cidadania o chocou; transformava toda a comunidade judia em reféns do regime.

– Malditos – disse ele. – Samuel, como você está, e o rabino? Como estão reagindo nossos amigos, a comunidade judia?

– Com espanto e medo, meu filho – respondeu, falando alto Samuel. – Com muito medo. Não vou ficar esperando para ver o que vai acontecer, remeterei o máximo de nosso patrimônio para fora da

Alemanha e deixaremos o país. Não creio em heróis mortos. Não assuste Betse, ela é muito sensível.

– Hã? Fale mais alto.

– Falaremos mais quando chegar aí. Faça o que pedi. Não assuste Betse com as notícias.

– Ah! Farei o melhor possível. Telefonarei novamente...

– Aguardaremos. Dê um abraço em minha filha e diga que a amo muito.

Trocaram ainda algumas poucas palavras, e Richard, ainda sob efeito das notícias recebidas, encarou a esposa que o aguardava sentada nas poltronas da sala de espera do hotel onde estavam hospedados.

Participou-lhe com tato as novidades da Alemanha e o pedido do sogro para que ficassem em Praga encaminhando desde já os negócios e interesses da família.

– E meu avô? Como está ele? – indagou Bateseba agoniada. – Isso tudo é horrível. Onde vai parar essa loucura, o que pretendem?

– Seu avô está bem, pelo que pude deduzir. A ligação estava péssima, mas logo seu pai estará conosco e poderemos entender melhor essa loucura toda. Nazista! Infeliz o dia em que se criou esse movimento na Alemanha. Não sei como tudo vai terminar, mas concordo com seu pai: não creio em heróis mortos. Seu avô é quem sempre diz que muitas vezes sobreviver a uma derrota é uma vitória. Parece-me que é o caso.

Ela concordou, balançando a cabeça coberta com o capuz debruado de pele do casaco que trajava. O outono estava frio no Leste europeu.

Na semana seguinte, Saul transferia grande parte de seu patrimônio para Praga, onde Richard se encarregaria de zelar pelos investimentos, além de auxiliar judeus nascidos na Alemanha a imigrarem para Praga.

– Sinto que essas providências serão extremamente úteis para nós e nossos amigos. Infelizmente, não poderei ficar ainda com vocês. Papai é teimoso e tem seus compromissos espirituais com a comunidade; é bem provável que seja dos últimos a abandonar Berlim – explicou Saul durante um jantar com a filha e o genro em um restaurante.

Bateseba o olhava assustada; tinha visível dificuldade em engolir a comida. Richard ouvia o sogro com extrema atenção; partilhavam pontos de vista semelhantes quanto à política nazista e, como ambos haviam lido Mein Kampf, viam agora seus temores se realizarem, o que os levava a crer na implementação do restante da questão racial, especialmente anti-semita.

– Estou à disposição, Saul – afirmou Richard. – Como alemão, é o mínimo que posso fazer, tentar de alguma sorte minimizar os horrores que se realizam em meu país. Apresse todos para que saiam da Alemanha logo. Sabemos ser apenas o princípio. O ideal nazista é de pureza racial e dominação ariana; não só os judeus são visados, mas qualquer um não-ariano alemão, pois os idiotas ainda discriminam-se entre si; os arianos russos não são tão inteligentes, mas trabalham; os arianos tchecos, os austríacos e por aí vai, cada qual tem seus vícios; só os alemães são 100% puros e a virtude da raça está neles.

– Sei disso, filho, e agradeço sua colaboração e solidariedade. Mais do que nunca, precisaremos reforçar e ampliar a rede de intercâmbio entre nossas comunidades dentro e fora da Alemanha. Ficarei com seu avô, minha filha. Ele é velho, teimoso, mas eu o entendo e é meu dever de filho assisti-lo.

– Convença-o a partir – pediu Bateseba. – Eu demorei muito a acreditar em tudo que o senhor e Richard comentavam em Berlim. Julgava-os impressionados com a leitura daquela porcaria, mas sei que estava errada e com medo. E agora estou apavorada. Vovô é velho, há outros rabinos jovens que podem ficar em Berlim.

Richard tocou a mão da esposa com carinho e opinou:

– Acho muito difícil o velho Samuel aceitar essa sua idéia. Posso pensar que ele, no mínimo, vai enumerar algumas razões que justificam sua permanência: nenhum dos jovens rabinos tem a experiência e a liderança dele, isso é fato; a comunidade o adora e precisa dele nos momentos de provação, que é o dever... Enfim, não vamos nos iludir, o rabino ficará na sua sinagoga até que todos os membros estejam bem; ele ficará com a maioria. A vida dele pertence à comunidade e nós soubemos disso a vida toda.

– Seu marido tem toda razão, Betse.

Durante o resto do jantar planejaram meios de resguardarem a si e mesmo a outros das agressões nazistas, iniciando uma das muitas redes de solidariedade e resistência que o nazismo fez surgir, provando a grande lei de que ao lado do mal também nasce o bem.

Enquanto muitos se mobilizavam para prevenir e auxiliar nas catástrofes do regime nazista, Irina seguia sua rotina. Continuava sendo dos endereços mais freqüentados pelos altos comandos, especialmente da equipe e do próprio ministro Goebbels, dos industriais e artistas e demais pessoas ligadas a meios de comunicação, ao partido e à propaganda.

Sob os lustres de suas salas discutiram-se minuciosamente projetos de filmes, de propagandas, de cartazes, de programas de radiodifusão e até mesmo de eventos públicos destinados a causar impacto na população. Comícios e cerimônias públicas do Führer eram detalhados e exaustivamente projetados, tudo armado para impressionar e apresentá-lo à nação como o salvador, o messias do povo alemão.

A tudo isso ela se acostumou, vendo a armação como via planos para montagem de uma peça teatral ou preparação para rodar gravações de filmes. Desinteressada por qualquer outro assunto que não fosse seus interesses imediatos, nem cogitava da medonha repercussão daquelas atitudes e da opinião que difundiam nas mentes incautas.

Negociações milionárias se deram em jantares, em meio a pequenas recepções para pessoas certas que lhes eram sugeridas a convidar. Seu egoísmo era tomado como lealdade e adesão à ideologia nazista.

– Uma ariana pura não poderia pensar de outra forma. Era visto que seria uma grande aliada – diziam as principais cabeças da propaganda nazista. – O comandante Schroeder tinha grande intuição no que tocava aos interesses do Reich. Irina era a prova.

Entretanto, ninguém sabia explicar por que ele era a única pessoa expressamente proibida de entrar em sua casa e qual a razão de ela ostensivamente desprezá-lo nas ocasiões públicas em que não podia fugir-lhe da presença.

"A peste", como ela o denominava, devia ser mantida a máxima distância. A raiva da atriz era forte o bastante para todos entenderem que melhor era ignorar o oficial das SS e não mais insistir em reconciliá-los. Briga de amantes é melhor ninguém se envolver – foi o pensamento geral.

Irritado, frustrado, humilhado, Ludwig sentia-se impotente ante a influência que Irina galgara rapidamente nas hostes nazistas. Era protegida pelo Reich e pelos mais poderosos industriais alemães. Sua residência era inexpugnável; sempre havia por lá alguma figura de alta relevância, cercada de seguranças. Dividia-se em sentimentos extremados e cegos – orgulho e paixão –, ambos feridos pelo desprezo da atriz. Tinha ganas de matá-la e saciar seu orgulho ferido no sangue, mas ela morta significava adeus ao sonho de voltar a possuí-la, de retornar ao seu leito. Nesse dilema ele se consumia e derramava sua ira sobre os prisioneiros dos campos de concentração, especialmente sobre uma judia que tomara por amante, em cujo corpo descarregava a raiva e a frustração de não ter Irina.

Klara era uma jovem meiga, tinha uma beleza angelical. Sua desgraça foram seus olhos e seu temperamento submisso. Tinha grandes olhos azuis de expressão inocente, como inocente de fato era a sua alma. Educada a obedecer, ingênua, despreparada para lidar com a brutalidade nazista, ela se tornou a grande e maior vítima do desprezo que Irina devotou a Ludwig.

Os olhos, que lembravam os de Irina, foram a causa da atração de Ludwig. A personalidade doentia dia a dia se agravava. Atos de crueldade se somavam, melhor, se multiplicavam velozmente sob seu comando. Mandara construir uma casa nas cercanias do campo de concentração de Dachau, próximo de Munique, onde ele agora ficava a maior parte de seu tempo, transferindo-se definitivamente da capital. Nessa casa, Klara era a prisioneira, num relacionamento violento e lascivo.

A pobre moça, como ignorava a paixão doentia de Ludwig por Irina, julgava ser ela própria quem despertava o amor do comandante nazista. Em mil conjecturas que seu pensamento formava, imaginava-o torturado por amar uma judia. Justificava seu comportamento agressivo e a tudo se submetia, grata por viver, e, a tal ponto se acostumou àquela vivência, que certo dia sentiu falta do amante compulsório que a vida lhe dera e julgou-se apaixonada.

Em meio ao pânico e a emoções cheias de violência, era muito fácil alguém se desequilibrar. E, possivelmente, crer-se apaixonada talvez ajudasse a pobre Klara a sobreviver a seu campo de concentração de luxo, vivendo como "governanta" da casa do comandante Schroeder. Ela só não entendia a razão de as visitas a Berlim torná-lo mais violento e mais apaixonado ao mesmo tempo.

Nem ela nem os prisioneiros de Dachau gostavam de saber quando Ludwig era chamado a Berlim, pois, antes dele partir e muitos dias depois do retorno, o sofrimento de todos era intensificado, redobrado ou mesmo triplicado. Centenas morriam.

Alheia a todas as conseqüências de seus atos, Irina prosseguia entre amantes, luxo, álcool, barbitúricos, ópio, morfina, tentando fugir de si mesma, de suas dores, da sua verdade. Indiferente, ela soube dos principais lances que sacudiriam a Alemanha e, mais tarde, o mundo, e não fez absolutamente nada, senão sorrir, encantar, seduzir. Soube da importância e do interesse do Reich em produzir, durante as Olimpíadas de 1936, uma impressão de prosperidade, de sociedade evoluída, enfim, de apresentar a Alemanha nazista como um exemplo de paz e crescimento ao mundo. A televisão começava a despontar no cenário das comunicações e foi imediatamente utilizada na propaganda do Reich, nos principais pontos de Berlim e das maiores capitais do país: aparelhos de telvisão mostravam a supremacia dos atletas alemães. Estádios lotados ouviam os discursos de Hitler e os retransmitiam ao mundo. Era a vitrine ideal.

A campanha anti-semita foi soberbamente disfarçada durante os jogos, e, ao fim de 1936, a Alemanha se mostrava ao mundo como uma campeã.

CAPÍTULO XIX

Atitudes e reações...

"Outro homem pode também estar enfermo, enfermo de morte, e esta aflição pode fazer em seu íntimo, como o ouro em uma mina, e ser inútil para ele, mas este sino, que me fala da sua aflição, tira e dá a mim esse ouro, se por esta consideração do perigo nos outros contemplo o meu próprio, e me asseguro a mim mesmo, recorrendo ao meu Deus, que é nossa única segurança."[1]

Marion avançou até a janela da frente, que se abria para um pequeno e bem cuidado canteiro de flores. A tarde caía e o ar enfim se tornava mais fresco e agradável naquele verão de 1936. O mês de julho estava chegando à sua última semana e com ela se aproximava o final do período de descanso de suas atividades junto à organização para a qual trabalhava com todo amor – a Cruz Vermelha.

Aspirou a plenos pulmões. Uma brisa suave balançava a copa das árvores na calçada. Deliciada, observou as crianças brincando com suas bicicletas e jogos infantis, falando alto e animadamente.

"Como somos cheios de vontade na infância", pensou ela analisando as atitudes das criançass. "Entregam-se a suas brincadeiras com todo o seu ser, empenham todas as forças na realização dos objetivos a que se dispõem e usam de todos os meios ao seu alcance para conseguir o que desejam. Pena que muitos, quando crescem, perdem a consciência dessa força que carregam na alma, tornando-se criaturas apáticas, derrotistas, fracas mesmo. Não deveríamos jamais esquecer o sentimento de força de vontade da infância, não deveríamos deixar que ele se apagasse de nossa memória. Deveria ser obriga-

[1] John Donne. *Devoções XVII*. Tradução livre a partir de texto em espanhol.

tório na vida que parássemos algumas horas durante o ano para observar as crianças, a fim de recordarmos as lições da infância que os mil conceitos e padrões da sociedade adulta soterram."

Dando execução à sua idéia e aproveitando que a casa estava inusitadamente vazia naquele dia, ela deixou-se ficar observando e meditando na conduta das crianças até que o manto da noite as fizesse se recolher, atendendo ao chamado das mães.

Afastou-se relutante da janela; sentira um bem-estar tão grande, tanta serenidade e alegria, observando as crianças, que gostaria que o tempo não houvesse passado. Era um daqueles momentos em que nos suspendemos além das barreiras do tempo cronometrado e mergulhamos numa dimensão mais profunda da existência, cultivando a vida interior, vivendo e desenvolvendo uma relação saudável conosco mesmos.

Sua boa e velha poltrona a aguardava convidativa – de um lado o pequeno cesto com seus trabalhos manuais, de outro o livro marcado com a fita, que estava estudando nas férias. Sem disposição para as atividades manuais, sentou-se decidida a retomar a leitura. Ligou a lâmpada do abajur, tomou o volume entre as mãos, correndo o dedo pela fita que marcava a página. Sorriu. Era a "estranha relação de sincronia" surgindo no seu dia.

Meditara sobre a vontade e a página à sua frente se intitulava: As Potências da Alma – A Vontade.

Feliz, ainda envolta nos estados sutis de disposição que a meditação proporciona, começou a ler e a absorver os conceitos traçados nas linhas qual se fosse água, matando a sede e incorporando-se à sua natureza.

"O estudo do ser, a que consagramos a primeira parte desta obra, deixou-nos entrever a poderosa rede das forças, das energias ocultas em nós. Mostrou-nos que todo o nosso futuro, em seu desenvolvimento ilimitado, já está contido no gérmen. As causas da felicidade não se acham em lugares determinados no espaço; estão em nós, nas profundezas misteriosas da alma, o que é confirmado por todas as grandes doutrinas.

'O reino dos céus está dentro de vós', disse o Cristo.

O mesmo pensamento está por outra forma expresso nos Vedas: 'Tu trazes em ti um amigo sublime que não conheces.'

A sabedoria persa não é menos afirmativa: 'Vós viveis no meio de armazéns cheios de riquezas e morreis de fome à porta.' (Suffis Ferdousis)

Todos os grandes ensinamentos concordam neste ponto: é na vida íntima, no desabrochar de nossas potências, de nossas faculdades, de nossas virtudes, que está o manancial das felicidades futuras.

Olhemos atentamente para o fundo de nós mesmos, fechemos nosso entendimento às coisas externas e, depois de havermos habituado nossos sentidos psíquicos à obscuridade e ao silêncio, veremos surgir luzes inesperadas, ouviremos vozes fortificantes e consoladoras. Mas há poucos homens que saibam ler em si mesmos, que saibam explorar as jazidas que encerram tesouros inestimáveis. Gastamos a vida com coisas banais, improfícuas: percorremos o caminho da existência sem nada saber de nós mesmos, das riquezas psíquicas, cuja valorização nos proporcionaria gozos inumeráveis.

Há em toda alma humana dois centros, ou melhor, duas esferas de ação e expressão. Uma delas, circunscrita à outra, manifesta a personalidade, o 'eu', com suas paixões, suas fraquezas, sua mobilidade, sua insuficiência. Enquanto ela for a reguladora de nosso proceder, temos a vida inferior semeada de provações e males. A outra, interna, profunda, imutável, é, ao mesmo tempo, a sede da consciência, a fonte da vida espiritual, o templo de Deus em nós. É somente quando esse centro de ação domina o outro, quando suas impulsões nos dirigem, que se revelam nossas potências ocultas, e que o espírito se afirma em seu brilho e beleza. É por ele que estamos em comunhão com 'o Pai que habita em nós', segundo as palavras do Cristo, com o Pai que é foco de todo o amor, o princípio de todas as ações.

Por um, perpetuamos-nos em mundos materiais, onde tudo é inferioridade, incerteza e dor; pelo outro, temos entrada nos mundos celestes, onde tudo é paz, serenidade, grandeza. É só pela manifestação crescente do Espírito divino em nós que chegamos a vencer o 'eu' egoísta, a associar-nos plenamente à obra universal e eterna, a criar uma vida feliz e perfeita.

Por que meio poremos em movimento as potências internas e as orientaremos para um ideal elevado? Pela vontade! O uso persistente, tenaz, dessa faculdade soberana permitir-nos-á modificar a nossa natureza, vencer todos os obstáculos, dominar a matéria, a doença e a morte.

É pela vontade que dirigimos nossos pensamentos para um alvo determinado. Na maior parte dos homens os pensamentos flutuam sem cessar. Sua mobilidade constante e sua variedade infinita pequeno acesso oferecem às influências superiores. É preciso saber concentrar-se, pôr o pensamento acorde com o pensamento divino, que a envolve e penetra, tornando-a apta a realizar nobres tarefas, preparando-a para a vida do espaço, cujos esplendores ela, enfraquecidamente, começa a entrever desde este mundo. Os espíritos elevados vêem e ouvem os pensamentos uns dos outros, com os quais são harmonias penetrantes, ao passo que os nossos são, as mais das vezes, somente discordâncias e confusão. Aprendamos, pois, a servir-nos de nossa vontade e, por ela, a unir nossos pensamentos a tudo que é grande, à harmonia universal, cujas vibrações enchem o espaço e embalam os mundos. (...)"[2]

Marion, bebendo os conceitos do mestre francês, encontrava novos elementos à sua auto-análise e reflexão sobre a existência. Chamara-lhe a atenção o vigoroso alerta de Denis para a falta de conhecimento e domínio do mundo interior, especialmente dos pensamentos confusos, do domínio das questões materiais que nos fazem desperdiçar muitas existências em banalidades e o quanto esse desconhecimento nos desconecta da consciência real e profunda que jaz adormecida sob o peso do "eu". Gastou alguns minutos refletindo nas idéias do autor e voltou ao texto. A análise da conjuntura política e da direção das nações européias expostas em 1919 dimensionava ao leitor de 1937 o golpe de vista moral do autor, pois passados aproximadamente 18 anos elas mostravam a sua realização em toda punjança.

Era a vontade das pessoas que criava o presente e o futuro, assim como lhes legava os fardos do passado.

"Sou uma inteligência e uma vontade livres; a mim mesmo me fiz, inconscientemente, através das idades; edifiquei lentamente minha individualidade e liberdade, e agora conheço a grandeza e a força que há em mim."[3]

Que resumo sublime! Em poucas palavras as grandes verdades da vida, o esclarecimento, a consolação e a esperança. Não é preciso

---

[2] Denis, Leon. *O problema do Ser, do Destino e da Dor.* Terceira parte, FEB, 19ª edição.

[3] Denis, Leon. *O problema do Ser, do Destino e da Dor.* Terceira parte, FEB, 19ª edição.

buscar fora o que está dentro do homem. Não é a vontade alheia que o conduz nem a vontade de Deus, é a vontade dele próprio que o leva a realizar todos os seus atos, bons e maus. É o caminho para descobrir-se indivíduo e livre.

Envolta na profundidade da leitura que a transportava a outro nível de consciência e entendimento da vida, Marion não notou a passagem das horas; somente quando ouviu o ruído do motor do carro de Duvernoy em frente à sua casa e o som familiar da voz de seus amigos foi que notou que a noite ia alta.

Eles falavam alto, gesticulavam, percebia-se claramente que algo os incomodava e muito. A indignação, a revolta, lhes tingia os rostos de vermelho, cor de sangue. Os olhos brilhavam muito e as vozes eram mais estridentes, além de se pronunciarem com maior volume.

– O que houve? – indagou Marion sentada em sua poltrona chamando-lhes a atenção para a sua figura, uma vez que Duvernoy, Jean-Paul e Marguerite estavam tão aferrados ao debate que os envolvia que pareciam não tê-la visto. Como haviam ido ao cinema, julgou que eles discutiam o assunto, daí comentar provocativamente. – O filme agradou muito ou muito pouco?

– Filme?! – repetiu Jean-Paul demonstrando estupefação.

– Filme?! – repetiu também Duvernoy, olhando estranhamente para Marion. Esta, antes que Marguerite igualmente se surpreendesse com sua colocação banal, olhou-os com ar de censura e esclareceu, levemente irônica:

– É, o filme. Vocês não foram ao cinema? Não lembro se era com Greta Garbo ou Marlene Dietrich. Era uma das duas. Não vão me dizer que não assistiram ao...

– Ah! Fomos, madame – respondeu Marguerite com pouco interesse. – *Anjo Azul*, com a Dietrich. Muito bom filme. A mulher é polêmica, anda com calças, mas é linda! Que olhar. Vocês lembram como falaram uns anos atrás quando o prefeito não a deixou andar na cidade porque estava usando um traje masculino? Eu já havia esquecido o filme completamente...

– Você não ouviu as notícias da noite, Marion? – apartou Duvernoy largando o paletó no cabide e arregaçando a camisa. – Não sabe do horror por que está passando a Espanha.

Agora quem fazia ares de surpresa e preocupação era Marion,

que imediatamente se empertigou na poltrona e voltou a atenção ao velho amigo.

– A guerra civil piorou? A situação se agravou? Você fala em horror. Que tipo de horror? – questionou a enfermeira.

– Você não ligou o rádio – lamentou Duvernoy.

– Estava lendo. O que aconteceu? Contem-me, por favor. Estou curiosa, estavam discutindo tão acalorados... Do que se tratava?

– Uma coisa horrível, Marion – disse Jean-Paul sentando-se no braço da poltrona ao lado da mãe adotiva. – Algo que nunca se tinha ouvido falar. Mais uma prova que o ser humano é realmente uma criatura cheia de crueldade e violência ainda. Imagine que lançaram um bombardeio aéreo sobre uma pequena cidade espanhola...

Marion levou a mão à boca, apavorada. Em sua mente desfilaram cenas que presenciara durante a Grande Guerra quando, nos campos de batalha, à distância, ela via os soldados lançarem bombas. Ecoou em sua mente o som ensurdecedor das batalhas e um arrepio frio lhe correu pela coluna, descendo aos braços, levando-a instintivamente a cruzá-los sobre o peito numa atitude defensiva. Reação direta à lembrança evocada em pensamento que lhe trazia de volta a carga emocional do passado.

– Não consigo imaginar. Deram detalhes de como foi...

– A gente ouviu no Café Danglais, para onde fomos depois da sessão de cinema – informou Marguerite parada próxima à porta que levava ao corredor. – Disseram que usaram aviões para fazer chover bombas sobre a tal cidade e que não havia como precisar a quantidade de mortos e feridos, todos civis.

– Que barbárie! Quem foi, os franquistas ou os operários?

– Noticiaram que foram as forças republicanas do general Franco. Na verdade foram os alemães, que estão apoiando Franco – informou Jean-Paul revoltado. – Fascistas, claro que eles têm que se apoiar. Hitler, Mussolini agora esse tal de Franco são ou querem ser ditadores, governos autoritários. Não esperavam que o povo espanhol se revoltasse contra o golpe fascista. Na Alemanha, pelo que se sabe, o movimento operário e sindical foi dizimado; aliás, a democracia é uma piada, querem fazer o mesmo na Espanha. Mas não hão de conseguir. Torço pelo povo.

Marion ouviu as manifestações do jovem com certo alheamento, sob o impacto da tentativa de imaginar um bombardeio usando aviões.

– Pobres alvos! – disse ela penalizada. – O povo foi o alvo. Qualquer um, envolvido ou não na questão política. Velhos, crianças, jovens, doentes... Bombardeios... Como poderiam se salvar? Deve ter sido como se chovesse fogo do céu...

– Vou fazer limonada. Está muito quente – disse Marguerite despreocupando-se da notícia e afastando-se da discussão. – Não posso fazer nada para ajudar os pobres espanhóis. Vou tratar é da nossa vida.

O comentário foi ignorado pelos demais. Duvernoy sentou-se na poltrona em frente à de Marion, comentando:

– Nunca vi um bombardeio, mas só de pensar na covardia de aviões atacando populações fico estarrecido. A capacidade humana de aprimorar-se em requintes de crueldade e violência me assusta. Imagine um avião usado para matar. Algo que há três décadas ainda era um sonho milenar de liberdade, o sonho do homem voar, de realizar a proeza de Ícaro, agora se transforma, depois de poucos anos de conquistado, em uma arma mortífera. E, olhe, pelo que ouvimos foi... horrível.

– Comemoramos tanto essa conquista. Os céus de Paris há tanto tempo servem de palco para os aviadores e suas experiências. Parece que foi ontem que se falava no 14 Bis e no que ele representaria para o progresso – disse Marion, séria. – Transporte, comunicação, agilidade, rapidez, integração. Ninguém falou em morte, em extermínio... Ao menos que eu lembre.

– Guernica – falou Duvernoy com a entonação de quem recorda algo importante. – É esse o nome do lugar, não é, Jean-Paul?

O jovem balançou a cabeça afirmativamente.

– Pelo que disseram – prosseguiu Duvernoy –, uma cidade pequena e que já vinha sendo ameaçada desde o início do confronto; não entendi a razão, falaram que era por causa de uma árvore. Fiquei tão chocado, indignado com o uso de aviões, que nem prestei muita atenção às explicações sobre o atentado.[4] Mas parece que, mesmo

[4] Guernica (cidade basca) foi bombardeada em 26 de abril de 1937. A cidade não tinha população numerosa nem proteção antiárea, o que a tornava alvo fácil. Além disso, sua escolha para o bombardeio se deveu por abrigar um velho carvalho (guernika arbola), sob o qual há séculos os monarcas espanhóis juravam respeitar as leis e os costumes dos bascos. Destruir a cidade era um aviso a quem desejava a Espanha federalista e descentralizada, além do que o alvo escolhido abalava moralmente os adversários de Franco.

tendo havido alertas à população para evacuar a cidade, muita gente permaneceu e pagou com a vida pela descrença.

– Sei como é. As pessoas ficam tão apavoradas que negam as mais evidentes verdades. Como se a ilusão as protegesse do sofrimento. Como se negar a realidade servisse para resolver a situação. É comum em meio à guerra as pessoas crerem que não serão atingidas – reforçou Marion. E, voltando-se para o rádio, ligou-o tentando sintonizar alguma emissora com notícias.

Depois de várias tentativas, conseguiu localizar uma rádio que comentava as informações recebidas dos correspondentes internacionais que cobriam o conflito na Espanha e os três ficaram atentos. Marion sentia instintivamente que um novo tipo de guerra estava nascendo... Guerra altamente mortífera, de estratégias arrasadoras, onde não havia segurança para ninguém dentro ou fora do *front*. Não conseguia afastar da mente o horror da ciência servindo à morte, do bombardeio "científico", como denominava a imprensa.

No apartamento de Irina, em Berlim, três dias depois, o assunto era o mesmo, porém as reações eram muito diferentes. Comemoravam durante o jantar com brindes à audácia da Luftwaffe de Goering.

– À Legião Condor! – propunha um convidado erguendo sua taça de cristal.

– Ao primeiro de muitos sucessos de nossa força aérea! – dizia outro.

– À inteligência dos estrategistas de Goering! – lembrava alguém à cabeceira da mesa de banquete.

– À... ter...ra arra...sada! – propôs um dos oficiais das SS cuja língua se tornava pesada sob o efeito do álcool.

Um pesado silêncio caiu sobre a mesa, gerando certo mal-estar entre os civis presentes ante a frase equivocada do alcoolizado oficial.

Michael, que ao lado de Irina distribuía boas doses de bebida aos convidados, prontamente agiu para aliviar o mal-estar, erguendo a própria taça em resposta e dizendo numa tentativa de concertar a fala do oficial:

– Sim, sim. Bebamos à estratégia de terra arrasada de Goering. A ele!

– Na... não – insistiu o oficial com dificuldade. Parando de pé, mal se equilibrando sobre as pernas, ele balançava perigosamente – Que...ro brindar a... ter...ra arra...sada mesmo. É um gran...de feito, mais de 1.600 mortos e quase 900 feridos. Foi a me...tade atingida. Eu brin...do à ter...ra arra...sada!

Alguns ficaram pálidos ante a declaração do oficial, outros se remexeram nas confortáveis cadeiras. Os militares e membros das forças especiais nazistas não se abalaram, apenas observaram que ainda não era tempo de os patrocinadores terem conhecimento de todo o potencial bélico da nação.

Um colega de farda mais próximo puxou discretamente a manga da casaca do oficial alcoolizado e, quando este olhou para baixo, murmurou:

– Cale a boca. Sente-se logo. Você está bêbado.

Ao que ele reagiu prontamente olhando Irina com ar de malícia ao declarar:

– Não estou, não. Não é quer...rida Iri...na. Diga, di...ga a eles que na...não fi...fico bê...bado. Vo...cê sabe. – Apanhou novamente a taça, dizendo: – À Condor!

– À Condor! – adiantaram-se os demais militares.

Irina, juntamente com mais algumas atrizes e amantes dos homens presentes, ostentava toda a sua beleza e as jóias com que Michael a cobria. Pouco atuava como atriz, cansara-se dos entediantes filmes nazistas, mas acabara por tornar-se uma espécie de embaixadora dos interesses dos seus numerosos admiradores, tanto industriais quanto membros do governo. Eventualmente, encenava alguma peça clássica, numa curta temporada na capital. Dinheiro não lhe faltava para manter seus numerosos vícios e futilidades.

As declarações do insensível oficial que causaram constrangimento aos civis logo foram esquecidas quando, ao fim da refeição, ela passou a circular pela ampla sala em seu vestido longo de seda branca, com profundo decote que deixava entrever o vale entre os seios e os ombros; braços e parte das costas ficavam nus. Agarrava-se ao corpo como uma segunda pele até abaixo dos quadris, sendo até ali enfeitado por drapeados, caindo em pregas até os pés. O vestido salientava todas as suas formas, dando um efeito erótico que atraía para ela todos os olhares e deixava os convidados um tanto quanto transtornados, pois não era possível vestir qualquer outra coisa além do sensual traje branco, que era a nova moda das estrelas de Hollywood e que Irina usara desde quando conhecera Madame Vionnet.

O número de mortos e feridos não a sensibilizara nem um pouco. Fora um número apenas, uma expressão matemática, um saldo, um resultado, sem rosto e sem identidade. Não gastou sequer um minuto em pensar como teria sido a ação da Luftwaffe em Guernica, três dias atrás, nem o que significava para a humanidade aquele evento. Sua atitude de pouca importância às revelações do oficial – que Michael considerou erroneamente como premeditada – dispersou o mal-estar e fez retornar a animação ao ambiente, voltando às conversas e tratativas informais sobre negócios de uns com os outros, que inevitavelmente acabariam em ações do regime nazista com conseqüências catastróficas, na esmagadora maioria das vezes.

A tragédia de Guernica ficou como uma informação jazendo no fundo de sua mente, junto com milhares de outras.

Cinco meses depois a tragédia voltaria a ser alvo de comentários, tema de conversas. O pintor Pablo Picasso gritava ao mundo sua indignação com a destruição de sua cidade natal e usava a expressão artística para retratar os horrores da guerra civil espanhola, do poder de aniquilamento, do caos, da dor, do desastre. Retratou em negro, cinza e branco a ausência de vida; estampou no horrendo painel os símbolos da mortífera tecnologia, a impotência da nação em guerra, a morte, a dor da perda, um clamor mudo aos céus pelo fim daquela situação, e a apresentou ao mundo na Exposição Internacional sobre a Vida Moderna, em Paris, onde ele vivia. Não foi e continua não sendo uma obra bela de ser vista, mas é inegavelmente emblemática, mostrando a tecnologia esmagando a vida. É a expressão de um século; não tem a suástica nazista ou as cores franquistas; é atemporal; um lembrete da ferocidade de que é capaz a raça humana da era tecnológica.

Em muitos jornais da Europa circularam fotos da obra, chocando os leitores. Irina não freqüentava exposições artísticas, não lia nada sobre artes, pintura; recusava-se a ouvir qualquer assunto ligado às artes plásticas. Assim, em sua casa, comentar o real bombardeio de Guernica era livre, mas qualquer referência à obra de Picasso era proibida. Ninguém entendia a razão de um apartamento tão luxuoso como o dela não ter um único quadro nas paredes. Comentavam que era uma excentricidade da linda atriz, nada mais.

E os dias corriam um após o outro, como não pode deixar de ser. A vida interior e exterior de Irina continuava inalterada.

A sinagoga estava vazia, apenas o rabino Samuel ainda circulava pela nave da construção. Caminhava lentamente e, coçando o queixo, tinha o ar cansado e meditativo; o olhar fixo no piso parecia nada ver, apresentava uma expressão grave e triste. Andava encurvado, os braços pendiam descuidados ao longo do corpo; vendo-o a certa distância era a imagem de alguém profundamente abatido, cansado e até poder-se-ia, precipitadamente, julgá-lo como alguém que amargava a derrota. Seria um engano.

A fibra moral do idoso rabino era inquebrantável. Naqueles anos que se prolongavam e dia a dia se intensificavam de perseguição aos judeus ele era o esteio de muitas pessoas. Lembrava quando ensinava aos sábados na sinagoga a importância da paciência; conclamava seus fiéis à lembrança dos grandes mártires de seu povo, da fé em Deus, da união e do trabalho. Exortava-os a ignorar, a não revidar as agressões nazistas.

Em entendimentos domésticos com a comunidade todos sabiam que tanto o rabino quanto seu filho ajudavam os interessados em partir da Alemanha. Em Praga, Bateseba e o marido recebiam os imigrantes, acolhendo-os e auxiliando na ambientação ao país estrangeiro. Infelizmente, a maioria deles se acreditava tão alemã quanto os nazistas e faziam uma resistência pacífica. Eram apegados ao solo onde nasceram, onde construíram suas famílias, suas casas, onde tinham seus negócios.

Samuel não notou a chegada de um jovem que veio até ele determinado, embora temeroso.

– Rabino – chamou o jovem, vendo-o meditativo e alheio à sua entrada. – Rabino, preciso lhe falar.

Saul ergueu o olhar, fixando a figura magra e alta do jovem. Reconheceu-o e esboçou um leve sorriso.

Cumprimentaram-se, e o rabino convidou:

– Venha, filho, vamos nos sentar lá na frente. Conversaremos melhor.

Obediente, o jovem o seguiu e tão logo se sentou disse:

– Rabino, vim lhe pedir para ir embora.

– Você quer ajuda para deixar o país? – indagou Samuel falando baixo. – Sabe quais são as condições?

– Não, rabino, o senhor não entendeu. Eu gostaria de ir embora e nunca mais ver um alemão na minha frente. Odeio-os! Mas minha família não concorda e não saberia viver sem eles.

– O ódio não o ajuda a lutar, filho – advertiu Samuel interrompendo a fala do jovem. – O ódio consome forças importantes para a resistência. Não é sábio alimentá-lo. Veja bem, quem você tanto odeia tem a face de milhões de pessoas, não é possível enfrentá-las todas, portanto acaba que ele corrói apenas você e acabará destruindo-o. Deus não criou o homem para odiar, filho. Estamos andando por nossas forças quando caminhamos lado a lado com o ódio e elas são limitadas, assim como o poder do homem. Só Deus é infinito e poderoso e é o amor que o faz assim, portanto, quando abrigamos o amor em nós, estamos bebendo e andando com forças divinas indestrutíveis. Não alimente ódio pelos alemães. Eles não sabem, mas são filhos de Deus tanto quanto nós. Equivocados, mas filhos de Deus.

– Rabino, gosto de ouvi-lo, mas...

– Não se dê ao ódio.

– Rabino – falou junto o jovem já aflito. – Não é nada disso. Eu odeio os nazistas, mas lhe prometo que amanhã pensarei no que disse. Agora, por favor, me escute.

Vendo o desespero na face do rapaz, Samuel percebeu que ele precisava falar. Era um mau hábito que tinha desde a juventude, falava demais e ouvia pouco, muito menos do que deveria. Reconhecendo-se em erro humilde, calou-se, dando a oportunidade ao jovem.

– Rabino, tenho amigos que sabem do que se passa nos planos nazistas contra o nosso povo. Estou andando desesperado, junto com alguns outros, para avisar que eles preparam para esta noite uma investida contra nossas casas, negócios e sinagogas. Pretendem saquear tudo.

– Meu Deus! – exclamou Samuel levando as mãos ao rosto. – Filho, isso é muito sério. Você tem certeza?

– Absoluta. Por favor, fuja. O senhor é uma figura importante para a comunidade. Esconda-se.

Nesse instante se ouviram passos apressados entrando no prédio; assustados, o velho e o jovem ergueram o olhar e suspiraram de alívio ao mesmo tempo ao reconhecer a figura de Saul.

– Pai, vim buscá-lo, vamos para casa de Von Scheringer. Já combinamos tudo, muitos amigos estão lá.

– Você também sabe? – indagou Samuel encarando o filho.

– Fui avisado por um jovem que me procurou no escritório agora há pouco. É conhecido e merece confiança.

– Eu sei – concordou o rabino. E, voltando para o jovem a seu lado, comentou: – São valorosos nossos jovens. Estou orgulhoso de você. Obrigado.

– Vá, rabino – insistiu o jovem erguendo-se. – Preciso continuar. Leve-o, Sr. Samuel.

Apressado como entrou, ele saiu se esgueirando pelas sombras da noite berlinense, porém, mal andara alguns metros, ouviu o som de um caminhão das SS que parava em frente à sinagoga. Tomado de pânico, andou apressado até a esquina; correr significaria um tiro na certa, denunciando que era judeu em fuga. Escondeu-se e, apavorado, ouviu as rajadas de metralhadora disparadas no interior da sinagoga. Pouco depois os via carregando o patrimônio do templo, saqueando os valores que ela possuía, cristais, pratas, nem mesmo a estrela-de-davi – símbolo sagrado – foi poupada, roubaram tudo o que havia de valor e partiram. Nenhuma janela se abriu nas casas dos arredores, ninguém olhou a rua para ver do que se tratava ou para prestar socorro.

Quando o caminhão cruzou a esquina onde o jovem se escondia, ele retornou à sinagoga e seus maiores temores se confirmaram. Os corpos do rabino e do filho jaziam metralhados, caídos numa enorme poça de sangue. Não chegou perto. Pela quantidade de buracos feitos pelas metralhadoras, era impossível sobreviver.

– Eles já começaram a ação. O melhor que faço é esconder-me por aqui. Não voltarão.

Onde antes ficava a estrela-de-davi e os demais objetos sagrados do culto israelita restava somente a Tora, fuzilada, com as páginas dilaceradas pelas metralhadoras nazistas. Lágrimas rolaram pelo rosto do jovem judeu contemplando a destruição. Tomado de medo, escondeu-se nos fundos da sinagoga, em uma pequena peça usada como depósito, onde ficou tremendo e rezando.

As luzes do amanhecer surgiam timidamente para iluminar uma Berlim marcada de sangue, lágrimas, vitrines quebradas, lojas comerciais saqueadas e sinagogas profanadas. A Noite dos Cristais – como passou à história aquela fatídica noite de novembro de 1938 – deixava atrás de si um saldo bastante pesado. O medo e a revolta dividiam o espírito da comunidade judia-alemã. A irracional e violenta campanha anti-semita promovida pelos nazistas apontando os judeus como inimigos número um da Alemanha começava a mostrar sua face mais dantesca e agressiva.

O silêncio nas ruas era carregado; o vazio, repleto de olhares escondidos e comunicações silenciosas. O medo era quase palpável.

Os faróis de um carro iluminaram a porta aberta da sinagoga que balançava com o vento frio que varria as calçadas. Escondido, o jovem ouviu o som do motor.

"É um carro", reconheceu baixinho falando consigo mesmo. "Quem será? Os SS andam em caminhões, aos bandos, será que algum oficial voltaria aqui? Mas para quê? Não resta nada."

No interior da sinagoga se ouvia retumbarem os passos do general Von Scheringer em busca de seus amigos. Pálido, vislumbrou o horror provocado com o saque e a destruição. Baixou o olhar assustado e arregalou os olhos ao deparar com os dois corpos metralhados, hirtos, cobertos de sangue seco, caídos lado a lado sob o piso de mármore branco do templo.

Católico praticante e fervoroso, imediatamente fez o sinal-da-cruz, tentou orar, mas sua mente se recusava a atendê-lo, nem ao menos conseguia reproduzir as frases das preces decoradas que costumeiramente fazia. O choque o tomava totalmente. Soubera antecipadamente, por Saul, da ameaça de uma noite sangrenta contra os judeus. A pedido dele abrigara várias famílias em sua propriedade, mas o fizera apenas para acalmar o amigo; não acreditara de fato que ela se tornasse realidade. Esperara a noite toda por Saul e Samuel Beck; ao raiar a madrugada, resolveu sair à procura deles, acreditando que estivessem detidos em algum quartel das SS a caminho de um campo de concentração. Pretendia usar dinheiro e influência para libertá-los, mas agora via que seu poder não alcançava a possibilidade de reverter os danos da noite. Estavam mortos.

Com passos lentos, conseguiu aproximar-se dos cadáveres e suas lágrimas caíram sobre o sangue ressecado que cobria a face do amigo morto. Ajoelhou-se e ficou a contemplar a dantesca cena envolto num estado de absoluta impotência; não raciocinava, sentia uma dor funda no peito, como se um dos buracos feitos pelas metralhadoras nos amigos lhe houvesse atingido; as lágrimas desciam instintivas. Chorava para aliviar a alma e a consciência. Em meio à profanação, saque, morte e destruição de um lugar sagrado para uma comunidade, ele dava-se conta de que não conseguia orar a Deus, pois se sentia maculado; mal ou bem, tinha que admitir a culpa naquele evento.

Enquanto chorava, as luzes do amanhecer foram invadindo a sinagoga antes sombria, desvendando ao olhar do general toda a barbárie que ali havia se passado. Sentia a luz do dia como uma voz a acusá-lo, a dizer-lhe, irada:

"Veja! Olhe bem, estou lhe mostrando o que faz o regime ao qual você serve. Lembra do seu filho... Lembra do que ele dizia, pois Richard enxergou a verdade, leu um futuro previsível e você quis se esconder, resguardar-se nos seus conceitos de tradição, no seu conservadorismo que o impediu e a tantos outros de tomarem uma posição; vocês que podiam impedir tudo o que está acontecendo e não fizeram nada. Covardes! Acomodados! Egoístas! Só pensaram em vocês e em manterem as honrarias e comodidades; alimentaram o monstro e agora ele os devora."

A consciência impiedosa o acusava; o zelo que tivera com o ego, tão ilusório. As leis maiores da vida surgiam, lembrando-o, ajoelhado sobre o piso da sinagoga, que o milenar: "Não matarás" podia se revestir de múltiplas formas, inclusive as fáceis fugas da omissão de comportamento.

Não soube quanto tempo ficou ajoelhado chorando a morte dos amigos e a própria consciência; nem ao menos percebeu que seus soluços haviam se elevado e que o som de seu pranto dorido ecoava pelo templo vazio e destroçado.

Ouvindo e reconhecendo os lamentos de um homem, o jovem judeu, por fim, animou-se a sair de seu esconderijo. Tinha os membros tomados de formigamentos pela posição dobrada e encolhida em que passara a noite. Com esforço, pôs-se de pé e, após alguns segundos, sentindo restabelecer a circulação sangüínea ao normal, andou lenta e silenciosamente até uma porta que dava visão ao local onde estavam os mortos.

Levou a mão à boca para conter o grito de espanto ao ver um homem com a farda e alta patente do exército alemão chorando o assassinato dos judeus. Descrente e tendo seu pânico aumentado, resolveu fugir logo pela janela cuja veneziana balançava ao sabor do vento. Andou pé ante pé até ela, saltou, caiu sobre o gramado que rodeava a construção, ergueu-se e correu com a máxima velocidade pelas ruas do bairro em direção a sua casa.

Alguns dias depois o general Van Scheringer enviava ao filho um telegrama de condolências informando a trágica morte de Saul e Samuel Beck. Encarregara-se do sepultamento de ambos, contatara os advogados da família enlutada que estavam tomando as medidas determinadas pelos testamentos e que logo entrariam em contato com Bateseba. Dizia em curtas linhas que ele, assim como muitos outros generais de sua turma, estavam sendo transferidos, encaminhados para a reserva, ou, como ele, estavam pedindo exoneração da carreira. Encerrava comunicando que ele e a esposa estavam se mudando para Praga, pois precisavam estar pessoalmente com os filhos. Havia indícios e comentários de possível ação nazista visando àquela cidade. Esperava apurar detalhes e partir logo depois.

Os brindes que saudavam a chegada de 1939 encontraram a família do ex-general Von Schringer em alto-mar a bordo de um navio com destino à Argentina, na América do Sul, levando consigo tudo o que haviam conseguido transferir de Berlim para Praga, graças à previdência de Samuel Beck, pois embora a Alemanha mantivesse as fronteiras abertas, podendo qualquer cidadão entrar e sair livremente, havia uma pesada restrição à transferência de divisas.

– A uma terra nova! – brindava Richard encarando o olhar da esposa com afeto.

– Ao novo Saul, que nascerá em outra pátria! – brindou ela com um sorriso feliz ao bater sua taça na do marido.

Surpreso, Richard a abraçou rindo, enquanto indagava:

– Por que não me disse antes? Quanto tempo?

– Dois meses. Não falei antes porque não tinha certeza. Temi que o atraso fosse por causa do que aconteceu com vovô e papai, pelo estado de choque que fiquei. Decidi aguardar mais um mês e agora tenho certeza.

– Ao nosso filho sul-americano!

Vendo a felicidade e a alegria que brilhava no rosto do casal, fato incomum naqueles dias, os pais de Richard se aproximaram e foram informados pelo filho que a família aumentaria.

– À vida! – brindou Von Scheringer, já se sentindo um avô e, lembrando o amigo de toda a sua vida; completou: – Que se renova sempre.

Mentalmente prometeu ao espírito do amigo morto que ele próprio contaria ao neto a filosofia e o exemplo de vida que a família Beck lhe ensinara ao longo da existência.

Nenhum dos demais o viu secar uma lágrima de vergonha que lhe escorria pelo canto dos olhos à lembrança da Noite dos Cristais.

CAPÍTULO XX

Epílogo

"Aquele que te aconselha 'Obedece à lei' é um corruptor aos olhos do filósofo. Mas o que te aconselha 'Obedece à tua consciência' é um corruptor aos olhos do povo e dos magistrados."[1]

O Velho Continente era, desde o final da Grande Guerra, um barril de pólvora, tanto em termos de política internacional, em termos de economia, quanto em termos de sociedade. A população refletia o desequilíbrio: de um lado despontavam os movimentos humanitários; de outro, a ânsia de gozar o máximo da vida material por puro medo do amanhã, pela certeza inexorável da perda e da morte. O individualismo manifestava-se com força.

Irina era uma legítima representante dessa parcela da sociedade que, ante a dor, se desestrutura, que não entendera em profundidade o prazer e o julgava o mero gozar as coisas da vida, assim se referindo a tudo que fosse material e sensual.

No íntimo de cada um a revolta, o ódio que se tornara rancor e corroía por dentro, engendrando preconceitos, movimentos nacionalistas e raciais que cresciam graças a promessas de transformações milagrosas, de pregarem a supremacia de uns sobre outros. Enfim, de alimentarem e usarem as forças emocionais latentes de cada ser humano que desaguava na constituição do que podemos denominar a alma do povo.

[1] Sócrates. *Sócrates, Vida e Pensamentos,* pág. 111, Ed. Martin Claret, São Paulo,1996.

Criaturas inconscientes são facilmente conduzidas; não se apercebem nem de quem são. Não têm clareza do que desejam, de onde estão, nem para onde vão, na própria vida material, quanto mais uma consciência de ser espiritual. Estão perdidas. Crêem-se sozinhas no mundo, soltas no tempo e no espaço, sem qualquer laço além dos sangüíneos (que também acabam entendendo como frouxos), e agem atendendo a interesses pessoais e imediatos.

Como não se posicionam diante de si mesmas, da vida e da sociedade, costumam seguir o movimento dos "outros". Fazem o que todo mundo faz, repetem o que todos dizem, ouvem e obedecem "os líderes", sem questionar a própria consciência e suas razões de fazer, crer ou deixar de fazer e desacreditar nas idéias propostas.

O autodesconhecimento lhes dá uma capacidade muito especial que denominaria de "esponjas emocionais", ou seja, absorvem emoções alheias, contaminam-se com extrema facilidade do chamado fenômeno de massa e comportam-se como uma besta desorientada, como um animal acuado por um enxame de moscas que corre enfurecido e sem direção. É o que entendo por dizer-se que a massa é burra. É desorientada, furiosa.

Os sentimentos são as forças do espírito, são o que nos impulsiona à ação; brotam de nossos instintos e aperfeiçoam-se ao longo da evolução. Como toda força, precisa ser conhecida para ser bem usada. Cada uma movimenta uma energia própria, como a água gera a eletricidade, e a luz solar, o calor. Tem uma origem e destinação, cumpre um papel em nossa vida, tem sua natureza especial e própria de se manifestar em nosso ser.

Em 1940 a Europa mergulhava no caos, refletindo o interior de sua população – ainda que inconsciente desse fato – pois muitos só vieram a despertar para o que carregavam dentro de si quando viram os efeitos exteriores para os quais as emoções haviam chamado, impulsionado seus atos, fossem esses atos de voluntária violência, fossem decorrência da necessidade de defesa, fossem eles meramente os atos de omissão de uma grande maioria que se recusava a ver e sair das suas zonas de conforto, de pseudo-estabilidade e segurança.

Todo esse desgoverno emocional, conceitual e comportamental que narramos ao longo destas páginas conduziu à declaração da Segunda Grande Guerra em 3 de setembro de 1939.

A Alemanha, capitaneada por Hitler e seu estafe nazista, anexara a Áustria a seu território, num golpe político ainda em 1938; meses depois marchou militarmente sobre a Tchecoslováquia e a Polônia, numa operação de conquista e ocupação tal qual descrito em Main Kampf. A Alemanha só poderia avançar e tomar território para reconstruir o império germânico e impor sua supremacia ao mundo invandindo os países que faziam fronteira a leste, avançando até a URSS. O autor escreveu e cumpriu; não se pode alegar desconhecimento e imprevisibilidade em seus atos.

Esses fatos fizeram com que em setembro de 1939 os alemães declarassem guerra às duas poderosas potências européias – a França e a Inglaterra –, imbuídos de sentimentos de rancor, vingança pelos resultados do final da Primeira Grande Guerra e, muito especialmente, pelos termos do Tratado de Paz de Versalhes. Explodiam as emoções gestadas no fim do conflito de 1914-1918, além das criadas e alimentadas pela máquina de propaganda nazista, aproveitando a inconsciência dos indivíduos para manipulá-los, emocionalmente, enquanto massa, enquanto população.

Não vamos nos ater a relatar as atrocidades realizadas nesse período até maio de 1945, basta lembrarmos o saldo final de um período de destruição colossal: 72 países envolvidos, 110 milhões de soldados, 55 milhões de mortos, 35 milhões de feridos, três milhões de desaparecidos e milhões incontáveis de crianças órfãs. As vítimas, na maioria, eram civis.

As causas históricas que levaram a esse impressionante resultado "talvez" tenham se modificado, entretanto as causas humanas ainda, a nosso ver, estão presentes no seio da sociedade, a começar pela inconsciência, pelo individualismo, pelos preconceitos raciais e de outros gêneros, pelo desconhecimento da força das emoções, da raiva, do rancor, do ódio e do que somos capazes de fazer movidos por esses sentimentos, pelo orgulho, pela prepotência, e por todas as manifestações do egoísmo, inclusive as omissões. Por isto escrevi este livro e escolhi a história de Irina entre tantas outras com as quais convivo.

Ela não fez nada. Não agiu com nenhuma metralhadora na mão. Não arquitetou nem manipulou uma pessoa ou um povo. Era alguém simples, que, salvo o talento artístico e a arte de seduzir, se perderia na multidão, sendo mais um rosto bonito em meio a tantos outros. Não havia nela, aparentemente, nenhuma emoção profunda, nenhum ideal, nenhum sonho, nem tampouco uma vivaz inteligência. Ela vivia o dia presente, sem outra expectativa que vê-lo consumir-se no gozo de seus interesses pessoais, de sua ambição de bem viver.

Entretanto, carregava em si a dor da humilhação, a violência latente, o orgulho ferido, a ambição de mostrar-se superior ao seu meio, a vaidade, a insconsciência que marca grande parcela da humanidade terrena e a faz escrever páginas sangrentas assinadas, em sua maioria por atos de silêncio.

Irina assinou juntamente com os líderes nazistas todos os atos que se desenrolaram a contar do momento em que aceitou a conivência e a ela foi fiel sob uma frágil autojustificativa de que obedecia leis e governantes, mas desobedecendo as leis da própria consciência.

Em 1943, quando os alemães enfrentavam os primeiros reveses na batalha, ela descobriu que estava contaminada com hanseníase. Seus inúmeros vícios, o uso indevido da morfina, diminuíam-lhe a sensibilidade, e ela só veio a notar a presença da doença quando as manifestações de erupções pútridas começaram a surgir em seu corpo e a não cicatrizar.

A primeira causou-lhe tamanha crise de desespero que a levou literalmente muitos anos para se recuperar. Foi desencadeada pelo médico que lhe deu o diagnóstico da doença contagiosa.

Rapidamente sua casa esvaziou-se, seus amantes a esqueceram, os empregados a abandonaram, o dinheiro tornou-se escasso e somente a piedade do profissional que a assistiu e viu seu desequilíbrio impediu que ela acabasse seus dias como uma mendiga doente nas ruas de Berlim. Ele a conduziu a um hospital no interior do país, que recebia pacientes variados, em sua maioria incuráveis e dementes, em razão de ferimentos e traumas da guerra.

Pelos corredores e enfermarias ouviam-se gritos. Pacientes alucinavam, narrando detalhadamente os horrores vividos nas batalhas; outros, mutilados, cegos, surdos ou estropiados, relatavam como seus caminhos os haviam levado àquele local. Alguns poucos eram portadores de hanseníase, e os casos mais graves, terminais, eram isolados em celas num atendimento desumano. Nesse pequeno pedaço de terra que reunia uma pequena mostra do que era a guerra, ela foi se informando sobre o que acontecia aos demais seres humanos à sua volta; as conseqüências dos atos discutidos e planejados em seu apartamento, sob a mira de seus olhos, ao alcance de seus ouvidos, se tornaram palpáveis. Às razões antigas de desequilíbrio – a insuperada perda de Gautier, a vaidade, a futilidade, a solidão, o vazio existencial – somou-se o remorso da consciência que despertava em meio à dor. Enquanto a hanseníase desfigurava-lhe o corpo, até que se tornasse irreconhecível, a culpa e o remorso dilaceravam-lhe as entranhas da alma, levando-a à loucura.

Nesse estado desencarnou em 1951. Encontrei-a na Casa de Maria, onde foi assistida em 1972 – ocasião em que participamos de tentativa de socorro e assistência a Maria Helena, antiga afeição de nosso amigo Georges.

Como narrei em *Dramas da Paixão*, a Casa de Maria causou-me excelente impressão, aprendi muito com os amigos que lá trabalham, tornei-me mesmo um pequeno colaborador e voltava a ela sempre que minhas ocupações permitiram. Foi assim que conheci Paul Gautier e seu trabalho com a arte para auxiliar os espíritos em perturbação mental ou emocional a expressarem suas dores, mágoas, angústias, enfim, seus sentimentos, e, nesse contato, buscando conhecer-se, tornarem-se conscientes. Conversávamos muito e, certa vez, com minha bisbilhotice costumeira, indaguei:

– Faz muitos anos que você está aqui. Por que não busca novos desafios, outras paragens?

Ele olhou para uma ala distante na qual eu nunca entrara; seu exterior era igual ao resto da instituição, mas confesso que até aquele dia jamais me interessara. Bem, ele a olhou e notei uma tristeza imensa em seu olhar, um pesar, como se fosse uma âncora de ferro grande e pesada que o fixasse ali.

– Desculpe se toquei em um assunto delicado – apressei-me na tentativa de corrigir a indelicadeza. – Sou um bisbilhoteiro, um abelhudo desavisado. Não me responda.

Gautier suspirou profundamente; tomou-me o braço e conduziu-se à entrada da ala. Abriu a porta, cumprimentou uma gentil atendente que lia sentada numa sala vazia que deveria ser uma espécie de sala de recepção. Andamos por um corredor extenso branco e mal iluminado, com portas de ambos os lados, com uma pequena janela a mais ou menos 1,60 m do solo que permitia ver o interior; porém, meu anfitrião andava rápido e silencioso, e eu, depois do que se passara no jardim, esperava que ele explicasse as atitudes. Não pude olhar por nenhuma janela, mas a intuição me dizia que se tratavam de quartos individuais para casos muito especiais.

Paramos em frente a um quase no final do corredor.

– É por ela – respondeu-me Gautier simplesmente.

Como ele não me impedisse de olhar, ao contrário, até cedeu-me espaço, num convite mudo, olhei e foi a primeira vez que vi Irina.

Era um andrajo humano. Apenas porque Gautier dissera "ela", entendi que se tratava de um ser sob a forma feminina. Horrível seria uma palavra suave demais para descrever-lhe o estado. Membros cobertos de faixas sujas, um avental de hospital em farrapos como veste, o rosto irreconhecível tomado de feridas abertas, o olhar denunciando a insanidade, a falta de lucidez. Apenas os cabelos, apesar da sujeira, e os olhos azuis lembravam a Divina Irina, a sedutora dos palcos parisienses.

Compadeci-me e adivinhei uma trágica vivência por detrás daqueles andrajos. Pode parecer estranho a alguém como eu que me dedico a escrever e me comunicar com meus semelhantes, mas o fato é que há alguns momentos em que me faltam as palavras para dizer o que penso ou sinto – aquele foi um deles. Toquei o ombro de Gautier compadecido; eu não sabia a história dos dois, mas era fácil entender que existiam laços de amor e não a pesada âncora que imaginara antes.

Ele ficou bons momentos observando-a sentada no chão, olhar perdido no espaço, falando como se fosse a Julieta de Shakespeare, depois assumindo uma outra personagem cujas falas para mim eram relativamente fáceis de reconhecer; nada do que dizia expressava a verdade da sua vida.

– Ela não me reconhece – lamentou ele, triste. – Fico aqui na esperança de estar por perto assim que ela recobre a razão e cesse essa longa perturbação.

– É Marcos quem a está atendendo?

– Sim, mas ele me confessou outro dia que seus... – a emoção embargava o pensamento de Gautier e ele silenciou. Aliás, aquele era o diálogo mais cheio de silêncios que eu estava tendo ao longo de muitos anos. Também deduzi que Marcos pensava em transferir a paciente e isso causava sofrimento ao meu acompanhante.

Tomei a iniciativa de agora conduzi-lo de volta ao jardim; despedi-me da enfermeira que ficou a nos olhar compadecida, como se me dissesse:

"É um caso difícil."

Sentamo-nos e pacientemente o fiz me contar sua longa história e a de Irina. Conversamos muito, lhe falei da instituição à qual me vinculava e ao trabalho de Georges, que ele conhecia de vista. Prometi analisar junto ao nosso Orientador e ao próprio Georges a possibilidade de transferir Irina para os cuidados de nosso grupo. Ele alegrou-se e a primeira pergunta que me fez foi:

– Poderei trabalhar com vocês enquanto espero por ela?

Não tive como responder, mas já sabia de antemão que deveria ver a possibilidade de transferência de dois ao invés de um. Sorri penalizado e disse:

– Tentarei.

Alguns dias depois retornava com Georges e nosso Orientador[2] – ambos já sabiam do meu interesse em trabalhar com o casal. Após longa conversa com Marcos, estabeleceu-se a mudança. Transmitiu-nos todos os dados tanto sobre Irina quanto sobre Gautier, e eles vieram conosco.

Foi um tratamento longo, muito longo. A culpa e o remorso são sentimentos difíceis de serem superados, é necessário toda uma nova conceituação, uma revisão de valores, para depois uma revisão de consciência de fato libertadora. Aprofundei meu entendimento do que é a paciência e, próximo de Gautier, acompanhei sua longa espera.

Ele integrou-se ao novo grupo rapidamente. A visita de Ryane e Laura sempre alegram nosso ambiente, converteram-se em amigas queridas.

[2] Personagens que surgem também em nossas obras *Dramas da Paixão* e *O Bispo.*

Gautier sabia do propósito de contarmos a história deles, entendera todos os meus argumentos e razões de escolha. Concordara. Logo após ter concluído *Dramas da Paixão*, iniciei os estudos para esta obra e a concluí no final da década de 1970; entretanto, sem que Irina se recuperasse, não seria possível torná-la pública. Pretendia que tão logo nosso trabalho viesse a público ele fosse o segundo a ser editado, contudo o estado dela não autorizava tal investida. E esperei.

Marion, Duvernoy, Marguerite e Jean-Paul sobreviveram à guerra, enfrentando todos os horrores que ela trouxe ao mundo com bravura e coragem que só a fé no futuro e a certeza de que a humanidade progredirá podem dar. Jean-Paul é hoje um velho experiente e sábio. Cercado de netos e bisnetos, tem tido uma vida longa e produtiva. Não se tornou um influente diplomata, mas é um grande ser humano. Os demais regressaram ao plano espiritual e continuam suas lutas. Marion permanece trabalhando junto às equipes de enfermagem espiritual, amparando os voluntários da Cruz Vermelha.

Luidgi também sobreviveu à guerra. Fugiu ao julgamento de Nüremberg, refugiando-se na América do Sul, num ignorado sítio, onde envelheceu e morreu. Juntamente com muitos outros nazistas que no plano espiritual estão em péssimas condições, ainda rebelando-se contra a verdade.

Há um ano Irina está em franca recuperação. Reencontrou-se com Gautier; fez amizades no grupo, fato que demonstra que a dor a amadureceu. Sob a orientação de Georges, continua em tratamento, mas já consegue entender que ninguém é uma ilha. Compadece-se daqueles que sofrem nas malhas da alienação e, junto de Gautier, desenvolve um trabalho pequeno de sensibilização desses irmãos, através da música, tocando sonatas de Chopin e outros compositores para acalmar e enternecer os sentimentos em desalinho.

Julho de 2004.
José Antônio.